高等院校经济学管理学应用技能型精品教材

第3版

统计学

数据处理与分析

王德发　刘小锋　主编

上海财经大学出版社

图书在版编目(CIP)数据

统计学：数据处理与分析/王德发，刘小锋主编.—3版.—上海：上海财经大学出版社，2022.8
(高等院校经济学管理学应用技能型精品教材)
ISBN 978-7-5642-3968-8/F·3968

Ⅰ.①统… Ⅱ.①王…②刘… Ⅲ.①统计学—高等学校—教材 Ⅳ.①C8

中国版本图书馆CIP数据核字(2022)第041183号

□ 责任编辑 吴晓群
□ 封面设计 张克瑶
□ 订购电话 021-65904700

统 计 学

——数据处理与分析

(第三版)

王德发 刘小锋 主编

上海财经大学出版社出版发行
(上海市中山北一路369号 邮编200083)
网 址：http://www.sufep.com
电子邮箱：webmaster @ sufep.com
全国新华书店经销
上海崇明裕安印刷厂印刷装订
2022年8月第3版 2022年8月第1次印刷

787mm×1092mm 1/16 19.5印张 499千字
印数：14 331—18 330 定价：55.00元

前　　言

本书是2020年9月上海财经大学出版社出版的王德发主编的《统计学》(第三版)的配套学习辅导书的第三版。统计学作为一门方法论科学,统计方法繁多,适用条件各异,怎样根据数据的特性找到最恰当的统计方法?这是有一定难度的。本书汇集了近600道习题,可以帮助学生系统地理解统计学的基本思想和方法,也可以作为统计学教师和统计工作者的参考资料。此外,由于计算机科学的快速发展,各种统计软件不断涌现,因此,本书针对Microsoft Office中的Excel统计模块的数据处理功能进行介绍,在加强统计学抽象概念直观化的基础上,提高学生的数据处理能力。

本书主要分为两大部分:第一部分是学习指导,由每章的学习目的和要求、内容提要、课后习题答案、课外习题和课外习题参考答案五块内容组成;第二部分是Excel统计数据处理,即统计学的实验指导。另外,本书还附加了一份综合案例和一份考试样卷及样卷答案。

本书参与修订的人员是上海财经大学浙江学院的相关教师,具体分工如下:靳俊娇修订第一、二、三章,孔晓瑞修订第四、六章和样卷,胡志明修订第五、七章,刘梦玲与倪明明共同修订第八、十章,刘琦璐修订第九、十一章,刘小锋修订第二部分。对上述老师的辛勤付出,在此一并致以谢意。

编　者

2022年7月

目　录

第一部分　学习指导

第二部分 Excel 统计数据处理

第三部分 样 卷

第一部分

学习指导 1

第一章 绪 论

一、学习目的和要求

(1) 了解"统计"一词的渊源及其含义;
(2) 了解统计学是如何产生的;
(3) 了解统计学的性质和特点;
(4) 掌握统计学的内容和一些基本概念。

二、内容提要

(一)"统计"一词的渊源及含义

"统计"(statistics)一词最早由德国马尔堡和格丁根大学教授阿痕瓦尔(Gottfried Achenwall,1719—1772)提出,意思是指各种现象的状态和状况。我国古代的"统计"一词,原为总计、合计之意。具有现代意义的"统计"一词,则是20世纪初从日本传过来的。

"统计"一词的三种含义:统计活动、统计资料和统计科学。

(二)统计学的产生与发展

统计学是伴随着统计活动的产生和发展而形成的,它的发展过程始终是沿着两条主线展开的:一是以"政治算术学派"为开端形成和发展起来的、以社会经济问题为主要研究对象的社会经济统计,二是以概率论的研究为开端并以概率论为基础形成和发展起来的、以方法和应用研究为主的数理统计。

在统计学的产生和发展过程中,产生了许多不同的统计学派,如形成于德国的"国势学派",形成于英国的"政治算术学派",产生于19世纪中叶的"数理统计学派""社会统计学派"等。

(三)统计学的性质和特点

近年来,我国统计学界提倡的观点认为,统计学只有一门,包括数理统计学和社会经济统计学。它既不同于数学,也不同于经济学等其他实质性科学,而是一门研究客观事物数量方面的独立的方法论科学。

统计学研究的特点：(1) 从研究对象来看，它研究客观事物的数量方面；(2) 从研究方法来看，它强调对客观事物总体进行大量观察，通过归纳和推理来获得总体数量方面的综合性认识；(3) 从学科体系来看，统计学是一门多科性的科学，是一个学科“家族”。

(四) 统计学的内容和一些基本概念

统计学的内容：描述统计学和推断统计学。

统计分析中的几个重要概念：总体与总体单位(个体)、指标、变量。

三、课后习题答案

思考题

1. 现代的“统计”一词通常包括统计活动、统计资料和统计科学三种含义。

(1) 统计活动是指人们根据一定的目的，采用相应的统计方法收集资料、整理资料和分析资料的工作过程。

现在各国的政府统计，包括经济、社会和科技等方面的统计；联合国统计机构的活动，如世界经济发展和环境统计、各国经济比较等；以及工矿企业或经营服务部门对生产经营过程中的投入和产出所进行的各种计量行为都是统计活动。

(2) 统计资料是统计活动的最终成果。例如，某报报道：“2021 年某市实现国内生产总值 1 543.63亿元，按可比价格计算，比去年同期增长 13.7%，增幅比去年同期高 1.6 个百分点，比全国平均增长速度约高 4 个百分点……”

统计资料以较为专业的形式出现的有：联合国统计年鉴、统计月刊、各国出版发行的经济年鉴等。

(3) 统计学是一门指导统计工作的方法论科学，是统计活动的经验总结。英国《不列颠百科全书》中就指出“Statistics is the art and science of gathering, analyzing and making inference from data”，它强调统计是独立于数学以外的一门学科，是收集、分析资料进而做出推断的艺术与科学的结合。

三者关系为：统计科学与统计活动之间的关系是理论与实践的关系，统计资料则是统计活动的成果。

2. 统计学作为一门系统的科学，距今只有三百多年的历史，产生于欧洲资本主义社会初期，经历了古典统计学、近代统计学和现代统计学三个时期，先后产生过政治算术学、国势学、社会统计学和数理统计学等重要学派。

数理统计学从其发展的时间进程看，可分为三个时代：卡尔·彼尔逊统计时代、R.A.费雪统计时代和 J.奈曼—E. S.彼尔逊统计时代。1946 年，瑞典统计学家克拉默尔发表了《统计学的数学方法》一书，用测度论系统总结了数理统计的发展，标志着统计学开始由近代转向现代。因此，上述三个时代的后两个时代可归入现代统计学范畴。

3. 描述统计(descriptive statistics)是用来描绘(describe)或总结(summarize)观察量的基本情况的统计方法。

推断统计是指依据样本资料推断总体特征的技术和方法，包括参数估计和假设检验的方法。

描述统计与推断统计紧密联系，描述统计是推断统计的前提，推断统计是描述统计的发展。

4. 统计总体(population)简称总体，是统计研究所确定的客观对象，它是根据一定的研究目的，在同质基础上，由客观存在的许多个别单位所组成的一个整体。

总体单位(unit)，又称个体，是那些具有某种共同性质并组成总体的个别单位，是各项统计数字的原始承担者。总体单位既有同质性，又有差异性。

同质性是各个总体单位所具有的某一种共同的属性或特征，是总体赖以形成的客观基础；因为每一个总体单位除了具有一个与其他总体单位性质相同的属性或特征以外，还有许多其他总体单位所不具备的属性或特征，所有总体单位所具有的各种不同的数量特征、属性或数量关系构成了总体内部的差异性。

5. 确定性变量受确定性的因素影响，也就是说，影响变量变化的因素是明确的、可解释的。在这种因素的影响下，变量的变化幅度、变化方向是可以确定的，从数学角度看，变量表现为函数关系。例如，职工的工资总额一般受职工人数和职工平均工资两个因素的影响，它们各自的变化及两者之间的交互作用对工资总额的变动影响是确定的。

随机变量受随机因素的影响，随机因素的变化具有不确定性和偶然性，如气候的变化、海水潮汐的涨落等。概率论的表述为：大量重复等概率事件试验，事件出现结果事先知道，但哪一种结果出现未知，需要研究的是事件出现的概率，这样的事件被称为随机变量。但是，变量的随机性并不意味着人类对其无能为力，统计要研究的正是现象的不确定性，就是要依据不确定因素相互抵消的特性并通过大量观察来研究随机现象的某种规律性。

6. 离散型变量只能取整数，如人数、企业数、学校数等，计量单位一般为自然单位，如个、匹、头等。

连续型变量则可以取任意小数，如产值、销售额、固定资产投资额等，计量单位为价值单位；或可以取任意两个变量中的一个无限小数，大多为某种测量器具的测量结果，一般用度量衡单位表示，如某种零件的大小尺寸、直径、重量、体积、容积等。

四、课外习题

(一) 单项选择题

1. 人们在使用“统计”一词时，通常有三种不同的含义，其中不正确的一项是(　　)。

A. 统计工作　　B. 统计方法　　C. 统计数据　　D. 统计学

2. 统计是从社会经济现象的(　　)。

A. 质的方面去研究其量的方面　　B. 量的方面去研究其质的方面

C. 质与量的辩证统一中研究其量的方面　　D. 质与量的辩证统一中研究其质的方面

3. 根据统计方法的构成，可将统计学分为(　　)。

A. 描述统计学和推断统计学　　B. 描述统计学和应用统计学

C. 理论统计学和推断统计学　　D. 理论统计学和应用统计学

4. 统计学研究中使用的方法是(　　)。

A. 纯粹的演绎　　B. 纯粹的归纳

C. 演绎与归纳相结合，以归纳为主导　　D. 演绎与归纳相结合，以演绎为主导

5. 政治算术学派的创始人之一是(　　)。

A. 高尔登　　B. 凯特勒　　C. 约翰·格朗特　　D. 彼尔逊

6. 为运用数学理论研究概率论开辟道路的论著是(　　)。

A.《政治算术》　　B.《概率论书简》　　C.《论赌博》　　D.《概率论分析》

7. 在统计史上被认为有统计学之实而无统计学之名的统计学派是(　　)。

A. 数理统计学派　　B. 政治算术学派　　C. 社会统计学派　　D. 国势学派

8. 统计对社会经济现象总体数量的认识是(　　)。

A. 从定性到定量　　B. 从定量到定性　　C. 从个体到总体　　D. 从总体到个体

9. 最早把统计学引入我国的是(　　)。

A. 横山雅男　　B. 高野岩三郎　　C. 田井要助　　D. 犹尔

10. 统计认识活动的过程逻辑上就是(　　)的过程。

A. 理性认识　　B. 感性认识　　C. 归纳推理　　D. 大量观察

11. (　　)反映的是现象总体的相对水平或工作质量,一般表现为相对数或平均数。

A. 数量指标　　B. 质量指标　　C. 实物指标　　D. 价值指标

12. 被认为是推断统计学基础理论奠基者的是(　　)。

A. 皮埃尔　　B. 汤姆斯·辛普森　　C. 彼尔逊　　D. 费雪

13. 第一位在数量统计和概率论领域享有国际声誉的中国数学家是(　　)。

A. 许宝騄　　B. 金国宝　　C. 朱君毅　　D. 魏宗舒

14. 比利时统计学家、数学家和天文学家(　　),把德国的国势学、英国的政治算术与意大利及法国的古典概率论结合起来,开创了近代统计学的新纪元。

A. 高尔登　　B. 凯特勒　　C. 约翰·格朗特　　D. 彼尔逊

15.(　　)于 1809 年提出最小二乘法,发现了正态分布,从而奠定了统计估计的理论基础。

A. 高斯　　B. 凯特勒　　C. 约翰·格朗特　　D. 彼尔逊

16. 设某地区有 800 家独立核算的工业企业,要研究这些企业的产品生产质量情况,总体单位是(　　)。

A. 全部工业企业　　B. 800 家工业企业

C. 每一件产品　　D. 800 家工业企业的全部工业产品

17. 如果要调查 200 家公司的工资水平,现有 200 家公司每位职工的工资资料,则统计总体为(　　)。

A. 200 家公司的全部职工　　B. 200 家公司

C. 200 家公司职工的全部工资　　D. 200 家公司每个职工的工资

18. 以产品等级来反映某种产品的质量,则该产品等级是(　　)。

A. 数量标志　　B. 数量指标

C. 品质标志　　D. 质量指标

19. 某工人月工资为 550 元,工资是(　　)。

A. 品质标志　　B. 数量标志　　C. 变量值　　D. 指标

20. 某班四名学生的金融考试成绩分别为 70 分、80 分、86 分和 95 分,这四个数字是(　　)。

A. 标志　　B. 指标值　　C. 指标　　D. 变量值

21. 年龄是（　　）。
A. 变量值
B. 离散型变量
C. 连续型变量，但在应用中常按离散型变量处理
D. 连续型变量
22. 工业企业的职工人数、职工工资是（　　）。
A. 连续型变量
B. 离散型变量
C. 前者是连续型变量，后者是离散型变量
D. 前者是离散型变量，后者是连续型变量

（二）多项选择题

1. 统计的含义一般有（　　）。
A. 统计工作　B. 统计会议　C. 统计学
D. 统计报刊　E. 统计资料
2. 政治算术学派的创始人有（　　）。
A. 阿罕华尔　B. 凯特勒　C. 威廉・配第
D. 恩格尔　E. 约翰・格朗特
3. 根据统计方法的构成，可将统计学分为（　　）。
A. 应用统计学　B. 推断统计学　C. 理论统计学
D. 描述统计学　E. 统计数学
4. 下列属于应用统计学范畴的是（　　）。
A. 生物统计学　B. 农业统计学　C. 卫生统计学
D. 社会统计学　E. 人口统计学
5. 对社会经济统计的产生和发展有一定影响的人物主要有（　　）。
A. 威廉・配第　B. 凯特勒　C. 李・普莱
D. 恩格尔　E. 约翰・格朗特
6. 下列属于描述统计中常用的图示法有（　　）。
A. 多边图　B. 直方图　C. 圆形图
D. 散点图　E. 全距
7. 下列属于数量指标的有（　　）。
A. 人口总数　B. 平均年龄　C. 国内生产总值
D. 工资总额　E. 平均身高
8. 下列属于基本统计指标的有（　　）。
A. 社会指标体系　B. 能源指标体系　C. 经济指标体系
D. 固定资产投资指标体系　E. 教育指标体系
9. 下列属于专题统计指标的有（　　）。
A. 社会指标体系　B. 能源指标体系　C. 经济指标体系
D. 固定资产投资指标体系　E. 教育指标体系
10. 下列属于离散型变量的有（　　）。

A. 产值　　B. 人数　　C. 学校数
D. 企业数　　E. 销售额

（三）判断题

1. 统计学是随着人类社会的发展和社会管理的需要而发展起来的。（　）
2. 统计数据的整理是对统计数据的加工处理过程，是统计学的核心内容。（　）
3. “政治算术学派”的创始人是威廉·配第和拉普拉斯。（　）
4. 比利时统计学家凯特勒对统计学的主要贡献是将自然科学的研究方法引进社会现象的研究中来。（　）
5. 以社会经济问题为主要研究对象的社会经济统计是以“国势学派”为开端形成和发展起来的。（　）
6. 数学与统计学一样，并不能独立地直接研究和探索客观现象的规律，而是给各学科提供了一种研究和探索客观规律的数量方法。（　）
7. 概率论最初的研究是为赌徒们找出掷骰子取胜的一套办法，所以，数理统计学研究领域最早的论著为《论赌博》。（　）
8. 运用统计方法可以研究各学科的规律和解决其具体问题。（　）
9. 统计研究事物的数量方面，指的是个别事物的数量方面，而不是总体的数量方面。（　）
10. 总供给和总需求的平衡关系属于数量界限。（　）

（四）名词解释

1. 描述统计　　2. 推断统计　　3. 参数统计学
4. 非参数统计学　　5. 统计总体　　6. 总体单位
7. 有限总体　　8. 无限总体　　9. 变量
10. 确定性变量　　11. 随机变量　　12. 离散型变量
13. 连续型变量　　14. 统计指标　　15. 国内生产总值
16. 数量指标　　17. 质量指标　　18. 基本统计指标体系
19. 专题统计指标体系　　20. 正指标　　21. 逆指标

（五）简答题

1. 简述“统计”一词的含义。
2. 数理统计学从其发展的时间进程看，可以分为哪三个时代？
3. 社会经济统计研究的对象有哪些？
4. 统计学研究有什么特点？
5. 统计指标有什么特点？
6. 什么是指标体系？分类有哪些？
7. 为什么说统计学是一门多科性的科学？
8. 简述有限总体与无限总体的区别。
9. 简述统计指标的含义。
10. 总体单位有哪些特性？

五、课外习题参考答案

（一）单项选择题

1. B 2. D 3. A 4. C 5. C 6. C 7. B 8. C 9. A 10. C 11. B 12. D 13. A 14. B 15. A 16. C 17. A 18. C 19. B 20. D 21. C 22. D

（二）多项选择题

1. ACE 2. CE 3. BD 4. ABCDE 5. ACDE 6. ABCD 7. ACD 8. AC 9. BDE 10. BCD

（三）判断题

1. √ 2. × 3. × 4. √ 5. × 6. √ 7. √ 8. × 9. × 10. ×

（四）名词解释

1. 描述统计是用来描绘或总结观察量的基本情况的统计方法，内容包括统计数据的收集、数据的加工处理、数据的显示、数据分布的特征概括等。

2. 推断统计是指依据样本资料推断总体特征的技术和方法，包括参数估计和假设检验的方法。

3. 参数统计学，又称推论统计学，依照总体条件的差异性又可分为参数统计学和非参数统计学。其中，参数统计学是指总体呈正态分布的统计推论方法。

4. 推论统计学依照总体条件的差异性又可分为参数统计学和非参数统计学。其他所有应用于非正态分布总体的统计推论方法，都称为非参数统计学。

5. 统计总体（population）简称总体，是统计研究所确定的客观对象，它是根据一定的研究目的，在同质基础上，由客观存在的许多个别单位所组成的一个整体。

6. 总体单位（unit），又称个体，是那些具有某种共同性质并组成总体的个别单位，是各项统计数字的原始承担者。总体单位既有同质性，又有差异性。

7. 有限总体是指总体所包括的总体单位是可数可列的，即这些总体单位是数得清而且可以按一定的序号排列的。社会经济总体大多是有限总体，如人口数、企业数、学校数等。

8. 无限总体是指总体所包括的总体单位是不可数不可列或可数不可列的。不可数不可列是指总体所包括的总体单位数不清，自然无法编号。

9. 变量是标志的具体表现或指标的具体数值，如职工人数、年龄、工资，国内生产总值、销售总值、固定资产投资总额等。在数学中，定量变量就是变量，任意一个变量可以有一系列的取值，一般可用 X、Y、Z 来表示。

10. 确定性变量受确定性的因素影响，也就是说，影响变量变化的因素是明确的、可解释的。在这种因素的影响下，变量的变化幅度、变化方向是可以确定的。

11. 随机变量受随机因素的影响，随机因素的变化具有不确定性和偶然性，如气候的变化、海水潮汐的涨落等。

12. 离散型变量只能取整数，如人数、企业数、学校数等，计量单位一般为自然单位，如个、匹、头等。

13. 连续型变量可以取任意小数，如产值、销售额、固定资产投资额等，计量单位为价值单位；或可以取任意两个变量中的一个无限小数，大多为某种测量器具的测量结果，一般用度量衡单位表示，如某种零件的大小尺寸、直径、重量、体积、容积等。

14. 统计指标是指综合反映统计总体的某一方面数量特征的概念和数值。

15. 国内生产总值是指一个国家或一个地区在一定时期内所生产和提供的最终使用的产品和服务的总价值。

16. 数量指标反映了现象总体的总规模、总水平或工作总量，一般表现为绝对数，如人口总数、国内生产总值、工资总额等。

17. 质量指标反映的是现象总体的相对水平或工作质量，一般表现为相对数或平均数。

18. 基本统计指标体系是反映国民经济和社会发展基本情况的指标体系，包括社会指标体系、经济指标体系和科技指标体系等。

19. 专题统计指标体系是反映某一方面社会经济问题的指标体系，如能源指标体系、固定资产投资指标体系、教育指标体系等。

20. 正指标是指这部分指标的数值越大，其所反映现象的数量特征的效果越好；反之，其所反映现象的数量特征的效果越差。

21. 逆指标是指这部分指标的数值越小，其所反映现象的数量特征的效果越好；反之，其所反映现象的数量特征的效果越差。

（五）简答题

1. 现代的“统计”一词通常包括统计活动、统计资料和统计科学三种含义。

（1）统计活动是指人们根据一定的目的、采用相应的统计方法收集资料、整理资料和分析资料的工作过程。

（2）统计资料是统计活动的最终成果，统计资料以较为专业的形式出现的有：联合国统计年鉴、统计月刊、各国出版发行的经济年鉴等。

（3）统计学则是一门指导统计工作的方法论科学，是统计活动的经验总结。

2. 数理统计学从其发展的时间进程看，可以分为卡尔·彼尔逊统计时代、R.A.费雪统计时代和J.奈曼—E. S.彼尔逊统计时代。

3. 社会经济统计主要研究的是社会经济现象的数量方面，具体是指社会经济现象的规模、水平、结构、比例关系、普遍程度、差异程度和发展速度等，即数量的多少、各种数量关系、质与量互变的数量界限等。数量关系包括平衡关系、比例关系和依存关系。数量界限如职工工资总额的增长速度低于国民收入的增长速度，企业平均工资的增长速度低于企业劳动生产率的增长速度等。

4.（1）从研究对象来看，统计学研究的是客观事物的数量方面。

（2）从研究方法来看，统计学研究强调对客观事物总体进行大量观察，通过归纳和推理以获得总体数量方面的综合性认识。

（3）从学科体系上看，统计学是一门多科性的科学，是一个学科“家族”。

5. 统计指标的特点有：

（1）综合性。任何一个指标数值总是通过对总体所有单位某种标志的登记并加以汇总所得到的结果。它说明的不是个别单位或部分单位的数量特征，而是构成总体的全部单位的综合结果。因此，它抽象了现象总体各单位在某一方面的差异性，从而较为集中地概括和体现了现象总体在活动过程中某一方面的数量特征和质的属性。

(2) 具体性。统计指标总是总体某一方面质和量的统一，说明总体在具体时间、对象范围内的数量表现。

6. 单一指标只能反映总体某一方面的特征和属性，这就要求设置一整套相互联系的指标，从不同的角度来反映总体各方面的特征和属性。这些根据统计研究的、需要由一系列相互联系的指标构成的整体称作指标体系。统计指标体系有多种分类，其中最主要的是按指标的作用分为基本统计指标体系和专题统计指标体系。基本统计指标体系是反映国民经济和社会发展基本情况的指标体系，包括社会指标体系、经济指标体系和科技指标体系等；专题统计指标体系是反映某一方面社会经济问题的指标体系，如能源指标体系、固定资产投资指标体系、教育指标体系等。

7. 统计学的主体部分包括数理统计学和应用统计学，而应用统计学又包括社会经济统计学和自然科学技术应用统计学，每一个科目又有许多具体的分支。其中，数理统计学的性质和任务偏重于应用，但其理论阐述却必须使用专门的数学知识，特别是概率论；再者，数理统计学与其他数学分支有较多的依赖关系，如数学分析、函数论、矩阵代数、组合数学，甚至测度论、泛函分析、拓扑学和抽象代数等。此外还有统计史，包括统计工作史、统计学说史、统计思想史和国际比较统计等。因此，统计学是一门多科性的科学。

8. 有限总体是指总体所包括的总体单位是可数可列的，即这些总体单位是数得清而且可以按一定的序号排列的。社会经济总体大多是有限总体，如人口数、企业数、学校数等。无限总体是指总体所包括的总体单位是不可数不可列或可数不可列的。不可数不可列是指总体所包括的总体单位数不清，自然无法编号。

9. 统计指标是综合反映统计总体某一方面数量特征的概念和数值。任何一个统计指标一定是抽象的指标概念与具体的指标数值的结合。指标概念的内涵是对总体本质特征的一种抽象和概括，体现了对总体"质"的规定性，它在规定总体某一方面数量特征的理论指导下界定了指标概念的外延——指标的核算范围、计算方法和计量单位。指标数值是指标在一定时间和对象范围下具体的数量表现。

10. 总体单位是指那些具有某种共同性质并组成总体的个别单位，是各项统计数字的原始承担者。总体单位既有同质性，又有差异性。同质性是各个总体单位所具有的某一种共同的属性或特征，是总体赖以形成的客观基础；因为每一个总体单位除了具有一个与其他总体单位性质相同的属性或特征以外，还有许多其他总体单位所不具备的属性或特征，所有总体单位所具有的各种不同的数量特征、属性或数量关系构成了总体内部的差异性。

第二章　统 计 调 查

一、学习目的和要求

（1）了解统计调查的概念与分类；
（2）了解我国统计数据调查的组织形式有哪些；
（3）了解统计调查的误差类型；
（4）掌握统计调查方案的撰写方法。

二、内容提要

（一）统计调查的概念与分类

统计调查，是指按照统计研究的目的和任务，运用科学的调查方法，有组织、有计划地对客观现象收集统计资料的工作过程。从认识论的角度来看，统计调查属于认识的感性阶段，是认识的起点。

按调查对象所包括的范围，统计调查可分为全面调查和非全面调查。

按登记的时间是否连续，统计调查可分为经常性调查和一次性调查。

统计调查的方法有：直接观察法、采访法、试验法、问卷法和报告法。

（二）我国统计数据调查的组织形式

统计报表制度，是指由政府主管部门以统计表格形式和行政手段自上而下布置，之后由企、事业单位根据一定的原始记录和核算数据，按照规定的报送时间和程序，自下而上层层汇总上报统计资料的组织形式。

我国现行的国家统计报表制度由国家统计局制定，或者由国家统计局和国务院有关部门共同制定，目的是用于收集国民经济、社会和科技发展情况。用于政府管理目的的各类统计调查，是各级国家统计部门实施国家统计调查项目的业务工作方案。

按制度颁发的单位不同可划分为国家统计报表制度、部门统计报表制度以及地方统计报表制度。

按调查时间的性质可划分为周期性普查制度、经常性调查和非经常性调查。

统计报表一般可由报表目录、表式和填表说明组成。

抽样调查是从总体中抽取部分单位组成样本，对样本指标进行测定并据此对总体数量特征进行估计或做出判断。抽样调查分为随机抽样和非随机抽样。随机抽样是按照随机原则从总体中抽样。随机抽样又分为简单随机抽样、系统抽样、分层抽样和整群抽样。非随机抽样是不按照随机原则来抽取样本中的单位。非随机抽样可分为方便抽样、判断抽样、定额抽样和滚雪球抽样。

（三）统计调查误差

统计调查所得到的资料与现象总体在某一方面的数量特征的现实必定会存在一定的差距，这种差距称为数据收集误差，又称统计调查误差，简称统计误差(statistical error)。一般来说，这种误差有两种：登记性误差和代表性误差。代表性误差按照其产生原因又分为两种，即系统性误差和抽样误差。

调查误差有两种测度，即总误差率和净误差率。

（四）统计调查方案

一项计划周密、体系完整、结构合理的统计调查方案应包括以下内容：确定调查目的，确定调查对象，撰写调查提纲，明确调查时间以及制订实施计划。

调查表是用以登记调查单位具体特征和情况的表格，以便填写和登记反映调查单位某些方面的数量特征的有关标志和项目。调查表按其调查单位的多少和调查项目的多少，可分为单一表和一览表两种形式。

调查表的结构与统计表大致相同，一般由表头、表身和表脚三部分组成。

问卷也是调查表的一种类型，其特点是在表中的项目以一系列选择性问答的形式出现，要求被调查人员(investigator)根据事实或对某一个问题的看法来选择问卷，事先给定答案中的一个或若干个，作为被调查人员的回答。

问卷设计的程序包括前期调查、初步设计、使用问卷和修订问卷等。问卷一般由说明词、指导语、调查内容和编码四部分组成。

三、课后习题答案

（一）思考题

1. 统计调查是指按照统计研究的目的和任务，运用科学的调查方法，有组织、有计划地对客观现象收集统计资料的工作过程。从认识论的角度来看，统计调查属于认识的感性阶段，是认识的起点。统计调查到的资料可分为原始资料和次级资料。

2. 按调查对象所包括的范围，统计调查可分为全面调查和非全面调查；按登记的时间是否连续，统计调查可分为经常性调查和一次性调查。

3. 统计调查的方法有：直接观察法、采访法、试验法、问卷法和报告法。

4. 统计报表制度是指由政府主管部门以统计表格形式和行政手段自上而下布置，而后由企、事业单位根据一定的原始记录和核算数据，按照规定的报送时间和程序，自下而上层层汇总上报统计资料的组织形式。

5. 普查是为某种特定目的按一定周期专门组织的一次性大规模的全面调查，用来调查社会现象的全面资料。普查的特点有：(1) 专门调查；(2) 周期性调查；(3) 全面调查；(4) 普查对资料的准确性和实效性要求高，调查工作面广、量大，必须集中领导和统一行动，规定统一的标准时点、统一的普查期限和统一的普查项目。

6. 抽样调查是从总体中抽取部分单位组成样本，对样本指标进行测定并据此对总体数量特征进行估计或做出判断。

7. 统计调查所得到的资料与现象总体在某一方面的数量特征的现实必定会存在一定的差距，这种差距称为数据收集误差，又称统计调查误差，简称统计误差(statistical error)。一般来说，这种误差有两种：登记性误差和代表性误差。代表性误差按照其产生原因又分为两种，即系统性误差和抽样误差。

8. 调查对象就是要进行调查的社会经济现象的总体。调查单位是需要对它的标志进行登记的每一个总体单位，也就是需要进行登记的标志的承担者。

9. 调查表是用以登记调查单位具体特征和情况的表格，以便填写和登记反映调查单位某些方面的数量特征的有关标志和项目。调查表按其调查单位的多少和调查项目的多少，可分为单一表和一览表两种形式。

调查表的结构与统计表大致相同，一般由表头、表身和表脚三部分组成。

10. 问卷也是调查表的一种类型，其特点是在表中的项目以一系列选择性问答的形式出现，要求被调查人员(investigator)根据事实或对某一个问题的看法来选择问卷，事先给定答案中的一个或若干个，作为被调查人员的回答。

问卷设计的程序包括前期调查、初步设计、使用问卷和修订问卷等。问卷一般由说明词、指导语、调查内容和编码四部分组成。

11. 净误差率为−6%，不能计算总误差率。

(二) 填空题

1. 专门调查　2. 一次性　3. 总体　4. 观察法、访问法、问卷法、报告法、实验法　5. 无法消除的

(三) 单项选择题

1. A　2. B　3. A　4. D　5. C

(四) 多项选择题

1. BCE　2. ABC　3. ABCDE

(五) 判断题

1. ×　2. √　3. √　4. ×

四、课外习题

(一) 单项选择题

1. 某地区为了掌握该地区水泥生产的质量情况，拟对占该地区水泥总产量的 80%的五个

大型水泥厂的生产情况进行调查，这种调查方式是（　　）。

A. 普查　　B. 典型调查　　C. 方便抽样　　D. 重点调查

2. 某灯泡厂为了掌握该厂的产品质量情况，拟进行一次全厂的质量大检查，这种检查应选择（　　）。

A. 统计报表　　B. 重点调查　　C. 全面调查　　D. 抽样调查

3. 人口普查规定统一的标准时间是为了（　　）。

A. 避免登记的重复与遗漏　　B. 确定调查的范围

C. 确定调查的单位　　D. 登记的方便

4.（　　）宜采用标准式访问。

A. 居民入户调查　　B. 座谈会

C. 当事人或知情者个别采访　　D. 观察法

5. 某地进行国有商业企业经营情况调查，则调查对象是（　　）。

A. 该地所有商业企业　　B. 该地所有国有商业企业

C. 该地每一国有商业企业　　D. 该地每一商业企业

6.（　　）的报告单位与调查单位是一致的。

A. 工业普查　　B. 工业设备调查

C. 职工调查　　D. 未安装设备调查

7. 调查项目通常以表的形式表示，称作调查表，一般可分为（　　）。

A. 单一表和复合表　　B. 单一表和一览表

C. 简单表和复合表　　D. 简单表和一览表

8. 通过调查大庆、胜利、辽河等油田，了解我国石油生产的基本情况。这种调查方式是（　　）。

A. 典型调查　　B. 重点调查　　C. 抽样调查　　D. 普查

9. 统计调查的基本任务是取得原始统计资料，所谓原始统计资料是（　　）。

A. 统计部门掌握的资料

B. 对历史统计资料进行整理后取得的资料

C. 直接向调查单位进行登记所取得的资料

D. 统计年鉴或统计公报上发布的资料

10. 某市进行工业企业生产设备普查，要求在 7 月 1 日至 7 月 10 日全部调查完毕，则这一时间规定是（　　）。

A. 调查时间　　B. 调查期限　　C. 标准时间　　D. 登记期限

11. 调查某市工业企业职工的工种、工龄、文化程度等情况，（　　）。

A. 填报单位是每个职工

B. 调查单位是每个企业

C. 调查单位和填报单位都是企业

D. 调查单位是每个职工，填报单位是每个企业

12. 统计调查所搜集的可以是原始资料，也可以是次级资料。原始资料与次级资料的关系是（　　）。

A. 原始资料来源于基层单位，次级资料来源于上级单位

B. 次级资料是由原始资料加工整理而成

C. 原始资料与次级资料之间无必然联系
D. 原始资料与次级资料没有区别

(二)多项选择题

1. 普查是一种(　　)。
A. 非全面调查　　B. 专门调查　　C. 全面调查
D. 一次性调查　　E. 经常性调查
2. 某地对集市贸易个体户的偷漏税情况进行调查,1 月 5 日抽选 5%样本检查,5 月 1 日抽选 10%样本检查,这种调查是(　　)。
A. 非全面调查　　B. 一次性调查　　C. 不定期性调查
D. 定期性调查　　E. 经常性调查
3. 邮寄问卷适用的调查对象有(　　)。
A. 企业　　B. 机关团体　　C. 个人
D. 特定的群体　　E. 所有的人群
4. 询问调查法有(　　)。
A. 访问调查　　B. 邮寄调查　　C. 电话调查
D. 计算机辅助调查　　E. 观察法
5. 非全面调查是指(　　)。
A. 普查　　B. 统计报表　　C. 重点调查
D. 典型调查　　E. 抽样调查
6. 某市对全部工业企业生产设备的使用情况进行普查,则每一台设备是(　　)。
A. 调查单位　　B. 调查对象　　C. 总体单位
D. 填报单位　　E. 报告单位
7. 下列各调查中,调查单位和填报单位一致的是(　　)。
A. 企业设备调查　　B. 人口普查　　C. 工业企业普查
D. 商业企业调查　　E. 商品价格水平调查

(三)判断题

1. 重点调查是在调查对象中选择一部分样本进行的一种全面调查。(　　)
2. 报告单位是指负责报告调查内容的单位。报告单位与调查单位有时一致,有时不一致,这要根据调查任务来确定。(　　)
3. 访问调查回答率较低,但其调查成本低。(　　)
4. 当调查对象分布区域较广时宜采用邮寄调查。(　　)
5. 电话调查的问题要明确且数量要少。(　　)
6. 观察法是一种盲目性的被动感受。(　　)
7. 观察法可获得大量真实的第一手资料,但要花费大量的人力、物力、财力和时间。(　　)
8. 实验法是一种特殊的观察法。(　　)
9. 一览表是指一份表格上只体现一个调查单位的情况表。(　　)

(四) 名词解释

1. 统计调查	2. 原始资料	3. 次级资料	4. 统计报表制度
5. 抽样调查	6. 随机抽样	7. 简单随机抽样	8. 分层抽样
9. 整群抽样	10. 方便抽样	11. 判断抽样	12. 定额抽样
13. 滚雪球抽样	14. 统计误差	15. 登记性误差	16. 代表性误差
17. 系统性误差	18. 抽样误差		

(五) 简答题

1. 简述统计调查的作用和意义。
2. 衡量原始资料质量的标准有哪些?
3. 什么是全面调查和非全面调查? 并举例说明。
4. 统计调查的方法有哪些?
5. 统计报表制度有哪些特点?
6. 随机抽样有什么优点?
7. 整群抽样与分层抽样有何区别?
8. 简述任意抽样的理论依据及其优缺点。
9. 定额抽样有什么优缺点?
10. 简述统计调查方案包含的内容。

五、课外习题参考答案

(一) 单项选择题

1. D　2. C　3. A　4. A　5. B　6. A　7. B　8. B　9. C　10. B　11. D　12. B

(二) 多项选择题

1. BCD　2. ABC　3. ABCD　4. ABCD　5. CDE　6. AC　7. CD

(三) 判断题

1. ×　2. √　3. ×　4. √　5. √　6. ×　7. √　8. √　9. ×

(四) 名词解释

1. 统计调查是指按照统计研究的目的和任务,运用科学的调查方法,有组织、有计划地对客观现象收集统计资料的工作过程。

2. 原始资料,又称初级资料,是未经任何加工整理的第一手资料,是总体各单位有关标志的变异、变量,收集反映总体各单位的个别特征和属性的数据。

3. 次级资料,又称二手资料,是由原始资料过渡而来、已经过加工整理的资料。

4. 统计报表制度是指由政府主管部门以统计表格形式和行政手段自上而下布置,之后由企、事业单位根据一定的原始记录和核算数据，按照规定的报送时间和程序，自下而上层层汇总上报统计资料的组织形式。

5. 抽样调查是指从总体中抽取部分单位组成样本，对样本指标进行测定并据此对总体数量特征进行估计或做出判断。

6. 随机抽样是指按照随机原则从总体中抽样。所谓随机原则，是根据概率的基本原理，使得总体中每一个单位都有同等被选中的机会，也称机会均等原则。因此，总体所包括的每一个单位都有被抽中的可能性，使样本单位在总体中的分布保持均匀性，从而保证了样本的代表性。

7. 简单随机抽样，也称纯随机抽样，是指对总体不进行任何处理的情况下，所进行的等概率抽样。

8. 分层抽样，也可以称为类型抽样，即根据一些相同的特征，把总体中的 N 个单位分成不同的层，尽量使每一层各单位更具有相似性，层与层之间具有差异性，接着在每一层中都采用简单随机抽样，最后把每层的简单随机样本合并起来。

9. 整群抽样，又称聚类抽样，是将总体中各单位归并成若干个互不交叉、互不重复的集合，也就是群；然后以群为抽样单位抽取样本，对选中的单位进行全面调查的一种抽样方式。

10. 方便抽样，又称便利抽样或任意抽样，是指调查人员本着随意性原则去选择样本的抽样方式。

11. 判断抽样，又称典型抽样或立意抽样，根据调查人员的主观经验，按照一定的标准在总体中选择若干有代表性的单位组成样本进行调查。

12. 定额抽样，也称配额抽样，根据一定的身份配额抽选受访者进行调查。

13. 滚雪球抽样是一种针对稀疏总体进行的抽样方法，抽选时，先随机选择一些被访者并对其实施访问，再请他们提供另外一些属于所研究目标总体的调查对象，根据所形成的线索选择此后的调查对象，然后通过这些受访者找到更多符合条件的受访者，逐步外推，直至达到要求的样本数。

14. 统计调查所得到的资料与现象总体在某一方面的数量特征的现实必定会存在一定的差距，这种差距称为数据收集误差，又称统计调查误差，简称统计误差。

15. 登记性误差是在调查登记过程中产生的误差，这种误差在全面调查或非全面调查中都有可能发生。

16. 代表性误差只有在抽样调查中才有可能发生，是指根据样本去推断总体时所产生的误差。

17. 系统性误差是进行抽样调查时违反了随机原则所造成的误差，所以又称随机误差。

18. 抽样误差是由于用样本来推断总体时的偶然性因素所造成的误差。

（五）简答题

1. 统计调查属于认识的感性阶段，是认识的起点。所以，数据收集是整个统计工作的基础环节，以后阶段的资料整理、计算汇总和分析研究都在它的基础上进行。因此，统计调查工作的好坏、所取得的资料质量的好坏，将直接影响以后各阶段工作的好坏、影响整个统计工作成果的成败。

2. (1) 准确性，是指各项原始资料必须真实可靠、符合客观实际。原始资料只有真实可靠，才能对问题做出正确的判断，得出科学的结论。

（2）完整性，是指各项原始资料全面、系统，能够尽最大的可能反映事物的全貌和全过程。原始资料是否全面，一般包括以下几个方面：是否包括全部调查单位，是否包括全部应登记的标志，以及是否全部问题都有答案。

（3）及时性，是指必须在调查规定的时间内完成调查任务、上报调查资料。由于统计是对现象的事后计量，所以必须抓紧时间，充分利用资料的时效性。

3. 全面调查是对被调查的对象所包括的单位无一遗漏地全部进行调查，目的是要取得总体的全面、系统、完整的数据资料。各种普查，如人口普查、工业普查和全国耕地面积普查等都是全面调查。

非全面调查是对被调查的对象所包括的部分单位所进行的调查。例如，要了解全国或某一个地区的职工家庭生活状况，可以选择其中一部分有代表性的单位进行调查。

4.（1）直接观察法，是由调查员直接到调查现场进行盘点或计量的方法，如农产品抽样调查、牲畜头数调查等。

（2）采访法，是由调查员面对被调查人员提问，通过被调查人员对问题的直接回答来收集数据的方法。

（3）试验法，是由调研人员改变一些因素或变量，用以观察由此所引起其他因素或变量变化的方法。

（4）问卷法，是调查人员通过某种途径把统一设计的问卷分发给被调查人员，由被调查人员按表中的项目如实填报，然后由调查人员在规定的时间内收回的一种调查方法。

（5）报告法，是被调查单位以各种原始记录和核算单据为依据，通过定期按规定填写报表的方法向上级有关部门提供统计资料的方法。

5.（1）指标的内容和报表的报送时间由国家主管部门统一规定，报表由上至下发放，由填报单位按规定填报后再由下至上层层上报，各填报单位必须严格执行，以保证资料的时效性，为国家计划部门制订计划、检查计划的执行情况提供依据。

（2）报表中所有指标的含义、计算口径和方法也由国家主管部门统一设计和颁布，以便资料的汇总和综合，以保证资料的统一性和相对的稳定性、时间上的连续性，便于积累资料、形成时间序列，为国家决策机构和科研部门提供长期经济分析所需要的依据。

（3）报表的数据应以原始记录为基础，以保证资料的可靠性。

6. 随机抽样是现代推断统计的核心。作为一种非全面调查，它最显著的特点也是其他非全面调查所不具备的优点是：以概率论阐明的有关分布规律为依据，可以推断总体，并具有一定的可靠性和精确度，对抽样误差可以事先加以控制。随机抽样适用于一些不可能进行全面调查，或虽可能取得全面资料但不必进行全面调查的情况，也可用于全面调查的资料的验证和修正。

7.（1）分层抽样要求各层之间的差异很大，层内个体或单元差异小；而整群抽样要求群与群之间的差异比较小，群内个体或单元差异大。

（2）分层抽样的样本是从每个层内抽取若干单元或个体构成的；整群抽样则要么整群抽取，要么整群不被抽取。

8. 任意抽样的基本理论依据是，认为被调查总体的每个单位都是相同的，因此把谁选为样本进行调查，其调查结果都是一样的。事实上，并非所有调查总体中的每一个单位都是一样的。只有在调查总体中各个单位大致相同的情况下，才适宜应用任意抽样法。

任意抽样的优点：任意抽样技术简便易行，可以及时取得所需的数据，节约时间和费用。

这种方法适用于探测性调查，或调查前的准备工作。一般在调查总体中每一个体都是同质时，才能采用此类方法。

缺点：实践中并非所有总体中每个个体都是相同的，所以抽样结果偏差较大、可信程度较低，它的样本没有足够的代表性。

9. 定额抽样的优点：适用于设计调查者对总体的有关特征具有一定的了解而样本数较多的情况下，实际上，定额抽样属于先“分层”(事先确定每层的样本量)再“判断”(在每层中以判断抽样的方法选取抽样个体)；费用不高，易于实施，能满足总体比例的要求。

定额抽样的缺点：容易掩盖不可忽略的偏差。

10. (1) 首先要确定调查目的，明确统计调查需要解决的具体问题、收集什么资料、采取怎样的手段或方法来收集资料。

(2) 确定调查对象就是要明确规定被调查总体的调查范围。确定调查单位的同时，还要确定填报单位。填报单位就是向上级提交报表或调查表的单位。

(3) 调查提纲是所要进行调查的具体内容，包括调查单位所要登记的标志和项目。

(4) 调查时间有两个含义：一是指调查资料所属的时间；二是整个调查工作的起止时间，包括收集资料和报送资料所经历的时间。

(5) 调查的组织计划是从组织上保证调查工作顺利进行的依据，其主要内容包括：调查的组织机构；参加调查的单位和人员；调查的方式、方法；调查的时间和地点；调查前的准备工作，如调查的宣传、调查员的培训、调查的文件和经费预算等。对于规模大而又缺乏经验的调查，在正式调查前需要进行试点调查，这就需要明确试点调查的各项细节。

以上五个方面是统计调查方案的主要内容，但调查方案应根据实际情况予以调整，不能教条主义、流于形式，一般可通过试点来进行纠正，使之更趋完善；也可在实际调查中进行检验，及时加以修改和补充，以保证调查顺利进行。

第三章 统计数据处理

一、学习目的和要求

(1) 了解统计数据的含义及其层次、尺度;
(2) 了解统计数据处理的概念和内容;
(3) 掌握统计数据分组的方法;
(4) 掌握频数分布的制作方法;
(5) 掌握一些最基本的统计表和统计图的制作方法。

二、内容提要

(一) 统计数据的含义及分类

统计数据,简称数据,是变量(包括定性和定量变量)的取值,也就是说,统计数据是对所研究对象的属性和特征的具体描述,包括定性变量的文字描述和定量变量的数字描述。

调查取得的统计数据按其时空形态可分为三种形式:时间序列数据、截面数据及面板数据。

数据按其内在性质可分为定性数据和定量数据。

测定数据层次类型应遵循两个原则:互斥原则和穷尽原则。

统计数据的尺度可划分为四个层次:定类尺度、定序尺度、定距尺度及定比尺度。

统计数据可划分为:定类数据、定序数据、定距数据及定比数据。

统计数据质量是一个具有丰富内涵的综合性概念,具体包括统计数据的内容质量、表述质量及约束标准三大方面。

(二) 统计数据处理的概念和内容

统计数据处理,是根据统计研究的目的和要求,对统计调查所得到的资料进行审核、分组、汇总,使之系统化、条理化,形成能反映总体综合特征的数据资料的工作过程。统计整理的资料包括原始资料和次级资料两个方面。

统计数据处理一般包括四个方面的内容:(1) 审核和检查原始资料;(2) 修正统计数据的调查误差;(3) 编制统计数据处理方案;(4) 处理次级资料。

(三) 统计数据分组

统计数据分组，是一种在定性基础上的定量分析方法，是根据研究的目的和要求，将调查到的统计数据按其不同的变量、依据四种数据层次的划分尺度把总体划分为若干个部分的方法。

在统计研究中，统计分组的作用有：(1) 划分社会经济现象的类型；(2) 揭示社会经济现象总体的内部结构；(3) 揭示社会现象之间的依存关系。

正确选择分组变量的原则有：(1) 根据统计研究的目的与任务来选择分组变量；(2) 选择能反映现象本质和主要特征的变量；(3) 结合历史条件、地点条件和具体的情况来选择分组变量。

统计分组有多种类型，归纳起来有以下几种：(1) 按分组变量的性质不同，可以分为定性变量分组和定量变量分组；(2) 按选择分组变量的个数不同，分为简单分组、复合分组和分组体系。

为了便于国家间的统计对比，联合国统计委员会和有关国际组织颁布制定了各种标准分类。这些分类称作国际标准分类。

(四) 频数分布

把总体按某一变量分组，列出该变量所表现的数据在各组出现的次数，所形成的数列叫作分配数列或分布数列。通过分配数列可以说明总体各单位在各组的分配情况，所以分配数列又称次数分布。被分配在各组的单位“次数”在统计上被称为“频数”(frequency)，因此，次数分布也称频数分布。

按分组变量的性质不同，频数分布可分为定性变量分布(或品质分布)和定量变量数列(变量分布)。由于定量变量有离散型变量和连续型变量之分，因此，按分组变量的不同又分为单项数列和组距数列。

(五) 统计表与统计图

把经过分组、汇总的数字资料按一定的顺序在表格上反映出来，这种表格叫作统计表。

从形式上看，统计表是一张由纵横交叉的直线所组成、左右两边不封口的表格。从内容上看，统计表由四部分组成：总标题、横行标目、纵栏标目及数字资料。

统计图是展示数据特征的另一种形式。常用的统计图主要有两大类：一类是反映数据总体的分布状况的图形，如表示定性分布状况的柱形图，用于描述频数、频率分布的直方图，分布折线图或多边形图，分布曲线图；另一类是反映两个变量之间关系的统计图，如散点图、折线图和曲线图。

三、课后习题答案

(一) 填空题

1. 修正　2. 组距数列　3. 显示统计数据　4. 数字资料　5. U

(二) 单项选择题

1. C　2. D　3. A　4. A　5. D　6. D

(三) 多项选择题

1. BCD　2. ABCD　3. BCE　4. ABE　5. ABCDE

(四) 判断题

1. √　2. √　3. √　4. ×　5. ×

(五) 简答题

1. 从统计活动的过程来看，统计数据处理是整个统计工作过程的第三阶段。因为统计调查所得到的原始资料是分散的、凌乱的、不系统的，无法利用各种统计方法对其直接进行分析，必须对其进行汇总、分组、整理，然后才能进行下一步的统计分析。所以，统计数据处理是统计调查的继续，也是统计分析的前提。它承前启后，是统计工作的重要环节，在整个统计活动过程中具有十分重要的意义。统计数据处理的质量，不仅直接关系调查资料能否发挥其应有的作用，而且也直接影响统计分析能否得出正确的结论。统计数据处理一般包括以下几个方面的内容：(1) 审核和检查原始资料；(2) 修正统计数据的调查误差；(3) 编制统计数据处理方案；(4) 处理次级资料。

2. 需先分组，然后计算各组数据出现的次数，即可获得该数据集合的次数分组。

3. 统计数据处理的方法有统计数据的汇总、分组，编制频数分布和制作统计图表等，但统计数据分组是其中的核心。

4. 分组与频数。

5. (1) 必须根据统计研究的目的与任务来选择分组变量；(2) 选择能反映现象本质和主要特征的变量；(3) 结合历史条件、地点条件和具体的情况来选择分组变量。

四、课外习题

(一) 单项选择题

1. 统计分组的关键问题是(　　)。

A. 确定分组标志和划分各组界限　　B. 确定组距和组数

C. 确定组距和组中值　　D. 确定全距和组距

2. 要准确地反映异距数列的实际分布情况，必须采用(　　)。

A. 次数　　B. 累计频率　　C. 频率　　D. 次数密度

3. 按品质标志分组，分组界限的确定有时会发生困难，这是由于(　　)。

A. 组数较多　　B. 标志变异不明显

C. 两种性质变异间存在过渡形态　　D. 分组有粗有细

4. 某连续变量数列，其末组为开口组，下限为 200，又知其邻组的组中值为 170，则末组组中值为(　　)。

A. 260　　B. 215　　C. 230　　D. 185

5. 已知一个数列最后一组的下限为 900,其相邻的组中值为 850,则最后一组的上限为(　　)。

A. 1 100　　B. 1 000　　C. 900　　D. 800

6. 已知一个数列最后一组的下限为 900,其相邻的组中值为 850,则最后一组的组中值为(　　)。

A. 900　　B. 1 000　　C. 950　　D. 800

7. 下列分组中,按品质标志分组的是(　　)。

A. 人口按年龄分组　　B. 产品按质量优劣分组

C. 企业按固定资产原值分组　　D. 乡镇按工业产值分组

8. 对企业先按经济类型分组,再按企业规模分组,这样的分组属于(　　)。

A. 简单分组　　B. 平行分组　　C. 复合分组　　D. 再分组

9. 用组中值代表各组内的一般水平的假定条件是(　　)。

A. 各组的次数均相等　　B. 各组的组距均相等

C. 各组的变量值均相等　　D. 各组次数在本组内呈均匀分布

10. 对统计总体按两个及以上标志分组后形成的统计表称为(　　)。

A. 简单表　　B. 简单分组表　　C. 复合分组表　　D. 汇总表

11. 对某地区的全部商业企业按实现的销售额多少进行分组,这种分组属于(　　)。

A. 变量分组　　B. 属性分组　　C. 分组体系　　D. 复合分组

12. 在频数分布中,频率是指(　　)。

A. 各组频数之比　　B. 各组频率之比

C. 各组频数与总频数之比　　D. 各组频数与各组次数之比

13. 频数分布用来表明(　　)。

A. 总体单位在各组的分布状况　　B. 各组变量值构成情况

C. 各组标志值分布情况　　D. 各组变量值的变动程度

14. 在分组时,若有某单位的变量值正好等于相邻组的下限时,一般应将其归在(　　)。

A. 上限所在组　　B. 下限所在组　　C. 任意一组均可　　D. 另设新组

15. 在编制组距数列时,在全距不变的情况下,组距与组数的关系是(　　)。

A. 正比例关系　　B. 反比例关系　　C. 乘积关系　　D. 毫无关系

16. 统计表的宾词是用来说明总体特征的(　　)。

A. 标志　　B. 总体单位　　C. 统计指标　　D. 统计对象

17. 统计表的主词是统计表所要说明的对象,一般排在统计表的(　　)。

A. 左方　　B. 上端中部　　C. 右方　　D. 下方

18. 用组中值与次数求坐标点连接而成的统计图是(　　)。

A. 直方图　　B. 条形图　　C. 曲线图　　D. 折线图

19. 按字母的顺序或笔画数的多少顺序排序的统计数据一般是(　　)。

A. 定类数据　　B. 定距数据　　C. 定比数据　　D. 定序数据

20. 多指标的图示方法是(　　)。

A. 直方图　　B. 条形图　　C. 环行图　　D. 雷达图

（二）多项选择题

1. 统计分组的作用在于（ ）。

A. 区分现象的类型　B. 反映现象总体的内部结构变化

C. 比较现象间的一般水平　D. 分析现象的变化关系

E. 研究现象之间数量的依存关系

2. 下表表示的分布数列所属的类型是（ ）。

按劳动生产率分组（件/人）	职工人数（人）
50～60	10
60～70	20
70～80	26
80～100	17
总　计	73

A. 品质数列　B. 变量数列　C. 分组数列　D. 组距数列

E. 等距数列

3. 下列分组属于属性分组的是（ ）。

A. 人口按性别分组　B. 企业按产值多少分组

C. 家庭按收入水平分组　D. 在业人口按文化程度分组

E. 宾馆按星级分组

4. 对统计数据准确性审核的方法有（ ）。

A. 计算检查　B. 逻辑检查　C. 时间检查　D. 调查检查

E. 平衡检查

5. 统计数据的预处理，包括（ ）。

A. 数据分类　B. 数据筛选　C. 数据审核　D. 数据订正

E. 数据排序

6. 从形式上看，统计表由（ ）构成。

A. 总标题　B. 主词　C. 纵栏标题　D. 横行标题

E. 宾词

7. 统计数据的审核主要是审核数据的（ ）。

A. 准确性　B. 及时性　C. 完整性　D. 科学性

E. 代表性

8. 统计数据整理的内容一般有（ ）。

A. 对原始数据进行预处理　B. 对统计数据进行分组

C. 对统计数据进行汇总　D. 对统计数据进行分析

E. 编制统计表、绘制统计图

9. 国民经济中常用的统计分组有（ ）。

A. 经济成分分组　B. 登记注册类型分组

C. 国民经济行业分类　D. 三次产业分类

E. 机构部门分类

10. 某单位 100 名职工按工资额分为 300 以下、300～400、400～600、600～800、800 以上五个组。这一分组(　　)。

A. 是等距分组

B. 分组标志是连续型变量

C. 末组组中值为 800

D. 相邻的组限是重叠的

E. 某职工工资 600,应记入“600～800”组内

11. 变量数列中频率应满足的条件是(　　)。

A. 各组频率大于 1　　B. 各组频率大于 0

C. 各组频率之和等于 1　　D. 各组频率之和小于 1

E. 各组频率之和大于 0

(三) 判断题

1. 统计数据整理就是对原始资料的整理。(　　)

2. 能够对统计总体进行分组,是由统计总体中各个单位所具有的差异性特点决定的。(　　)

3. 统计分组的关键是正确选择分组标志和划分各组的界限。(　　)

4. 简单分组涉及总体的某一个标志,复合分组则涉及总体两个以上标志,因此,将两个简单分组排列起来,就是复合分组。(　　)

5. 单项式频数分布的组数等于变量所包含的变量值的种数。(　　)

6. 凡是分组表都是次数分布表。(　　)

7. 次数密度表示单位组距上分布的次数。(　　)

8. 异距数列是各组组距不都相等的组距数列。(　　)

9. 统计表的主词是说明总体的各种指标。(　　)

10. 品质分布数列是一种单项数列。(　　)

11. 在组距相等的条件下,次数分布和次数密度的分布是一致的。(　　)

12. 统计表是表达统计数据整理结果的唯一形式。(　　)

13. 年代都是以数字表示的,所以按年代排列各种指标属于按数量标志分组。(　　)

14. 统计数据的整理就是对统计报表数据的整理。(　　)

15. 圆形图是以圆的面积或圆内各扇形的面积来表示数值大小或总体内部结构的一种图形。(　　)

16. 绘制圆形结构图的关键是正确计算各扇形的面积。(　　)

(四) 名词解释

1. 统计数据　　2. 数据处理　　3. 时间序列数据　　4. 截面数据

5. 面板数据　　6. 虚拟变量　　7. 定类数据　　8. 定序数据

9. 定距数据　　10. 定比数据　　11. 定性数据　　12. 定量数据

13. 统计数据分组　　14. 组限　　15. 频数密度　　16. 开口组数列

17. 闭口组数列　　18. 频数分布　　19. 统计表　　20. 统计图

（五）简答题

1. 简述统计数据的分类。
2. 简述测定数据层次类型应遵循的原则。
3. 简述四类层次测定数据之间的描述功能的关系与区别。
4. 简述统计数据的内容质量有哪些。
5. 简述统计数据的表述质量有哪些。
6. 简述统计数据的约束标准有哪些。
7. 简述遗漏数据的处理方法有哪些。
8. 简述统计数据处理方案的内容。
9. 简述统计数据分组的作用。
10. 简述常见的统计图并举例。

五、课外习题参考答案

（一）单项选择题

1. A　2. D　3. C　4. C　5. B　6. C　7. B　8. C　9. D　10. C　11. A　12. C　13. A　14. B　15. B　16. C　17. A　18. D　19. A　20. D

（二）多项选择题

1. ABE　2. BCD　3. ADE　4. AB　5. ABCD　6. ACD　7. ABC　8. ABCE　9. ABCDE　10. BDE　11. BC

（三）判断题

1. ×　2. √　3. √　4. ×　5. √　6. ×　7. √　8. √　9. ×　10. ×　11. √　12. ×　13. ×　14. ×　15. √　16. √

（四）名词解释

1. 统计数据，简称数据（data），是变量（包括定性和定量变量）的取值，也就是说，统计数据是对所研究对象的属性和特征的具体描述，包括定性变量的文字描述和定量变量的数字描述。

2. 数据处理是根据统计研究的目的和要求，对统计调查所得到的资料进行审核、分组、汇总，使之系统化、条理化，形成能反映总体综合特征的数据资料的工作过程。

3. 按时间顺序排列的数据称时间序列数据（time series data），如 GDP、失业率、就业率、货币供给、政府赤字等。

4. 截面数据是指一个或多个变量在某一时点上的数据的集合。

5. 面板数据是截面数据与时间序列数据综合起来的一种数据类型。它有时间序列和截面两个维度。

6. 虚拟变量都是一些用文字表现的无量纲，如产品有合格、不合格之分，性别有男、女之分，季节分为春、夏、秋、冬。

7. 定类数据，也称定名数据，表现为类别，但不区分顺序，是由定类尺度计量形成的，只对事物的某种属性和类别进行具体的定性描述。

8. 定序数据，也称序列数据，是对事物所具有的属性顺序进行描述，表现为类别，但有顺序，是按定序尺度测定的结果。

9. 定距数据，也称间距数据，是比定序数据的描述功能更好一些的定量数据，表现为数值，可进行加减运算，是由定距尺度计量形成的。

10. 定比数据，也称比率数据，表现为数值，是由定比尺度计量形成的，是比定距数据更高一等的定量数据，它不仅可以进行加减运算，而且还可以作乘除运算。

11. 定类数据和定序数据说明的是事物的品质特征，不能用数据表示，其结果均表现为类别，也称为定性数据或品质数据。

12. 定距数据和定比数据说明的是现象的数量特征，能够用数值来表现，因此统称为定量数据或数值型数据。

13. 统计数据分组是一种在定性基础上的定量分析方法，它是根据研究的目的和要求，将调查到的统计数据按其不同的变量，依据四种数据层次的划分尺度把总体划分为若干个部分的方法。

14. 组距数列各组的取值的界限称为组限，凡是各组变量取值的起点组限称为下限，各组变量取值的终点则称为上限。

15. 频数密度是指频数与组距之比，以反映单位组距所出现的次数，即把各组的频数与其所在组的组距对比所得的商。

16. 开口组数列是指数列中同时不显示第一组的下限和(或)最后一组的上限，即第一组只有上限而无下限，或者最后一组只有下限而无上限，或者两者皆无。

17. 闭口组数列是指其第一组有下限、最后一组有上限的组距数列，适用于数据不存在极端值的情况。

18. 把总体按某一变量分组，列出该变量所表现的数据在各组出现的次数，所形成的数列叫作分配数列或分布数列。通过分配数列可以说明统计数据在各组的分配情况，所以分配数列又叫作次数分布。被分配在各组的数据“次数”在统计上被称为“频数”，因此，次数分布也可以叫作频数分布。

19. 统计表是把经过分组、汇总的统计数据按一定的顺序列成的表格，包括统计调查表、原始记录表、统计台账、统计综合表、统计计算与分析表等。

20. 统计图是展示数据特征的另一种形式。常用的有柱形图、直方图、折线图、曲线图、频数、频率分布图、散点图、饼图等。

(五) 简答题

1. 调查取得的统计数据按其时空形态可分为三种形式：时间序列数据、截面数据、面板数据。数据按其内在性质又可分为定性数据和定量数据。

2. 测定数据层次类型应遵循两个原则：一是互斥原则，即每一个数据只能划归某一类型，而不能既是这一类，又是那一类；二是穷尽原则，即所有被观察的数据都可以归属到适当的类型，没有一个数据无从归属。

3.

数据的层次	运 算	特 征	举 例
(1) 定类数据	计数	分类	产业分类
(2) 定序数据	计数 排序	分类 排序	企业等级
(3) 定距数据	计数 排序 加、减	分类 排序 有基本的测量单位	温度
(4) 定比数据	计数 排序 加、减 乘、除	分类 排序 有基本的测量单位 有绝对零点	商品零售额

4. 统计数据的内容质量是统计数据最基本的特征，它包括相关性、准确性与及时性。相关性是指统计机构所生产的数据是否正是用户感兴趣的统计数据。准确性是指观测值或估计值与未知的真值之间的距离(接近程度)，通常用统计误差来衡量。它是统计数据质量的基础和核心内容。及时性是统计数据能否满足用户需求的重要特征之一。

5. 统计数据的表述质量包括可比性、可衔接性和可理解性。可比性是指同一项目的统计数据在时间上和空间上的可比程度。可衔接性是指同一统计机构内部不同统计调查项目之间、不同机构之间以及与国际组织之间统计数据的衔接程度。可理解性是指统计数据便于用户正确理解并使用的程度。

6. 统计数据的约束标准有可取得性和有效性。可取得性是指用户从统计部门取得统计数据的便利程度。有效性是指统计数据的利用所产生的效益要大于提供该数据的成本。

7. 遗漏数据的处理较为复杂，一般可通过转嫁错误，采取分配或替代的方法增补。分配法是指根据前后或其他数据的启示来确定要增补的数值，因而又称为确定法。替代法是指选择一个数据，它的大量特征与有遗漏或错误的数据具有共性，因此可从这个数据中转嫁有关遗漏的信息，所以替代法也称概率法。

8. 统计数据处理方案一般包括以下内容：(1) 拟订汇总的指标和汇总表；(2) 决定分组方法；(3) 选择汇总的方式；(4) 确定资料审核的方法和内容。

9. 统计分组就是把总体内部具有某种共同特征和属性的数据归并在一起，形成一组，尽可能地缩小组内数据在某一方面的差异，从而能明显地显示组与组之间数据的差异。鉴于统计分组的这个特点，在统计研究中，它有以下三个作用：(1) 划分社会经济现象的类型；(2) 揭示社会经济现象总体的内部结构；(3) 揭示社会经济现象之间的依存关系。

10. 统计图是展示数据特征的另一种形式。常用的统计图主要有两大类：一类是反映数据总体的分布状况的图形，如表示定性分布状况的柱形图，用于描述频数、频率分布的直方图，分布折线图或多边形图，分布曲线图；另一类是反映两个变量之间关系的统计图，如散点图、折线图和曲线图。

第四章　数据描述性分析

一、学习目的和要求

（1）了解数据总量的定义及其分类；

（2）了解数据相对量的概念及常用测度，掌握绝对数、相对数和平均数的计算方法和应用原则，能结合实际调查资料计算有关指标和进行初步的分析；

（3）理解数据分布集中趋势的含义，学会测定集中趋势的指标和计算公式并能熟练运用；

（4）掌握测定离散趋势的有关指标，深化对标准差的认识；

（5）了解数据的形态测定方法：偏度与峰度。

二、内容提要

（一）数据总量描述

数据总量，又称总量指标，是统计资料经过汇总整理的，反映一定时间、地点条件下，总体某一方面特征的规模、水平的数据总量，在数学上表现为有一定计量单位的绝对值。

1. 数据总量的分类

按数据反映总体的内容分为总体单位总数和总体数据总值；

按数据反映总体的时间特征分为时期总量和时点总量；

按计量单位分为实物总量、价值总量和劳动总量；

按数据所表示的事物的性质与特点分为流量和存量。

2. 数据总量的计算和运用

数据总量是通过全面调查登记，采用直接计数、点数或测量等方法，逐步计算汇总得出的。计算总量指标数值时，涉及一系列变量值或标志值的全部或部分相加。

（二）数据相对量描述

数据相对量，又称相对指标，是把两个相互有联系的指标进行对比，以反映现象在某一方面的数量特征或属性的相对变化或对比关系的指标，形式上表现为相对数。数据相对量的计量单位有两种：无名数和有名数。常用的数据相对量有：计划完成相对数、结构相对数、比例相对数、比较相对数、强度相对数和动态相对数。

1. 计划完成相对数

计划完成相对数也称计划完成百分数，它是将某一时期的实际完成数与同期计划数进行对比，一般用百分数表示。计算公式为：

计划完成相对数(%)＝(实际完成数÷同期计划数)×100%

2. 结构相对数

结构相对数是总体内部部分单位某一方面特征的数值与总体全部单位某一方面特征的数值之比，计量单位一般用百分数或系数表示。计算公式为：

结构相对数＝(总体中部分单位数值÷总体全部数值)×100%

3. 比例相对数

比例相对数是同一个总体的两个部分之间的对比，计量单位一般为系数、倍数或百分数。计算公式为：

比例相对数＝(总体某一部分数值÷总体另一部分数值)×100%

4. 比较相对数

比较相对数是同一指标在不同总体(不同空间范围)，如不同国家、地区、对象单位间的对比，计量单位一般为系数、倍数或百分数。计算公式为：

比较相对数＝(某一总体某一数值÷另一总体同一数值)×100%

5. 强度相对数

强度相对数是同一总体中，两个性质不同但相互有联系的指标数据之比，反映现象的强度、密度及普遍程度。计算公式为：

强度相对数＝(某一数值÷另一有联系的不同数值)×100%

6. 动态相对数

动态相对数是将总体不同时期的同一类指标对比而计算出的数值，用于表明现象在时间上发展变动的程度。计算公式为：

动态相对数＝(报告期数值÷基期数值)×100%

(三) 数据分布集中趋势的特征描述

集中趋势是描述数据分布的一个重要的特征数，指一组数据向某一中心值靠拢的程度，反映了一组数据的平均水平、中等水平和代表水平，显示了数据中心点的位置所在。

数据分布集中趋势特征描述的测度就是寻找数据的代表值或中心值，常用来表示数据分布集中趋向的特征描述的测度有算术平均数、几何平均数、中位数、众数等。其中，算术平均数、几何平均数属于高层次数据分布的集中趋势测度，中位数、众数属于低层数据分布的集中趋势测度。算术平均数、众数、中位数三者之间的关系为：

$$Me - Mo = 2(\bar{x} - Me)$$

1. 算术平均数

算术平均数也称均值，是全部数据的算术平均，是集中趋势的最主要测度值。它主要适用于定距数据和定比数据，但不适用于定类数据和定序数据。

（1）简单平均数。对于未分组资料计算平均数，采用简单平均数计算公式：

$$\bar{x}=\frac{\sum x}{n}$$

（2）加权平均数。对于经过分组的资料计算平均数，采用加权平均数计算公式：

$$\bar{x}=\frac{\sum xf}{\sum f}$$

算术平均数具有两个重要的数学性质：一是各变量值与其平均数的离差之和等于零，即 $\sum(x-\bar{x})=0$；二是各变量值与其平均数的离差平方之和等于最小值，即 $\sum(x-\bar{x})^2=$ 最小值。

（3）几何平均数。它是 N 个变量值乘积的 N 次方根，计算公式如下：

$$\bar{x}_G=\sqrt[N]{\prod x}$$

（4）调和平均数。在计算平均数时，如果掌握基本公式的分子资料而不具备分母资料时，就需要使用调和平均数的形式进行计算，公式如下：

$$\bar{x}_H=\frac{\sum xf}{\sum \frac{xf}{x}}=\frac{\sum m}{\sum \frac{m}{x}}$$

调和平均数是算术平均数的变形，两者在本质上是一致的，唯一的区别是计算时使用了不同的数据。调和平均数适用于定比数据，不适用于定距数据。

（5）平方平均数。平方平均数是二次方的广义平均数的表达式，也可称为二次幂平均数。计算公式为：

$$RMS=\sqrt{\frac{\sum_{i=1}^{N}X_i^2}{N}}=\sqrt{\frac{X_1^2+X_2^2+\cdots+X_N^2}{N}}$$

2. 众数

众数是一组数据中出现次数最多的变量值，用 Mo 表示。它主要用于测度定类数据的集中趋势。

由单项式数列确定众数比较简单，只需找出数列中出现次数最多的那个标志值就是众数。

由组距式数列确定众数，是先根据出现次数确定众数所在组，然后利用下列公式计算众数的近似值：

$$Mo=L+\frac{f-f_{-1}}{(f-f_{-1})+(f-f_{+1})}\cdot i$$

从分布的角度看，众数是具有明显集中趋势点的数值，一组数据分布的最高点所对应的数值即为众数。如果数据的分布没有明显的集中趋势或最高峰点，众数也可能不存在；如果有两个最高峰点，也可以有两个众数。

3. 中位数

中位数是一组数据按从小到大排序后，处于中间位置上的变量值，用 Me 表示。它主要用于测度定序数据的集中趋势。

由未分组数据计算中位数时，先对数据进行排序，然后确定中位数的位置，其公式为：中位数位置 $=\frac{N+1}{2}$，最后确定中位数的具体数值。

由分组数据计算中位数时，先根据公式 $N/2$ 确定中位数所在的组，然后用下列公式计算中位数的近似值：

$$Me = L + \frac{\frac{N}{2} - S_{m-1}}{f_m} \cdot i$$

中位数是一个位置代表值，其数值大小不受极端数值影响，因此具有稳健性或耐抗性的特点。中位数的另一个特征是：各变量值与中位数的离差绝对值之和最小。

4. 众数、中位数和算术平均数的比较

(1) 若 $\bar{x} = Me = Mo$，则数据是正态分布；

(2) 若 $\bar{x} < Me < Mo$，则数据是左偏分布；

(3) 若 $\bar{x} > Me > Mo$，则数据是右偏分布。

(四) 数据分布离散趋势的特征描述

数据分布离散趋势的特征描述，是说明数据间的差异程度的指标，反映了所有数据偏离中心位置的差异程度。常用的数据分布离散趋势特征描述的测度有：全距、平均差、标准差和离散系数。

1. 全距

全距是指整个数列中的最大值与最小值之差。其计算公式为：

$$R = \text{最大值} - \text{最小值} = X_{\max} - X_{\min}$$

2. 平均差

平均差是各变量值与其均值离差绝对值的平均数。

未分组数据平均差的计算公式为：

$$A.D = \frac{\sum_{i=1}^{n} |x - \bar{x}|}{n}$$

组距分组数据平均差的计算公式为：

$$A.D = \frac{\sum_{i=1}^{n} |x_i - \bar{x}| f_i}{\sum_{i=1}^{n} f_i}$$

平均差以均值为中心，反映了每个数据与均值的平均离差程度，它能全面、准确地反映一组数据的离散状况。平均差越大，说明数据的离散程度越大。

3. 标准差与方差

方差是各变量值与其均值离差平方的平均数，是测度定距和定比数据离散程度的最主要方法。标准差是方差的平方根。未分组数据方差的计算公式为：

$$\sigma = \sqrt{\frac{\sum_{i=1}^{n}(x_i - \bar{x})^2}{n}}$$

组距分组数据方差的计算公式为：

$$\sigma = \sqrt{\frac{\sum_{i=1}^{n}(x_i - \bar{x})^2 f_i}{\sum_{i=1}^{n} f_i}}$$

样本方差与总体方差在计算上的区别是：总体方差的分母是总频数 N，样本方差的分母是总频数减 1，即 $n-1$。

4. 离散系数

离散系数是消除数据水平高低影响后的、纯粹反映数据间差异程度的相对指标，即它既不受计量单位的影响，也不受数据水平高低的影响，因而便于对不同数据水平的离散程度进行比较。常用的离散系数有平均差系数和标准差系数，计算公式如下：

$$\text{平均差系数} V_{A.D} = \frac{A.D}{\bar{x}} \times 100\%$$

$$\text{标准差系数} V_{\sigma} = \frac{\sigma}{\bar{x}} \times 100\%$$

（五）数据偏度和峰度的特征描述

数据分布的偏度和峰度的特征描述，主要用于刻画数据分布的对称性、分布曲线的陡峭或平坦性特征。

偏度，是指次数分布的非对称程度，分为右偏和左偏。通常可采用三阶中心矩偏度系数来测量次数分布的偏斜程度。三阶中心矩偏度系数是指三阶中心矩 m_3 与σ^3 之比。 其计算公式为：

$$\alpha = \frac{m_3}{\sigma^3} = \frac{\sum (x-\bar{x})^3 f}{\sigma^3 \sum f}$$

当 $\alpha=0$ 时，为对称分布；

当 $\alpha<0$ 时，为左偏（或负偏）分布；

当 $\alpha>0$ 时，为右偏（或正偏）分布。

峰度衡量次数分布曲线顶峰的尖锐程度。与正态分布曲线相比较，次数分布曲线的峰度通常分为三种：常态峰度、尖顶峰度和平顶峰度。

测定峰度的测度是峰度系数，它是四阶中心矩m_4 与σ^4 之比。 其计算公式为：

$$\beta = \frac{m_4}{\sigma^4} = \frac{\sum (x-\bar{x})^4 f}{\sigma^4 \sum f}$$

当 $\beta=3$ 时，次数分布曲线为正态曲线，即正态峰态；

当 $\beta < 3$ 时，次数分布曲线为平顶曲线，即低峰态；

当 $\beta > 3$ 时，次数分布曲线为尖顶曲线，即高峰态；

当 $\beta < 1$ 时，次数分布曲线为 U 形分布。

三、课后习题答案

（一）思考题

1. 数据总量(total)，又称总量指标，是统计资料经过汇总整理的，反映一定时间、地点条件下，总体某一方面特征的规模、水平的总指标，在数学上表现为有一定计量单位的绝对值。

分类：按数据反映总体的内容分为总体单位总数和总体数据总值，按数据反映总体的时间特征分为时期总量和时点总量，按计量单位分为实物总量、价值总量和劳动总量，按数据所表示的事物的性质与特点分为流量和存量。

计算数据总量时应注意的问题：数据总量的计算方法比较简单，但计算内容却相当复杂，涉及一定历史条件下现象的规模和水平。因此，数据总量的计算并不是一个单纯技术性的加总问题，必须在正确规定数据总量所反映现象的概念、构成和计算范围的基础上，确定科学的计算方法，然后才能进行计算汇总，取得能真实反映现象的结果。

2. 数据相对量，又称相对指标，是把两个相互有联系的指标进行对比，以反映现象在某一方面的数量特征或属性的相对变化或对比关系的指标，形式上表现为相对数。

数据相对量的计量单位有两种：无名数和有名数。

常用的数据相对量测度有：计划完成相对数、结构相对数、比例相对数、比较相对数、强度相对数和动态相对数。

计算数据相对量时必须注意：分子分母的可比性，与数据总量结合起来运用，要把各种数据相对量结合起来运用。

3. 时期总量有以下三个特点：(1) 可加性，时间上相邻的时期总量相加能够得到另一更长时期的总量指标；(2) 时期总量数值的大小与所属时期的长短直接相关，一般来讲，时期越长，时期总量数值就越大；(3) 必须连续登记，时期总量数值的大小取决于整个时期内所有时间上的发展状况，只有连续登记得到的时期总量才会准确。

时点总量具有以下三个特点：(1) 不具有可加性，不同时点上的两个时点指标数值相加不具有实际意义；(2) 数值大小与登记时间的间隔长短无关，时点指标仅仅反映社会经济现象在一瞬间上的数量，每隔多长时间登记一次对它没有影响；(3) 时点总量数值是间断计数的，没有必要进行连续登记，有的也是不可能连续进行登记的，如国家的人口总数。

4. 数据分布集中趋势的特征描述是把数据间的绝对差异抽象化，采用截长补短的方法来表示数据的一般水平，反映数据分布的集中趋势特征。

数据分布集中趋势常用测度有：算术平均数、几何平均数、中位数、众数等。

5. 算术平均数、几何平均数属于高层次数据分布的集中趋势测度，而中位数、众数属于低层数据分布的集中趋势测度。

数据层次类型	定　类	定　序	定　距	定　比
适用的集中趋势描述值	众数※	众数	众数	众数
		中位数※	中位数	中位数
			四分位数	四分位数
			算术平均数※	算术平均数※
				几何平均数

注：※为该层次类型数据最适合用的分布集中趋势描述的测度。

6. 在统计计算中，用来衡量总体中各单位标志值在总体中作用大小的数值称为权数。

从理论上讲，权数决定指标的结构，如果权数变动，绝对指标值和平均数也变动，所以权数是影响指标数值变动的一个重要因素。权数的权衡轻重作用体现在各组单位数占总体单位数的比重大小上，在计算平均数和指数上得到广泛的应用。

7. 算术平均数具有两个重要的数学性质：一是各变量值与其平均数的离差之和等于零，即$\sum(x-\bar{x})=0$；二是各变量值与其平均数的离差平方之和等于最小值，即$\sum(x-\bar{x})^2=$最小值。

8. 几何均值也称几何平均数，它是 N 个变量值乘积的 N 次方根。

几何均值是适用于特殊数据的一种平均数，它主要用于计算比率或速度的平均。

9. 调和平均数又称倒数平均数，它是变量值倒数的算术平均数的倒数，是数学平均数之一，也是数据分布集中趋势特征主要的测度之一，属于高层次数据的集中趋势测度，适用于定距数据和定比数据，但不适用于定类数据和定序数据。

10. 以相同数据计算：调和平均数<几何平均数<算术平均数。

11. 众数是总体中出现次数最多的数据，是数据分布集中趋势描述的测度之一。众数的应用范围较广，是唯一能用于定类数据分布的集中趋势描述的测度。

众数的计算：(1) 用定类数据计算；(2) 用定序数据计算；(3) 用定距和定比数据计算。

12. 中位数是将总体数据按大小顺序排列，处于中间位置的那个标志值，也是数据分布集中趋势的特征描述的测度之一。

中位数的特点是把整个经过顺序的数据分为相等的两个部分，一部分数据比它小，而另一部分数据比它大。

确定中位数的方法一般是先确定中点位次，然后再找出中点位次所对应的那个标志值。具体计算方法则视资料而定。根据数据是否分组，中位数的计算方法有两种：(1) 由未分组资料计算中位数；(2) 由分组资料计算中位数。

13. 算术平均数、众数、中位数都是描述数据分布集中趋势的特征值，但它们之间既有联系又有区别。

(1) 算术平均数包含的信息最多、最丰富，当分布比较规则、不存在极端值时，算术平均数描述集中趋势最合适。但算术平均数易受极端值的影响，而众数和中位数则不受极端值的影响。

(2) 根据算术平均数、众数、中位数三者的数量关系可判别次数分布的具体形态。当 $\bar{x}=Me=Mo$ 时，表示数据完全对称；当$\bar{x}<Me<Mo$ 时，数据存在极小值，影响了算术平均数，因

而分布显示左偏；当$\bar{x} > Me > Mo$时，数据存在极大值，影响了算术平均数，因而分布显示右偏。

(3) 根据黄金分割的原理，三者之间的数量关系为：众数到中位数的距离两倍于中位数到算术平均数的距离，即$Me - Mo = 2(\bar{x} - Me)$。据此，可由其中已知的两个推算出第三者，三者之间的推算关系如下：$Me = \frac{2\bar{x} + Mo}{3}$；$Mo = 3Me - 2\bar{x}$；$\bar{x} = \frac{3Me - Mo}{2}$。

(4) 算术平均数适用于定距数据或定比数据，中位数适用于定序数据，众数适用于定性数据。

14. 数据分布离散趋势的特征描述，是说明数据间的差异程度的指标，反映了所有数据偏离中心位置的差异程度。

常用的数据分布离散趋势特征描述的测度有全距、平均差、标准差和离散系数。

15. 为了消除不同组别变量值水平高低和计量单位不同对离散程度测度值的影响，需要计算离散系数。

16. 数据分布的偏度是指次数分布的非对称程度，分为右偏和左偏。

通常可采用三阶中心矩偏度系数来测量次数分布的偏斜程度。三阶中心矩偏度系数是指三阶中心矩m_3与σ^3之比。其计算公式为：$\alpha = \frac{m_3}{\sigma^3}$。当$\alpha = 0$时，为对称分布；当$\alpha < 0$时，为左偏(或负偏)；当$\alpha > 0$时，为右偏(或正偏)。

17. 数据分布的峰度衡量次数分布曲线顶峰的尖锐程度，与正态分布曲线相比较，次数分布曲线的峰度通常分为三种：常态峰度、尖顶峰度和平顶峰度。

测定峰度的测度是峰度系数，它是四阶中心矩m_4与σ^4之比，计算公式为：$\beta = \frac{m_4}{\sigma^4}$。当$\beta = 3$时，次数分布曲线为正态曲线，即正态峰态；当$\beta < 3$时，次数分布曲线为平顶曲线，即低峰态；当$\beta > 3$时，次数分布曲线为尖顶曲线，即高峰态；当$\beta < 1$时，次数分布曲线为U形分布。

(二) 计算题

1. **解：**(1) 恩格尔系数是结构相对数，生活费收入、住房、汽车、出版图书、大学生属于数据相对量中的强度相对数，城乡储蓄属于数据总量中的时点总量。

(2) 均属于数据总量。

(3) 金融机构总资产每年递增24.4%属于数据相对量中的动态相对数，其余为数据总量。

2. **解：**

国内生产总值	2021年		2020年实际完成(亿元)	2021年比2020年增长(%)
	实际完成(亿元)	比重(%)		
		100.0	466.42	
其中　第一产业	125			4.2
第二产业	218	43.6		
第三产业	157	31.4	146.42	7.23

3. **解:**

商场	2021 年				2020 年		2021 年比 2020 年增长(%)
	计　划		实　际		计划完成(%)	实际销售额(万元)	
	销售额(万元)	比重(%)	销售额(万元)	比重(%)			
A	750	25	787.5	24.61	105	1 021.74	−22.93
B	500	17	550	17.19	110	478.26	15.00
C	1 750	58	1 862.5	58.20	106.43	1 000	86.25
合计	3 000	100	3 200	100.00	106.67	2 500	28.00

4. **解:**(1) 水平法计划完成相对数 =(484/400) × 100% = 121%。

(2) 第四年计划执行进度 = 359/1 800 = 20%。

(3) 第四年第 5 月到第五年的第 4 月连续 12 个月的产量达到 400 万台,所以提前完成的时间为 8 个月。

5. **解:**结构相对数:市区土地面积占总体(587.4/2 020) × 100% = 29.1%,郊区 70.9%

市区年平均人口 (741.3/1 275.5) × 100% = 58.1%,郊区 41.2%

比较相对数:市区与郊区土地面积之比(587.4/1 432.6) × 100% = 41%

市区与郊区年平均人口之比 (741.3/534.2) × 100% = 138.8%

强度相对数:市区人口密度(741.3/587.4) = 1.262(万人 / 平方公里)

郊区人口密度 (534.2/1 432.6) = 0.373(万人 / 平方公里)

6. **解:**当年产值的计划完成相对数 $= \dfrac{1+10\%}{1+5\%} \times 100\% = 104.76\%$

单位成本计划完成相对数 $= \dfrac{1-5\%}{1-2\%} \times 100\% = 96.94\%$

7. **解:**(1) 甲、乙、丙三个企业的计划产量分别为:

甲:100/120% = 83.3(万件);乙:150/110% = 136.4(万件);丙:250/80% = 312.5(万件)

所以,该公司产量计划完成百分比为:

$$\frac{100+150+250}{\dfrac{100}{1.2}+\dfrac{150}{1.1}+\dfrac{250}{0.8}} = \frac{500}{532.20} = 93.95\%$$

(2) 实际优质品率:

$$\frac{100 \times 0.95 + 150 \times 0.96 + 250 \times 0.98}{100+150+250} = \frac{484}{500} = 96.8\%$$

8. **解:**(1) 平均等级:

$$\bar{x}_1 = \frac{\sum x f_1}{\sum f_1} = \frac{1 \times 750 + 2 \times 100 + 3 \times 50}{750+100+50} = 1.22(\text{级})$$

$$\bar{x}_2=\frac{\sum xf_2}{\sum f_2}=\frac{1\times600+2\times300+3\times100}{600+300+100}=1.5(\text{级})$$

所以,第二季度比第一季度平均等级下降 0.28 级。

(2) 因质量下降而带来的损失为:

$$\bar{p}_1=\frac{\sum pf_1}{\sum f_1}=\frac{1\,800\times750+1\,250\times100+800\times50}{750+100+50}=1\,683.33(\text{元})$$

$$\bar{p}_2=\frac{\sum pf_2}{\sum f_2}=\frac{1\,800\times600+1\,250\times300+800\times100}{600+300+100}=1\,535(\text{元})$$

$$(\bar{p}_2-\bar{p}_1)\cdot\sum f_2=(1\,535-1\,683.33)\times1\,000=-148\,330(\text{元})$$

所以,因产品质量下降而损失 148 330 元。

9. **解:** $\bar{x}_{\text{甲}}=\dfrac{\sum m}{\sum\dfrac{m}{x}}=\dfrac{2\,200+1\,950+1\,500}{\dfrac{2\,200}{2.5}+\dfrac{1\,950}{2.8}+\dfrac{1\,500}{3.5}}=\dfrac{5\,650}{2\,005}=2.82(\text{元})$

$$\bar{x}_{\text{乙}}=\frac{\sum m}{\sum\dfrac{m}{x}}=\frac{1\,650+1\,950+3\,000}{\dfrac{1\,650}{2.5}+\dfrac{1\,950}{2.8}+\dfrac{3\,000}{3.5}}=\frac{6\,600}{2\,213.57}=2.98(\text{元})$$

所以,乙菜场比甲菜场平均价格高 0.16 元,理由是受销售量结构变动影响。

10. **解:**

成绩(分)	组中值	人数(人)	xf	$(x-\bar{x})^2$	$(x-\bar{x})^2f$
40～50	45	5	225	793.55	3 967.74
50～60	55	7	385	330.15	2 311.04
60～70	65	8	520	66.75	533.99
70～80	75	20	1 500	3.35	66.98
80～90	85	14	1 190	139.95	1 959.28
90～100	95	60	570	476.55	2 859.29
合　计	—	60	4 390	—	11 698.32

$$\bar{x}=\frac{\sum xf}{\sum f}=\frac{4\,390}{60}=73.17(\text{分})$$

$$\sigma=\sqrt{\frac{\sum(x-\bar{x})^2f}{\sum f}}=\sqrt{\frac{11\,698.32}{60}}=13.96(\text{分})$$

$$V_\sigma=\frac{\sigma}{\bar{x}}=\frac{13.96}{73.17}=0.19\text{ 或 }19\%$$

11. **解：**

日产量(只)	工人数(人)	x	$(x-\bar{x})^2 f$	$(x-\bar{x})^3 f$	$(x-\bar{x})^4 f$
35～45	10	40	1 690	−21 970	285 610
45～55	20	50	180	−540	1 620
55～65	15	60	735	5 145	36 015
65～75	5	70	1 445	24 565	417 605
合　计	50	—	4 050	7 200	740 850

$$\bar{x}=\frac{\sum xf}{\sum f}=\frac{40\times10+50\times20+60\times15+70\times5}{50}=53(\text{只})$$

$$\sigma=\sqrt{\frac{\sum(x-\bar{x})^2 f}{\sum f}}=\sqrt{\frac{4\,050}{50}}=9(\text{只})$$

$$m_3=\frac{\sum(x-\bar{x})^3 f}{\sum f}=\frac{7\,200}{50}=144$$

$$\alpha=\frac{m_3}{\sigma^3}=\frac{144}{9^3}=0.197\,5$$

计算结果表明，正偏分布。

$$m_4=\frac{\sum(x-\bar{x})^4 f}{\sum f}=\frac{740\,850}{50}=14\,817$$

$$\beta=\frac{m_4}{\sigma^4}=\frac{14\,817}{9^4}=2.26$$

计算结果表明，其分布曲线为平顶曲线。

12. **解：**

算术均值：$\bar{x}=\frac{5+13+17+29+80+150}{6}=49$

调和均值：$H=\frac{6}{\frac{1}{5}+\frac{1}{13}+\frac{1}{17}+\frac{1}{29}+\frac{1}{80}+\frac{1}{150}}=15.41$

几何均值：$G=\sqrt[6]{5\times13\times17\times29\times80\times150}=26.97$

可见，$\bar{x}>G>H$。

四、课外习题

（一）单项选择题

1. 由组距数列确定众数时，如果众数组相邻两组的次数相等，则（　　）。

A. 众数为零　　B. 众数组的组中值就是众数

C. 众数不能确定　　D. 众数组的组限就是众数

2. 受极端数值影响最小的集中趋势测度是(　　)。

A. 算术平均数　　B. 调和平均数　　C. 几何平均数　　D. 众数和中位数

3. 人口数与出生人数相比,(　　)。

A. 前者是时期总量,而后者是时点总量　　B. 前者是时点总量,而后者是时期总量

C. 两者都是时点总量　　D. 两者都是时期总量

4. 影响平均数大小的因素有(　　)。

A. 变量　　B. 变量值　　C. 变量的个数　　D. 数量标志

5. 平均数是将总体内各单位数量差异(　　)。

A. 抽象化　　B. 具体化　　C. 一般化　　D. 形象化

6. 已知某班学生的平均年龄为 17.8 岁,其中 18 岁的人数最多,则该分布属于(　　)分布。

A. 正偏　　B. 左偏　　C. 右偏　　D. 正态

7. 加权平均数中的权数为(　　)。

A. 变量值　　B. 次数的总和　　C. 变量值的总和　　D. 次数比重

8. 标准差系数抽象了(　　)。

A. 总体单位数多少的影响　　B. 标志变异程度的影响

C. 总体指标数值大小的影响　　D. 均值高低的影响

9. 某车间三个班生产同种产品,6 月份劳动生产率分别为 2、3、4(件/工日),产量分别为 400 件、500 件、600 件,则该车间平均劳动生产率计算式应为(　　)。

A. $\frac{2+3+4}{3}=3$　　B. $\frac{2\times 400+3\times 500+4\times 600}{1\ 500}=3.13$

C. $\sqrt[3]{2\times 3\times 4}=2.88$　　D. $\frac{1\ 500}{\frac{400}{2}+\frac{500}{3}+\frac{600}{4}}=2.9$

10. 某公司 2020 年管理人员年均收入 35 000 元,生产人员为 25 000 元;2021 年各类人员年均收入水平不变,但管理人员增加 15%,生产人员增加 25%,则两类人员平均的年收入 2021 年比 2020 年(　　)。

A. 提高　　B. 下降　　C. 持平　　D. 无法判断

11. 某企业 5 月份计划要求成本降低 3%,实际降低 5%,则计划完成程度为(　　)。

A. 97.94%　　B. 166.67%　　C. 101.94%　　D. 1.94%

12. 在离散程度的测度中,由总体中最大变量值和最小变量值之差决定的是(　　)。

A. 方差　　B. 标准差　　C. 平均差　　D. 极差

13. 离散程度的测度值越大,则(　　)。

A. 反映变量值越分散,均值代表性越差　　B. 反映变量值越集中,均值代表性越差

C. 反映变量值越分散,均值代表性越好　　D. 反映变量值越集中,均值代表性越好

14. 已知甲数列的平均数为 100,标准差为 12.8;乙数列的平均数为 14.5,标准差为 3.7。由此可以断言(　　)。

A. 甲数列平均数的代表性好于乙数列　　B. 乙数列平均数的代表性好于甲数列

C. 两数列平均数的代表性相同　　D. 两数列平均数的代表性无法比较

15. 计算中位数公式中的 S_{m-1}，其含义为(　　)。
A. 中位数所在组的频数
B. 中位数所在组的累计频数
C. 中位数所在组以前各组的累计频数
D. 中位数所在组以后各组的累计频数

(二) 多项选择题

1. 加权平均数等于简单平均数的条件是(　　)。
A. 各组频数均相等
B. 各组变量值不等
C. 各组频数不等
D. 数列为组距数列
E. 各组频数都为 1
2. 加权平均数的大小与下列因素的关系是:(　　)。
A. 受各组变量值大小影响
B. 受各组频数多少影响
C. 与各组变量值大小无关
D. 与各组频数多少无关
E. 受各组变量值和频数共同影响
3. 下列现象应采用调和平均数计算的有(　　)。
A. 已知各组工人月工资和相应的工资总额,求平均工资
B. 已知某企业各车间废品率和废品量,求平均废品率
C. 已知各车间计划完成百分比和计划产量,求平均计划完成百分比
D. 已知各车间工人劳动生产率和产品产量,求平均工人劳动生产率
E. 已知某企业各产品的产量和单位成本,求平均单位成本
4. 平均数是(　　)。
A. 总体数量特征的代表值
B. 只能根据同质总体计算
C. 总体分布集中趋势的度量
D. 总体分布离散趋势的度量
E. 代表现象发展的一般水平
5. 在计算加权平均数选择权数时,应该考虑的条件是(　　)。
A. 权数必须是单位数比重
B. 权数可以是总体单位数
C. 权数可以是单位数比重
D. 权数必须是总体单位数
E. 权数与变量值相乘具有经济意义
6. 下列离散程度测度值中,用无名数表示的有(　　)。
A. 极差
B. 平均差
C. 标准差
D. 平均差系数
E. 标准差系数
7. 下列属于时期总量的有(　　)。
A. 职工人数
B. 大学生毕业人数
C. 储蓄存款余额
D. 折旧额
E. 出生人数
8. 将所有变量值都减去 10,那么其(　　)。
A. 平均数不变
B. 平均数也减去 10
C. 方差不变
D. 标准差不变
E. 标准差系数不变
9. 位置平均数是指(　　)。
A. 算术平均数
B. 调和平均数
C. 几何平均数
D. 众数
E. 中位数

10. 平均数的数学性质有（　　）。

A. $\sum(x-x_0)=0$　　B. $\sum(x-\bar{x})=0$

C. $\sum(x-\bar{x})\cdot f=0$　　D. $\sum(x-\bar{x})^2=\min$

E. $\sum(x-\bar{x})^2\cdot f=\min$

11. 众数是（　　）。

A. 由变量值在数列中的位置决定的　　B. 依据变量值出现的次数决定的

C. 总体单位变量值的平均数　　D. 总体的一般水平

E. 与总体中的极端值无关

12. 几何平均数的计算应满足的条件是（　　）。

A. 若干个比率的乘积等于总比率　　B. 相乘的各比率必须是正数

C. 若干个比率之和等于总比率　　D. 相乘的各速度不能是负数

E. 若干个速度相乘的结果是总速度

13. 不同总体间的标准差不能简单进行比较，这是因为（　　）。

A. 平均数不一致　　B. 标准差不一致

C. 总体单位数不一致　　D. 计量单位不一致

E. 与平均数离差之和不一致

14. 平均差的缺点是（　　）。

A. 最易受极端值的影响　　B. 不能反映数据的离散程度

C. 在数学性质上不是最优的　　D. 未充分利用每个数据信息

E. 数学处理中要考虑绝对值，计算中有许多不便

15. 下列指标中不可能出现负值的有（　　）。

A. 众数　　B. 全距　　C. 标准差　　D. 平均差

E. 几何平均数

16. 运用相对指标时应注意可比性原则，即应在（　　）方面保持一致。

A. 指标含义　　B. 包括的范围　　C. 计算方法　　D. 计量单位

E. 时间跨度

（三）判断题

1. 根据组距式数列计算得到的均值只能是一个近似值。（　　）

2. 假定每一个变量值都扩大一倍，则扩大后的平均数与原平均数相等。（　　）

3. 对分组数据进行不同时期比较时，如果各组平均数都有不同程度的上升，则总的平均数一定也上升。（　　）

4. 众数的大小取决于众数组相邻组次数的多少。（　　）

5. 中位数是根据变量所处的中间位置来确定的，因此它不受变量数目多少和极端数值的影响。（　　）

6. 若已知甲数列的标准差小于乙数列，则可断言：甲数列平均数的代表性好于乙数列。（　　）

7. 根据同一组数据计算全距和平均差，前者大于后者。（　　）

8. 根据同一组数据计算的结果，若平均数大于众数，则次数分布曲线向左偏斜。（　　）

9. 集中趋势是指一组数据向其最大值靠拢的倾向，测度集中趋势也就是寻找数据的最大值。（　）

10. 如果数据的分布没有明显的集中趋势或最高峰点，众数可能不存在。（　）

11. 平均数受各组变量值大小和各组权数大小的影响。（　）

12. 若 A、B、C 三个公司的利润计划完成程度分别为 95%、100% 和 105%，则这三个公司平均的利润计划完成程度应为 100%。（　）

13. 调和平均数与算术平均数在本质上是一致的，只是计算形式不同而已。当计算平均数缺少基本公式的分子资料时，可用调和平均数来解决。（　）

14. 某投资者连续三年股票投资收益率分别为 4%、2% 和 5%，则该投资者三年内平均收益率为 3.66%。（　）

15. 平均差是利用绝对值来消除离差的正负号的，所以它更适合于代数运算。（　）

16. 离散系数最适合于不同性质或不同水平数列均值代表性的比较。（　）

17. 当 $\alpha=0$ 时，表明数据分布属于对称分布。（　）

（四）名词解释

1. 总体数据总量　2. 实物总量　3. 计划完成相对数　4. 强度相对数
5. 加权平均数　6. 众数　7. 平均差　8. 标准差
9. 矩　10. 峰度系数

（五）简答题

1. 统计数据分布的特征，可以从哪三个方面进行测度和描述？
2. 如何用水平法和累积法计算计划执行进度？
3. 什么是比例相对数？计算公式是什么？
4. 简述算术平均数与强度相对数的区别。
5. 如何用组距数列计算众数？
6. 简述离散系数的作用。

（六）计算题

1. 某车间工人日生产零件分组资料如下：

零件分组（个）	工人数（人）
40～50	20
50～60	40
60～70	80
70～80	50
80～90	10
合　计	200

要求：

（1）计算零件的众数、中位数和平均数；

(2) 说明该数列的分布特征。

2. 某酒店到三个农贸市场买草鱼,每千克的单价分别为 9 元、9.4 元、10 元,若各买 3 千克、4 千克、5 千克,则平均价格为多少?若分别购买 100 元、150 元、200 元,则平均价格又为多少?

3. 某公司所属三个企业的有关资料如下:

企　业	计划额(万元)	实际额(万元)	计划完成程度(%)
甲	280		104
乙	360	432	
丙		420	120
合　计			

要求:填列表中所缺数字。

4. 某公司所属三个企业的有关资料如下:

(1)

企　业	销售利润率(%)	销售额(万元)
甲	10	1 500
乙	12	1 000
丙	13	3 000

要求:计算三个企业的平均利润率。

(2)

企　业	销售利润率(%)	利润额(万元)
甲	10	150
乙	12	240
丙	13	390

要求:计算三个企业的平均利润率。

5. (1) 某企业某种产品需经过 4 个车间的流水作业才能完成,如果第一车间的产品合格率为 90%,第二车间的产品合格率为 97%,第三车间的产品合格率为 95%,第四车间的产品合格率为 98%,求平均合格率。

(2) 某种产品的生产需经过 10 道工序的流水作业,有 2 道工序的合格率都为 90%,有 3 道工序的合格率为 92%,有 4 道工序的合格率为 94%,有 1 道工序的合格率为 98%,试计算平均合格率。

6. 有两个生产小组,都有 5 个工人,某天的日产量件数如下:

甲组:8　10　11　13　15　　　　乙组:10　12　14　15　16

要求:计算各组的算术平均数、全距、平均差、标准差和标准差系数,并说明哪个组的平均数更具有代表性。

7. 某地区有下列资料:

人均月收入(元)	户数(人)
400 以下	50
400～500	100
500～600	450
600～700	200
700～800	100
800～900	60
900 以上	40
合　计	1 000

要求：

(1) 计算算术平均数、众数、中位数；

(2) 计算偏度系数并予以解释。

五、课外习题参考答案

(一) 单项选择题

1. B　2. D　3. B　4. B　5. A　6. B　7. D　8. D　9. D　10. B　11. A　12. D　13. A　14. A　15. C

(二) 多项选择题

1. AE　2. ABE　3. ABD　4. ABCE　5. BCE　6. DE　7. BDE　8. BCD　9. DE　10. BCDE　11. BDE　12. ABDE　13. AD　14. CE　15. BCDE　16. ABCDE

(三) 判断题

1. √　2. ×　3. ×　4. √　5. ×　6. ×　7. √　8. ×　9. ×　10. √　11. √　12. ×　13. ×　14. √　15. ×　16. √　17. √

(四) 名词解释

1. 总体数据总量是指所有总体所包含的具体数据的总和，是由总体所有数据汇总求和所得的结果，用以反映总体在某一方面的数量特征在一定的时间、地点条件下达到的总水平。

2. 实物总量是根据事物的外部特征或物理属性，从使用价值的角度反映数据总量的指标，是以自然单位、度量衡、复合单位、物理量和标准实物单位为计量单位的。

3. 计划完成相对数也称计划完成百分数，它是将某一时期反映总体某一方面数量特征的指标的实际完成数与同期计划数对比，以反映计划任务的执行情况，计量单位一般是百分数。

4. 强度相对数是指同一总体，两个性质不同但相互有联系的指标数据之比，反映现象的强度、密度以及普遍程度。

5. 加权平均数$\overline{X}_w=\dfrac{\sum_{i=1}^{n}w_i X_i}{\sum w_i}$，式中，$X_1$，$X_2$，…，$X_n$ 表示变量 X 的不同取值；w_1，w_2，…，w_n 表示相应X_n 的权重，表示变量 X 的不同取值所起的作用不尽相同，需对各变量 X 的不同取值赋予不同的权重以表示其重要程度。

6. 众数是总体中出现次数最多的数据，是数据分布集中趋势描述的测度之一。

7. 平均差是指各标志值与其平均数离差的绝对值的算术平均数。

8. 标准差是各标志值与其平均数离差平方的平均数的平方根。

9. 矩表示各变量值与某一给定值的离差的平均数，它有原点矩和中心矩之分。

10. 峰度系数反映峰度的测度，是四阶中心矩 m_4 与 σ^4 之比。

（五）简答题

1. 统计数据分布的特征，可以从三个方面进行测度和描述：一是分布的集中趋势，反映所有数据向其中心值靠拢或聚集的程度；二是分布的离散程度，反映各数据远离其中心值的趋势；三是分布的偏度和峰度，反映数据分布的形状。

2. 考核计划执行进度情况的方法分为水平法和累计法两种，计算公式分别为：

$$(\text{水平法})\text{计划执行进度}=\frac{\text{期内某阶段实际完成数}}{\text{本期计划规定累计数}}\times 100\%$$

$$(\text{累计法})\text{计划执行进度}=\frac{\text{期内到某阶段止实际累计完成数}}{\text{本期计划规定累计数}}\times 100\%$$

3. 比例相对数同一个总体的两个部分之间的对比，计量单位一般为系数、倍数或百分数，计算公式为：

$$\text{比例相对数}=\frac{\text{总体某一部分单位数值}}{\text{总体另一部分单位数值}}\times 100\%$$

4. (1) 概念不同。算术平均数是总体数据总量和总体单位总数这两个绝对数之比，分子中的每一个数据都由分母的每一个总体单位来承担，反映总体数据的一般水平；而强度相对数是两个性质不同而有联系的数据总量之比。

(2) 作用不同。强度相对数反映现象的密度、强度和普遍程度，算术平均数反映同一现象总体的一般水平。

(3) 分子与分母的依存关系不同。算术平均数的分子与分母间存在直接的依存关系，强度相对指标的分子与分母之间无依存关系。

5. 根据组距数列计算众数的步骤为：首先，根据分组数据确定众数所在组的位置，简称为众数组；然后，假定众数组内各标志值的次数成等差变化（而实际情况并不一定如此）；最后，根据众数所在组的次数与其前后组次数的比率关系建立近似计算公式。

$$(\text{下限公式})Mo=L+\frac{d_1}{d_1+d_2}\times i$$

式中，Mo 为众数符号，L 为众数组的下限，d_1 为众数组次数与上一组次数之差，d_2 为众数组次数与下一组次数之差，i 为众数组的组距。

$$(\text{上限公式})\ Mo = U - \frac{d_2}{d_1 + d_2} \times i$$

式中，U 为众数组的上限，其他符号同下限公式。

6. 离散系数的作用主要是比较不同总体或样本的离散程度，离散系数越大，说明均值的代表性越差；离散系数越小，说明均值的代表性越好。

（六）计算题

1. **解：** 依题意建立计算表。

零件分组（个）	工人数（人）	组中值 x	标志总量 xf	累计频数 S
40～50	20	45	900	20
50～60	40	55	2 200	60
60～70	80	65	5 200	140
70～80	50	75	3 750	190
80～90	10	85	850	200
合　计	200	—	12 900	—

$$Mo = L + \frac{f - f_{-1}}{(f - f_{-1}) + (f - f_{+1})} \cdot i = 60 + \frac{80 - 40}{(80 - 40) + (80 - 50)} \times 10$$

$$= 60 + 5.71 = 65.71(\text{个})$$

$$Me = L + \frac{\frac{N}{2} - S_{m-1}}{f_m} \cdot i = 60 + \frac{\frac{200}{2} - 60}{80} \times 10 = 60 + 5 = 65(\text{个})$$

$$\bar{x} = \frac{\sum xf}{\sum f} = \frac{12\ 900}{200} = 64.5(\text{个})$$

因为 $\bar{x} < Me < Mo$，所以，该数据分布属于左偏分布。

2. **解：** $\bar{x} = \dfrac{\sum xf}{\sum f} = \dfrac{9 \times 3 + 9.4 \times 4 + 10 \times 5}{12} = \dfrac{114.6}{12} = 9.55(\text{元} / \text{千克})$

$$\bar{x}_H = \frac{\sum m}{\sum \frac{m}{x}} = \frac{450}{\frac{100}{9} + \frac{150}{9.4} + \frac{200}{10}} = 9.56(\text{元} / \text{千克})$$

3. **解：** 依题意建立计算表。

企　业	计划额(万元)	实际额(万元)	计划完成程度(%)
甲	280	291.2	104
乙	360	432	120
丙	350	420	120
合　计	990	1 143.2	115.47

4. **解**：(1) $\bar{x}=\dfrac{\sum xf}{\sum f}=\dfrac{1\,500\times10\%+2\,000\times12\%+3\,000\times13\%}{6\,500}=\dfrac{780}{6\,500}=12\%$

(2) $\bar{x}_H=\dfrac{\sum m}{\sum\dfrac{m}{x}}=\dfrac{150+240+390}{\dfrac{150}{0.1}+\dfrac{240}{0.12}+\dfrac{390}{0.13}}=\dfrac{780}{6\,500}=12\%$

5. **解**：(1) 该产品总的合格率等于各车间合格率之积，故四个车间的平均合格率为：

$\bar{x}_G=\sqrt[u]{x_1\,x_2\cdots x_n}=\sqrt[4]{90\%\times97\%\times95\%\times98\%}=\sqrt[4]{0.81}=95\%$

(2) $\bar{x}_G=\sqrt[\sum f]{x_1^{f_1}\,x_2^{f_2}\cdots x_n^{f_n}}=\sqrt[10]{0.9^2\times0.92^3\times0.94^4\times0.98}=92.97\%$

6. **解**：$\bar{x}_{甲}=\dfrac{\sum\limits_{i=1}^{n}x_i}{n}=\dfrac{57}{5}=11.4$(件)　　$\bar{x}_{乙}=\dfrac{67}{5}=13.4$(件)

$R_{甲}=15-8=7$(件)　　$R_{乙}=16-10=6$(件)

$AD_{甲}=\dfrac{10.4}{5}=2.08$(件)　　$AD_{乙}=\dfrac{9.6}{5}=1.92$(件)

$\sigma_{甲}=2.416\,6$(件)　　$\sigma_{乙}=2.154\,1$(件)

$v_{\sigma甲}=21.20\%$　　$v_{\sigma乙}=16.08\%$

由于 $v_{\sigma乙}<v_{\sigma甲}$，所以乙组日产量差异程度小，其平均数更有代表性。

7. **解**：(1) 依题意建立计算表。

人均收入(元)	组中值	户数	$x-\bar{x}$	$(x-\bar{x})^2f$	$(x-\bar{x})^3f$
400 以下	350	50	−254	3 225 800	−819 353 200
400～500	450	100	−154	2 371 600	−365 226 400
500～600	550	450	−54	1 312 200	19 467 200
600～700	650	200	46	423 200	311 213 600
700～800	750	100	146	2 131 600	893 216 160
800～900	850	60	246	3 630 960	156 869 440
900 以上	950	40	346	478 860	
合　计	—	1 000	—	17 884 000	1 625 328 000

$\bar{x}=\dfrac{\sum xf}{\sum f}=\dfrac{604\,000}{1\,000}=604$(元)

$$Mo = L + \frac{d_1}{d_1 + d_2} \times i = 500 + \frac{350}{350 + 250} \times 100 = 558.33(\text{元})$$

$$Me = L + \frac{\frac{\sum f}{2} - s_{m-1}}{f_m} \times i = 500 + \frac{500 - 150}{450} \times 100 = 577.78(\text{元})$$

(2) $\sigma = \sqrt{x^2 - \bar{x}^2} = \sqrt{382\ 700 - 364\ 816} = 133.73(\text{元})$

或

$$\sigma = \sqrt{\frac{\sum_{i=1}^{n}(x_i - \bar{x})^3 f}{\sum f}} = \sqrt{\frac{17\ 884\ 000}{1\ 000}} = 133.73(\text{元})$$

$$m_3 = \frac{\sum (x_i - \bar{x})^3 f}{\sum f} = \frac{1\ 625\ 328\ 000}{1\ 000} = 1\ 625\ 328$$

$$\alpha = \frac{m_3}{\sigma^3} = \frac{1\ 625\ 328}{133.73^3} = 0.679\ 6$$

计算结果说明，该地区人均月收入为正偏分布。

第五章　概率论基础

一、学习目的和要求

(1) 复习概率论基础知识，重点把握二项分布、正态分布，为后续各章做准备；

(2) 了解 χ^2 分布、t 分布、F 分布与自由度的概念。

二、内容提要

(一) 随机试验和随机事件

1. 随机试验

随机试验，是指为了研究随机现象而对客观事物进行观察的过程，它具有下列三个特性：

(1) 可在相同的条件下重复进行；

(2) 每次试验的结果具有多种可能性，并且试验所有可能的结果是事先已知的；

(3) 每次试验之前，不能肯定将会出现哪个结果。

2. 随机事件

随机事件，是指随机试验中每一个可能结果，以下简称事件。

(1) 设有事件 A 与 B，若事件 A 发生，则事件 B 必发生，称事件 B 包含事件 A，记作 $A\subset B$。

(2) 若事件 A 包含事件 B，且事件 B 也包含事件 A，则称事件 A 与 B 相等，记作 $A=B$。

(3) 两个事件 A 和 B 中，至少有一个发生，即 A 发生或 B 发生，称为事件 A 与 B 的和(或并)，记作 $A+B$ 或 $A\cup B$。

(4) 事件 A 发生而事件 B 不发生，称为事件 A 与事件 B 的差，记作 $A-B$。

(5) 两个事件 A 与 B 同时发生，即“A 且 B”，称为事件 A 与 B 的积(或交)，记作 $A\cap B$ 或 AB。

(6) 如果事件 A 与 B 不能同时发生，即 $AB=\varnothing$，称事件 A 与 B 互不相容(或称互斥)。显然，基本事件间是互斥(mutually exclusive)的。

(7) 若事件 A 与 B 两者中必有一个发生且仅有一个发生，则称 A 与 B 为互相对立(或互逆)事件。此时满足条件 $A+B=\Omega$ 及 $AB=\varnothing$。

(二) 概率

1. 概率的统计定义

在同一条件下重复进行 n 次试验，当试验次数 n 充分大时，事件 A 发生的频率为：

$$f_n(A)=\frac{m}{n}\text{(随试验次数而变化)}$$

趋向于某一数值 p 或稳定地在 p 值附近波动（$0\leqslant p\leqslant 1$），则定义 p 为事件 A 发生的概率，记作：

$$P(A)=\lim f_n(A)=\lim_{n\to\infty}\frac{m}{n}$$

2. 条件概率

在事件 B 已经发生的情况下，定义事件 A 同时发生的概率：

$$P(A\mid B)=\frac{P(AB)}{P(B)}$$

3. 独立事件

如果 $P(A\mid B)=P(A)$，那么 A 与 B 相互独立。此时：

$$P(AB)=P(A\mid B)P(B)=P(A)P(B)$$

4. 全概率公式

设事件 $A_1, A_2, \cdots, A_n$ 是样本空间 Ω 的一个分割，即 $A_iA_j=\varnothing$，$i\neq j$，且 $\sum\limits_{i=1}^{n}A_i=\Omega$。从而 $B=\sum\limits_{i=1}^{n}A_iB$，这里 A_iB 也两两互不相容，则全概率公式如下：

$$P(B)=P(B\cap\Omega)=P(\bigcup_{i=1}^{n}A_iB)=\sum_{i=1}^{n}P(A_iB)=\sum_{i=1}^{n}P(B\mid A_i)\cdot P(A_i)$$

5. 贝叶斯公式

设事件 $A_1, A_2, \cdots, A_n$ 是样本空间 Ω 的一个分割，即 $A_iA_j=\varnothing$，$i\neq j$，且 $\sum\limits_{i=1}^{n}A_i=\Omega$，则贝叶斯公式如下：

$$P(A_j\mid B)=\frac{P(A_jB)}{P(B)}=\frac{P(B\mid A_j)\cdot P(A_j)}{\sum\limits_{i=1}^{n}P(B\mid A_i)\cdot P(A_i)}$$

(三) 随机变量

随机变量，是对随机试验结果的数量描述，其取值有一个范围，在此范围内究竟取何值是不确定的，但取某个值或某些值却有相应的确定概率（变化规律性）。随机变量一般用 X、Y 等表示。

1. 随机变量的分类

（1）离散型随机变量（discrete random variable）：所有可能取值只能是有限个或无穷可列个的随机变量。

（2）连续型随机变量（continuous random variable）：所有可能取值是连续的随机变量。

2. 分布函数

设 X 是随机变量,则函数

$$F(x)=P\{X\leqslant x\} \quad (-\infty<x<+\infty)$$

称为随机变量 X 的概率分布函数(probability distribution function)。

3. 数字特征

(1) 数学期望:

① $E(x)=\sum_{k} x_k p_k$,其中 x 是离散型随机变量。

② $E(x)=\int_{-\infty}^{+\infty} x f_{(x)} \mathrm{d}x$,其中 x 是连续型随机变量。

(2) 方差:$D(X)=E[X-E(X)]^2=E(X^2)-[E(X)]^2$

(3) 协方差:$\sigma_{XY}=E[(X-EX)(Y-EY)]=E(XY)-E(X)E(Y)$

(4) 相关系数:$\rho_{XY}=\dfrac{\operatorname{cov}(X, Y)}{\sqrt{D(X)}\sqrt{D(Y)}}$

(四) 常见随机变量的分布

1. 二项分布

在 n 重伯努利试验中,设每次试验成功的概率为 p,则成功次数 X 的概率分布为:

$$P(X=i)=\binom{n}{i} p^i (n-p)^{n-i} \qquad (i=0, 1, 2, \cdots, n)$$

此时,称 X 服从参数为 p 的二项分布,记作 $X\sim b(n, p)$。

2. 正态分布

设 X 为连续型随机变量,它的概率密度函数为:

$$f(x)=\frac{1}{\sqrt{2\pi}\sigma} \mathrm{e}^{-\frac{(x-\mu)^2}{2\sigma 2}}$$

则称 X 服从参数为 μ 和 σ^2 的正态分布,记作 $X\sim N(\mu, \sigma^2)$。

(五) 大数定律和中心极限定理

(1) 设 n 次独立试验中,事件 A 发生的次数为 m,事件 A 在每次试验中发生的概率为 p,则对于任意正数 ε,有:

$$\lim_{n\to\infty} P\left(\left|\frac{m}{n}-p\right|<\varepsilon\right)=1$$

(2) 设随机变量 X_1, X_2 相互独立,且服从同一分布,它们的数学期望 $E(X_k)=\mu$,方差 $D(X_k)=\sigma^2(k=1,2,\cdots)$,则对任意正数 ε,有:

$$\lim_{n\to\infty} P(|\overline{X}_n-\mu|<\varepsilon)=1$$

式中,$\overline{X}_n=\dfrac{1}{n}(X_1+X_2+\cdots+X_n)$。

(3) 设X_1，X_2，…，X_n是具有相同分布且相互独立的一列随机变量，则当$n\to+\infty$时，对任意X，有：

$$\lim_{n\to\infty} P\left(\frac{1}{\sigma\sqrt{n}}\sum_{k=1}^{n}(X_k-\mu)<x\right)=\int_{-\infty}^{x}\frac{1}{\sqrt{2\pi}}e^{-\frac{t^2}{2}}dt$$

其中，$\mu=E(X_k)$，$\sigma^2=D(X_k)>0$，$k=1, 2, \cdots, n$。

(4) 设X_1，X_2，…，X_n，… 是服从参数为$p(0<p<1)$的两点分布的随机变量序列，即$X=\sum_{k=1}^{n}X_k\sim b(n, p)$，则对任意$x$，有：

$$\lim_{n\to\infty} P\left(\frac{\sum_{k=1}^{n}X_k-np}{\sqrt{np(1-p)}}<x\right)=\frac{1}{\sqrt{2\pi}}e\int_{-\infty}^{x}{}^{-\frac{t^2}{2}}dt$$

(5) 设随机变量X_1，X_2，…，X_n，… 相互独立，它们具有数学期望和方差$E(X_k)=\mu_k$，$D(X_k)=\sigma_k^2>0$，$k=1, 2, \cdots$，则：

$$\lim_{n\to\infty} P\left(\frac{\sum_{k=1}^{n}X_k-\sum_{k=1}^{n}\mu_k}{\sqrt{\sum_{k=1}^{n}\sigma_k^2}}\leqslant x\right)=\frac{1}{\sqrt{2\pi}}\int_{-\infty}^{x}e^{-\frac{t^2}{2}}dt$$

三、课后习题答案

(一) 思考题

1. 随机事件：随机试验中每一个可能的试验结果。

基本事件：随机事件中不能分解为其他事件组合的事件。

互不相容事件：设 A 和 B 分别表示两个随机事件，如果 A∩B=∅，则称事件 A 和事件 B 互不相容。

对立事件：设 A 和 B 分别表示两个随机事件，如果 A 和 B 满足 A∩B=∅且 A∪B=Ω，则称事件 A 和事件 B 互为对立事件。

2. 常见的离散型分布有二项分布、二点分布、泊松分布等。

二项分布随机变量 X 的分布表(P=0.2)

X	0	1	2	3
P	$C_3^0 0.2^0(1-0.2)^3$	$C_3^1 0.2^1(1-0.2)^2$	$C_3^2 0.2^2(1-0.2)^1$	$C_3^3 0.2^3(1-0.2)^0$

二点分布随机变量 X 的分布表(P=0.6)

X	0	1
P	0.4	0.6

泊松分布随机变量 X 的分布表($\lambda=2$)

X	0	1	2	3	…
P	e^{-2}	$2e^{-2}$	$2e^{-2}$	$\frac{4}{3}e^{-2}$	

3. 离散型随机变量的均值和方差的计算公式分别如下：

$$\boldsymbol{E(X)=\sum_i x_i p_i,\ D(X)=\sum_i[x_i-E(X)]p_i}$$

其中，$p_i=P(X=x_i)$。

第四章中整体分布的算术平均数和方差的计算分别是上述均值和方差计算的一种特殊情况，即 $p_1=p_2=\cdots p_i=\cdots$。

(二) 计算题

1. **解**：设 $A=\{$产品为正品$\}$，$B=\{$产品经过检查为正品$\}$，则由题意知 $P(A)=0.8$，$P(\bar{B}\mid A)=0.05$，$P(B\mid\bar{A})=0.1$，从而 $P(B)=P(B\mid A)P(A)+P(B\mid\bar{A})P(\bar{A})=0.95\times0.8+0.1\times0.2=0.78$。

2. **解**：(1) 由题意可知

$e^{-2}=P(X>100)=1-P(X\leqslant 100)=e^{-\frac{100}{\lambda}}$

所以，$\lambda=50$。

(2) 由(1)的结论可知，X 服从参数 $\lambda=50$ 的指数分布，所以它的概率密度函数为：

$$f(x)=\begin{cases}\frac{1}{50}e^{-\frac{x}{50}}, & x\geqslant 0\\ 0, & \text{其他}\end{cases}$$

(3) 由(1)的结论可知 $E(X)=50$，从而：

$E(2X+1)=2E(X)+1=101$

(4) 由(1)的结论可知 $D(X)=50^2=2\ 500$，从而：

$D(2X+1)=4D(X)=10\ 000$

3. **解**：(1) 由题意可知，$P(X=2)=\frac{1}{2}\lambda^2e^{-\lambda}$。

(2) 设 X_1，X_2，X_3，X_4 分别表示第 1、2、3 和 4 日的销售量，则：

$$P(X_1+X_2+X_3+X_4=2)=\sum_{m=0}^{2}P(X_1+X_2+X_3+X_4=2\mid X_4=m)P(X_4=m)$$

即：

$$P(X_1+X_2+X_3+X_4=2)=\sum_{m=0}^{2}P(X_1+X_2+X_3=2-m)P(X_4=m)$$

同理，运用全概率公式可以得到：

$$P(X_1+X_2+X_3+X_4=2)$$
$$=\sum_{m=0}^{2}\sum_{n=0}^{2-m}\sum_{k=0}^{2-m-n}P(X_1=2-m-n-k)P(X_2=k)P(X_3=n)P(X_4=m)$$

4. **解**：设($X_i=1$)表示随机事件 t 时刻计算机中第 i 个终端在使用中，($X_i=0$)表示随机事件 t 时刻计算机中第 i 个终端不在使用中($i=1, 2, \cdots, 150$)，随机变量 $X=\sum_{i=1}^{150} X_i$ 表示 t 时刻计算机中运行的终端个数，则由题意可知，X_i 服从 $P(X_i=1)=0.4$ 和 $P(X_i=0)=0.6$ 的二点分布，且 X 服从 $b(150, 0.4)$。

从而由定理 4 可知：

$$P(60 \leqslant X \leqslant 70)=\Phi\left(\frac{5}{3}\right)-\Phi(0)=0.952\,5-0.5=0.452\,5$$

第六章　抽 样 分 布

一、学习目的和要求

（1）掌握抽样分布的一些基本概念；

（2）掌握与正态分布有关的几个重要的抽样分布以及均值、方差等几个重要统计量的分布。

二、内容提要

（一）抽样与抽样分布的基本概念

总体和个体：通常把所要调查研究的事物或现象的全体称为总体。组成总体的每个元素称为个体。一个总体中所含的个体的数量称为总体容量。

样本、样本容量与样本个数：从总体所抽取的部分个体称为样本。样本中所含个体的数量称为样本容量。从总体中可能抽取或可能构成的样本的数目称为样本个数。

参数与统计量：参数是总体的数量特征，对于某个总体来说，其参数是定值。统计量是样本的数量特征，它的值是随着样本的不同而变化的，因此是个随机变量。常用的统计量有以下几种：

设 $X_1, X_2, \cdots, X_n$是从总体 X 中抽取的一个样本，则称：

（1）统计量 $\overline{X} = \frac{1}{n}\sum_{i=1}^{n} X_i$ 为样本均值；

（2）统计量$S^2 = \frac{1}{n-1}\sum_{i=1}^{n}(X_i - \overline{X})^2$ 为样本方差；

（3）统计量 $S = \sqrt{S^2} = \sqrt{\frac{1}{n-1}\sum_{i=1}^{n}(X_i - \overline{X})^2}$ 为样本标准差；

（4）统计量$A_k = \frac{1}{n}\sum_{i=1}^{n} X_1^k$ 为样本 k 阶原点矩；

（5）统计量 $B = \frac{1}{n-k+1}\sum_{i=1}^{n}(X_i - \overline{X})^k$ 为样本 k 阶中心矩。

抽样与抽样分布：为了推断总体的某些重要特征，需要从总体中按一定抽样技术抽取若干个体，这一抽取过程就称为抽样。每个随机变量都有其概率分布，样本统计量的概率分布即抽样分布。

（二）抽样方法

1. 抽样框与抽样单元

包含所有抽样单元的总体称为抽样框，构成抽样框的单元称为抽样单元。

2. 放回抽样与不放回抽样

从总体中随机抽取样本有两种方法：放回抽样与不放回抽样。

（1）放回抽样是指从总体中随机抽取一个单位，观察后再把它放回总体，然后抽取下一个单位。

（2）不放回抽样是指从总体中随机抽取一个单位，观察后不再把它放回总体。

3. 抽样按顺序与不按顺序组成样本

（1）抽样按顺序组成样本是指抽取的样本单位按编码顺序（排列）组成样本。

（2）抽样不按顺序组成样本是指抽取的样本单位不按编码顺序（组合）组成样本。

（三）与正态分布有关的分布

（1）设 $X_1, X_2, \cdots, X_n$ 是来自标准正态分布 $N(0, 1)$ 的样本，即$X_i \sim N(0, 1)$，令统计量 $X = \sum_{i=1}^{n} X_i^2$，称随机变量 X 服从自由度为 n 的χ^2 分布，记为：$X \sim \chi^2(n)$。

χ^2 的密度函数为：

$$k_n(x) = \begin{cases} \dfrac{1}{2^{\frac{n}{2}}\Gamma\left(\dfrac{n}{2}\right)} \cdot x^{n/2-1} \cdot e^{-\frac{x}{2}} & x > 0 \\ 0 & x \leqslant 0 \end{cases}$$

（2）设 $Z \sim N(0, 1)$，$Y \sim \chi^2(n)$，且 Z 与 Y 相互独立，令统计量

$$T = \frac{Z}{\sqrt{\dfrac{Y}{n}}}$$

称 T 服从自由度为 n 的 t 分布，记为 $T \sim t(n)$，则 T 的密度函数为：

$$t_m(x) = \frac{\Gamma\left(\dfrac{n+1}{2}\right)}{\sqrt{n\pi} \cdot \Gamma\left(\dfrac{n}{2}\right)} \cdot \left(1 + \frac{x^2}{n}\right)^{-\frac{n+1}{2}}$$

（3）设$Y_1 \sim \chi^2(n_1)$，$Y_2 \sim \chi^2(n_2)$，且Y_1 与Y_2 相互独立。令统计量

$$F = \frac{Y_1/n_1}{Y_2/n_2}$$

称 F 服从自由度为(n_1, n_2) 的 F 分布，记为 $F \sim F(n_1, n_2)$，F 的密度函数为：

$$f(x)=\begin{cases}\dfrac{\Gamma\left(\dfrac{n_1+n_2}{2}\right)}{\Gamma\left(\dfrac{n_1}{2}\right)\Gamma\left(\dfrac{n_2}{2}\right)}n_1^{\frac{n_1}{2}}\cdot n_2^{\frac{n_2}{2}}\dfrac{x^{\frac{n_1}{2}}}{(n_1x+n_2)^{\frac{n_1+n_2}{2}}} & x>0\\ 0 & x\leqslant 0\end{cases}$$

(4) 设 $X\sim N(\mu,\sigma^2)$，则 $Y=a+bX\sim N(a+b\mu,b^2\sigma^2)$。

(四) 常见的抽样分布

1. 一个总体样本均值的抽样分布

(1) 设 $X_1, X_2, \cdots, X_n$ 是来自正态总体 $N(\mu,\sigma^2)$ 的样本，$\overline{X}$ 是样本均值，σ^2 是总体方差，则 $\overline{X}\sim N\left(\mu,\dfrac{\sigma^2}{n}\right)$。

(2) 设 $X_1, X_2, \cdots, X_n$ 是来自正态总体 $N(\mu,\sigma^2)$ 的样本，$\overline{X}$ 是样本均值，S^2 是样本方差，则 $\dfrac{\sqrt{n}(\overline{X}-\mu)}{S}\sim t(n-1)$。

(3) 大样本条件下总体均值的近似分布。

林德伯格列维定理：

定理表述一：设 $X_1, X_2, \cdots, X_n$ 是相互独立的随机变量，$E(X_i)=\mu_i$，$\mathrm{Var}(X_i)=\sigma_i^2$。当 n 充分大时，则 $\sum\limits_{i=1}^{n}X_i\sim N(\sum\limits_{i=1}^{n}\mu_i, \sum\limits_{i=1}^{n}\sigma_i^2)$。

定理表述二：当 $X_1, X_2\cdots, X_n$ 是独立同分布时，$E(X_i)=\mu$，$\mathrm{Var}(X_i)=\sigma^2$，则当 n 充分大时，有 $\sum\limits_{i=1}^{n}X_i\sim N(n\mu, n\sigma^2)$，从而 $\overline{X}=\dfrac{1}{n}\sum\limits_{i=1}^{n}X_i\sim N\left(\mu,\dfrac{\sigma^2}{n}\right)$。

2. 两个总体样本均值之差的抽样分布

(1) 方差均已知，设总体 $X\sim N(\mu_1,\sigma_1^2)$，$Y\sim N(\mu_2,\sigma_2^2)$，且 X 与 Y 相互独立，$X_1, X_2, \cdots, X_{n1}$ 与 $Y_1, Y_2, \cdots, Y_{n2}$ 分别为来自总体 X 与 Y 的样本，$\overline{X}$，$\overline{Y}$ 与 S_1^2，S_2^2 分别是其样本均值和样本方差，则：

$$U=\frac{(\overline{X}-\overline{Y})-(\mu_1-\mu_2)}{\sqrt{\dfrac{\sigma_1^2}{n_1}+\dfrac{\sigma_2^2}{n_2}}}\sim N(0,1)$$

(2) 方差未知但相等，即 $\sigma_1^2=\sigma_2^2=\sigma^2$ 时，则：

$$T=\frac{(\overline{X}-\overline{Y})-(\mu_1-\mu_2)}{S\sqrt{\dfrac{1}{n_1}+\dfrac{1}{n_2}}}\sim t(n_1+n_2-2)$$

其中，$S^2=\dfrac{n_1-1}{n_1+n_2-2}S_1^2+\dfrac{n_2-1}{n_1+n_2-2}S_2^2$。

3. 正态总体样本方差的抽样分布

(1) 一个正态总体样本方差的抽样分布。

设 $X_1, X_2, \cdots, X_n$ 是来自正态总体 $N(\mu,\sigma^2)$ 的简单随机样本，$\bar{x}$ 是样本均值，样本方差

$S^2=\frac{1}{n-1}\sum_{i=1}^{n}(x_i-\bar{x})^2$，则有：

$$\frac{(n-1)S^2}{\sigma^2}=\sum_{i=1}^{n}\frac{(x_i-\bar{x})^2}{\sigma^2}\sim\chi^2(n-1)$$

（2）两个正态总体样本方差之比的抽样分布。

设总体 $Y\sim N(\mu_1,\sigma_1^2)$，$Z\sim N(\mu_2,\sigma_2^2)$，$Y$ 与 Z 独立；$Y_1,Y_2,\cdots,Y_n$ 为取自总体 Y 的一个样本，$Z_1,Z_2,\cdots,Z_n$ 为取自总体 Z 的一个样本。令：

$$S_{n_1}^2=\frac{1}{n_1-1}\sum_{i=1}^{n_1}(Y_i-\bar{Y})^2\quad\left(\bar{Y}=\frac{1}{n_1}\sum_{i=1}^{n_1}Y_i\right)$$

$$S_{n_2}^2=\frac{1}{n_2-1}\sum_{i=1}^{n_2}(Z_i-\bar{Z})^2\quad\left(\bar{Z}=\frac{1}{n_2}\sum_{i=1}^{n_2}Z_i\right)$$

则：

$$F=\frac{S_{n_1}^2\cdot\sigma_2^2}{S_{n_2}^2\cdot\sigma_1^2}\sim F(n_1-1,n_2-1),\ \frac{S_{n_2}^2\cdot\sigma_1^2}{S_{n_1}^2\cdot\sigma_2^2}\sim F(n_2-1,n_1-1)$$

4. 样本比例的抽样分布

样本比率：设 $X_1,X_2,\cdots,X_n$ 为取自总体 X 的一个样本（若总体容量有限，则采用"有放回"的抽样；若总体容量充分大或无限大，也可采用"不放回"的抽样），则：

$$\bar{X}=\frac{X_1+X_2+\cdots+X_n}{n}=\frac{\text{成功次数}}{n}=\text{样本比率 }P_s$$

（1）一个总体样本比率的抽样分布

① 小样本（费歇精确分布）

a. 在小样本 $[np_s<5,n(1-p_s)<5]$，放回重复抽样的情况下，样本比例的抽样分布服从 n 重伯努利试验的结果，在每个特定的 n 重伯努利试验中，设每次试验成功的概率为 p（p 值不变），失败的概率为 $1-p$，则成功次数 X 是一个离散型随机变量，它可能取值是 $0,1,2,\cdots,n$。可以求出随机变量 X 的分布率为：

$$P(X=i)=\binom{n}{i}p^i(n-p)^{n-i}\qquad(i=0,1,2,\cdots,n)$$

这种概率分布就叫二项分布，记为：$X\sim b(n,p)$。其中，$\binom{n}{i}=\frac{n!}{(n-i)!\ i!}$ 表示在 n 次试验中成功次数为 i 的组合数；二项分布中的 $p^i(n-p)^{n-i}$ 是对应 i 值的每种组合出现的概率。二项分布中含有两个参数 n、p，当它们已知时便可以计算出分布列。

b. 在小样本 $[np_s<5,n(1-p_s)<5]$，不放回重复抽样的情况下，因为每次抽到 $X=x_i$ 的概率不同，所以样本比率 P_s 应服从超几何分布（hyper geometric distribution）。其概率分布为：

$$P(X=k)=\frac{C_M^k\cdot C_{N-M}^{n-k}}{C_N^n}\qquad(k=0,1,2,\cdots,l)$$

其中，$l=\min(M,n)$。

② 大样本条件下样本比例的近似抽样分布

棣莫佛拉普拉斯定理：若 μ_n 是 n 次伯努利实验中事件 A 出现的次数，$0<p<1$，则对任意有限区间 $[a,b]$，

当 $a \leqslant x_k \equiv \frac{k-np}{\sqrt{np(1-p)}} \leqslant b$ 及 $n \to \infty$ 时，一致地有：

$$P\{\mu_n = k\} \div \left(\frac{1}{\sqrt{np(1-p)}} \cdot \frac{1}{\sqrt{2\pi}} e^{-\frac{1}{2}x\frac{k}{2}}\right) \to 1$$

当 $n \to \infty$ 时，一致地有：

$$P\left\{a \leqslant \frac{\mu_n - np}{\sqrt{np(1-p)}} < b \to \int_a^b \varphi(x)\mathrm{d}x\right\}$$

其中，$\varphi(x) = \frac{1}{2\pi} e^{-\frac{x2}{2}} (-\infty < x < \infty)$。

据此，一个总体样本比率之差的近似抽样分布为：当 n 充分大时，即 $np \geqslant 5$，$n(1-p) \geqslant 5$ 时，可近似认为：

$$\sum_{i=1}^{n} X_i \sim N(np, np(1-p))$$

从而 $\bar{X} = \frac{1}{n}\sum_{i=1}^{n} X_i \sim N\left[p, \frac{p(1-p)}{n}\right]$，即 $P_s \sim N\left(p, \frac{p(1-p)}{n}\right)$，标准化后可得：

$$Z = \frac{P_s - p}{\sqrt{\frac{p(1-p)}{n}}} \sim N(0,1)$$

（2）两个总体样本比率之差的近似抽样分布

① 小样本（费歇精确分布）

a. 在小样本 $n_1p_1 < 5$，$n_1(1-p_1) < 5$；$n_2p_2 < 5$，$n_2(1-p_2) < 5$，放回重复抽样的情况下，两个样本比例之差的抽样分布服从二项分布：

$$P_S^1 - P_S^2 \sim B[(n_1+n_2), (p_1-p_2)]$$

b. 在小样本 $n_1p_1 < 5$，$n_1(1-p_1) < 5$；$n_2p_2 < 5$，$n_2(1-p_2) < 5$，不放回重复抽样的情况下，因为每次抽到 $X = x_i$，$Y = y_i$ 的概率不同，所以样本比率之差 $P_S^1 - P_S^2$ 应服从超几何分布。其概率分布为：

$$P_S^1(X = x_i) - P_S^2(Y = y_j)P = \frac{C_M^k \cdot C_{N-M}^{n-k}}{C_N^n} \qquad (i, j = 0, 1, 2, \cdots, l)$$

其中，$l = \min(M, n)$。

② 大样本条件下两个总体样本比率之差的近似抽样分布

同样，根据棣莫佛拉普拉斯定理，当 n_1，n_2 充分大时，即 $n_1p_1 \geqslant 5$，$n_1(1-p_1) \geqslant 5$；$n_2p_2 \geqslant 5$，$n_2(1-p_2) \geqslant 5$ 时，设 $X \sim B(1, p_1)$，$Y \sim B(1, p_2)$，且 X 与 Y 相互独立；P_s^1，P_s^2 为取自两个总体的样本比率，则：

$$P_S^1 - P_S^2 \sim N\left[(p_1-p_2), \frac{p_1(1-p_1)}{n_1} + \frac{p_2(1-p_2)}{n_2}\right]$$

标准化后可得：

$$Z = \frac{(P_S^1 - P_S^2) - (p_1 - p_2)}{\sqrt{\frac{p_1(1-p_1)}{n_1} + \frac{p_2(1-p_2)}{n_2}}} \sim N(0, 1)$$

三、课后习题答案

(一) 思考题

1. 从总体中随机抽取的一部分单位的集合便称为总体的一个样本。简单随机样本必须具备的两个条件是：每一个个体 X_i 都与总体 X 同分布，且相互独立。

2. 包含所有抽样单元的总体称为抽样框，构成抽样框的单元称为抽样单元。

3. 抽样方法有随机抽样和非随机抽样。其中，随机抽样包括简单随机抽样、分层抽样、系统抽样、整群抽样；非随机抽样可分为方便抽样、判断抽样、定额抽样和滚雪球抽样。随机抽样是按照随机原则从总体中抽样，使得总体中每一个单位都有同等被选中的机会，也称为机会均等原则。因此，总体所包括的每一个单位都有被抽中的可能性，使样本单位在总体中的分布保持均匀性，从而保证了样本的代表性。随机抽样适用于一些不可能进行全面调查，或虽可能取得全面资料但不必进行全面调查的情况，也可用于全面调查的资料的验证和修正。非随机抽样又称非概率抽样法，其不按照随机原则来抽取样本中的单位。

4. 参数是总体随机变量概率分布的特征数。统计量是样本的数量特征，它是一个随机变量，随着样本的变化而发生变化。统计量一方面表示样本本身的分布状况和特征，另一方面也是总体参数的估计量，是一个不包含任何未知参数的随机样本函数。常用的统计量有以下几种：(1) 样本均值；(2) 样本方差；(3) 样本标准差；(4) 样本 k 阶原点矩；(5) 样本 k 阶中心矩。

5. 从总体中随机抽样得到样本，获得样本观察值后可以计算一些统计量，统计量的概率分布称为抽样分布。

6. 与正态分布有关的重要的抽样分布有 χ^2 分布、t 分布、F 分布。

χ^2 分布有以下特点：χ^2 分布的可加性，χ^2 分布的数学期望和方差。对任意给定的 $0<\alpha<1$，称满足条件的 $P\{X>\chi_\alpha^2(n)\}=\int_{\chi_\alpha^2(n)}^{\infty} k_n(x)\mathrm{d}x=\alpha$ 为χ^2 分布的上 α 分位点。

t 分布有如下特点：曲线关于纵轴 $Y=0$ 对称；顶部低于正态分布，而尾部高于正态分布。当 n 充分大的时候，t 分布近似于 $N(0, 1)$。通常当 $n>45$ 时，用正态分布来近似，有$\lambda_\alpha(n)\approx Z_\alpha$；但对于较小的 n，t 分布与 $N(0, 1)$ 相差较大。对任意给定的 $0<\alpha<1$，称满足条件的 $P\{T(m)>t_\alpha(m)\}=\int_{t_\alpha(m)}^{\infty} t_m(x)\mathrm{d}x=\alpha$ 为t 分布的上α 分位点。对任意给定的$0<\alpha<1$，称满足条件的 $P\{F>F_\alpha(n_1, n_2)\}=\int_{F_\alpha(n_1, n_2)}^{\infty} f(x)\mathrm{d}x=\alpha$ 为 F 分布的上 α 分位点。

7. (1) 样本均值的抽样分布

① 正态总体、方差已知条件下的样本均值的抽样分布

设 $X_1, X_2, \cdots, X_n$是来自正态总体$N(\mu, \sigma^2)$ 的样本，$\bar{X}$ 是样本均值，σ^2是总体方差，则 $\bar{X}\sim N\left(\mu, \frac{\sigma^2}{n}\right)$。

② 正态总体、方差未知条件下的样本均值的抽样分布

设 $X_1, X_2, \cdots, X_n$ 是来自正态总体 $N(\mu, \sigma^2)$ 的样本，$\bar{X}$ 是样本均值，S^2 是样本方差，则有 $\dfrac{\sqrt{n}(\bar{X}-\mu)}{S} \sim t(n-1)$。

③ 两个正态总体样本均值之差的抽样分布

a. 方差均已知。设总体 $X \sim N(\mu_1, \sigma_1^2)$，$Y \sim N(\mu_2, \sigma_2^2)$，且 X 与 Y 相互独立，$X_1, X_2, \cdots, X_{n_1}$ 与 $Y_1, Y_2, \cdots, Y_{n_2}$ 分别为来自总体 X 与 Y 的样本，$\bar{X}, \bar{Y}$ 与 S_1^2, S_2^2 分别是其样本均值和样本方差，则 $U=\dfrac{(\bar{X}-\bar{Y})-(\mu_1-\mu_2)}{\sqrt{\dfrac{\sigma_1^2}{n_1}+\dfrac{\sigma_2^2}{n_2}}} \sim N(0, 1)$。

b. 方差未知但相等，即 $\sigma_1^2=\sigma_2^2=\sigma^2$ 时，$T=\dfrac{(\bar{X}-\bar{Y})-(\mu_1-\mu_2)}{S\sqrt{\dfrac{1}{n_1}+\dfrac{1}{n_2}}} \sim t(n_1+n_2-2)$，其中 $S^2=\dfrac{n_1-1}{n_1+n_2-2}S_1^2+\dfrac{n_2-1}{n_1+n_2-2}S_2^2$。

④ 两个正态总体样本方差之比的抽样分布

$$F=\left(\frac{\sigma_2}{\sigma_1}\right)^2 \cdot \frac{S_1^2}{S_2^2} \sim F(n_1-1, n_2-1)$$

(2) 样本比率的抽样分布

① 一个总体样本比率抽样分布

设 $X_1, X_2, \cdots, X_n$ 为取自总体 X 的一个样本，则 $\bar{X}=\dfrac{1}{n}\sum_{i=1}^{n} X_i \sim N\left(p, \dfrac{p(1-p)}{n}\right)$。

② 两个总体样本比率之差的抽样分布

设 $X \sim B(1, p_1)$，$Y \sim B(1, p_2)$，且 X 与 Y 相互独立；P_s^1, P_s^2 为取自两个总体的样本比率，则 $\dfrac{(P_s^1-P_s^2)-(p_1-p_2)}{\sqrt{\dfrac{p_1(1-p_1)}{n_1}+\dfrac{p_2(1-p_2)}{n_2}}} \sim N(0, 1)$。

(二) 填空题

1. 总体　样本　总体容量
2. 抽样
3. 概率抽样　非概率抽样
4. 样本均值
5. 随机原则

(三) 证明与推导题

1. (1)，(2)，(3)，(4)，(6)是统计量；(5)，(7)不是统计量。

理由参考统计量定义。

2. **解**：$X \sim P(\lambda)$；$E(\overline{X})=\lambda$，$D(\overline{X})=\frac{1}{n}\lambda$，$E(S^2)=\frac{n-1}{n}\lambda$

3. **证明**：$X_1-2X_2 \sim N(0, 20)$，$\frac{X_1-2X_2}{\sqrt{20}} \sim N(0, 1)$

$3X_3-4X_4 \sim N(0, 100)$，$\frac{3X_3-4X_4}{\sqrt{100}} \sim N(0, 1)$

$$\left(\frac{X_1-2X_2}{\sqrt{20}}\right)^2+\left(\frac{3X_3-4X_4}{\sqrt{100}}\right)^2 \sim \chi^2(2)$$

$$\frac{1}{20}(X_1-2X_2)^2+\frac{1}{100}(3X_3-4X_4)^2 \sim \chi^2(2)$$

$a=\frac{1}{20}$，$b=\frac{1}{100}$

4. **证明**：记 $DX=\sigma^2$（未知），易见 $EY_1=EY_2=EX$，$DY_1=\sigma^2/6$，$DY_2=\sigma^2/3$。由于 Y_1 和 Y_2 相互独立，可见 $E(Y_1-Y_2)=0$，$D(Y_1-Y_2)=\frac{\sigma^2}{6}+\frac{\sigma^2}{3}=\frac{\sigma^2}{2}$，从而：

$$U=\frac{Y_1-Y_2}{\sigma/\sqrt{2}} \sim N(0, 1)$$

由正态总体样本方差的性质，知 $\chi^2=\frac{2S^2}{\sigma^2} \sim \chi^2(2)$。

由于 Y_1 与 Y_2 独立、Y_1 与 S^2 以及 Y_2 与 S^2 独立，可见 Y_1-Y_2 与 S^2 独立。于是，由服从 t 分布的随机变量的结构，知 $Z=\frac{\sqrt{2}(Y_1-Y_2)}{S}=\frac{U}{\sqrt{\chi^2/2}} \sim t(2)$。

5. **证明**：因为 $X \sim t(n)$，则 $X=\frac{Z}{\sqrt{Y/n}}$，其中 $Z \sim N(0, 1)$，$Y \sim \chi^2(n)$，那么 $X^2=\left(\frac{Z}{\sqrt{Y/n}}\right)^2=\frac{Z^2}{Y/n}$，由于 $Z \sim N(0, 1)$，则 $Z^2 \sim \chi^2(1)$，因此有 $\frac{Z^2}{Y/n} \sim F(1, n)$，即 $X^2 \sim F(1, n)$。

6. **解**：$\mathrm{cov}(X_i+X_{n+i}, \overline{X})=\mathrm{cov}(X_i, \overline{X})+\mathrm{cov}(X_{n+i}, \overline{X})=\frac{1}{2n}DX_i+\frac{1}{2n}DX_{n+i}=\frac{\sigma^2}{n}$

$$\begin{aligned}D(X_i+X_{n+i}-2\overline{X})&=D(X_i+X_{n+i})+4D\overline{X}-2\mathrm{cov}(X_i+X_{n+i}, \overline{X})\\&=2\sigma^2+4\frac{\sigma^2}{2n}-2\frac{\sigma^2}{n}=2\sigma^2\end{aligned}$$

$$EY=E\sum_{i=1}^{n}(X_i+X_{n+i}-2\overline{X})^2=\sum_{i=1}^{n}E(X_i+X_{n+i}-2\overline{X})^2=2n\sigma^2$$

$$E(X_i+X_{n+i}-2\overline{X})^2=[E(X_i+X_{n+i}-2\overline{X})]^2+D(X_i+X_{n+i}-2\overline{X})=0+2\sigma^2=2\sigma^2$$

7. **解**：因为 $X \sim N(0, \sigma^2)$，则 $X_1+X_2+X_3 \sim N(0, 3\sigma^2)$，$X_3 \sim N(0, \sigma^2)$，于是 $\frac{X_1+X_2+X_3}{\sqrt{3}\sigma} \sim N(0, 1)$，$\frac{X_3}{\sigma} \sim N(0, 1)$，即 $\left(\frac{X_1+X_2+X_3}{\sqrt{3}\sigma}\right)^2 \sim \chi^2(1)$，$\left(\frac{X_3}{\sigma}\right)^2 \sim \chi^2(1)$

由 F 分布的定义可知 $\dfrac{\left(\dfrac{X_1+X_2+X_3}{\sqrt{3}\sigma}\right)^2 \Big/ 1}{\left(\dfrac{X_3}{\sigma}\right)^2 \Big/ 1} \sim F(1,\ 1)$，整理得：

$$Y=\frac{1}{3}\left(\frac{X_1+X_2+X_3}{X_3}\right)^2 \sim F(1,\ 1)$$

8. **解**：(1) 由于样本方差 $S^2=\dfrac{1}{n-1}\sum_{i=1}^{n}(X_i-\overline{X})^2$，则 $E(S^2)=\sigma^2$

(2) 因为 $\dfrac{\overline{X}-\mu}{\sigma/\sqrt{n}} \sim N(0,\ 1)$，则 $\left(\dfrac{\overline{X}-\mu}{\sigma/\sqrt{n}}\right)^2 \sim \chi^2(1)$

$\dfrac{\overline{X}-\mu}{S/\sqrt{n}} \sim t(n-1)$，则 $\left(\dfrac{\overline{X}-\mu}{S/\sqrt{n}}\right)^2 \sim t^2(n-1)$

9. 见第 3 题解答。

四、课外习题

（一）单项选择题

1. 设 $X_1,\ \cdots,\ X_n$ 为来自 $N(\mu,\ \sigma^2)$ 的一个样本，$\overline{X}$ 为样本均值，记 $S_1^2=\dfrac{1}{n-1}\sum_{i=1}^{n}(X_i-\overline{X})^2$，$S_2^2=\dfrac{1}{n}\sum_{i=1}^{n}(X_i-\overline{X})^2$，$S_3^2=\dfrac{1}{n-1}\sum_{i=1}^{n}(X_i-\mu)^2$，$S_4^2=\dfrac{1}{n}\sum_{i=1}^{n}(X_i-\mu)^2$，则服从自由度 $n-1$ 的 t 分布的随机变量是（　　）。

A. $\dfrac{\overline{X}-\mu}{S_1/\sqrt{n-1}}$　　B. $\dfrac{\overline{X}-\mu}{S_2/\sqrt{n-1}}$

C. $\dfrac{\overline{X}-\mu}{S_3/\sqrt{n}}$　　D. $\dfrac{\overline{X}-\mu}{S_4/\sqrt{n}}$

2. 设 $F_n(x)$ 是经验分布函数，基于来自总体 X 的样本，而 $F(x)$ 是总体 X 的分布函数，则下列命题错误的是（　　）。

A. 对于每个给定的 x，$F_n(x)$ 是分布函数

B. 对于每个给定的 x，$F_n(x)$ 依概率收敛于 $F(x)$

C. 对于每个给定的 x，$F_n(x)$ 是一个统计量

D. 对于每个给定的 x，$F_n(x)$ 的数学期望是 $F(x)$

3. 设总体 X 服从 0—1 分布，$X_1,\ X_2,\ X_3,\ X_4,\ X_5$ 是来自总体 X 的样本，$\overline{X}$ 是样本均值，则下列各选项中的量不是统计量的是（　　）。

A. $\min\{X_1,\ X_2,\ X_3,\ X_4,\ X_5\}$　　B. $X_1-(1-p)X$

C. $\max\{X_1,\ X_2,\ X_3,\ X_4,\ X_5\}$　　D. $X_5-5\overline{X}$

4. 设X_1, …, X_n为来自$N(\mu, \sigma^2)$的一个样本，其中μ已知而σ^2未知，则下列各选项中的量不是统计量的是(　　)。

A. $\sum_{i=1}^{n}(X_i-\mu)^2$　B. $\frac{1}{n}\sum_{i=1}^{n}(X_i-\bar{X})^2$　C. $\sum_{i=1}^{n}\left(\frac{X_i}{\sigma}\right)^2$　D. $\min_{1\leqslant i\leqslant n}\{X_i\}$

5. 设X_1, X_2, X_3为来自$N(\mu, \sigma^2)$的一个样本，其中μ已知而σ^2未知，则下列各选项中的量不是统计量的是(　　)。

A. $X_1+X_2+X_3$　B. $X_3+3\mu$　C. X_1　D. $\sum_{i=1}^{3}X_i/\sigma^2$

6. 设X_1, …, X_8和Y_1, …, Y_{10}分别为来自两个正态总体$N(-1, 2^2)$和$N(2, 5)$的样本，且相互独立，S_1^2, S_2^2分别为两个样本的样本方差，则服从$F(7, 9)$的统计量是(　　)。

A. $\frac{S_1^2}{S_2^2}$　B. $\frac{5S_1^2}{4S_2^2}$　C. $\frac{4S_1^2}{5S_2^2}$　D. $\frac{5S_1^2}{2S_2^2}$

7. 设X_1, …, X_n为来自$N(\mu, \sigma^2)$的一个样本，$\bar{X}$和S^2分别为样本均值和样本方差，则下面结论不成立的是(　　)。

A. $\bar{X}$和S^2相互独立　B. $\bar{X}$和$(n-1)S^2$相互独立

C. $\bar{X}$和$\frac{1}{\sigma^2}\sum_{i=1}^{n}(X_i-\bar{X})^2$相互独立　D. $\bar{X}$和$\frac{1}{\sigma^2}\sum_{i=1}^{n}(X_i-\mu)^2$相互独立

8. 设X_1, …, X_n为来自$N(0, \sigma^2)$的一个样本，$\bar{X}$和S^2分别为样本均值和样本方差，则服从自由度为$n-1$的t分布的随机变量是(　　)。

A. $\frac{\sqrt{n}\,\bar{X}}{S}$　B. $\frac{\sqrt{n}\,\bar{X}}{S^2}$　C. $\frac{n\bar{X}}{S}$　D. $\frac{n\bar{X}}{S^2}$

9. 设X_1, …, X_n为来自$N(\mu, \sigma^2)$的一个样本，$S^2=\frac{1}{n-1}\sum_{i=1}^{n}(X_i-\bar{X})^2$，则$DS^2=$(　　)。

A. $\frac{\sigma^4}{n}$　B. $\frac{2\sigma^4}{n}$　C. $\frac{\sigma^4}{n-1}$　D. $\frac{2\sigma^4}{n-1}$

10. 设X_1, …, X_n为来自$N(0, \sigma^2)$的一个样本，$\bar{X}$和S^2分别为样本均值和样本方差，则(　　)。

A. $\frac{\bar{X}^2}{S^2}\sim F(1, n-1)$　B. $\frac{(n-1)\bar{X}^2}{S^2}\sim F(1, n-1)$

C. $\frac{n\bar{X}^2}{S^2}\sim F(1, n-1)$　D. $\frac{(n+1)\bar{X}^2}{S^2}\sim F(1, n-1)$

(二) 多项选择题

1. 设X_1, X_2, …, X_n是从某总体X中抽取的一个样本，以下(　　)不是统计量。

A. $\bar{X}=\frac{1}{n}\sum_{i=1}^{n}X_i$　B. $S^2=\frac{1}{n}\sum_{i=1}^{n}(X_i-\bar{X})^2$

C. $\sum_{i=1}^{n}[X_i-E(X)]^2$　D. $S^2=\frac{1}{n-1}\sum_{i=1}^{n}[X_i-E(X)]^2$

2. 抽样分布是指(　　)。

A. 一个样本各观测值的分布　　B. 统计量的概率分布

C. 样本的分布　　D. 样本数量的分布

3. 从均值为 μ、方差为 σ^2(有限)的任意一个总体中抽取大小为 n 的样本,则(　　)。

A. 当 n 充分大时,样本均值 $\overline{X}$ 的分布近似服从正态分布

B. 只有当 $n < 30$ 时,样本均值 $\overline{X}$ 的分布近似服从正态分布

C. 样本均值 $\overline{X}$ 的分布与 n 有关

D. 无论 n 多大,样本均值 $\overline{X}$ 的分布都为非正态分布

4. 下列是次序统计量的有(　　)。

A. 中位数　　B. 均值　　C. 四分位数　　D. 方差

5. 假定某学校学生的年龄分布的均值为 23 岁,标准差为 3 岁。如果随机抽取 100 名学生,下列关于样本均值抽样分布描述正确的有(　　)。

A. 抽样分布的标准差等于 3　　B. 抽样分布服从卡方分布

C. 抽样分布的均值近似为 23　　D. 抽样分布为 t 分布

(三) 判断题

1. 全国第五次人口普查中全国人口数是统计总体。(　　)

2. 放回抽样是从总体中随机抽取一个单位,观察后再把它放回总体,然后抽取下一个单位。(　　)

3. 抽样按顺序组成样本是指抽取的样本单位按编码顺序(排列)组成样本。(　　)

4. 设 $X_1, X_2, \cdots, X_n$ 是来自正态总体 $N(\mu, \sigma^2)$ 的样本,$\overline{X}$ 是样本均值,S^2 是样本方差,则有 $\dfrac{\sqrt{n}(\overline{X}-\mu)}{S} \sim t(n)$。(　　)

5. 设 $X \sim N(\mu, \sigma^2)$,则 $Y = a + bX \sim N(a + b\mu, a^2 + b^2\sigma^2)$。(　　)

(四) 填空题

1. 设来自总体 X 的一个样本观察值为:2.1, 5.4, 3.2, 9.8, 3.5,则样本均值=________,样本方差=________。

2. 设随机变量 $X_1, X_2, \cdots, X_{100}$ 独立同分布,且 $EX_i = 0$, $DX_i = 10$, $i = 1, 2, \cdots, 100$,令 $\overline{X} = \dfrac{1}{100}\sum_{i=1}^{100} X_i$,则 $E\left\{\sum_{i=1}^{100}(X_i - \overline{X})^2\right\} =$________。

3. 设 $X_1, X_2, \cdots, X_n$ 是总体 $N(\mu, 4)$ 的一个样本,$\overline{X}$ 是样本均值,则当 $n \geqslant$________时,有 $E(\overline{X}-\mu)^2 \leqslant 0.1$。

4. 设 $X_1, X_2, \cdots, X_n$ 是来自 0—1 分布 $[P(X=1)=p, P(X=0)=1-p]$ 的一个样本,则 $E\overline{X} =$________, $D\overline{X} =$________, $ES^2 =$________。

5. 设总体 $X \sim P(\lambda)$, $X_1, X_2, \cdots, X_n$ 为来自 X 的一个样本,则 $E\overline{X} =$________, $D\overline{X} =$________。

6. 设总体 $X \sim U[a, b]$, $X_1, X_2, \cdots, X_n$ 为来自 X 的一个样本,则 $E\overline{X} =$________, $D\overline{X} =$________。

7. 设总体 $X \sim N(0, \sigma^2)$，$X_1, X_2, \cdots, X_6$ 为来自 X 的一个样本，$Y=(X_1+X_2+X_3)^2+(X_4+X_5+X_6)^2$，则当 $C=$______时，$CY \sim \chi^2(2)$。

8. 设 $X_1, \cdots, X_8$ 是从正态总体 $N(10, 9)$ 中抽取的一个样本，则样本均值 $\bar{x}$ 的标准差为______。

9. 设 $X_1, X_2, \cdots, X_n$ 为来自泊松分布 $P(\lambda)$ 的一个样本，$\bar{X}$，S^2 分别为样本均值和样本方差，则 $E(\bar{X})=$______，$\mathrm{Var}(\bar{X})=$______，$E(S^2)=$______。

10. 设随机变量 X，Y 相互独立，均服从 $X \sim N(0, 3^2)$ 分布，且 $X_1, X_2, \cdots, X_9$ 与 $Y_1, Y_2, \cdots, Y_9$ 分别是来自总体 X，Y 的简单随机样本，则统计量 $U=\dfrac{X_1+\cdots+X_9}{\sqrt{Y_1^2+\cdots+Y_9^2}}$ 服从参数为______的______分布。

(五) 简答题

1. 某地电视台想了解某电视栏目在该地区的收视率情况，于是委托一家市场咨询公司进行一次电话访查。问：(1) 该项研究的总体是什么？(2) 该项研究的样本是什么？

2. 为了了解统计学专业本科毕业生的就业情况，我们调查了某地区 50 名 2021 年毕业的统计学专业本科生实习期满后的月薪情况。问：(1) 该调查的总体是什么？(2) 该调查的样本是什么？(3) 该调查的样本量是多少？

3. 某厂生产的电容器的使用寿命服从指数分布，为了了解其平均寿命，从中抽出 n 件产品检测其实际使用寿命，试说明该检测的总体、样本是什么，并指出样本的分布。

4. 设有 N 个产品，其中有 M 个次品。进行放回抽样。定义

$$X_i=\begin{cases}1, & \text{第 } i \text{ 次取得次品} \\ 0, & \text{第 } i \text{ 次取得正品}\end{cases}$$

求样本 $X_1, \cdots, X_n$ 的联合分布。

5. 设 $X_1, \cdots, X_n$ 是取自总体 X 的一个样本。在下列三种情况下，分别写出 $X_1, \cdots, X_n$ 的联合概率函数：(1) $X \sim B(1, p)$；(2) $X \sim \mathrm{Exp}(\lambda)$；(3) $X \sim U(0, \theta)$ $(\theta > 0)$。

6. 设 $X_1, \cdots, X_n$ 为来自几何分布 $P(X=x)=\theta(1-\theta)^x$，$x=0, 1, 2, \cdots$ 的一个样本，试给出 θ 的一个充分统计量。

7. 设 $X_1, \cdots, X_n$ 为来自 $N(\mu, \sigma^2)$ 的一个样本。

求：(1) 在 μ 已知时给出 σ^2 的一个充分统计量；(2) 在 σ^2 已知时给出 μ 的一个充分统计量。

8. 设 $X_1, \cdots, X_n$ 为来自均匀总体 $U(\theta_1, \theta_2)$ 的样本，试给出参数 (θ_1, θ_2) 的一个充分统计量。

(六) 计算及证明题

1. 在总体 $X \sim N(52, 6.3^2)$ 中随机地抽取一个容量为36的样本，求样本均值落在50.8与53.8之间的概率。

2. 设 $X_1, \cdots, X_5$ 是取自总体 $X \sim N(12, 4)$ 的一个样本，$\bar{X}$ 为样本均值。求：

(1) $P(|\bar{X}-12|>1)$；(2) $P\{X_{(5)}>15\}$，$P\{X_{(1)}<10\}$。

3. 求总体 $N(20, 3)$的容量分别为 10，15 的两个独立样本均值差的绝对值大于 0.3 的

概率。

4. 设 $X_1, X_2, \cdots, X_{10}$ 为 $N(0, 0.3^2)$ 的一个样本，求 $P\left\{\sum_{i=1}^{10} X_i^2 > 1.44\right\}$。

5. 设总体 $X \sim b(1, p)$，$X_1, X_2, \cdots, X_n$ 是来自 X 的样本。求：

(1) $(X_1, X_2, \cdots, X_n)$ 分布律；(2) $\sum_{i=1}^{n} X_i$ 分布律；(3) $E(\bar{X})$，$D(\bar{X})$，$E(S^2)$。

6. 设总体 $X \sim \chi^2(n)$，$x_1, x_2, \cdots, x_n$ 是来自 X 的一个样本，求 $E(\bar{X})$、$D(\bar{X})$、$E(S^2)$。

7. 设在总体 $X \sim N(\mu, \sigma^2)$ 中抽取一个容量为 16 的样本，这里 μ, σ^2 均为未知，求：

(1) $P\{S^2/\sigma^2 \leqslant 2.041\}$，其中 S^2 为样本方差；(2) $D(S^2)$。

8. 设 $X_1, \cdots, X_{2n} (n \geqslant 2)$ 为来自 $N(\mu, \sigma^2)$ 的一个样本，其样本均值为 $\bar{X} = \frac{1}{2n}\sum_{i=1}^{2n} X_i$，求统计量 $Y = \sum_{i=1}^{n}(X_i + X_{n+i} - 2\bar{X})^2$ 的数学期望 EY。

9. 设从两个方差相等的正态总体中分别抽取容量为 15，20 的样本，其样本方差分别为 S_1^2，S_2^2，试求 $P(S_1^2/S_2^2 > 2)$。

10. 设 $X_1, \cdots, X_n$ 是独立同分布的随机变量，且都服从 $N(0, \sigma^2)$，试证：

(1) $\frac{1}{\sigma^2}\sum_{i=1}^{n} X_i^2 \sim \chi^2(n)$；(2) $\frac{1}{n\sigma^2}\left(\sum_{i=1}^{n} X_i\right)^2 \sim \chi^2(1)$。

11. 设 $X_1, \cdots, X_5$ 是取自正态总体 $N(0, \sigma^2)$ 的一个样本，试证：

(1) 当 $k = \sqrt{\frac{3}{2}}$ 时，$k\frac{X_1 + X_2}{\sqrt{X_3^2 + X_4^2 + X_5^2}} \sim t(3)$；

(2) 当 $k = \frac{3}{2}$ 时，$k\frac{(X_1 + X_2)^2}{X_3^2 + X_4^2 + X_5^2} \sim F(1, 3)$

五、课外习题参考答案

(一) 单项选择题

1. B　2. A　3. B　4. C　5. D　6. B　7. D　8. A　9. D　10. C

(二) 多项选择题

1. CD　2. BC　3. AC　4. AC　5. AC

(三) 判断题

1. ×　2. √　3. √　4. ×　5. ×

(四) 填空题

1. 4.8，9.23

2. **解**：设$X_1, \cdots, X_{100}$为总体X的样本，则$S^2=\frac{1}{99}\sum_{i=1}^{100}(X_i-\bar{X})^2$为样本方差，于是$ES^2=DX=10$，即$E\sum_{i=1}^{100}(X_i-\bar{X})^2=10\times 99=990$。

3. **解**：

$$\left.\begin{array}{l} E\bar{X}=\mu,\ D\bar{X}=\frac{\sigma^2}{n}=\frac{4}{n},\ E(\bar{X}-\mu)^2\leqslant 0.1 \\ E(\bar{X}-\mu)=0,\ D(\bar{X}-\mu)=E(\bar{X}-\mu)^2=\frac{4}{n} \end{array}\right\}\Rightarrow \frac{4}{n}\leqslant 0.1\Rightarrow n\geqslant 40$$

4. **解**：$\bar{X}=\frac{1}{n}\sum_{i=1}^{n}x_i$，$EX_i=p$，$DX_i=pq=p(1-p)$

$$E\bar{X}=\frac{1}{n}\cdot nEX_i=p,\ D\bar{X}=\frac{1}{n^2}\cdot nDX_i=\frac{1}{n}p(1-p)$$

$$ES^2=\frac{1}{n-1}E\left(\sum_{i=1}^{n}X_i^2-n\bar{X}^2\right)=\frac{1}{n-1}\cdot[nEX_i^2-nE\bar{X}^2]$$

$$=\frac{1}{n-1}\left[n(p(1-p)+p^2)-n\left(\frac{1}{n}p(1-p)+p^2\right)\right]$$

$$=\frac{1}{n-1}[np-p-(n-1)p^2]=p(1-p)$$

5. **解**：$X\sim P(\lambda)$，$EX_i=DX_i=\lambda$，$E\bar{X}=\lambda$，$D\bar{X}=\frac{\lambda}{n}$

6. **解**：$X\sim U[a,b]$，$EX=\frac{a+b}{2}$，$DX=\frac{(b-a)^2}{12}$，$E\bar{X}=\frac{a+b}{2}$，$D\bar{X}=\frac{(b-a)^2}{12n}$

7. **解**：$E(X_1+X_2+X_3)=E(X_4+X_5+X_6)=0$

$D(X_1+X_2+X_3)=D(X_4+X_5+X_6)=3DX_i=3\sigma^2$

$$D\left[\frac{1}{\sqrt{3}\sigma}(X_1+X_2+X_3)\right]=\frac{1}{3\sigma^2}D(X_1+X_2+X_3)=1$$

$\therefore \frac{1}{\sqrt{3}\sigma}(X_1+X_2+X_3)\sim N(0,1)$，

$\frac{1}{\sqrt{3}\sigma}(X_4+X_5+X_6)\sim N(0,1)$且独立

$\therefore\quad C=\frac{1}{3\sigma^2}$

8. $\sqrt{\frac{9}{8}}=1.06$

9. λ，$\frac{\lambda}{n}$，λ

10. **解**：由X，Y相互独立，均服从$N(0,3^2)$分布，又$X_1, \cdots, X_9$与$Y_1, \cdots, Y_9$分别来自

总体 X，Y,可知X_1，…，X_9 与Y_1，…，Y_9 之间均相互独立，均服从分布 $N(0,\ 3^2)$，因此，$\sum_{i=1}^{9} X_i \sim N(0,\ 9\times 3^2)$，$\overline{X}=\frac{1}{9}\sum_{i=1}^{9} X_i \sim N(0,\ 1)$，$\frac{Y_i}{3}\sim N(0,\ 1)$，$\sum_{i=1}^{9}\left(\frac{Y_i}{3}\right)^2 \sim \chi^2(9)$，且$\overline{X}=\frac{1}{9}\sum_{i=1}^{9} X_i$ 与$\sum_{i=1}^{9}\left(\frac{Y_i}{3}\right)^2$ 相互独立。

故 $\dfrac{\frac{1}{9}\sum_{i=1}^{9} X_i}{\sqrt{\frac{1}{9}\sum_{i=1}^{9}\left(\frac{Y_i}{3}\right)^2}}=\dfrac{\sum_{i=1}^{9} X_i}{\sqrt{\sum_{i=1}^{9} Y_i^2}}=\dfrac{X_1+\cdots+X_9}{\sqrt{Y_1^2+\cdots+Y_9^2}}$ 服从参数为 9 的 t 分布。

(五) 简答题

1. **解**：(1) 该项研究的总体是该地区全体电视观众；

(2) 该项研究的样本是该地区被访问的电视观众。

2. **解**：(1) 总体是该地区 2021 年毕业的统计学专业本科生实习期满后的月薪；

(2) 样本是被调查的 50 名 2021 年毕业的统计学专业本科生实习期满后的月薪；

(3) 样本量为 50。

3. **解**：总体是该厂生产的电容器的使用寿命，或者可以说总体是指数分布 $\mathrm{Exp}(\lambda)$；样本是该厂被抽出的 n 个电容器的使用寿命。

若被抽出的第 i 个电容器的使用寿命记作 x_i，则 $x_i\sim \mathrm{Exp}(\lambda)$，$i=1,\ 2,\ \cdots,\ n$，样本 $(x_1,\ \cdots,\ x_n)$ 的联合分布为$\prod_{i=1}^{n}\lambda \mathrm{e}^{-\lambda x_i}=\lambda^n \mathrm{e}^{-\lambda\sum_{i=1}^{n}x_i}$，$x_i>0$，$i=1,\ \cdots,\ n$。

4. **解**：总体 X 的分布列为 $P(X=x)=\left(\frac{M}{N}\right)^x\left(1-\frac{M}{N}\right)^{1-x}$，$x=0.1$，因此，样本 X_1，…，X_n 的联合分布为

$$P(X_1=x_1,\ \cdots,\ X_n=x_n)=\prod_{i=1}^{n}\left(\frac{M}{N}\right)^{x_i}\left(1-\frac{M}{N}\right)^{1-x_i}=\left(\frac{M}{N}\right)^{\sum_{i=1}^{n}x_i}\left(1-\frac{M}{N}\right)^{n-\sum_{i=1}^{n}x_i},\ x_i=0,\ 1$$

5. **解**：(1) X_1，…，X_n 的联合概率函数 $P(X_1=x_1,\ \cdots,\ X_n=x_n)=\prod_{i=1}^{n}p^{x_i}(1-p)^{1-x_i}=p^{\sum_{i=1}^{n}x_i}(1-p)^{n-\sum_{i=1}^{n}x_i}$，$x_i=0,\ 1$

(2) X_1，…，X_n 的联合概率函数为 $f(x_1,\ \cdots,\ x_n)=\prod_{i=1}^{n}\lambda \mathrm{e}^{-\lambda x_i}=\lambda^n \mathrm{e}^{-\lambda\sum_{i=1}^{n}x_i}$，$x_i>0$

(3) X_1，…，X_n 的联合概率函数为 $f(x_1,\ \cdots,\ x_n)=\prod_{i=1}^{n}\frac{1}{\theta}=\frac{1}{\theta^n}$，$0<x_1,\ \cdots,\ x_n<\theta$

6. **解**：$T=\sum_{i=1}^{n}X_i$

7. **解**：(1) $T=\sum_{i=1}^{n}(X_i-\mu)^2$；　(2) $T=\overline{X}$

8. **解**：$T=(t_1,\ t_2)=(x_{(1)},\ x_{(n)})$

(六) 计算及证明题

1. **解**：由于 $X_i \sim N(52,\ 6.3^2)(i=1,\ \cdots,\ 36)$，$\bar{X}=\dfrac{1}{36}\sum_{i=1}^{36} X_i$，

故 $E(\bar{X})=(1/36)\times 36\times 52=52$，$D(\bar{X})=(1/36^2)\times 36\times 6.3^2=(6.3/6)^2$

所以 $\bar{X}\sim N(52,\ (6.3/6)^2)$，从而 $\dfrac{\bar{X}-52}{6.3/6}\sim N(0,\ 1)$。于是，可得

$$P\{50.8<\bar{X}<53.8\}=P\left\{\frac{50.8-52}{6.3/6}<\frac{\bar{X}-52}{6.3/6}<\frac{53.8-52}{6.3/6}\right\}=\Phi(1.714)-\Phi(-1.143)$$
$$=0.956\ 4-(1-0.872\ 9)=0.829\ 3$$

2. **解**：(1) $\bar{X}\sim N\left(12,\ \dfrac{4}{5}\right)\Rightarrow \dfrac{X-12}{2/\sqrt{5}}\sim N(0,\ 1)$

$$P\{|\ \bar{X}-12\ |>1\}=1-P\left\{\frac{-1}{2/\sqrt{5}}\leqslant\frac{\bar{X}-12}{2/\sqrt{5}}\leqslant\frac{1}{2/\sqrt{5}}\right\}$$
$$=1-\Phi(\sqrt{5}/2)+\Phi(-\sqrt{5}/2)=2-2\Phi(1.12)=0.262\ 8$$

(2) $$P\{X_{(5)}>15\}=1-P\{X_5\leqslant 15\}$$
$$=1-P\{X_1\leqslant 15,\ X_2\leqslant 15,\ X_3\leqslant 15,\ X_4\leqslant 15,\ X_5\leqslant 15\}$$
$$\overset{\text{独立}}{=}1-\prod_{i=1}^{5}P\{X_i\leqslant 15\}=1-[\Phi(1.5)]^2=1-(0.933\ 2)^2=0.292\ 3$$

$$P\{X_{(1)}<10\}=1-P\{X_{(1)}\geqslant 10\}$$
$$=1-P\{X_1\geqslant 10,\ X_2\geqslant 10,\ X_3\geqslant 10,\ X_4\geqslant 10,\ X_5\geqslant 10\}$$
$$\overset{\text{独立}}{=}1-\prod_{i=1}^{5}P\{X_i\geqslant 10\}=1-\prod_{i=1}^{5}\left[1-P\left\{\frac{X_i-12}{2}<\frac{10-12}{2}\right\}\right]$$
$$=1-\prod_{i=1}^{5}[1-\Phi(-1)]=1-[\Phi(1)]^5=0.578\ 5$$

3. **解**：设容量分别为 10，15 的两个独立样本的均值分别为 $\bar{X}$，$\bar{Y}$，则 $\bar{X}-\bar{Y}\sim N\left(0,\ \dfrac{3}{10}+\dfrac{3}{15}\right)=N\left(0,\ \dfrac{1}{2}\right)$，从而

$$P\{|\ \bar{X}-\bar{Y}\ |>0.3\}=1-P\{|\ \bar{X}-\bar{Y}\ |\leqslant 0.3\}$$
$$=1-P\left\{\frac{|\ \bar{X}-\bar{Y}\ |}{\sqrt{\frac{3}{10}+\frac{3}{15}}}\leqslant\frac{0.3}{\sqrt{\frac{3}{10}+\frac{3}{15}}}\right\}=2-2\Phi(0.3\sqrt{2})=0.674\ 4$$

4. **解**：由于 $X_i(i=1,\ \cdots,\ 10)$ 为 $N(0,\ 0.3^2)$ 的一个样本，故

$X_i\sim N(0,\ 0.3^2)(i=1,\ \cdots,\ 10)$，从而 $\dfrac{X_i-E(X_i)}{\sqrt{D(X_i)}}=\dfrac{X_i}{0.3}\sim N(0,\ 1)$

于是 $\sum_{i=1}^{10}\left(\dfrac{X_i}{0.3}\right)^2\sim\chi^2(10)$

故 $P\left\{\sum_{i=1}^{10}X_i^2>1.44\right\}=P\left\{\sum_{i=1}^{10}\left(\dfrac{X_i}{0.3}\right)^2>\dfrac{1.44}{(0.3)^2}\right\}$

即 $P\left\{\sum_{i=1}^{10}\frac{X_i^2}{(0.3)^2}>\chi_n^2(10)\right\}=P\left\{\sum_{i=1}^{10}\frac{X_i^2}{(0.3)^2}>16\right\}=\alpha$

由 $\chi_{1-\alpha}^2(10)=16\approx 15.987$,得 $\alpha=0.1$

即 $P\{\sum_{i=1}^{10}X_i^2>1.44\}=0.1$

5. **解:**(1) X 的分布律为$P\{X=x\}=p^x(1-p)^{n-x}$, $x=0$, 1。X_1, X_2, …, X_n 相互独立,于是 X_1, X_2, …, X_n 的分布律为:

$$P(X_1=x_1, \cdots, X_n=x_n)=\prod_{i=1}^n P(X_i=x_i)=\prod_{i=1}^n p^{x_i}(1-p)^{1-x_i}$$
$$=p^{\sum\limits_{i=1}^n x_i}(1-p)^{n-\sum\limits_{i=1}^n x_i}\quad x_i=0,\ 1$$

(2) 由 $x_i\sim b(1, p)$ 有 $\sum_{i=1}^n x_i\sim b(n, p)$

其分布律为 $P\{\sum_{i=1}^n x_i=k\}=C_n^k p^k(1-p)^{n-k}$, $k=0$, 1, 2, …, n

(3) $E(\bar{X})=E\left(\frac{1}{n}\sum_{i=1}^n x_i\right)=\frac{1}{n}\sum_{i=1}^n E(x_i)=\frac{1}{n}\sum_{i=1}^n p=p$

$$D(\bar{X})=D\left(\frac{1}{n}\sum_{i=1}^n x_i\right)=\frac{1}{n^2}D(\sum_{i=1}^n x_i)=\frac{1}{n^2}\sum_{i=1}^n D(x_i)=\frac{1}{n^2}[p(1-p)+\cdots+p(1-p)]$$
$$=\frac{1}{n}p(1-p)$$

$$E(S^2)=E\left(\frac{1}{n-1}(\sum_{i=1}^n X_i^2-n\bar{X}^2)\right)=\frac{1}{n-1}\sum_{i=1}^n E(X_i^2)-\frac{n}{n-1}E(\bar{X}^2)$$
$$=\frac{1}{n-1}\{D(X_i)+[E(X_i)]^2\}-\frac{n}{n-1}(D(\bar{X}+[E(\bar{X})]^2))$$
$$=\frac{n}{n-1}[p(1-p)+p^2]-\frac{n}{n-1}\left[\frac{1}{n}p(1-p)+p^2\right]=p-p^2$$

6. **解:**总体 $X\sim\chi^2(n)$,则 $E(X)=n$, $D(X)=2n$,由此得:

$E(\bar{X})=E(X)=n$, $D(\bar{X})=\frac{D(X)}{n}=\frac{2n}{n}=2$

7. **解:**

(1) 设 $x_i(i=1, 2, \cdots, 16)$ 为总体 X 的一个样本,则 $\frac{(n-1)S^2}{\sigma^2}\sim\chi^2(n-1)$,从而:

$$P\{S^2/\sigma^2\leqslant 2.041\}=P\{15S^2/\sigma^2\leqslant 15\times 2.041\}$$
$$=1-P\left\{\frac{15S^2}{\sigma^2}>30.615\right\}=1-0.01=0.99$$

上式的 0.01 由 $P\{\chi^2\geqslant\chi_{1-\alpha}^2(15)\}=\alpha$ 及$\chi_{1-\alpha}^2(15)=30.615\approx 30.587$ 反查出:$\alpha=0.01$

(2) 由 $\frac{(n-1)S^2}{\sigma^2}\sim\chi^2(n-1)$ 有 $D\left[\frac{(n-1)S^2}{\sigma^2}\right]=2(n-1)$,即 $\frac{(n-1)^2D(S^2)}{\sigma^4}=2(n-1)$

故 $D(S^2)=\dfrac{2\sigma^4}{n-1}=2/15\sigma^4$

8. **解**：$E(X_i)=\mu$，$D(X_i)=\sigma^2$，$E(X_i^2)=\sigma^2+\mu^2$，$E(\bar{X})=\mu$，$D(\bar{X})=\dfrac{\sigma^2}{2n}$，$E(\bar{X}^2)=\dfrac{\sigma^2}{2n}+\mu^2$

$$Y=\sum_{i=1}^{n}(X_i+X_{n+i}-2\bar{X})^2=\sum_{i=1}^{n}(X_i^2+X_{n+i}^2+4\bar{X}^2+2X_iX_{n+1}-4X_i\bar{X}-4X_{n+i}\bar{X})$$
$$=\sum_{i=1}^{2n}X_i^2+4n\bar{X}^2+2\sum_{i=1}^{n}X_iX_{n+i}-4\bar{X}\sum_{i=1}^{2n}X_i=\sum_{i=1}^{2n}X_i^2-4n\bar{X}^2+2\sum_{i=1}^{n}X_iX_{n+i}$$
$$E(Y)=\sum_{i=1}^{2n}E(X_i^2)-4nE(\bar{X}^2)+2\sum_{i=1}^{n}E(X_i)E(X_{n+i})$$
$$=2n(\sigma^2+\mu^2)-4n\left(\frac{\sigma^2}{2n}+\mu^2\right)+2n\mu^2=2(n-1)\sigma^2$$

9. **解**：不妨设正态总体的方差为σ^2，则有$\dfrac{14S_1^2}{\sigma^2}\sim\chi^2(14)$，$\dfrac{19S_2^2}{\sigma^2}\sim\chi^2(19)$，于是 $F=\dfrac{S_1^2}{S_2^2}\sim F(14,19)$。因此，所求概率为 $P(S_1^2/S_2^2>2)=P(F(14,19)>2)$。

10. **证明**：

(1) 因为$X_1,\cdots,X_n$独立同服从分布$N(0,\sigma^2)$，所以$X_1/\sigma,\cdots,X_n/\sigma$是相互独立的标准正态变量，于是有$\dfrac{1}{\sigma^2}\sum\limits_{i=1}^{n}X_i^2=\sum\limits_{i=1}^{n}\left(\dfrac{X_i}{\sigma}\right)^2\sim\chi^2(n)$。

(2) 因为$X_1,\cdots,X_n$独立同服从分布$N(0,\sigma^2)$，所以$\sum\limits_{i=1}^{n}X_i\sim N(0,n\sigma^2)$，即$\dfrac{1}{\sqrt{n}\sigma}\sum\limits_{i=1}^{n}X_i\sim N(0,1)$，于是有$\dfrac{1}{n\sigma^2}(\sum\limits_{i=1}^{n}X_i)^2=\left(\dfrac{1}{\sqrt{n}\sigma}\sum\limits_{i=1}^{n}X_i\right)^2\sim\chi^2(1)$。

11. **证明**：

(1) 由题设知$X_1,\cdots,X_5$相互独立都服从正态总体$N(0,\sigma^2)$，所以$X_1+X_2\sim N(0,2\sigma^2)$，$X_3/\sigma$，$X_4/\sigma$，$X_5/\sigma$相互独立都服从标准正态分布，则$X_1+X_2/\sqrt{2}\sigma\sim N(0,1)$，$(X_3^2+X_4^2+X_5^2)/\sigma^2\sim\chi^2(3)$，且它们相互独立。于是有$\sqrt{\dfrac{3}{2}}\dfrac{X_1+X_2}{\sqrt{X_3^2+X_4^2+X_5^2}}=\dfrac{(X_1+X_2)/\sqrt{2}\sigma}{\sqrt{(X_3^2+X_4^2+X_5^2)/3\sigma^2}}\sim t(3)$。

(2) 由(1)知，$(X_1+X_2)^2/2\sigma^2\sim\chi^2(1)$，$(X_3^2+X_4^2+X_5^2)/\sigma^2\sim\chi^2(3)$，且它们相互独立，所以$\dfrac{3}{2}\dfrac{(X_1+X_2)^2}{X_3^2+X_4^2+X_5^2}=\dfrac{(X_1+X_2)^2/2\sigma^2}{(X_3^2+X_4^2+X_5^2)/3\sigma^2}\sim F(1,3)$。

第七章　参数估计

一、学习目的和要求

（1）了解点估计的概念，掌握几种常用的点估计求法，并理解估计量的评价准则；
（2）掌握不同条件下的均值、方差等几个重要统计量的区间估计方法；
（3）学会根据估计总体均值和比率确定样本容量。

二、内容提要

（一）点估计

（1）点估计的基本概念：选择一个最适当的样本统计量，作为某个总体参数的估计值。

（2）常用点估计的方法：数字特征法、顺序统计量法、矩估计、最大似然估计和最小二乘估计。矩估计是指通过让真实矩等于样本矩，得到 k 个方程，解这 k 个方程组成的方程组，就可以得到矩估计量。最大似然估计是指在样本值已知的情况下，如何使取到这一样本观察值的概率比较大。最小二乘估计是指样本的观察值与总体期望的偏差不是很大，也就是使得下列平方和最小：$S=\sum_{i=1}^{n}(x_i-\mu)^2$。

（3）估计量的评价准则：无偏性、有效性、一致性。① 无偏性。估计量 $\hat{\theta}$ 的数学期望等于总体参数的真值，即 $E(\hat{\theta})=\theta$，则该估计量称为无偏估计量。② 有效性。若有 $E(\hat{\theta}_1)=\theta$，$E(\hat{\theta}_2)=\theta$，且 $\mathrm{Var}(\hat{\theta}_1)<\mathrm{Var}(\hat{\theta}_2)$，则相对 $\hat{\theta}_2$ 来说，$\hat{\theta}_1$ 是 θ 的有效估计量，$\hat{\theta}_1$ 具有有效性。③ 一致性。一致估计量是当样本容量增加时，估计量与总体参数之间的离差越来越接近于零。对于无限总体，如果对任意 $\varepsilon>0$，有 $\lim_{n\to\infty}P(|\hat{\theta}_n-\theta|\geqslant\varepsilon)=0$，则称 $\hat{\theta}_n$ 是 θ 的一致估计。

（二）区间估计

区间估计是在一定的概率保证下，以样本统计量为中心，构造一个关于总体参数的估计区间。总体均值的区间估计分为：一个总体均值的区间估计正态总体、方差未知时总体均值的区间估计，非正态总体，但大样本时其抽样分布可采用服从正态分布的方法进行估计；两个正态总体均值之差的区间估计；正态总体方差的区间估计；两正态总体方差之比的估计；总体比率的区间估计；两个总体成数之差估计。

待估参数	已知条件		置信区间
一般公式 θ	总体 X 的密度函数为 $f(x,\theta)$，θ 是未知参数，$X_1,X_2,\cdots,X_n$ 为总体 X 的一个样本。令 $\hat{\theta}$ 为样本统计量		$\hat{\theta}\pm\Delta$ $\hat{\theta}-\Delta\leqslant\theta\leqslant\hat{\theta}+\Delta$
总体均值 μ	正态总体，σ^2 已知		$\bar{X}\pm Z_{\alpha/2}\dfrac{\sigma}{\sqrt{n}}$
	正态总体，σ^2 未知	$n<30$	$\bar{X}\pm t_{\alpha/2}(n-1)\dfrac{s}{\sqrt{n}}$
		$n\geqslant 30$	$\bar{X}\pm Z_{\alpha/2}\dfrac{S}{\sqrt{n}}$
	非正态总体，$n\geqslant 30$		$\bar{X}\pm Z_{\alpha/2}\dfrac{\sigma}{\sqrt{n}}$，$\sigma$ 未知时，用 S
	有限总体，$n\geqslant 30$ （不放回抽样）		$\bar{X}\pm Z_{\alpha/2}\dfrac{\sigma}{\sqrt{n}}\sqrt{\dfrac{N-n}{N-1}}$，$\sigma$ 未知时，用 S
两个总体均值之差 $\mu_1-\mu_2$	两个正态总体，σ_1^2，σ_2^2 已知		$(\bar{X}_1-\bar{X}_2)\pm Z_{\alpha/2}\sqrt{\dfrac{\sigma_1^2}{n_1}+\dfrac{\sigma_2^2}{n_2}}$
	两个正态总体，σ_1^2，σ_2^2 未知但相等		$(\bar{X}_1-\bar{X}_2)\pm t_{\alpha/2}(n_1+n_2-2)S_W\sqrt{\dfrac{1}{n_1}+\dfrac{1}{n_2}}$ $S_W^2=\dfrac{(n_1-1)S_1^2+(n_2-1)S_2^2}{n_1+n_2-2}$
	两个非正态总体 $n_1\geqslant 30$，$n_2\geqslant 30$		$(\bar{X}_1-\bar{X}_2)\pm Z_{\alpha/2}\sqrt{\dfrac{\sigma_1^2}{n_1}+\dfrac{\sigma_2^2}{n_2}}$
总体方差 σ^2	正态总体		$\left[\dfrac{(n-1)S^2}{\chi^2_{\alpha/2}(n-1)},\dfrac{(n-1)S^2}{\chi^2_{1-\alpha/2}(n-1)}\right]$
两个总体方差之比 $\dfrac{\sigma_1^2}{\sigma_2^2}$	两个正态总体		$\left[\dfrac{S_1^2/S_2^2}{F_{\frac{\alpha}{2}}},\dfrac{S_1^2/S_2^2}{F_{1-\frac{\alpha}{2}}}\right]$
总体比例 P	无限总体		$P_S\pm z_{\frac{\alpha}{2}}\sqrt{\dfrac{P_S(1-P_S)}{n}}$
	有限总体（N 已知） $np\geqslant 5$，$n(1-p)\geqslant 5$		$P_S\pm z_{\frac{\alpha}{2}}\sqrt{\dfrac{P_S(1-P_S)}{n}\dfrac{N-n}{N-1}}$
两个总体比例之差 P_1-P_2 估计	$P_1=P_2$		$\left[(P_S^1-P_S^2)-Z_{\alpha/2}\cdot\sqrt{\dfrac{P_\mu(1-P_\mu)(n_1+n_2)}{n_1n_2}},\right.$ $\left.(P_S^1-P_S^2)+Z_{\alpha/2}\cdot\sqrt{\dfrac{p_\mu(1-p_\mu)(n_1+n_2)}{n_1n_2}}\right]$ $P_\mu=\dfrac{(n_1-1)P_S^1+(n_1-1)P_S^2}{n_1+n_2-2}$
	$P_1\neq P_2$		$\left[(P_S^1-P_S^2)-Z_{\alpha/2}\cdot\sqrt{\dfrac{P_S^1(1-P_S^1)}{n_1}+\dfrac{P_S^2(1-P_S^2)}{n_2}},\right.$ $\left.(P_S^1-P_S^2)+Z_{\alpha/2}\cdot\sqrt{\dfrac{P_S^1(1-P_S^1)}{n_1}+\dfrac{P_S^2(1-P_S^2)}{n_2}}\right]$

(三) 样本容量的确定

确定样本容量首先必须满足抽样推断需要达到的置信度和精确度,可以根据估计总体均值确定样本容量,也可以根据估计总体比率确定样本容量。

(1) 估计总体均值时,样本容量的确定:

$$n \geqslant \frac{Z_{\alpha/2}^2 \cdot \sigma^2}{\Delta \bar{X}^2}$$

(2) 估计总体比率时,样本容量的确定:

$$n \geqslant \frac{Z_{\alpha/2}^2 \cdot p(1-p)}{\Delta p^2}$$

(3) 有限总体问题

① 估计总体均值时,样本容量的确定:

$$n \geqslant \frac{Z_{\alpha/2}^2 \cdot \sigma^2 N}{\Delta \bar{X}^2 N + Z_{\alpha/2}^2 \cdot \sigma^2}$$

② 估计总体比率时,样本容量的确定:

$$n \geqslant \frac{Z_{\alpha/2}^2 \cdot p(1-p)N}{\Delta p^2 N + Z_{\alpha/2}^2 \cdot p(1-p)}$$

三、课后习题答案

(一) 思考题

1. 估计量是用来估计总体未知参数用的统计量,评价估计量的标准有无偏性、有效性、一致性。

2. 点估计,又称定值估计,是依据样本估计总体分布中所含的未知参数或未知参数的函数。区间估计是指在一定的概率保证下,以样本统计量为中心,构造一个关于总体参数的估计区间。区间估计则更为常用。区间估计既要保证精确度,又要提高置信水平。在样本容量一定的条件下,这两个基本要求是互相矛盾的。若置信水平增加,则区间必然增大,降低了精确度;若精确度提高,则置信水平必然减小。要同时满足这两个要求,就要增加样本容量。而增加样本容量必然会导致工作量增加、成本增加等一系列困难。如何比较好地解决这个困难?英国统计学家奈曼提出一个折中的方案:在保证置信水平 $1-\alpha$ 的前提下,尽可能缩短估计区间,以提高估计精确度。

3. 实施抽样之前,首先要确定合适的样本容量。确定样本容量首先必须满足抽样推断需要达到的置信度和精确度。然后综合考虑影响抽样数目的因素:不同的抽样方法和组织方式(在相同的条件下,放回抽样比不放回抽样的抽样平均误差大,所需要的样本容量也就不同,放回抽样需要更多的样本容量,而不放回抽样需要的样本容量可小一些);总体的差异程度的高低(总体方差的大小);现有的人力、财力和时间因素。

(二) 填空题

1. 点估计,区间估计　2. 一致性,无偏性,有效性　3. 样本估计值,总体参数
4. 4,1/4　5. 1 000,40,20.41　6. 少　7. 显著性水平　8. 允许误差

(三) 判断题

1. √　2. ×　3. ×　4. ×

(四) 单项选择题

1. C　2. C　3. D　4. B　5. A　6. B　7. D　8. A

(五) 计算题

1. **解:** 由题意知 $N=5\ 000$, $n=100>30$, $\bar{X}=450$ 千克, $S=52$ 千克, $1-\alpha=95\%$

则$\frac{n}{N}\times 100\%=2\%<5\%$, $\alpha=0.05$, $\bar{X}$ 近似服从正态分布。

因此:

$$\bar{X}-Z_{\alpha/2}\cdot\frac{S}{\sqrt{n}}=450-1.96\times\frac{52}{\sqrt{100}}=450-10.192=439.909\ 4$$

$$\bar{X}+Z_{\alpha/2}\cdot\frac{S}{\sqrt{n}}=450+1.96\times\frac{52}{\sqrt{100}}=450+10.192=460.096\ 0$$

所以,该地区粮食平均亩产量的 95%的置信区间为[439.909 4, 460.096 0]。

2. **解:** ∵ 整体服从正态分布,总体方差已知 $\sigma^2=0.7^2=0.49$

∴ 置信区间服从 Z 分布

由于置信区间为 $\left[\bar{X}-Z_{\alpha/2}\cdot\frac{\sigma}{\sqrt{n}},\ \bar{X}+Z_{\alpha/2}\cdot\frac{\sigma}{\sqrt{n}}\right]$, $\bar{X}=1.6$, $\sigma=0.7$, $n=16$, $\alpha=0.1$,
经查表得$Z_{\alpha/2}=Z_{0.05}=1.65$

∴ 置信度为 90%的置信区间为[1.311 3, 1.888 8]

3. **解:** 由题意可知,总体有限,σ^2 未知,$n=80>30$,

$\frac{n}{N}=\frac{80}{1\ 200}=6.67\%$,则校正系数不可省。

又 ∵ $\bar{X}=3\ 210$, $S=205$, $\alpha=0.05$, $Z_{0.025}=1.96$

校正系数 $\frac{N-n}{N-1}=\frac{1\ 200-80}{1\ 199}=0.934\ 1$

∴ 每户农民年平均收入的置信区间为:

$$\left[\bar{X}-Z_{\alpha/2}\cdot\frac{S}{\sqrt{n}}\cdot\sqrt{\frac{N-n}{N-1}},\ \bar{X}+Z_{\alpha/2}\cdot\frac{s}{\sqrt{n}}\cdot\sqrt{\frac{N-n}{N-1}}\right]$$

$$=\left[3\ 210-1.96\times\frac{205}{\sqrt{80}}\cdot\sqrt{0.934\ 1},\ 3\ 210+1.96\times\frac{205}{\sqrt{80}}\cdot\sqrt{0.934\ 1}\right]$$

$$=[3\ 166.58,\ 3\ 253.42]$$

4. **解**：已知两个正态总体，方差未知但相等，两个样本的容量分别为 $n_1=n_2=8$，则：

$\overline{X}=86.625$，$\overline{Y}=76.25$，$S_1^2=18.73$，$S_2^2=36.69$

$$\frac{(\overline{X}-\overline{Y})-(\mu_1-\mu_2)}{S_w\sqrt{\frac{1}{n_1}+\frac{1}{n_2}}}\sim t(n_1+n_2-2)$$

设置信水平 $1-\alpha=0.95$，查 t 分布表 $t_{\alpha/2}=2.144\ 8$，使得：

$$P\left\{(\overline{X}-\overline{Y})-t_{\alpha/2}(n_1+n_2-2)\,S_w\sqrt{\frac{1}{n_1}+\frac{1}{n_2}}\leqslant\mu_1-\mu_2\leqslant(\overline{X}-\overline{Y})+t_{\alpha/2}(n_1+n_2-2)\,S_w\sqrt{\frac{1}{n_1}+\frac{1}{n_2}}\right\}=1-\alpha=0.95$$

从而 $\mu_1-\mu_2$ 的置信度为 $100(1-\alpha)\%$ 的置信区间为：

$$\left[(\overline{X}-\overline{Y})\pm t_{\alpha/2}\cdot(n_1+n_2-2)\,S_w\sqrt{\frac{1}{n_1}+\frac{1}{n_2}}\right]$$

其中，$S_w^2=\dfrac{(n_1-1)\,S_1^2+(n_2-1)\,S_2^2}{n_1+n_2-2}$ 为两个样本方差联合无偏估计，$S_w=\sqrt{S_w^2}$。

此时，t 分布的自由度为 (n_1+n_2-2)，$t(14)=2.144\ 8$，代入数据得：

$S_w^2=27.71$，$S_w=\sqrt{S_w^2}=5.627$

则置信区间为：

$$\left[10.375-2.144\ 8\times5.627\times\sqrt{\frac{1}{8}+\frac{1}{8}},\ 10.375+2.148\ 8\times5.627\times\sqrt{\frac{1}{8}+\frac{1}{8}}\right]$$
$$=[4.34,\ 16.41]$$

5. **解**：由题意知 $N=3\ 000$，$n=200$，$P_S=\dfrac{170}{200}=0.85$，$1-\alpha=95.45\%$，则 $nP_S=200\times0.85=170>5$，$n(1-P_S)=200\times0.15=30>5$，$\alpha=0.045\ 5$，$P_S$ 近似服从正态分布，$\dfrac{n}{N}\times100\%=\dfrac{200}{3\ 000}=6.7\%>5\%$。

因此：

$$P_S-Z_{\alpha/2}\sqrt{\frac{P_S(1-P_S)}{n}\cdot\frac{N-n}{N-1}}=0.85-2\times\sqrt{\frac{0.85\times0.15}{200}\times\frac{3\ 000-200}{3\ 000-1}}$$
$$=0.85-0.05=0.80$$

$$P_S+Z_{\alpha/2}\sqrt{\frac{P_S(1-P_S)}{n}\cdot\frac{N-n}{N-1}}=0.85+2\times\sqrt{\frac{0.85\times0.15}{200}\times\frac{3\ 000-200}{3\ 000-1}}$$
$$=0.85+0.05=0.90$$

所以，该树苗的成活率 P 的置信水平为 95.45% 的置信区间为 [0.801 2, 0.898 8]，而树苗的成活数 NP 的置信区间为 [3 000×0.80, 3 000×0.90]=[2 404, 2 696]。

6. **解**：由题意可知，$p_s=\dfrac{92}{400}=0.23$，$n=400$。

在有限总体 $N=72\ 000$ 中，$\dfrac{n}{N}=\dfrac{400}{7\ 200}=0.56\%<5\%$

故校正系数可省。

又因给定 $\alpha=0.05$，$Z_{0.025}=1.96$

所以，总体成数的置信区间为：

$$\left[p_s-Z_{\alpha/2}\cdot\sqrt{\frac{p_s(1-p_s)}{n}},\ p_s+Z_{\alpha/2}\cdot\sqrt{\frac{p_s(1-p_s)}{n}}\right]$$

$$=\left[0.23-1.96\times\sqrt{\frac{0.23\times0.77}{400}},\ 0.23+1.96\times\sqrt{\frac{0.23\times0.77}{400}}\right]$$

$$=[0.188\ 8,\ 0.271\ 2]$$

7. **解**：已知 $n_1=400$，$p_1=18\%$，$n_2=600$，$p_2=23\%$，$\alpha=0.05$，$1-\alpha=95\%$

置信水平 $Z_{\alpha/2}=Z_{0.025}=1.96$，虽然总体分布未知，但

$n_1p_1=400\times18\%=54>5$，$n_2p_2=600\times23\%=138>5$

所以，可以确定两个样本成数之差近似服从正态分布。

样本成数之差的置信区间为：

$$\left[(p_s^1-p_s^2)-Z_{\alpha/2}\sqrt{\frac{p_1(1-p_1)}{n_1}+\frac{p_2(1-p_2)}{n_2}},\right.$$

$$\left.(p_s^1-p_s^2)+Z_{\alpha/2}\sqrt{\frac{p_1(1-p_1)}{n_1}+\frac{p_2(1-p_2)}{n_2}}\right]$$

代入数据，得：

$$\left[(0.18-0.23)-1.96\times\sqrt{\frac{0.18\times(1-0.18)}{400}+\frac{0.23\times(1-0.23)}{600}},\right.$$

$$\left.(0.18-0.23)+1.96\times\sqrt{\frac{0.18\times(1-0.18)}{400}+\frac{0.23\times(1-0.23)}{600}}\right]$$

$$=[-0.101\ 0,\ 0.000\ 5]$$

所以，两个总体成数置信度之差为 0.95 的置信区间为$[-0.101,\ 0.000\ 5]$。

8. **解**：(1) 由题意可知，$N=3\ 000$，$n=60>30$，$1-\alpha=0.95$，则$\dfrac{n}{N}=\dfrac{60}{3\ 000}\times100\%=2\%<5\%$(可以不考虑校正系数)，$\alpha=0.5$，$\bar{X}$ 近似服从正态分布。又因为：

$$\bar{X}=\frac{\sum_{i=1}^{8}w_ix_i}{\sum_{i=1}^{8}w_i}=\frac{\sum_{i=1}^{8}w_ix_i}{60}=\frac{62\ 300}{60}=1\ 038.33$$

$$S=\sqrt{\frac{\sum_{i=1}^{8}w_i(x_i-\bar{x})^2}{\sum_{i=1}^{8}w_i-1}}=\sqrt{\frac{1\ 626\ 833}{60-1}}=166.05$$

$$\overline{X}-Z_{\alpha/2}\cdot\frac{S}{\sqrt{n}}=1\ 038.33-1.96\times\frac{166.06}{\sqrt{60}}=1\ 038.33-42.019=996.731\ 6$$

$$\overline{X}+Z_{\alpha/2}\cdot\frac{S}{\sqrt{n}}=1\ 038.33+1.96\times\frac{166.06}{\sqrt{60}}=1\ 038.33+42.019=1\ 079.935\ 1$$

即该公司职工平均工资的置信水平 95%的置信区间为[996.731 6，1 079.935 1]。

(2) 因为 $1-\alpha=0.954\ 5$，$\alpha=0.045\ 5$，$P_S=\frac{10+9+8+7+4}{60}=0.633\ 3$，$nP_S=60\times 0.633\ 3=38(>5)$，$n(1-P_S)=60\times(1-0.633\ 3)=22(>5)$

则有 $Z_{\alpha/2}=Z_{\frac{0.045\ 5}{2}}=2$

因此：

$$P_S-Z_{\alpha/2}\cdot\sqrt{\frac{P_S(1-P_S)}{n}}=0.633\ 3-2\times\sqrt{\frac{0.64\times 0.36}{60}}=0.510\ 8$$

$$P_S+Z_{\alpha/2}\cdot\sqrt{\frac{P_S(1-P_S)}{n}}=0.633\ 3+2\times\sqrt{\frac{0.64\times 0.36}{60}}=0.756\ 5$$

所以月收入在 1 000 元及以上的工人所占比重置信水平 0.954 5 的置信区间为[0.509，0.758]。

9. **解：** 由题意知，$n=200$，$P_S=\frac{8}{200}=0.04$，$\frac{n}{N}=\frac{1}{20}\times 100\%=5\%$，则需要对样本比例的标准差进行修正。

因为 $nP_S=8>5$，$n(1-P_S)=192>5$，则 P_S 近似服从正态分布。

又因为 $1-\alpha=95.45\%$，则 $Z_{\alpha/2}=2$，$\frac{N-n}{N-1}\approx 1-\frac{n}{N}=1-\frac{1}{20}=\frac{19}{20}=0.95$

$$P_S-Z_{\alpha/2}\cdot\sqrt{\frac{P_S(1-P_S)}{n}\cdot\frac{N-n}{N-1}}=0.04-2\times\sqrt{\frac{0.04(1-0.04)}{200}\times 0.95}$$
$$=0.04-0.027=0.013$$

$$P_S+Z_{\alpha/2}\cdot\sqrt{\frac{P_S(1-P_S)}{n}\cdot\frac{N-n}{N-1}}=0.04+2\times\sqrt{\frac{0.04(1-0.04)}{200}\times 0.95}$$
$$=0.04+0.027=0.067$$

所以，P 的置信水平为 95.45%的置信区间为[1.3%，6.7%]，这个置信区间内包含 5%，这就不能说明这批成品的废品率低于 5%。

10. **解：** 由题意知，$X\sim N(\mu,\sigma^2)$，$\sigma=0.05$，$n=6$，$1-\alpha=0.95$，则：

$$\overline{X}\sim N\left(\mu,\frac{\sigma^2}{n}\right),\ Z_{\alpha/2}=1.96,\ \overline{X}=\frac{\sum_{i=1}^{6}x_i}{6}=\frac{90}{6}=15$$

$$\overline{X}-Z_{\alpha/2}\cdot\frac{\sigma}{\sqrt{n}}=15-1.96\times\frac{\sqrt{0.05}}{\sqrt{6}}=15-1.96\times 0.091=14.822$$

$$\overline{X}+Z_{\alpha/2}\cdot\frac{\sigma}{\sqrt{n}}=15+1.96\times\frac{\sqrt{0.05}}{\sqrt{6}}=15+1.96\times 0.091=15.178$$

所以，该产品平均直径的 95%的置信区间为[14.822，15.178]。

11. **解**：$P_S=85\%$，$nP_S=200\times0.85=170>5$，$n(1-P_S)=200\times0.15=30>5$，$1-\alpha=95\%$，则 P_S 近似服从正态分布，$Z_{\alpha/2}=1.96$。

$$P_S-Z_{\alpha/2}\sqrt{\frac{P_S(1-P_S)}{n}}=0.85-1.96\times\sqrt{\frac{0.85\times0.15}{200}}=0.85-0.05=0.800\ 5$$

$$P_S+Z_{\alpha/2}\sqrt{\frac{P_S(1-P_S)}{n}}=0.85+1.96\times\sqrt{\frac{0.85\times0.15}{200}}=0.85+0.05-0.899\ 5$$

所以，置信水平为 95%的优质品率的置信区间为[0.8，0.9]。

12. **解**：对于无限总体，σ^2 未知，且 $n=16<30$，则有：

$\overline{X}=2\ 000$，$S=800$，$n=16$，给定 $\alpha=0.05$，$t_{0.025}(15)=2.131$

① 该大学教师的月平均收入的置信区间为：

$$\left[\overline{X}-t_{\alpha/2}\cdot\frac{S}{\sqrt{n}},\ \overline{X}+t_{\alpha/2}\cdot\frac{S}{\sqrt{n}}\right]=\left[2\ 000-2.131\times\frac{800}{4},\ 2\ 000+2.131\times\frac{800}{4}\right]$$

$=[1\ 573.8,\ 2\ 426.2]$

② 标准差的置信区间为：

$(\alpha=0.05,\ \chi^2_{0.025}(15)=27.488\ 4,\ \chi^2_{1-0.025(15)}=6.262\ 1)$

$$\left[\sqrt{\frac{(n-1)S^2}{\chi^2_{\alpha/2(n-1)}}},\ \sqrt{\frac{(n-1)S^2}{\chi^2_{1-\alpha/2(n-1)}}}\right]=\left[\sqrt{\frac{15\times640\ 000}{27.488\ 4}},\ \sqrt{\frac{15\times640\ 000}{6.262\ 1}}\right]$$

$$=[590.96,\ 1\ 238.16]$$

13. **解**：已知总体容量 $N=3\ 000$，则抽样应采取有限总体不重复方式，有限总体需考虑校正系数$\dfrac{N-n}{N-1}$。查表得 $Z_{0.005}=2.58$。

又∵ 已知 $\sigma=4.3$(分钟)，$\Delta_{\bar{x}}=1$(分钟)，$(1-\alpha)=0.99$

∴ 根据公式得：

$$n\geqslant Z^2_{\alpha/2}\sigma^2N/(\Delta_{\overline{X}}{}^2N+Z^2_{\alpha/2}\sigma^2)=\frac{(2.58\times4.3)^2\times3\ 000}{1^2\times3\ 000+2.58^2\times4.3^2}=118.226\ 5$$

∴ 样本应抽取 119 名职工。

14. **解**：已知 $N=1\ 000$，$\alpha=0.05$，$\Delta_{\bar{x}}=0.05$，$p=25\%$

$$\Delta p=|p_s-p|=Z_{\alpha/2}\cdot\sqrt{\frac{p(1-p)}{n}}$$

$$\therefore\ n\geqslant Z^2_{\alpha/2}\cdot\frac{p(1-p)}{\Delta p_s^2}$$

$\alpha=0.05$，查表得：

$Z_{\alpha/2}=1.96$，代入数据 $n\geqslant1.96^2\times\dfrac{0.25\times(1-0.25)}{0.05^2}=223.674\ 8$

所以，样本容量至少为 224。

15. **解**：$N=10\ 000$，$\sigma=25$，$1-\alpha=95.4\%$，$\Delta_{\bar{x}}=5$，则根据公式 7-13 得：

$$n\geqslant Z^2_{\alpha/2}\sigma^2N/(\Delta\overline{X}^2N+Z^2_{\alpha/2}\sigma^2)=\frac{2^2\times25^2\times10\ 000}{5^2\times10\ 000+2^2\times25^2}=99.009\ 9$$

所以，应该查 100 袋产品。

16. **解：** 由题意知，$N=5\,000$，由题意得，$p=0.93$，$\Delta\leqslant0.03$，$1-\alpha=0.997\,3$，由表得$Z_{\alpha/2}=3$，故 $n\geqslant\dfrac{Z_{\alpha/2}^2p(1-p)N}{\Delta^2N+Z_{\alpha/2}^2p(1-p)}=\dfrac{3^2\times0.93\times(1-0.93)\times5\,000}{0.03^2\times5\,000+3^2\times0.93\times(1-0.93)}=\dfrac{2\,929.5}{5.085\,9}=576.004$

所以，在 99.73%的概率下应该抽取 577 件产品。

17. **解：** 依题意建立计算表。

序　号	组中值 x	户数 w	wx
1	50	12	600
2	200	30	6 000
3	400	40	16 000
4	650	15	9 750
5	950	3	2 850
总　和		100	35 200

$$\overline{X}=\frac{\sum_{i=1}^{5}w_ix_i}{\sum_{i=1}^{5}w_i}=\frac{35\,200}{100}=352$$

(1) 总体分布未知，由于 $n=100>30$，所以仍可以认为样本均值的分布服从正态分布。

已知 $\overline{X}=352$，$S=207$，$n=100$

设定 $1-\alpha=0.954\,5$，查正态分布表，得$Z_{\alpha/2}=2$

于是存款户平均每户的存款余额所在范围为：

$$\left[\overline{X}-Z_{\alpha/2}\frac{S}{\sqrt{n}},\ \overline{X}+Z_{\alpha/2}\frac{S}{\sqrt{n}}\right]=\left[352-2\times\frac{207}{\sqrt{100}},\ 352+2\times\frac{207}{\sqrt{100}}\right]=[310.392\,9,\ 393.607\,1]$$

(2) $np_s=100\times58\%=58>5$，$nq_s=100\times42\%>5$，所以样本成数的分布近似服从正态分布。

已知 $p_s=58\%$，$1-\alpha=95.45\%$，查正态分布表，得$Z_{\alpha/2}=2$

于是余额在 30 000 元以上的户数所占比重所在范围为：

$$\left[p_s-Z_{\alpha/2}\sqrt{\frac{p_sq_s}{n}},\ p_s+Z_{\alpha/2}\sqrt{\frac{p_sq_s}{n}}\right]$$

$$=\left[0.58-2\times\sqrt{\frac{0.58\times0.42}{100}},\ 0.58+2\times\sqrt{\frac{0.58\times0.42}{100}}\right]$$

$$=[48.13\%,\ 67.87\%]$$

18. **解 1：** $P_0=14.7\%$，$n=400$，$P_S=57/400=0.142\,5$，$nP_S=57>5$，$n(1-P_S)=400\times(1-0.142\,5)=343>5$，则 P_S 近似服从正态分布。

又因为，$\alpha=0.05$，$Z_{0.025}=1.96$

$$P_S - Z_{\alpha/2}\sqrt{\frac{P_S(1-P_S)}{n}} = 0.142\ 5 - 1.96 \times \sqrt{\frac{0.142\ 5 \times (1-0.142\ 5)}{60}} = 0.108\ 24$$

$$P_S + Z_{\alpha/2}\sqrt{\frac{P_S(1-P_S)}{n}} = 0.142\ 5 + 1.96 \times \sqrt{\frac{0.142\ 5 \times (1-0.142\ 5)}{60}} = 0.176\ 76$$

因为 14.7%在(10.824 3%, 17.675 7%)的范围内,所以,支持该市老龄化率为 14.7%的看法。

解 2: $H_0: P=0.147$; $H_1: P \neq 0.147$

检验统计量 $Z=0.257\ 46 < Z_{0.025}=1.96$

所以接受原假设,即支持该市老龄化率为 14.7%的看法。

那么调查结果是否支持该市老龄化率大于 14.7%的看法?($\alpha=0.05$)

$H_0: P \leqslant 0.147$; $H_1: P > 0.147$

检验统计量 $Z=0.257\ 46 < Z_{0.05}=1.64$

所以接受原假设,即不支持该市老龄化率大于 14.7%的看法。

四、课外习题

(一) 单项选择题

1. 区间估计表明的是一个(　　)。

A. 绝对可靠的范围　　B. 可能的范围

C. 绝对不可靠的范围　　D. 不可能的范围

2. 在其他条件不变的情形下,未知参数的 $1-\alpha$ 置信区间,(　　)。

A. α 越大,长度越小　　B. α 越大,长度越大

C. α 越小,长度越小　　D. α 与长度没有关系

3. 甲、乙是两个无偏估计量,如果甲估计量的方差小于乙估计量的方差,则称(　　)。

A. 甲是充分估计量　　B. 甲、乙一样有效

C. 乙比甲有效　　D. 甲比乙有效

4. 设总体服从正态分布,方差未知,在样本容量和置信度保持不变的情形下,根据不同的样本值得到总体均值的置信区间长度将(　　)。

A. 增加　　B. 不变　　C. 减少　　D. 以上都对

5. 在其他条件不变的前提下,若要求误差范围缩小 1/3,则样本容量(　　)。

A. 增加 9 倍　　B. 增加 8 倍

C. 为原来的 2.25 倍　　D. 增加 2.25 倍

6. 设容量为 16 人的简单随机样本,平均完成工作时间为 13 分钟,总体服从正态分布且标准差为 3 分钟。若想对完成工作所需时间构造一个 90%的置信区间,则(　　)。

A. 应用标准正态概率表查出 Z 值　　B. 应用 t 分布表查出 t 值

C. 应用二项分布表查出 p 值　　D. 应用泊松分布表查出 λ 值

7. $100(1-\alpha)\%$是(　　)。

A. 置信限　　B. 置信区间

C. 置信度　　D. 可靠因素

8. 参数估计的类型有(　　)。

A. 点估计和无偏估计　　B. 无偏估计和区间估计

C. 点估计和有效估计　　D. 点估计和区间估计

9. 抽样方案中关于样本大小的因素,下列说法中错误的是(　　)。

A. 总体方差大,样本容量也要大

B. 要求的可靠程度越高,所需样本容量越大

C. 总体方差小,样本容量大

D. 要求推断比较精确,样本容量要大

10. 根据某地区关于工人工资的样本资料估计该地区的工人平均工资的95%置信区间为(3 800, 3 900),那么下列说法中正确的是(　　)。

A. 该地区平均工资有95%的可能性落在该置信区间中

B. 该地区平均工资只有5%的可能性落在该置信区间之外

C. 该置信区间有95%的概率包含该地区的平均工资

D. 该置信区间的误差不会超过5%

(二) 多项选择题

1. 一个良好的估计量具备的特征有(　　)。

A. 无偏性　　B. 一致性　　C. 有效性　　D. 有偏性

2. 有一个64名学生的班级,语文历年考试成绩的$\sigma=5$,又知今年期中考试语文平均成绩是80分,如果按99%的概率推测,那么该班语文学习的真实成绩可能为(　　)分。

A. 78　　B. 79　　C. 80　　D. 81

3. 已知某次物理考试成绩呈非正态分布,$\sigma=8$,从这个总体中随机抽取$n=64$的样本,并计算得其平均分为71分,那么下列成绩在这次考试中全体考生成绩均值μ的0.95的置信区间之内的有(　　)分。

A. 69　　B. 70　　C. 71　　D. 72

4. 有一随机样本$n=31$,$s=5$,那么该样本的总体标准差的0.99置信区间可能包括(　　)。

A. 4　　B. 5　　C. 6　　D. 7

(三) 判断题

1. 点估计是用样本的统计量直接估计和代表总体参数。(　　)

2. $S^2=\frac{1}{n}\sum_{i=1}^{n}(X_i-\overline{X})^2$ 是总体方差σ^2的无偏估计量。(　　)

3. 置信区间表达了估计的可靠程度,置信度反映了估计的精确度。(　　)

4. 区间估计是一种对未知的总体参数进行估计的统计方法,其估计结果是一个具体的数值。(　　)

5. 最大似然估计是利用样本分布密度构造似然函数来求出参数的最大似然估计值。(　　)

(四) 简答题

1. 简述参数估计。
2. 顺序统计量是如何定义的?
3. 什么是无偏估计量和最佳无偏估计量?
4. 什么是区间估计?
5. 简述估计量的含义。
6. 确定最小样本容量的因素有哪些?

(五) 计算题

1. 设总体 $X \sim U(0, b)$, $B>0$ 未知, X_1, X_2, …, X_9 是来自 X 的一个样本。求 b 的矩估计量。今测得一个样本值 0.5, 0.6, 0.1, 1.3, 0.9, 1.6, 0.7, 0.9, 1.0,求 b 的矩估计值。

2. 设总体 X 具有概率密度 $f_X(X)=\begin{cases}\dfrac{2}{\theta^2}(\theta-x) & 0<x<\theta \\ 0 & 其他\end{cases}$,参数 θ 未知, X_1, X_2, …, X_n 是来自 X 的一个样本,求 θ 的矩估计量。

3. (1) 设 X 服从参数为 $p(0<p<1)$ 的几何分布,其分布律为 $P\{X=x\}=(1-p)^{x-1}p$, $x=1, 2, \cdots$, 参数 p 未知。设 x_1, x_2, …, x_n 是一个样本值,求 p 的最大似然估计值。

(2) 一个运动员,他的投篮命中率为 $p(0<p<1$,未知),以 X 表示他投篮直至投中为止所需的次数。 他共投篮 5 次得到 X 的观察值为:

5 1 7 4 9

求 p 的最大似然估计值。

4. (1) 设总体 $X \sim \pi(\lambda)$, $\lambda>0$ 未知, X_1, X_2, …, X_n 是来自 X 的一个样本, x_1, x_2, …, x_n 是相应的样本值。求 λ 的矩估计量和 λ 的最大似然估计值。

(2) 元素碳-14 在半分钟内放射出到达计数器的粒子数 $X \sim \pi(\lambda)$,下面是 X 的一个样本:

6 4 9 6 10 11 6 3 7 10

求 λ 的最大似然估计值。

5. (1) 设总体 $X \sim N(\mu, \sigma^2)$,参数 σ^2 已知, μ(—< ¥$\mu-\infty<\mu<\infty<$ ¥) 未知, x_1, x_2, …, x_n 是来自 X 的一个样本值。求 μ 的最大似然估计值。

(2) 设总体 $X \sim N(\mu, \sigma^2)$,参数 μ 已知, $\sigma^2(\sigma^2>0)$ 未知, x_1, x_2, …, x_n 为一相应的样本值。求 σ^2 的最大似然估计值。

6. 设总体 X 具有分布律:

X	1	2	3
p_k	θ^2	$2\theta(1-\theta)$	$(1-\theta)^2$

其中,参数 $\theta(0<\theta<1)$ 未知。已知取得样本值 $x_1=1$, $x_2=2$, $x_3=1$,试求 θ 的最大似然估计值。

7. 设总体 $X \sim N(\alpha+\beta, \sigma^2)$, $Y \sim N(\alpha-\beta, \sigma^2)$, α, β 未知, σ^2 已知, X_1, X_2, …, X_n 和 Y_1, Y_2, …, Y_n 分别是总体 X 和 Y 的样本,设两样本独立。试求 α, β 的最大似然估计量。

8. 已知 X_1，X_2，X_3，X_4 是来自均值为 θ 的指数分布总体的样本，其中 θ 未知。设有估计量：

$$T_1=\frac{1}{6}(X_1+X_2)+\frac{1}{3}(X_3+X_4)$$

$$T_2=(X_1+2X_2+3X_3+4X_4)/5$$

$$T_3=(X_1+X_2+X_3+X_4)/4$$

(1) 指出 T_1，T_2，T_3 中哪几个是 θ 的无偏估计量。

(2) 在上述 θ 的无偏估计量中哪一个较为有效?

9. 以 X 表示某一工厂制造的某种器件的寿命(以小时计)，设 $X\sim N(\mu,\ 1\ 296)$，今取得一容量为 $n=27$ 的样本，测得其样本均值为 $\bar{x}=1\ 478$。

求：(1) μ 的置信水平为 0.95 的置信区间；

(2) μ 的置信水平为 0.90 的置信区间。

10. 一农场种植生产果冻的葡萄，以下数据是从 30 车葡萄中采样测得的糖含量(以某种单位计)：

16.0，15.2，12.0，16.9，14.4，16.3，15.6，12.9，15.3，15.1
15.8，15.5，12.5，14.5，14.9，15.1，16.0，12.5，14.3，15.4
15.4，13.0，12.6，14.9，15.1，15.3，12.4，17.2，14.7，14.8

设样本来自正态总体 $N(\mu,\ \sigma^2)$，μ，σ^2 均未知。

求：(1) μ，σ^2 的无偏估计值；

(2) μ 的置信水平为 90% 的置信区间。

11. 设 X 是春天捕到的某种鱼的长度(以 cm 计)，设 $X\sim N(\mu,\ \sigma^2)$，μ，σ^2 均未知。下面是 X 的一个容量为 $n=13$ 的样本：

13.1，5.1，18.0，8.7，16.5，9.8，6.8，12.0，17.8，25.4，19.2，15.8，23.0

求：(1) σ^2 的无偏估计；

(2) σ 的置信水平为 0.95 的置信区间。

12. 为比较两个学校同一年级学生数学课程的成绩，随机地抽取学校 A 的 9 名学生，得分数的平均值为 $\bar{x}_A=81.31$，方差为 $s_A^2=60.76$；随机地抽取学校 B 的 15 名学生，得分数的平均值为 $\bar{x}_B=78.61$，方差为 $s_B^2=48.24$。设样本均来自正态总体且方差相等，参数均未知，两样本独立。求均值差 $\mu_A-\mu_B$ 的置信水平为 0.95 的置信区间。

13. 设以 X，Y 分别表示健康人与怀疑有病的人的血液中铬的含量(以 10 亿份中的份数计)，设 $X\sim N(\mu_X,\ \sigma_X^2)$，$Y\sim N(\mu_Y,\ \sigma_Y^2)$，$\mu_X$，$\mu_Y$，$\sigma_X^2$，$\sigma_Y^2$ 均未知。下面是分别来自 X 和 Y 的两个独立样本：

X：15，23，12，18，9，28，11，10

Y：25，20，35，15，40，16，10，22，18，32

求 σ_X^2/σ_Y^2 的置信水平为 0.95 的单侧置信上限，以及 σ_X 的置信水平为 0.95 的单侧置信上限。

14. 为了解鸡肉三明治中脂肪的含量，抽取了 20 个样本得到的脂肪含量如下(单位：克)：

7	8	4	5	16	20	20	24	19	30
23	30	25	19	29	29	30	30	40	56

(1) 计算总体鸡肉三明治中含有脂肪均值的95%的置信区间。
(2) 为了进行(1)中的置信区间估计,还需要什么假设条件?
(3) 题目样本的数据满足(2)的假设条件吗?请说明理由。

五、课外习题参考答案

(一) 单项选择题

1. B 2. A 3. D 4. D 5. C 6. A 7. C 8. D 9. C 10. C

(二) 多项选择题

1. ABCD 2. BCD 3. BC 4. ABCD

(三) 判断题

1. √ 2. × 3. × 4. × 5. √

(四) 简答题

1. 参数估计是在一定概率保证下由样本统计量估计总体分布中包含的未知参数的方法。

2. 如果把取得的样本观测值按大小排列起来,那么与排列位置有关的统计量就称为顺序统计量。

3. 估计量 θ 的数学期望等于总体参数的真值,即 $E(\theta)=\theta$,则该估计量称为无偏估计量。在众多无偏估计量中,称具有最小方差的估计量为最佳无偏估计量。

4. 区间估计是指在一定的概率保证下,以样本统计量为中心,构造一个关于总体参数的估计区间。

5. 估计量是用来估计总体参数的统计量的名称。

6. (1) 不同的抽样方法和组织方式(在相同的条件下,放回抽样比不放回抽样的抽样平均误差大,所需要的样本容量也就不同,放回抽样需要更多的样本容量,而不放回抽样需要的样本容量可小一些);(2) 总体的差异程度的高低(总体方差的大小);(3) 现有的人力、财力和时间因素。

(五) 计算题

1. **解:** 因为总体 $X\sim U(0,b)$,所以总体矩 $E(X)=b/2$。根据容量为9的样本得到的样本矩 $\overline{X}=\frac{1}{9}\sum_{i=1}^{9}X_i$。令总体矩等于相应的样本矩:$E(X)=\overline{X}$,得到 b 的矩估计量为 $b=2\overline{X}$。

把样本值代入,得到 b 的矩估计值为 $b=1.69$。

2. **解:** 总体 X 的数学期望为 $E(X)=\int_0^\theta \frac{2x}{\theta^2}(\theta-x)\mathrm{d}x=\frac{\theta}{3}$,令 $E(X)=\overline{X}$,可得 θ 的矩估计量为 $\theta=3\overline{X}$。

3. **解**：(1) 似然函数为 $L(p)=\prod_{i=1}^{n}[(1-p)^{x_i-1}p]=(1-p)^{\sum_{i=1}^{n}x_i-n}p^n$，相应的对数似然函数为：

$$\ln L(p)=(\sum_{i=1}^{n}x_i-n)\ln(1-p)+n\ln p$$

令对数似然函数对 p 的一阶导数为零，得到 p 的最大似然估计值为：

$$p=\frac{n}{\sum_{i=1}^{n}x_i}=\frac{1}{\bar{x}}$$

(2) 根据(1)中结论，p 的最大似然估计值为 $p=\frac{1}{\bar{x}}=\frac{5}{26}$。

4. **解**：(1) 因为总体的数学期望为 λ，所以矩估计量为 $\lambda=\bar{X}$。

似然函数为 $L(\lambda)=\prod_{i=1}^{n}\frac{\lambda^{x_i}\mathrm{e}^{-\lambda}}{(x_i)!}=\frac{\lambda^{\sum_{i=1}^{n}x_i}\mathrm{e}^{-n\lambda}}{\prod_{i=1}^{n}(x_i)!}$，相应的对数似然函数为：

$$\ln L(\lambda)=(\ln\lambda)\sum_{i=1}^{n}x_i-n\lambda-\ln\left[\prod_{i=1}^{n}(x_i)!\right]$$

令对数似然函数对 λ 的一阶导数为零，得到 λ 的最大似然估计值为：

$$\lambda=\frac{1}{n}\sum_{i=1}^{n}x_i=\bar{x}$$

(2) 根据(1)中结论，λ 的最大似然估计值为 $\lambda=\bar{x}=7.2$。

5. **解**：(1) 似然函数为 $L(\mu)=\prod_{i=1}^{n}\left[\frac{1}{\sqrt{2\pi}\sigma}\mathrm{e}^{-\frac{(x_i-\mu)^2}{2\sigma^2}}\right]=\frac{1}{(\sqrt{2\pi}\sigma)^n}\mathrm{e}^{-\frac{\sum_{i=1}^{n}(x_i-\mu)^2}{2\sigma^2}}$，相应的对数似然函数为：

$$\ln L(\mu)=-\frac{\sum_{i=1}^{n}(x_i-\mu)^2}{2\sigma^2}-\ln(\sqrt{2\pi}\sigma)^n$$

令对数似然函数对 μ 的一阶导数为零，得到 μ 的最大似然估计值为：

$$\mu=\frac{\sum_{i=1}^{n}x_i}{n}=\bar{x}$$

(2) 似然函数为 $L(\sigma^2)=\prod_{i=1}^{n}\left[\frac{1}{\sqrt{2\pi}\sigma}\mathrm{e}^{-\frac{(x_i-\mu)^2}{2\sigma^2}}\right]=\frac{1}{(2\pi\sigma^2)^{\frac{n}{2}}}\mathrm{e}^{-\frac{\sum_{i=1}^{n}(x_i-\mu)^2}{2\sigma^2}}$，相应的对数似然函数为：

$$\ln L(\sigma^2)=-\frac{\sum_{i=1}^{n}(x_i-\mu)^2}{2\sigma^2}-\frac{n}{2}\ln(2\pi\sigma^2)$$

令对数似然函数对 σ^2 的一阶导数为零，得到 σ^2 的最大似然估计值为：

$$\sigma^2=\frac{1}{n}\sum_{i=1}^{n}(x_i-\mu)^2$$

6. **解**：根据题意，可写出似然函数为 $L(\theta)=\prod_{i=1}^{3}P\{X=x_i\}=\theta^2\times 2\theta(1-\theta)\times\theta^2=2\theta^5(1-\theta)$，相应的对数似然函数为：

$$\ln L(\theta)=\ln 2+5\ln\theta+\ln(1-\theta)$$

令对数似然函数对 θ 的一阶导数为零，得到 θ 的最大似然估计值为：

$$\theta=\frac{5}{6}$$

7. **解**：根据题意，写出对应于总体 X 和 Y 的似然函数分别为：

$$L(\alpha+\beta)=\prod_{i=1}^{n}\left[\frac{1}{\sqrt{2\pi}\sigma}\mathrm{e}^{-\frac{(X_i-\alpha-\beta)^2}{2\sigma^2}}\right]=\frac{1}{(\sqrt{2\pi}\sigma)^n}\mathrm{e}^{-\frac{\sum_{i=1}^{n}(X_i-\alpha-\beta)^2}{2\sigma^2}}$$

$$L(\alpha-\beta)=\prod_{i=1}^{n}\left[\frac{1}{\sqrt{2\pi}\sigma}\mathrm{e}^{-\frac{(Y_i-\alpha+\beta)^2}{2\sigma^2}}\right]=\frac{1}{(\sqrt{2\pi}\sigma)^n}\mathrm{e}^{-\frac{\sum_{i=1}^{n}(Y_i-\alpha+\beta)^2}{2\sigma^2}}$$

相应的对数似然函数为：

$$\ln L(\alpha+\beta)=-\frac{\sum_{i=1}^{n}(X_i-\alpha-\beta)^2}{2\sigma^2}-\ln(\sqrt{2\pi}\sigma)^n$$

$$\ln L(\alpha-\beta)=-\frac{\sum_{i=1}^{n}(Y_i-\alpha+\beta)^2}{2\sigma^2}-\ln(\sqrt{2\pi}\sigma)^n$$

令对数似然函数分别对 $\alpha+\beta$ 和 $\alpha-\beta$ 的一阶导数为零，得到：

$$\begin{cases}\alpha+\beta=\overline{X}\\ \alpha-\beta=\overline{Y}\end{cases}$$

算出 α，β 最大似然估计量分别为 $\alpha=\dfrac{\overline{X}+\overline{Y}}{2}$，$\beta=\dfrac{\overline{X}-\overline{Y}}{2}$。

8. **解**：(1) 因为：

$$E(T_1)=\frac{1}{6}(E(X_1)+E(X_2))+\frac{1}{3}(E(X_3)+E(X_4))=\frac{1}{6}(\theta+\theta)+\frac{1}{3}(\theta+\theta)=\theta$$

$$E(T_2)=(E(X_1)+2E(X_2)+3E(X_3)+4E(X_4))/5=2\theta$$

$$E(T_3)=(E(X_1)+E(X_2)+E(X_3)+E(X_4))/4=\theta$$

所以，T_1，T_3 是 θ 的无偏估计量。

(2) 根据简单随机样本的独立同分布性质，可以计算出：

$$D(T_1)=\frac{1}{36}(D(X_1)+D(X_2))+\frac{1}{9}(D(X_3)+D(X_4))=\frac{1}{36}(\theta^2+\theta^2)+\frac{1}{9}(\theta^2+\theta^2)$$

$$=5\theta^2/18$$

$$D(T_3)=(D(X_1)+D(X_2)+D(X_3)+D(X_4))/16=\theta^2/4$$

$$D(T_1)>D(T_3)$$

所以，T_3 是比 T_1 更有效的无偏估计量。

9. **解**：这是一个方差已知的正态总体均值的区间估计问题。根据标准的结论，μ 的置信水平为 $1-\alpha$ 的置信区间为 $\left(\bar{x} \pm \frac{\sigma}{\sqrt{n}} Z_{\alpha/2}\right)$。

(1) μ 的置信水平为 0.95 的置信区间为：

$$\left(1\,478 \pm \frac{\sqrt{1\,296}}{\sqrt{27}} Z_{0.025}\right) = (1\,478 \pm \sqrt{48} \times 1.96) = (1\,478 \pm 13.58) = (1\,464.42,\ 1\,491.58)$$

(2) μ 的置信水平为 0.90 的置信区间为：

$$\left(1\,478 \pm \frac{\sqrt{1\,296}}{\sqrt{27}} Z_{0.05}\right) = (1\,478 \pm \sqrt{48} \times 1.645) = (1\,478 \pm 11.40) = (1\,466.60,\ 1\,489.40)$$

10. **解**：(1) μ，σ^2 的无偏估计值为：

$$\mu = \bar{x} = 14.72,\ s^2 = \frac{1}{n-1} \sum_{i-1}^{n} (x_i - \bar{x})^2 = 1.907\,2$$

(2) μ 的置信水平为 90%的置信区间为：

$$\left(\bar{x} \pm \frac{s}{\sqrt{n}} t_{0.05}(n-1)\right) = \left(14.72 \pm \frac{1.380\,75}{\sqrt{30}} \times 1.699\,1\right) = (14.72 \pm 0.428)$$
$$= (14.292,\ 15.148)$$

11. **解**：根据题中数据计算可得 $s^2 = 37.75$。

(1) 方差 σ^2 的无偏估计即为样本方差 $s^2 = 37.75$。

(2) σ^2 的置信水平为 0.95 的置信区间为：

$$\left(\frac{(n-1)s^2}{\chi^2_{0.025}(n-1)},\ \frac{(n-1)s^2}{\chi^2_{0.975}(n-1)}\right) = \left(\frac{12 \times 37.75}{23.337},\ \frac{12 \times 37.75}{4.404}\right) = (19.41,\ 102.86)$$

所以，σ 的置信水平为 0.95 的置信区间为：

$$\left(\sqrt{\frac{(n-1)s^2}{\chi^2_{0.025}(n-1)}},\ \sqrt{\frac{(n-1)s^2}{\chi^2_{0.975}(n-1)}}\right) = (\sqrt{19.41},\ \sqrt{102.86}) = (4.406,\ 10.142)$$

12. **解**：根据两个正态总体均值差的区间估计的标准结论，均值差 $\mu_A - \mu_B$ 的置信水平为 0.95 的置信区间为：

$$\left((\bar{x}_A - \bar{x}_B) \pm s_w \sqrt{\frac{1}{n_1} + \frac{1}{n_2}}\ t_{0.025}(n_1 + n_2 - 2)\right) = \left(2.7 \pm s_w \sqrt{\frac{1}{9} + \frac{1}{15}}\ t_{0.025}(22)\right)$$
$$= \left(2.7 \pm s_w \sqrt{\frac{1}{9} + \frac{1}{15}}\ t_{0.025}(22)\right) = \left(2.7 \pm 7.266 \times \sqrt{\frac{1}{9} + \frac{1}{15}} \times 2.073\,9\right)$$
$$= (2.7 \pm 6.35) = (-3.65,\ 9.05)$$

13. **解**：根据题中数据计算得到 $s_X^2 = 6.8^2 = 46.24$，$s_Y^2 = 9.627^2 = 92.68$。

σ_X^2 / σ_Y^2 的置信水平为 0.95 的单侧置信上限为：

$$\overline{\left(\frac{\sigma_X^2}{\sigma_Y^2}\right)} = \frac{s_X^2}{s_Y^2} \times \frac{1}{F_{0.95}(7,\ 9)} = \frac{46.24}{92.68} \times 3.68 = 1.836$$

σ_X^2 的置信水平为 0.95 的单侧置信上限为：

$$\overline{\sigma_X^2}=\frac{(8-1)\,s_X^2}{\chi^2_{0.95}(8-1)}=\frac{7\times 46.24}{2.167}=149.37$$

所以，σ_X 的置信水平为 0.95 的单侧置信上限为：

$$\overline{\sigma_X}=\sqrt{\frac{(8-1)\,s_X^2}{\chi^2_{0.95}(8-1)}}=\sqrt{149.37}=12.22$$

14. **解**：(1) 小样本，总体方差未知，因此用 t 统计量来做区间估计：

$$\bar{x}\pm t_{\alpha/2}(20-1)\frac{s}{\sqrt{n}}=23.2\pm 2.093\times\frac{12.39}{\sqrt{20}}=(17.403,\ 28.997)$$

(2) 假设总体服从正态分布。

(3) 可以通过计算这组数据的峰度和偏度来判断，或者通过 JB 统计量来检验。

根据 Excel 的计算结果，偏度为 0.6，峰度为 4.4，因此可以认为该组数据不服从正态分布。

第八章 假设检验

一、学习目的和要求

（1）理解假设检验的逻辑思想，能正确选择检验方法进行求解；
（2）掌握方差分析的基本原理，进行方差分析；
（3）了解非参数检验的概念与特点，掌握几种常用的非参数检验方法。

二、内容提要

（一）假设检验的定义

假设检验：首先对总体参数提出某种假设，然后根据样本观测值来验证这个假设是否成立。假设检验可看作是参数估计逻辑思维的逆向研究，依据的是小概率原理。

（二）假设检验的基本思想和形式

小概率原理是指在一次随机试验中，事件结果几乎不可能发生的概率。人们基于小概率事件在一次试验中几乎不可能发生所形成的一种思维习惯，而付诸对事件发生与否做出判断。原假设是指在假设检验中需要进行检验的假设；备择假设是指与原假设对立统一的假设。确定原假设的原则：

（1）当目的是希望从样本观察值取得对某一论断强有力的支持时，把这一结论的否定作为原假设；

（2）把陈述事实的否定作为原假设；

（3）把过去资料所提供的论断作为原假设。

双侧检验的形式：$H_0: \theta = \theta_0$，$H_1: \theta \neq \theta_0$

左侧检验的形式：$H_0: \theta = \theta_0$，$H_1: \theta < \theta_0$，或 $H_0: \theta \geqslant \theta_0$，$H_1: \theta < \theta_0$

右侧检验的形式：$H_0: \theta = \theta_0$，$H_1: \theta > \theta_0$，或 $H_0: \theta \leqslant \theta_0$，$H_1: \theta > \theta_0$

（三）假设检验规则与两类错误

确定检验规则：检验过程是比较样本观察结果与总体假设的差异。差异显著，超过了临界点，拒绝 H_0；反之，接受 H_0。

两类错误：第一类错误，原假设 H_0 实际为真，而检验结果却拒绝了它，即否定 H_0（本来 $\theta=\theta_0$ 可能正确），这种弃真错误称为第一类错误。犯第一类错误的概率称为弃真概率。弃真概率就是显著性水平 α。第二类错误，原假设 H_0 实际不真，而检验结果却接受了它，即接受 H_0（本来 $\theta=\theta_0$ 可能错误），这种取伪错误称为第二类错误(type Ⅱ error)，犯第二类错误的概率通常用 β 表示。

确定和平衡弃真概率和取伪概率的基本原则：力求在控制 α 的前提下减少 β。取伪概率的计算步骤为：(1) 先求出拒绝 H_0 的临界值；(2) 计算在统计量真实的抽样分布下达到临界值的概率 β。

（四）假设检验的一般步骤

(1) 建立总体假设：原假设 H_0 和备择假设 H_1；

(2) 选择一个合适的显著性水平 α，把犯第一类错误的概率定下来，同时确定必要的样本容量和犯第二类错误的概率 β；

(3) 抽样得到样本观察值，并构造统计量确定 H_0 为真时的抽样分布，即选择一个合适的检验统计量；

(4) 在原假设 H_0 成立的前提下，对给定显著性水平 α，从构造的统计量的概率分布表上查出相应分布的临界值，确定拒绝域和接受域；

(5) 计算检验统计量的数值；

(6) 把检验统计量的数值与相应分布的临界值进行对比，并做出检验判断。

三、假设检验的类型

（一）一个总体均值的检验

类型	条　件	检验统计量	H_0，H_1	拒绝域
Ⅰ	正态总体 σ^2 已知	$Z=\dfrac{\bar{x}-\mu_0}{\sigma/\sqrt{n}}$	(1) $H_0: \mu=\mu_0$ $H_1: \mu\neq\mu_0$	$\mid Z\mid > Z_{\alpha/2}$
			(2) $H_0: \mu=\mu_0$ $H_1: \mu>\mu_0$	$Z>Z_\alpha$
			(3) $H_0: \mu=\mu_0$ $H_1: \mu<\mu_0$	$Z<-Z_\alpha$
Ⅱ	正态总体 σ^2 未知 （小样本，$n<30$）	$t=\dfrac{\bar{x}-\mu_0}{S/\sqrt{n}}$	(1) $H_0: \mu=\mu_0$ $H_1: \mu\neq\mu_0$	$\mid t\mid > t_{\alpha/2}(n-1)$
			(2) $H_0: \mu=\mu_0$ $H_1: \mu>\mu_0$	$t>t_\alpha(n-1)$
			(3) $H_0: \mu=\mu_0$ $H_1: \mu<\mu_0$	$T<-t_\alpha(n-1)$

续 表

类型	条 件	检验统计量		H_0，H_1	拒绝域
Ⅲ	正态总体或总体分布未知大样本，$n \geqslant 30$	σ^2 已知	$Z=\dfrac{\bar{x}-\mu_0}{\sigma/\sqrt{n}}$	(1) $H_0: \mu=\mu_0$ $H_1: \mu \neq \mu_0$	$\mid Z \mid > Z_{\alpha/2}$
				(2) $H_0: \mu=\mu_0$ $H_1: \mu > \mu_0$	$Z > Z_\alpha$
		σ^2 未知	$Z=\dfrac{\bar{x}-\mu_0}{S/\sqrt{n}}$	(3) $H_0: \mu=\mu_0$ $H_1: \mu < \mu_0$	$Z < -Z_\alpha$

(二) 两个总体均值之差的检验

类型	条 件	检验统计量	H_0，H_1	拒绝域
Ⅰ	两个正态总体 σ_1，σ_2 已知	$Z=\dfrac{\bar{x}_1-\bar{x}_2}{\sqrt{\dfrac{\sigma_1^2}{n_1}+\dfrac{\sigma_2^2}{n_2}}}$	(1) $H_0: \mu_1=\mu_2$ $H_1: \mu_1 \neq \mu_2$	$\mid Z \mid > Z_{\alpha/2}$
			(2) $H_0: \mu_1=\mu_2$ $H_1: \mu_1 > \mu_2$	$Z > Z_\alpha$
			(3) $H_0: \mu_1=\mu_2$ $H_1: \mu_1 < \mu_2$	$Z < -Z_\alpha$
Ⅱ	两个正态总体 σ_1，σ_2 未知，但相等	$t=\dfrac{\bar{x}_1-\bar{x}_2}{S_p\sqrt{\dfrac{1}{n_1}+\dfrac{1}{n_2}}}$ $S_p=\dfrac{(n_1-1)S_1^2+(n_2-1)S_2^2}{n_1+n_2-2}$	(1) $H_0: \mu_1=\mu_2$ $H_1: \mu_1 \neq \mu_2$	$\mid t \mid > t_{\alpha/2}(n_1+n_2-2)$
			(2) $H_0: \mu_1=\mu_2$ $H_1: \mu_1 > \mu_2$	$t > t_\alpha(n_1+n_2-2)$
			(3) $H_0: \mu_1=\mu_2$ $H_1: \mu_1 < \mu_2$	$T < t_\alpha(n_1+n_2-2)$

(三) 一个总体比例的检验

类型	条 件	检验统计量		H_0，H_1	拒绝域
Ⅰ. 大样本检验	总体比例(P)服从两点分布(二项分布特例)，($nP_s \geqslant 5$，$n(1-P_s) \geqslant 5$)	总体比例未知	$Z=\dfrac{P_s-P_0}{\sqrt{\dfrac{P_s(1-P_s)}{n}}}$	(1) $H_0: P=P_0$ $H_1: P \neq P_0$	$\mid Z \mid > Z_{\alpha/2}$
				(2) $H_0: P=P_0$ $H_1: P > P_0$	$Z > Z_\alpha$
		总体比例已知	$Z=\dfrac{P_s-P_0}{\sqrt{\dfrac{P_0(1-P_0)}{n}}}$	(3) $H_0: P=P_0$ $H_1: P < P_0$	$Z < -Z_\alpha$

续 表

类型	条 件	检验统计量	H_0，H_1	拒绝域
Ⅱ.小样本（费歇精确检验）	有限总体，放回抽样，总体比例（P）服从两点分布（二项分布特例），（$nP_s<5$，$n(1-P_s)<5$）	c_1：满足 $\sum_{i=c_1}^{c_n}\binom{n}{i}P_0^i(1-P_0)^{n-i}\leqslant\frac{\alpha}{2}$ 的最大整数； c_2：满足 $\sum_{i=c_2}^{c_n}\binom{n}{i}P_0^i(1-P_0)^{n-i}\leqslant\frac{\alpha}{2}$ 的最小整数	(1) $H_0: P=P_0$ $H_1: P\neq P_0$	$W=\{x\leqslant c_1$ 或 $x\geqslant c_2\}$
		C：满足 $\sum_{i=c}^{n}\binom{n}{i}P_0^i(1-P_0)^{n-i}\leqslant\alpha$ 的最大整数	(2) $H_0: P=P_0$ $H_1: P>P_0$	$W=\{x\leqslant c\}$
		C：满足 $\sum_{i=c}^{n}\binom{n}{i}P_0^i(1-P_0)^{n-i}\geqslant\alpha$ 的最大整数	(3) $H_0: P=P_0$ $H_1: P<P_0$	$W=\{x\geqslant c\}$
	不放回抽样，总体比例（P）服从超几何分布（$nP_s<5$，$n(1-P_s)<5$）	c_1：满足 $\sum_{i=c_1}^{c_n}P(X=k)=\frac{C_M^k\cdot C_{N-M}^{n-k}}{C_N^n}\leqslant\frac{\alpha}{2}$ 的最大整数； c_2：满足 $\sum_{i=c_1}^{c_n}P(X=k)=\frac{C_M^k\cdot C_{N-M}^{n-k}}{C_N^n}\leqslant\frac{\alpha}{2}$ 的最小整数	(1) $H_0: P=P_0$ $H_1: P\neq P_0$	$W=\{x\leqslant c_1$ 或 $x\geqslant c_2\}$
		C：满足 $\sum_{i=c_1}^{c_n}P(X=k)=\frac{C_M^k\cdot C_{N-M}^{n-k}}{C_N^n}\leqslant\alpha$ 的最大整数	(2) $H_0: P=P_0$ $H_1: P>P_0$	$W=\{x\leqslant c\}$
		C：满足 $\sum_{i=c_1}^{c_n}P(X=k)=\frac{C_M^k\cdot C_{N-M}^{n-k}}{C_N^n}\geqslant\alpha$ 的最大整数	(3) $H_0: P=P_0$ $H_1: P<P_0$	$W=\{x\geqslant c\}$

（四）两个总体比例之差的检验

类型	条 件	检验统计量	H_0，H_1	拒绝域
Ⅰ.大样本（K.皮尔逊近似检验）	两个总体比例分别服从二点分布（二项分布特例）总体比例已知（$nP_s\geqslant5$，$n(1-P_s)\geqslant5$）	$Z=\frac{(P_s^1-P_s^2)-(P_1-P_2)}{\sqrt{\frac{P_1(1-P_1)}{n_1}+\frac{P_2(1-P_2)}{n_2}}}$	(1) $H_0: P_1=P_2$ $H_1: P_1\neq P_2$	$\|Z\|>Z_{\alpha/2}$
			(2) $H_0: P_1=P_2$ $H_1: P_1>P_2$	$Z>Z_\alpha$
			(3) $H_0: P_1=P_2$ $H_1: P_1<P_2$	$Z<-Z_\alpha$

续 表

类型	条　件	检验统计量	H_0，H_1	拒绝域
Ⅰ.大样本(K.皮尔逊近似检验)	两个总体比例分别服从二点分布(二项分布特例)总体比例未知但相等($nP_s\geqslant5$，$n(1-P_s)\geqslant5$)	$Z=\dfrac{P_{s1}-P_{s2}}{S_p\sqrt{\dfrac{1}{n_1}+\dfrac{1}{n_2}}}$ $S_p=\dfrac{(n_1-1)P_{s1}(1-P_{s1})+(n_2-1)P_{s2}(1-P_{s2})}{n_1+n_2-2}$	(1) $H_0: P_{s1}=P_{s2}$ $H_1: P_{s1}\neq P_{s2}$	$\|t\|>t_{\alpha/2}(n_1+n_2-2)$
			(2) $H_0: P_1=P_2$ $H_1: P_1>P_2$	$t>t_\alpha(n_1+n_2-2)$
			(3) $H_0: P_1=P_2$ $H_1: P_1<P_2$	$t<t_\alpha(n_1+n_2-2)$
Ⅱ小样本(R.A.费歇精确检验)	有限总体，放回抽样，两个总体比例 P_1,P_2 分别服从两点分布(二项分布特例)，($nP_{s1}<5$，$n(1-P_{s1})<5$)，($nP_{s2}<5$，$n(1-P_{s2})<5$)	c_1：满足 $\sum\limits_{i=c_1}^{cn}\dbinom{n}{i}P_2^i(1-P_2)^{n-i}\leqslant\dfrac{\alpha}{2}$ 的最大整数 c_2：满足 $\sum\limits_{i=c_2}^{cn}\dbinom{n}{i}P_2^i(1-P_2)^{n-i}\leqslant\dfrac{\alpha}{2}$ 的最小整数	(1) $H_0: P_1=P_2$ $H_1: P_1\neq P_2$	$W=\{x\leqslant c_1$ 或 $x\geqslant c_2\}$
		C：满足 $\sum\limits_{i=c}^{n}\dbinom{n}{i}P_2^i(1-P_0)^{n-i}\leqslant\alpha$ 的最大整数	(2) $H_0: P_1=P_2$ $H_1: P_1>P_2$	$W=\{x\leqslant c\}$
		C：满足 $\sum\limits_{i=c}^{n}\dbinom{n}{i}P_2^i(1-P_2)^{n-i}\geqslant\alpha$ 的最大整数	(3) $H_0: P_1=P_2$ $H_1: P_1<P_2$	$W=\{x\geqslant c\}$
	不放回抽样，两个总体比例 P_1,P_2 分别服从超几何分布($nP_{s1}<5$，$n(1-P_{s1})<5$)，($nP_{s2}<5$，$n(1-P_{s2})<5$)	c_1：满足 $\sum\limits_{i=c_1}^{cn}P_2(X=k)=\dfrac{C_M^k\cdot C_{N-M}^{n-k}}{C_N^n}\leqslant\dfrac{\alpha}{2}$ 的最大整数 c_2：满足 $\sum\limits_{i=c_1}^{cn}P_2(X=k)=\dfrac{C_M^k\cdot C_{N-M}^{n-k}}{C_N^n}\leqslant\dfrac{\alpha}{2}$ 的最小整数	(1) $H_0: P_1=P_2$ $H_1: P_1\neq P_2$	$W=\{x\leqslant c_1$ 或 $x\geqslant c_2\}$
		C：满足 $\sum\limits_{i=c_1}^{cn}P_2(X=k)=\dfrac{C_M^k\cdot C_{N-M}^{n-k}}{C_N^n}\leqslant\alpha$ 的最大整数	(2) $H_0: P_1=P_2$ $H_1: P_1>P_2$	$W=\{x\leqslant c\}$
		C：满足 $\sum\limits_{i=c_1}^{cn}P_2(X=k)=\dfrac{C_M^k\cdot C_{N-M}^{n-k}}{C_N^n}\geqslant\alpha$ 的最大整数	(3) $H_0: P_1=P_2$ $H_1: P_1<P_2$	$W=\{x\geqslant c\}$

（五）总体方差的检验

类　型	条　件	检验统计量	H_0，H_1	拒绝域
1. 一个总体方差的检验(σ^2)	总体 χ 服从正态分布	$\chi^2=\dfrac{(n-1)S^2}{\sigma^2}$	(1) $H_0: \sigma^2=\sigma_0^2$ $H_1: \sigma^2\neq\sigma_0^2$	$\chi^2>\chi^2_{\alpha/2}(n-1)$ 或 $\chi^2<\chi^2_{1-\alpha/2}(n-1)$
			(2) $H_0: \sigma^2=\sigma_0^2$ $H_1: \sigma^2>\sigma_0^2$	$\chi^2>\chi^2_{\alpha}(n-1)$
			(3) $H_0: \sigma^2=\sigma_0^2$ $H_1: \sigma^2<\sigma_0^2$	$\chi^2<\chi^2_{1-\alpha}(n-1)$
2. 两个总体方差之比(σ_1^2/σ_2^2)	两个总体均服从正态分布	$F=\dfrac{S_1^2/\sigma_1^2}{S_2^2/\sigma_2^2}$	(1) $H_0: \sigma_1^2=\sigma_2^2$ $H_1: \sigma_1^2\neq\sigma_2^2$	$F>F_{\alpha/2}(n_1-1,n_2-1)$ 或 $F<F_{1-\alpha/2}(n_1-1,n_2-1)$
			(2) $H_0: \sigma_1^2=\sigma_2^2$ $H_1: \sigma_1^2>\sigma_2^2$	$F>F_{\alpha}(n_1-1,n_2-1)$
			(3) $H_0: \sigma_1^2=\sigma_2^2$ $H_1: \sigma_1^2<\sigma_2^2$	$F<F_{1-\alpha}(n_1-1,n_2-1)$

（六）方差分析

1. 方差分析

方差分析是鉴别各因素效应的一种有效统计方法，它是通过实验观察某一种或多种因素的变化对实验结果是否带来显著影响，从而选取最优方案的一种统计方法。方差分析也是一种假设检验，它是对全部样本观察值的差异进行分解，将某种因素下各组样本观察值之间可能存在的系统性误差与随机误差加以比较，据以推断各总体之间是否存在显著性差异，若存在显著性差异，也就说明该因素的影响是显著的。

2. 单因素方差分析

单因素方差分析用于完全随机设计的多个样本均数间的比较，其统计推断是估计各样本所代表的各总体均值是否相等。

（七）非参数检验

1. 非参数检验的概念和特点

非参数统计是对总体分布的具体形式不必做任何限制性假定和不以总体参数具体数值估计为目的的推断统计。这种统计主要用于对某种判断或假设进行检验，故也称为非参数检验。

非参数统计与参数统计相比，具有以下几个特点：

(1) 非参数统计方法既能适用于定性变量中的定类数据（如满意和不满意、好与坏、优良品与不良品、统计引例中用工作类型进行分组所形成的数据等）或定序数据（如对商品的爱好程度可分为甲、乙、丙、丁等不同的等级，统计引例中用对自我管理工作小组的态度进行分组所形成的数据），也能适用于定距数据和定比数据这种定量变量。

(2) 非参数统计方法是一种经济而有效的方法。它往往容易理解,计算简便,有时完全不必考虑数据的排列顺序。

(3) 非参数统计方法不需要像参数统计方法那样假定总体的分布是正态的,也不需要检验总体的参数,使得条件容易得到满足。

2. χ^2 检验

χ^2 检验是利用随机样本对总体分布与某种特定分布拟合程度的检验,也就是检验观察值与理论值之间的紧密程度。χ^2 拟合优度检验是利用样本信息对总体分布做出推断,检验总体是否服从某种理论分布如二项分布、均匀分布或正态分布等。

3. 独立性检验

独立性检验:如果两个变量不存在交互影响,就称为独立,所以这类检验也称为独立性检验。与拟合优度检验相比,独立性检验的特点在于其理论频数不是预先确定的,而需要从样本资料中获得。具体步骤为:

(1) 确定原假设与备择假设,独立性检验的原假设和备择假设如下:

H_0:这两个变量是独立的(即它们之间不存在联系);

H_1:这两个变量是不独立的(即它们之间存在着某种联系)。

(2) 从要研究的总体中,随机抽取一批观察值作为样本,并将观察值整理成 $r \times c$ 列联表,r 为一个变量的分类组数,c 为另一个变量的分类组数,然后列出实际观察频数 f_{0ij},简记为 O_{ij}。

(3) 计算期望的理论频数 f_{eij},简记为 E_{ij}。

(4) 独立性检验的统计量变化为:

$$\chi^2 = \sum_{i=1}^{r} \sum_{j=1}^{c} \frac{(O_{ij} - E_{ij})^2}{E_{ij}}$$

其自由度 $(df) = (r-1)(c-1)$。

(5) 在确定的显著性水平下,若检验统计量大于临界值,拒绝原假设。

4. 成对比较检验

(1) 符号检验,也称正负号检验,是一种常用的、比较简单的非参数统计方法,其基本思想是分析正负号出现的频率而忽略具体量的差异,以确定它们是否有显著差异。特点:① 对于总体分布和方差等都不作限制性假设;② 只考虑差数的正负方向而不计具体数值;③ 忽略数值差别,因而会失去在某些情况下可资利用的信息。

符号检验的步骤为:① 确定配对样本,分别计算差异正与负的数目,无差异则记为 0,将它从样本中剔除,并相应地减少样本容量 n,把正负号数目之和视为样本总个数。② 建立假设,H_0:$p = 0.5$;H_1:$p \neq 0.5$。③ 观察样本容量,如果 $n \leqslant 25$,则作为二项分布处理;如果 $n > 25$,则作为正态近似处理。在第 5 章中,曾指出一般 $n \leqslant 30$ 作为小样本处理,$n > 30$,才用正态近似处理。但 $p = 0.5$ 的二项分布呈对称型,所以,只要 $n > 25$,即可按正态分布近似处理。④ 设定显著性水平 α,并查表确定临界值,进行比较和作出判断。

(2) 威尔科克森带符号的等级检验。

威尔科克森带符号的等级检验的步骤为:① 计算带有正负号的差数。② 将差数取绝对值按从小到大顺序排列并编上等级,即确定顺序号 1、2、3 等。对于相等的值,则取其位序的平均数为等级。③ 给每个等级恢复差数原来的正、负号,分别将正、负号的等级相加,用 T_+

和 T_- 表示。当 $n \leqslant 25$ 时，取 T_+、T_- 中较小的 T 值（因为威尔科克森带符号等级检验 T 值的临界值表只给出了较小的临界值）；当 $n > 25$ 时，T 近似服从正态分布，其均值和标准差分别为 $\frac{n(n+1)}{4}$ 和 $\sqrt{\frac{n(n+1)(2n+1)}{24}}$，所以可取检验统计量：$Z = \frac{T - n(n+1)/4}{\sqrt{n(n+1)(2n+1)/24}}$。④ 确定带正号或负号差数值的总个数 n。⑤ 设定显著性水平 α。⑥ 当 $n \leqslant 25$ 时，从威尔科克森带符号等级检验 T 值的临界值表查出 T_α 的临界值，当观察值 $T \leqslant$ 临界值 T_α 时，就拒绝 H_0；当 $T > T_\alpha$ 时，就接受 H_0。当 $n > 25$ 时，则按标准正态分布的 Z 检验规则进行检验。

5. 曼-惠特尼 U 检验

曼-惠特尼 U 检验，又称“曼-惠特尼秩和检验”，是由 H.B.曼（H.B. Mann）和 D.R.惠特尼（D.R. Whitney）于 1947 年提出的。分析方法的思路与威尔科克森带符号等级检验基本一致，这种方法通常称为秩和检验，或等级和检验。不同之处在于，威尔科克森带符号等级检验适用于两组关联样本的数据，而曼-惠特尼 U 检验适用于来自两个独立样本的数据。

6. 游程检验

（1）游程和游程检验的概念。游程检验又称序贯检验，常用于检验样本的随机性。游程是指具有相同性质的数据序列，例如，将两个随机样本的观察值 x_1，x_2，…，x_n 和 y_1，y_2，…，y_n 混合起来，按从小到大的次序排列起来，形成类似 $xxyyxyxxxxyyy$ 的序列。

（2）游程检验的基本原理和步骤。游程检验可分为两种情况：① 如果两个样本来自两个不同的总体，可以采取混合有序样本的方法，根据实际游程个数，检验样本是否是从这两个总体中随机抽取的；② 如果样本观察值来自同一总体，可以先将观察值按从小到大顺序排列，然后按中位数（或平均值）将观察值分为大于或小于中位数两部分，再根据上、下两部分相互交错所形成的游程个数来检验样本的随机性。

7. 等级相关检验

等级相关系数 r_s 的计算公式为：

$$r_s = 1 - \frac{6\sum d_i^2}{n(n^2-1)}$$

四、课后习题答案

（一）思考题

1. 假设检验首先对总体参数提出某种假设，然后根据样本观测值来验证这个假设是否成立。所以，假设检验是参数估计的逆向研究。

2. 参数估计和假设检验的相同点：

（1）都是根据样本信息对总体进行推断。

（2）都是以抽样分布为依据。

（3）都是建立在概率基础上。

(4) 两者可以相互转换：接受原假设，则置信区间中必包含总体平均数；如果构造的置信区间包含总体平均数，则接受原假设。

参数估计与假设检验的不同点：

(1) 参数估计是根据样本统计量估计总体参数，假设检验是根据样本统计量来检验对总体参数的假设是否成立。

(2) 参数估计（区间估计）通常求得的是置信区间，而假设检验不仅有双侧检验，还有单侧检验。

(3) 参数估计立足于大概率 $1-\alpha$，假设检验立足于小概率 α。

3. 小概率是指在一次随机试验中，事件结果几乎不可能发生的概率。人们基于小概率事件在一次试验中几乎不可能发生所形成的一种思维习惯，而付诸对事件发生与否所做出的判断，称为小概率原理。

4. 在实际问题中，原假设和备择假设的建立，需要考虑事实发生逻辑顺序，一般来说，在没有显著改变的情况下，对于保持原状或现有标准的假设，通常可被选为原假设；而与现状或现有标准不符合的假设，通常可被选为备择假设。

确定原假设的原则：(1) 当目的是希望从样本观察值取得对某一论断强有力的支持时，把这一结论的否定作为原假设；(2) 把陈述事实的否定作为原假设；(3) 把过去资料所提供的论断作为原假设。

5. 假设检验的步骤：(1) 建立总体假设：原假设 H_0 和备择假设 H_1；(2) 选择一个合适的显著性水平 α，把犯第一类错误的概率定下来，同时确定必要的样本容量和犯第二类错误的概率 β；(3) 抽样得到样本观察值，并构造统计量确定 H_0 为真时的抽样分布，即选择一个合适的检验统计量；(4) 在原假设 H_0 成立的前提下，对给定显著性水平 α，从构造的统计量的概率分布表上查出相应分布的临界值，确定拒绝域和接受域；(5) 计算检验统计量的数值；(6) 把检验统计量的数值与相应分布的临界值进行对比，并作出检验判断。

6. 依据统计上的小概率原理。

7. 当事先不能断定总体参数 θ 是大于还是小于根据原假设对总体参数的陈述所达到给定值 θ_0 时，需要检验的假设指的是总体参数真值与根据原假设对总体参数的陈述所达到的给定值相等，这种检验称作双侧检验。对有些问题，人们所关心的只是总体参数 θ 是大于还是小于根据原假设对总体参数的陈述所达到的给定值 θ_0 时，就需要进行单侧检验。双侧检验的备择假设为不等号，而单侧检验的备择假设为大于或小于号，或不小于或不大于号。

8. 第一类错误：原假设 H_0 实际为真，而检验结果却拒绝了它，即否定 H_0（本来 $\theta=\theta_0$ 可能正确），这种弃真错误称为第一类错误。

第二类错误：原假设 H_0 实际不真，而检验结果却接受了它，即接受 H_0（本来 $\theta=\theta_0$ 可能错误），这种取伪错误称为第二类错误。

力求在控制 α 的前提下减少 β 来控制犯两类错误的概率。

9. 总体均值、方差、比率等。

10. 即对于给定的样本信息，p 值是拒绝 H_0 的最小概率值。若 $p<\alpha$，则拒绝 H_0；若 $p\geq\alpha$，则不拒绝 H_0。一般地，统计软件包都会根据既定的检验，提供了相应的 p 值，以便判断检验的显著性。

11. 方差分析是鉴别各因素效应的一种有效统计方法，它是通过实验观察某一种或多种因素的变化对实验结果是否带来显著影响，从而选取最优方案的一种统计方法。方差分析也是一种假设检验，它是对全部样本观察值的差异进行分解，将某种因素下各组样本观察值之间可能存在的系统性误差与随机误差加以比较，据以推断各总体之间是否存在显著性差异，若存在显著性差异，也就说明该因素的影响是显著的。

12. 非参数统计是对总体分布的具体形式不必做任何限制性假定和不以总体参数具体数值估计为目的的推断统计。这种统计主要用于对某种判断或假设进行检验，故也称为非参数检验。非参数统计与参数统计相比，具有以下几个特点：(1) 非参数统计方法既能适用于定性变量中的定类数据(如满意和不满意、好与坏、优良品与不良品、统计引例中用工作类型进行分组所形成的数据等)或定序数据(如对商品的爱好程度可分为甲、乙、丙、丁等不同的等级，统计引例中用对自我管理工作小组的态度进行分组所形成的数据)，也能适用于定距数据和定比数据这种定量变量。(2) 非参数统计方法是一种经济而有效的方法。它往往容易理解，计算简便，有时完全不必考虑数据的排列顺序。(3) 非参数统计方法不需要像参数统计方法那样假定总体的分布是正态的，也不需要检验总体的参数，使得条件容易得到满足。

13. χ^2 检验是利用随机样本对总体分布与某种特定分布拟合程度的检验，也就是检验观察值与理论值之间的紧密程度。χ^2 拟合优度检验是利用样本信息对总体分布做出推断，检验总体是否服从某种理论分布，如二项分布、均匀分布或正态分布等。

14. 符号检验，也称正负号检验，是常用的、比较简单的一种非参数统计方法，其基本思想是分析正负号出现的频率而忽略具体量的差异，以确定它们是否有显著差异的一种检验方法。特点：(1) 对于总体分布和方差等都不作限制性假设；(2) 只考虑差数的正负方向而不计具体数值；(3) 忽略数值差别，因而会失去在某些情况下可资利用的信息。

威尔科克森带符号秩检验是由威尔科克森于 1945 年提出的。该方法是在成对观测数据的符号检验基础上发展起来的，比传统的单独用正负号的检验更加有效。它适用 t -检验中的成对比较，但并不要求成对数据之差服从正态分布，只要求对称分布即可。它检验成对观测数据之差是否来自均值为 0 的总体(产生数据的总体是否具有相同的均值)。

曼-惠特尼 U 检验通常称为秩和检验，或等级和检验。它与威尔科克森带符号等级检验的不同之处在于：威尔科克森带符号等级检验适用于两组关联样本的数据，而曼-惠特尼 U 检验适用于来自两个独立样本的数据。

15. 游程检验可分为两种情况：其一，如果两个样本来自两个不同的总体，可以采取混合有序样本的方法，根据实际游程个数，检验样本是否是从这两个总体中随机抽取的；其二，如果样本观察值来自同一总体，可以先将观察值按从小到大顺序排列，然后按中位数(或平均值)将观察值分为大于或小于中位数两部分，再根据上、下两部分相互交错所形成的游程个数来检验样本的随机性。

16. 斯皮尔曼等级相关(Spearman's correlation coefficient for ranked data)主要用于解决称名数据和顺序数据相关的问题。适用于两列变量，而且具有等级变量性质、具有线性关系的资料。其适用范围广泛，斯皮尔曼等级相关对数据条件的要求没有积差相关系数严格，只要两个变量的观测值是成对的等级评定资料，或者是由连续变量观测资料转化得到的等级资料即可，不论两个变量的总体分布形态、样本容量的大小如何，都可以用斯皮尔曼等级相关来进行研究。彼尔逊积矩相关系数(用 r 表示)用于度量两个变量 X 和 Y 之间的相关(线性相关)，其值介于-1与 1 之间。在自然科学领域中，该系数广泛用于度量两个变量之间的相关程度。

(二) 计算题

1. **解:** σ^2 未知,且 $n=18<30$,则用 t 检验,$\overline{X}=820$, $S=60$

设产品重量为 X,服从正态分布

假设 $H_0: \mu=800$; $H_1: \mu\neq 800$

在原假设为真的条件下,统计量

$$T=\frac{\overline{X}-M_0}{S/\sqrt{n}}=\frac{\overline{X}-800}{S/\sqrt{18}}\sim t(n-1)$$

$\because\ \alpha=0.01$

$\therefore\ t_{0.005}(17)=2.898\ 2$

$t=\dfrac{820-800}{60/\sqrt{18}}=1.414\ 2<t_{0.005}(17)=2.898\ 2$,即 t 统计量落在拒绝域之外,则接受原假设,拒绝备择假设 H_1。

2. **解:** (1) σ^2 未知,$n=81>30$,$\overline{X}=485$,$S=45$

假设 $H_0: \mu=500$; $H_1: \mu\neq 500$

因为 $n=18$,属于大样本,所以在原假设为真的情况下,统计量近似服从正态分布,即

$$Z=\frac{\overline{X}-\mu_0}{S/\sqrt{n}}\sim N(0,\ 1)$$

$\because\ \alpha=0.01$, $Z_{0.005}=2.575\ 8$

又 $\because\ |Z|=\dfrac{485-500}{45/\sqrt{81}}=|-3|=3>Z_{0.005}=2.575\ 8$

$\therefore$ 拒绝原假设 H_0,接受 H_1,即在 0.05 显著性水平下,总体均值与 500 有显著差异。

(2) 假设 $H_0: \mu\leqslant 500$; $H_1: \mu>500$

在原假设为真的情况下,统计量

$$Z=\frac{\overline{X}-\mu_0}{S/\sqrt{n}}\sim N(0,\ 1)$$

$\because\ \alpha=0.05$,$Z_{0.05}=1.644\ 5$

$Z=\dfrac{485-500}{45/\sqrt{81}}=-3<Z_{0.05}=1.644\ 5$。检验统计量落在接受区域。

$\therefore$ 接受原假设 H_0,拒绝 H_1,即在 0.05 显著性水平下,总体均值不显著大于 500。

3. **解:** 由题可知 $n_1=9$, $\bar{x}_1=62$, $\sigma_1^2=25$, $n_2=16$, $\bar{x}_2=59$, $\sigma_2^2=36$

假设 $H_0: \mu_1=\mu_2$; $H_1: \mu_1>\mu_2$

在原假设为真的情况下,统计量

$$Z=\frac{\bar{x}_1-\bar{x}_2}{\sqrt{\dfrac{\sigma_1^2}{n_1}+\dfrac{\sigma_2^2}{n_2}}}\sim N\left(\mu_1-\mu_2,\ \frac{\sigma_1^2}{n_1}+\frac{\sigma_2^2}{n_2}\right)$$

$\because$ 给定 $\alpha=0.05$,查表得 $Z_{0.05}=1.644\ 9$

$$Z=\frac{62-59}{\sqrt{\frac{25}{9}+\frac{36}{16}}}=1.337\,9<1.65$$,没有落在拒绝域。

∴ 接受原假设 H_0,拒绝备择假设 H_1,即不能得出 $\mu_1>\mu_2$ 的结论。

4. **解:** 已知 $\bar{x}_1=19.5$, $\bar{x}_2=23.7$, $S_1=12$, $S_2=16$, $\alpha=0.05$, $n_1=80>30$, $n_2=60>30$

假设 H_0: $\mu_甲=\mu_乙$, H_1: $\mu_甲<\mu_乙$

在原假设为真的情况下,统计量

$$Z=\frac{\bar{x}_1-\bar{x}_2}{\sqrt{\frac{S_1^2}{n_1}+\frac{S_2^2}{n_2}}}\sim N\left(\mu_1-\mu_2,\ \frac{\sigma_1^2}{n_1}+\frac{\sigma_2^2}{n_2}\right)$$

查表得 $Z_\alpha=-1.644\,9$

$$\because Z=\frac{\bar{x}_1-\bar{x}_2}{\sqrt{\frac{S_1^2}{n_1}+\frac{S_2^2}{n_2}}}=\frac{19.5-23.7}{\sqrt{\frac{12^2}{80}+\frac{16^2}{60}}}=-1.705\,2<Z_\alpha=-1.644\,9$$

∴ Z 落在拒绝域,即拒绝原假设,接受备择假设,所以居民区甲中的家庭每周看电视的平均小时数比居民区乙中的家庭少,在 $\alpha=0.05$ 条件下是显著的。

5. **解:** 由题意得 $p_s=\frac{70}{300}=0.23$, $n=300>30$

假设 H_0: $p_0=0.2$; H_1: $p_0>0.2$

在原假设为真的情况下,统计量

$$Z=\frac{p_s-p_0}{\sqrt{\frac{p_0(1-p_0)}{n}}}\sim N(0,\ 1)$$

给定 $\alpha=0.05$, $Z_{0.05}=1.644\,9$

$$Z=\frac{0.23-0.2}{\sqrt{\frac{0.2\times0.8}{300}}}=1.443\,4<Z_{0.05}=1.65$$,Z 没有落在拒绝域。

∴ 接受原假设 H_0,拒绝 H_1,即不能显著证实厂家所说某市已有 20%以上的家庭在使用这种商品。

6. **解:** 根据题意,本题属于两个总体比例有无显著差异的右侧检验。①

首先对变量编码,即男性=1,女性=2。

根据题意,本题属于右侧检验,于是,假设 H_0: $P_1=P_2$, H_1: $P_1>P_2$。

已知 $N_1=600$, $N_2=400$, $n_男=n_1=60$,$n_女=n_2=40$,$\hat{p}_1=\frac{35}{60}=\frac{7}{12}=58.33\%$, $\hat{p}_2=\frac{17}{40}=42.50\%$。由于两总体容量已知,所以属于有限总体不放回抽样。又由于 $N=1\,000>30$, $\frac{n_1}{N_1}=10\%>5\%$, $\frac{n_2}{N_2}=10\%>5\%$,因此调正系数 $\left(\frac{N_1-n_1}{N_1-1}\right)$, $\left(\frac{N_2-n_2}{N_2-1}\right)$ 不能省略。则检

① 比例的假设比较复杂,本题由于教材没有这方面的内容,因此可以考虑不要求学生做。但可以作为思考题。

验统计量及分布为：

$$Z=\frac{(\hat{p}_1-\hat{p}_2)-(p_1-p_2)}{\sqrt{\frac{\hat{p}_1(1-\hat{p}_1)}{n_1}\cdot\left(\frac{N_1-n_1}{N_1-1}\right)+\frac{\hat{p}_2(1-\hat{p}_2)}{n_2}\cdot\left(\frac{N_2-n_2}{N_2-1}\right)}}\sim N(0,\ 1)$$

代入已知条件的相关数据，得 $Z=1.654\ 0$，$\alpha=0.01$，查表得 $Z_{1-\alpha}=2.326\ 3$，$Z<Z_{\alpha}$，落在接受区域。

因此，接受 H_0，拒绝 H_1，即没有足够的理由说明这位老师的看法是正确的。

7. **解：** 假设 H_0：$\sigma^2=625$；H_1：$\sigma^2<625$

由题意得：$n=20$，$s^2=400$（千小时）

在原假设为真的条件下，统计量

$$\chi^2=\frac{(n-1)s^2}{\sigma^2}\sim\chi^2(n-1)$$

给定 $\alpha=0.05$，$n=20$，查表得 $\chi^2_{0.95}(19)=10.117\ 0$

$$\chi^2=\frac{19\times 400}{625}=12.160\ 0>10.117\ 0$$

∴ 拒绝原假设 H_0，接受备择假设 H_1，即可以认为显像管使用寿命的标准差有显著改善。

8. **解：** 已知：$n_1=9$，$n_2=16$，$S_1^2=25$，$S_2^2=36$

假设 H_0：$\sigma_1^2=\sigma_2^2$，H_1：$\sigma_1^2\neq\sigma_2^2$

统计量 $F=\dfrac{S_1^2\times\sigma_2^2}{S_2^2\times\sigma_1^2}=\dfrac{S_1^2}{S_2^2}\sim F(n_1-1,\ n_2-1)$

给定显著水平 $\alpha=0.1$，查 F 分布表，得出临界值：

$F_{\frac{\alpha}{2}}(n_1-1,\ n_2-1)=F_{0.05}(8,\ 15)=0.310\ 7$

$F_{1-\frac{\alpha}{2}}(n_1-1,\ n_2-1)=F_{0.95}(8,\ 15)=2.640\ 8$

∵ $F=\dfrac{S_1^2}{S_2^2}=\dfrac{25}{36}\approx 0.694\ 4$

∴ F 没有落在拒绝域，即接受原假设，则不能否认这两个方案的产量的方差是相等的。

9. **解：** H_0：不同品种水稻品在相同地块播种产量相等；H_1：不同品种水稻品在相同地块播种产量不等。

把相应数据输入 Excel 后进行方差分析，结果如下表所示。

方差分析：单因素方差分析

摘要

组	观测数	求　和	平　均	方　差
行 1	5	213	42.6	15.8
行 2	5	150	30	10
行 3	5	222	44.4	28.3

续 表

方差分析						
差异源	SS	df	MS	F	P - value	Fcrit
组 间	615.6	2	307.8	17.068 4	0.000 31	3.885 3
组 内	216.4	12	18.033 33			
总 计	832	14				

因为 $P=0.000\ 31<\alpha=0.05$ 或 $F=17.068\ 4>F\text{crit}=3.885\ 3$，所以拒绝原假设，即水稻的品种对水稻的产量有显著影响。

10. **解**：根据题意，$n=4\times 7=28$，$k=4$；已知条件、题目要求和计算结果如下表所示。

方差来源	离差平方和	自由度	均方	F 值
组间	$SSB=3\times 80=240$	$k-1=3$	$MSB=\dfrac{SSB}{k-1}=80$	$F=80/23.333\ 3=3.425\ 7$
组内	$SSE=560$	$n-k=28-4=24$	$MSE=\dfrac{SSE}{n-k}=560/24=23.333\ 3$	
总和	$SST=?$	$n-1=28-1=27$		

H_0：4 组的总体均值无显著差异；H_1：4 组的总体均值有显著差异。

因为 $\alpha=0.05$，$F_{0.025}(4-1,\ 7-1)=0.068\ 4$，$F_{0.975}(4-1,\ 7-2)=7.763\ 6$，于是，$F_{0.025}(4-1,\ 7-1)=0.068\ 4<F=80/23.333\ 3=3.428\ 6<F_{0.975}(4-1,\ 7-2)=7.763\ 6$，及检验统计量 F 落在接受区域，所以接受原假设，拒绝备择假设，即 $\alpha=0.05$ 时 4 组的总体均值无显著差异。

11. **解**：

由题意可建立假设如下：

H_0：这种特定时刻电话呼叫服从正态分布；H_1：这种特定时刻电话呼叫不服从正态分布。

可根据样本平均估计 $\bar{x}=2.76$。

电话呼叫次数	0	1	2	3	4	5	≥6
记录天数 f_0	5	7	30	40	7	5	6
期望频率	0.63	0.175	0.241	0.222	0.153	0.084	0.062
期望频数 f_e	6.3	17.5	24.1	22.2	15.3	8.4	6.2

$$X^2=\sum\frac{(f_0-f_e)^2}{f_e}=\frac{(5-6.3)^2}{6.3}+\frac{(7-17.5)^2}{17.5}+\frac{(30-24.1)^2}{24.1}+\frac{(40-22.2)^2}{22.2}$$
$$+\frac{(7-15.3)^2}{15.3}+\frac{(5-8.4)^2}{8.4}+\frac{(6-6.2)^2}{6.2}=28.17$$

因为由样本平均数估计可查得自由度为 7−1−1=5，$\alpha=0.05$ 的 X^2 分布的临界值 $X^2(5)=11.0705<28.17$，所以拒绝原假设，接受备择假设，即认为这种假设特定时刻电话呼叫数不服从泊松分布。

12. **解**：如果没有差别，那么矿泉水饮用者人数将呈均匀分布。

(1) H_0：不同牌子矿泉水饮用者人数服从均匀分布；H_1：不同牌子矿泉水饮用者人数不服从均匀分布。

(2) 根据原假设，每种牌子矿泉水爱好者人数的期望频数 f_e 为 100/5=20。

现算出 X^2 的数值如下：

$$X^2=\sum_{i=1}^{k}\frac{(f_{0i}-f_{ei})^2}{f_{ei}}=\frac{(27-20)^2}{20}+\frac{(16-20)^2}{20}+\frac{(22-20)^2}{20}+\frac{(18-20)^2}{20}+\frac{(17-20)^2}{20}$$
$$=2.45+0.8+0.2+0.2+0.45=4.1$$

自由度等于分类组数 K 减 1，即 5−1=4。根据 $\alpha=0.05$ 和自由度为 4，得 $\chi^2_{0.05}(4)=9.488$。

(3) 因为 $X^2=4.1<\chi^2_{0.05}(4)=9.488$，所以接受 H_0，即消费者对各矿泉水的爱好是没有差别的。$\alpha-0.01$，因为自由度为 5−4=1，查表得 $\chi^2_{0.01}(4)=13.2767$。

$X^2=4.1<\chi^2_{0.01}(4)=13.2767$，所以接受 H_0，即爱好无差别。

13. **解**：H_0：次品类型与厂家生产是无关的；H_1：次品类型与厂家生产存在关系。

次品类型元件厂	A	B	C	D
甲	20(16.67)	45(44.44)	36(38.89)	100
乙	40(33.33)	90(88.89)	70(77.78)	200
丙	15(25)	65(66.67)	70(58.33)	150
总计	75	200	175	450

$$X^2=\frac{(20-16.67)^2}{16.67}+\frac{(40-33.33)^2}{33.33}+\frac{(45-44.44)^2}{44.44}+\frac{(90-88.89)^2}{88.89}+\frac{(65-66.67)^2}{66.67}$$
$$+\frac{(36-38.89)^2}{38.89}+\frac{(70-77.78)^2}{77.78}+\frac{(70-58.33)^2}{58.33}=9.391$$

又因为自由度为 $(3-1)\times(3-1)=4$，$\alpha=0.01$，经查表可得临界值 $\chi^2_{0.01}(4)=13.2767$。

由于 $X^2=9.391<\chi^2_{0.01}(4)=13.2767$，所以接受 H_0，即次品类型与厂家生产是无关的。

14. **解**：符号为"0"的个数应从样本中剔除，因此，用于检验的符号个数由 10 个"+"和 16 个"−"构成。

由于此例的样本容量大于 25，可以近似正态分布处理。

令 P 表示得到正号的概率。

H_0：$P=0.5$；H_1：$P\neq 0.5$

$\mu_p=P=0.5$

$$S_p=\sqrt{\frac{p(1-p)}{n}}=\sqrt{\frac{0.5\times 0.5}{26}}=0.098$$

因为 $\alpha=0.05$,所以若 $Z<-1.96$ 或 $Z>1.96$,则拒绝原假设。

$$p=\frac{10}{26}=0.385$$

$$Z=\frac{p-p}{S_p}=\frac{0.385-0.5}{0.098}=-1.173>-1.96$$

所以接受 H_0,即认为学生对两门课程讲课质量赞赏人数的比例相同。

15. **解:** H_0:广告宣传没有显著效果;H_1:广告宣传有显著效果。

城市编号	做广告前销售量 X_1	做广告后销售量 X_2	销售量之差 $d=X_2-X_1$	$\lvert d\rvert$ 等级	T_+	T_-
1	22	30	−8	9		9
2	16	19	−3	5.5		5.5
3	15	13	+2	3.5	3.5	
4	32	28	+4	7	7	
5	18	17	+1	1.5	1.5	
6	10	10	0			
7	15	17	−2	3.5		3.5
8	25	28	−3	5.5		5.5
9	17	16	+1	1.5	1.5	
10	19	14	+5	8	8	
合计					21.5	23.5

$$均值\ T=\frac{9\times(9+1)}{4}=22.5$$

因为 $\alpha=0.05$,所以临界值 $T_{0.005}=8$,且为单侧检验,又因为较小的 T 值(T_-)为 9。由于 $T>T_\alpha$,所以接受 H_0,即广告宣传没有显著效果。

16. **解:** 由于是来自两个独立样本的数据,所以适用曼-惠特尼 U 检验。

甲、乙商品日营业额

等　级	营业额	所属商场
1.5	47	甲
1.5	47	甲
3	43	甲
4.5	42	乙
4.5	42	乙

续 表

等 级	营业额	所属商场
6	41	甲
7	40	乙
8	39	甲
9	35	乙
10	34	甲
11	33	乙
12	32	乙
14.5	31	甲
14.5	31	甲
14.5	31	乙
14.5	31	乙
17	28	甲
18	27	甲
19.5	23	甲
19.5	23	乙

用 n_A 表示甲商场的样本容量，用 n_B 表示乙商场的样本容量，则 $n_A=11, n_B=9$。

用 T_A 表示 n_A 样本中各项的等级和：

$T_A=1.5+1.5+3+6+8+10+14.5+14.5+17+18+19.5=113.5$

类似地：

$T_B=4.5+4.5+7+9+11+12+14.5+14.5+19.5=96.5$

所以：

$$u_A=n_An_B+\frac{n_A(n_A+1)}{2}-T_A=11\times 9+11\times 12\div 2-113.5=51.5$$

$$u_B=n_An_B+\frac{n_B(n_B+1)}{2}-T_B=11\times 9+9\times 10\div 2-96.5=47.5$$

因 $u_A+u_B=n_An_B=51.5+47.5=11\times 9=99$，证明计算结果正确。

H_0：甲、乙商场日营业额无差异，即两种经营方式的效果无差异。

H_1：甲、乙商场日营业额有差异。

因为 $\alpha=0.1$，$n_A=11$，$n_B=9$，所以临界值 $u_\alpha=27$。

又因为 $u_B=47.5>u_\alpha=27$，所以接受 H_0，即两种经营方式的效果无显著差异。

17. **解：**

H_0：户主收入与人寿保险报保额之间是独立的；

H_1：户主收入与人寿保险报保额之间不是独立的。

10户家庭户主收入与寿险报保额的等级

户主收入	报保额	户主收入 x_i	报保额 y_i	$d_i = x_i - y_i$	$d_i^2 = (x_i - y_i)^2$
10	9	1	1	0	0
14	20	6	6.5	−0.5	0.25
13	22	4	8	−4	16
14	15	6	3	3	9
14	17	6	4	2	4
25	30	10	10	0	0
12	18	2.5	5	−2.5	6.25
16	25	9	9	0	0
12	10	2.5	2	0.5	0.25
15	20	8	6.5	1.5	2.25
合　计					38

因为 $\alpha=0.05$，$n=10$，所以临界值为 0.551。

由于 $r_s=1-\dfrac{6\sum d_i^2}{n(n^2-1)}=1-\dfrac{6\times 38}{10\times(10^2-1)}=0.770$

又由于 $r_s>$ 临界值 $=0.551$，因此拒绝原假设 H_0，即户主收入与人寿保险报保额之间存在关系，且相关程度为 77.0%。

18. **解：**

H_0：人们记得广告的比例在不同媒体之间存在显著不同；

H_1：人们记得广告的比例在不同媒体之间不存在显著不同。

	杂　志	电　视	电　台	合　计
能记得广告的人数	20(12)	15(12)	5(16)	40
不能记得广告的人数	70(78)	75(78)	115(104)	260
合　　计	90	90	120	300

$$X^2=\frac{(20-12)^2}{12}+\frac{(70-78)^2}{78}+\frac{(15-12)^2}{12}+\frac{(75-78)^2}{78}+\frac{(5-16)^2}{16}+\frac{(115-104)^2}{104}$$
$$=5.33+0.82+0.75+0.12+7.56+1.16$$
$$=15.74$$

因为自由度为 $(2-1)\times(3-1)=2$，$\alpha=0.05$，所以临界值 $\chi^2_{0.05}(2)=5.99$。

因为 $X^2=15.74>x^2_{0.05}(2)=5.99$，所以拒绝 H_0，即人们记得广告的比例在不同媒体间不存在显著不同。

五、课外习题

(一) 单项选择题

1. 在假设检验中，显著性水平 α 的意义是(　　)。

A. H_0 为真，但经检验拒绝 H_0 的概率　　B. H_0 为真，经检验接受 H_0 的概率

C. H_0 不成立，经检验拒绝 H_0 的概率　　D. H_0 不成立，但经检验接受 H_0 的概率

2. 在假设检验中，记 H_0 为原假设，则(　　)称为第二类错误。

A. H_0 为真，接受 H_0　　B. H_0 不真，拒绝 H_0

C. H_0 不真，接受 H_0　　D. H_0 为真，拒绝 H_0

3. 在假设检验中，用 α 和 β 分别表示犯第一类错误和第二类错误的概率，则当样本容量一定时，下列说法正确的是(　　)。

A. α 减少，β 也减少

B. α 增大，β 也增大

C. α 与 β 不能同时减少，其中一个减少，另一个往往会增大

D. A 和 B 同时成立

4. 从 $X \sim N(\mu, \sigma^2)$ 中抽取容量为 10 的样本，σ^2 为已知常数，给定显著性水平 $\alpha = 0.05$，检验 $H_0: \mu = \mu_0$，则正确的方法和结论是(　　)。

A. 用 Z 统计量，临界值为 $\mu_{0.975} = 1.96$　　B. 用 Z 统计量，临界值为 $\mu_{0.975} = 1.65$

C. 用 Z 统计量，临界值为 $\mu_{0.975}(9) = 2.262$　　D. 用 Z 统计量，临界值为 $\mu_{0.975}(9) = 1.83$

5. 设 $\overline{X}$ 和 S^2 是来自正态分布 $N(\mu, \sigma^2)$ 的样本均值和样本方差，样本容量为 n，则 $|\bar{x} - \mu_0| > t_{0.05}(n-1)\dfrac{S}{\sqrt{n}}$ 为(　　)。

A. $H_0: \mu = \mu_0$ 的拒绝域　　B. $H_0: \mu = \mu_0$ 的接受域

C. μ 的一个置信区间　　D. σ^2 的一个置信区间

6. 将由显著性水平所规定的拒绝域平分为两部分，置于概率分布的两边，每边占显著性水平的二分之一，这是(　　)。

A. 单侧检验　　B. 双侧检验　　C. 右侧检验　　D. 左侧检验

7. 检验功效定义为(　　)。

A. 原假设为真时将其接受的概率　　B. 原假设不真时将其舍弃的概率

C. 原假设为真时将其舍弃的概率　　D. 原假设不真时将其接受的概率

8. 符号检验中，(+)号的个数与(−)号的个数相差较远时，意味着(　　)。

A. 存在试验误差(随机误差)　　B. 存在着条件误差

C. 不存在什么误差　　D. 既有抽样误差，也有条件误差

9. 得出两总体的样本数据如下：

甲：8，6，10，7，8　乙：5，11，6，9，7，10

秩和检验中，秩和最大可能值是(　　)。

A. 15　　B. 48　　C. 45　　D. 66

10. 关于检验水平 α 的设定，下列叙述中错误的是（　　）。

A. α 的选取本质上是个实际问题，而非数学问题

B. 在检验实施之前，α 应是事先给定的，不可擅自改动

C. α 即为检验结果犯第一类错误的最大概率

D. 为了得到所希望的结论，可随时对 α 的值进行修正

11. 关于检验的拒绝域 W，置信水平 α 及所谓的"小概率事件"，下列叙述中错误的是（　　）。

A. α 的值是对究竟多大概率才算"小"概率的量化描述

B. 事件 $\{(X_1, X_2, \cdots, X_n) \in W \mid H_0 \text{ 为真}\}$ 即为一个小概率事件

C. 设 W 是样本空间的某个子集，指事件$\{(X_1, X_2, \cdots, X_n) \in W \mid H_0 \text{ 为真}\}$

D. 确定恰当的 W 是任何检验的本质问题

12. 设总体 $X \sim N(\mu, \sigma^2)$，σ^2 未知，通过样本 $X_1, X_2, \cdots, X_n$ 检验假设 $H_0: \mu = \mu_0$，此问题的拒绝域形式为（　　）。

A. $\left\{\dfrac{\bar{X}-100}{S/\sqrt{n}} > C\right\}$　　B. $\left\{\dfrac{\bar{X}-100}{S/\sqrt{n}} < C\right\}$　　C. $\left\{\left|\dfrac{\bar{X}-100}{S/\sqrt{n}}\right| > C\right\}$　　D. $\{\bar{X} > C\}$

13. 设 $X_1, X_2, \cdots, X_n$ 为来自总体 $N(\mu, \sigma^2)$ 的样本，若 μ 未知，$H_0: \sigma^2 \leqslant 100$，$H_1: \sigma^2 > 100$，$\alpha = 0.05$，关于此检验问题，下列选项中不正确的是（　　）。

A. 检验统计量为 $\dfrac{\sum_{i=1}^{n}(X_i-\bar{X})^2}{100}$　　B. 在 H_0 成立时，$\dfrac{(n-1)S^2}{100} \sim x^2(n-1)$

C. 拒绝域不是双边的　　D. 拒绝域可以形如 $\left\{\sum_{i=1}^{n}(X_i-\bar{X})^2 > k\right\}$

14. 设总体服从正态分布 $X \sim N(\mu, 3^2)$，$x_1, x_2, \cdots, x_n$ 是 X 的一组样本，在显著性水平 $\alpha = 0.05$ 下，假设"总体均值等于 75"，拒绝域为 $w = \{x_1, x_2, \cdots, x_n: \bar{x} < 74.02 \cup \bar{x} > 75.98\}$，则样本容量 $n =$（　　）。

A. 36　　B. 64　　C. 25　　D. 81

（二）多项选择题

1. 显著性水平与检验拒绝域的关系是（　　）。

A. 显著性水平提高（α 变小），意味着拒绝域缩小

B. 显著性水平降低，意味着拒绝域扩大

C. 显著性水平提高，意味着拒绝域扩大

D. 显著性水平降低，意味着拒绝域缩小

E. 显著性水平提高或降低，不影响拒绝域的变化

2. β 错误（　　）。

A. 是在原假设不真实的条件下发生的

B. 是在原假设真实的条件下发生的

C. 决定于原假设与真实值之间的差距

D. 原假设与真实值之间的差距越大，犯 β 错误的可能性就越小

E. 原假设与真实值之间的差距越小，犯 β 错误的可能性就越大

（三）计算题

1. 在正常情况下，某炼钢厂的铁水含碳量（%）$X \sim N(4.55, \sigma^2)$。一日测得 5 炉铁水含碳量如下：

4.48 4.40 4.42 4.45 4.47

在显著性水平 $\alpha = 0.05$ 下，试问该日铁水含碳量的均值是否有明显变化？

2. 根据某地环境保护法规定，倾入河流的废物中某种有毒化学物质含量不得超过 3 ppm。该地区环保组织对某厂连日倾入河流的废物中该物质的含量的记录为：$x_1, \cdots, x_{15}$，经计算得

$$\sum_{i=1}^{15} x_i = 48, \sum_{i=1}^{15} x_i^2 = 156.26$$

试判断该厂是否符合环保法的规定。（该有毒化学物质含量 X 服从正态分布）

3. 某厂生产需用玻璃纸做包装，按规定，供应商供应的玻璃纸的横向延伸率不应低于 65。已知该指标服从正态分布 $N(\mu, \sigma^2)$，$\sigma = 5.5$。从近期来货中抽查了 100 个样品，得样本均值 $\bar{x} = 55.06$，试问在 $\alpha = 0.05$ 水平上能否接受这批玻璃纸？

4. 某纺织厂进行轻浆试验，根据长期正常生产的累积资料，知道该厂单台布机的经纱断头率（每小时平均断经根数）的数学期望为 9.73 根，标准差为 1.60 根。现在把经纱上浆率降低 20%，抽取 200 台布机进行试验，结果平均每台布机的经纱断头率为 9.89 根。如果认为上浆率降低后均方差不变，试问经纱断头率是否受到显著影响？（显著水平 $\alpha = 0.05$）

5. 某厂用自动包装机装箱，在正常情况下，每箱重量服从正态分布 $N(100, \sigma^2)$。某日开工后，随机抽查 10 箱，重量如下（单位：斤）：99.3，98.9，100.5，100.1，99.9，99.7，100.0，100.2，99.5，100.9。试问包装机工作是否正常，即该日每箱重量的数学期望与 100 是否有显著差异？（显著性水平 $\alpha = 0.05$）

6. 某自动机床加工套筒的直径 X 服从正态分布，现从加工的这批套筒中任取 5 个，测得直径分别为 $x_1, \cdots, x_5$（单位：μm），经计算得到：

$$\sum_{i=1}^{5} x_i = 124, \sum_{i=1}^{5} x_i^2 = 3\,139$$

试问这批套筒直径的方差与规定的 $\sigma^2 = 7$ 有无显著差别？（显著性水平 $\alpha = 0.01$）

7. 甲、乙两台机床同时独立地加工某种轴，轴的直径分别服从正态分布 $N(\mu_1, \sigma_1^2)$，$N(\mu_2, \sigma_2^2)$（μ_1, μ_2 未知）。今从甲机床加工的轴中随机地任取 6 根，测量它们的直径分别为 $x_1, \cdots, x_6$；从乙机床加工的轴中随机地任取 9 根，测量它们的直径分别为 $y_1, \cdots, y_9$，经计算得知：

$$\sum_{i=1}^{6} x_i = 204.6, \sum_{i=1}^{6} x_i^2 = 6\,978.9, \sum_{i=1}^{9} y_i = 370.8, \sum_{i=1}^{9} y_i^2 = 15\,280.2$$

试问在显著性水平 $\alpha = 0.05$ 下，两台机床加工的轴的直径方差是否有显著差异？

8. 某维尼龙厂根据长期正常生产积累的资料知道所生产的维尼龙纤度服从正态分布，它的标准差为 0.048。某日随机抽取 5 根纤维，测得其纤度为 1.32，1.55，1.36，1.40，1.44。问该日所生产的维尼龙纤度的均方差是否有显著变化？（显著性水平 $\alpha = 0.1$）

9. 某项考试要求成绩的标准差为 12，先从考试成绩单中任意抽出 15 份，计算样本标准差为 16，设成绩服从正态分布，问此次考试的标准差是否符合要求？（显著性水平 $\alpha=0.05$）

10. 某卷烟厂生产甲、乙两种香烟，分别对它们的尼古丁含量（单位：毫克）做了 6 次测定，获得样本观察值为：

甲：25，28，23，26，29，22

乙：28，23，30，25，21，27

假定这两种烟的尼古丁含量都服从正态分布，且方差相等，试问这两种香烟的尼古丁平均含量有无显著差异？（显著性水平 $\alpha=0.05$）对这两种香烟的尼古丁含量，检验它们的方差有无显著差异。（显著性水平 $\alpha=0.1$）

11. 某厂生产一种螺钉，标准要求长度是 68 毫米，实际生产的产品长度服从 $N(u, 3.6^2)$，考察假设检验问题 $H_0: \mu=68 \leftrightarrow H_1: \mu\neq 68$。设 $\bar{x}$ 为样本均值，按下列方式进行假设检验：当 $|\bar{x}-68|>1$，拒绝原假设 H_0；当 $|\bar{x}-68|\leqslant 1$ 时，接受原假设 H_0。

（1）当样本容量 $n=36$ 时，求犯第一类错误的概率 α；

（2）当样本容量 $n=64$ 时，求犯第一类错误的概率 α；

（3）当 H_0 不成立时（设 $u=70$），又 $n=64$ 时，按上述检验法，求犯第二类错误的概率 β。

12. 据专家推测：矮个子的人比高个子的人的寿命要长一些。下面给出了美国 31 个自然死亡的总统的寿命：

矮个子（身高小于 5 英尺 8 英寸）					
总统	Modison	Van Buren	B. Harrison	J. Adams	J. Q. Adams
身高	5′4″	5′6″	5′6″	5′7″	5′7″
寿命	85	79	67	90	80

高个子（身高大于 5 英尺 8 英寸）									
总统	W.Harrison	Plok	Tayler	Crant	Hayes	Truman	Fillmore	Pierce	A.Johson
身高	5′8″	5′8″	5′8″	5′8.5″	5′8.5″	5′9″	5′9″	5′10″	5′10″
寿命	68	53	65	63	70	88	74	64	66
总统	T. Roosevelt	Coolidge	Eisenhower	Cleveland	Wilson	Hoover	Monroe	Tyler	
身高	5′10″	5′10″	5′10″	5′11″	5′11″	5′11″	6′	6′	
寿命	60	60	78	71	67	90	73	71	
总统	Buchanan	Taft	Harding	Jaskon	Washington	Arthur	F.Roosevelt		
身高	6′	6′	6′	6′1″	6′2″	6′2″	6′2″		
寿命	77	72	57	78	67	56	63		

设两个寿命总体均为正态分布且方差相等，试问以上数据是否符合上述推测？（$\alpha=0.05$）

13. 某型号的汽车轮胎耐用里程按正态分布，其平均耐用里程为 25 000 千米。现在从某厂生产的轮胎中随机取 10 个进行里程测试，结果数据如下：

25 400　25 600　25 300　24 900　25 500

24 800　25 000　24 800　25 200　25 700

根据以上数据，检验该厂轮胎的耐用里程是否存在显著性的差异($\alpha=0.05$)，再用 p 值重新检验，结论是否一致。

14. 从某铁矿南北两段各抽取容量为 10 的样本，随机配成 10 对如下：

南段含铁量	28	20	4	32	8	12	16	48	8	20	20
北段含铁量	20	11	13	10	45	15	11	13	25	8	8

试用符号检验法，在 $\alpha=0.05$ 的条件下，检验"南北两段含铁量无显著差异"的假设。

15. 在 14 对条件相同的地块上分别播下种子 A 和种子 B，其收获量记录见下表，试以显著性水平 $\alpha=0.05$，用秩和检验法检验两种种子的收获量是否存在显著性的差异。

种子收获量记录 单位：千克

A 种子	B 种子	A 种子	B 种子
33	48	44	34
18	17	25	37
40	24	46	47
50	22	36	13
54	38	53	27
30	41	35	30
39	20	42	25

16. 某汽油站有两种商标的汽油 A 和 B，某天售出的 50 桶汽油可按商标 A 和 B 排成这样的顺序：

AABAABABBAAABBABBABBABBAB
AABBBBAABABABAAABAAAAABB

试问：在显著性水平 $\alpha=0.05$ 的条件下，这一序列是否有随机性？

六、课外习题参考答案

(一) 单项选择题

1. A 2. C 3. C 4. A 5. A 6. B 7. B 8. C 9. C 10. D 11. C 12. C 13. B 14. A

(二) 多项选择题

1. AB 2. ACDE

(三) 计算题

1. **解：**设铁水含碳量作为总体 X，则 $X \sim N(4.55, \sigma^2)$，从中选取容量为 5 的样本，测得 $\overline{X}=4.444$，$S^2=0.001\,1$。

由题意，设原假设为 $H_0: \mu=4.55$，备则假设为 $H_1: \mu \neq 4.55$。

构造检验统计量 $t=\dfrac{|\bar{X}-\mu|}{\dfrac{S}{\sqrt{n}}} \sim t(4)$，则 $t=\dfrac{|4.444-4.55|}{\sqrt{\dfrac{0.0011}{5}}}=7.051$。

在显著性水平 $\alpha=0.05$ 下，查表可得 $t_{1-\alpha/2}(4)=t_{0.975}(4)=2.7764<7.051$。

所以拒绝原假设 H_0，即认为有显著性变化。

2. **解：** 设有毒化学物质含量作为总体 X，则 $X \sim N(\mu, \sigma^2)$，从中选取容量为 15 的样本，测得 $\bar{X}=\dfrac{1}{15}\sum\limits_{i=1}^{15} x_i=3.2$，$S^2=\dfrac{1}{n-1}\sum\limits_{i=1}^{n}(x_i-\bar{x})^2=\dfrac{1}{n-1}\left(\sum\limits_{i=1}^{n} x_i^2-n\bar{x}^2\right)=0.19$。

由题意，设原假设为 $H_0: \mu<3$，备择假设为 $H_1: \mu>3$。

构造检验统计量 $t=\dfrac{|\bar{X}-\mu|}{S/\sqrt{n}} \sim t(14)$，则 $t=\dfrac{|3.2-3|}{\sqrt{0.19/14}}=1.777$。

在显著性水平 $\alpha=0.05$ 下，查表可得 $t_{1-\alpha}(14)=t_{0.95}(14)=1.7613<1.777$。

所以拒绝原假设 H_0，接受备择假设 H_1，认为该厂不符合环保的规定。

3. **解：** 设玻璃纸的横向延伸率为总体 X，则 $X \sim N(\mu, 5.5^2)$，从中选取容量为 100 的样本，测得 $\bar{X}=55.06$。

由题意，设原假设为 $H_0: \mu>65$，备择假设为 $H_1: \mu<65$。

构造检验统计量 $Z=\dfrac{|\bar{X}-\mu|}{\dfrac{\sigma}{\sqrt{n}}} \sim N(0, 1)$，则 $Z=\dfrac{|55.06-65|}{\dfrac{5.5}{\sqrt{100}}}=18.0727$。

在显著性水平 $\alpha=0.05$ 下，查表可得 $Z_{1-\alpha}=Z_{0.95}=1.6449<18.0727$。

所以拒绝原假设 H_0，接受备择假设 H_1，即不能接受该批玻璃纸。

4. **解：** 设经纱断头率为总体 X，则 $\mu=EX=9.73$，$\sigma=\sqrt{DX}=1.6$，从中选取容量为 200 的样本，测得 $\bar{X}=9.89$。

由题意，设原假设为 $H_0: \mu=9.73$，备择假设为 $H_1: \mu \neq 9.73$。

构造检验统计量 $U=\dfrac{|\bar{X}-\mu|}{\sigma/\sqrt{n}} \sim N(0, 1)$，则 $U=\dfrac{|9.89-9.73|}{1.6/\sqrt{200}}=1.4142$。

在显著性水平 $\alpha=0.05$ 下，查表可得 $U_{1-\alpha/2}=U_{0.975}=1.96>1.4142$。

所以接受原假设 H_0，认为经纱断头率没有受到显著影响。

5. **解：** 设每箱重量为总体 X，则 $X \sim N(100, \sigma^2)$，从中选取容量为 10 的样本，测得 $\bar{X}=99.9$，$S^2=0.34$。

由题意，设原假设为 $H_0: \mu=100$，备择假设为 $H_1: \mu \neq 100$。

构造检验统计量 $t=\dfrac{|\bar{X}-\mu|}{\dfrac{S}{\sqrt{n}}} \sim t(9)$，则 $t=\dfrac{|99.9-100|}{\sqrt{\dfrac{0.34}{10}}}=0.5423$。

在显著性水平 $\alpha=0.05$ 下，查表可得 $t_{1-\alpha/2}(9)=t_{0.975}(9)=2.2622>0.5423$。

所以接受原假设 H_0，认为每箱重量无显著差异。

6. **解：** 设这批套筒直径为总体 X，则 $X \sim N(\mu, \sigma^2)$，从中选取容量为 5 的样本，测得 $\bar{X}=$

$\frac{1}{15}\sum_{i=1}^{15} x_i = 24.8$，$S^2 = \frac{1}{n-1}\sum_{i=1}^{n}(x_i - \bar{x})^2 = \frac{1}{n-1}(\sum_{i=1}^{n} x_i^2 - n\bar{x}^2) = 15.95$。

由题意，设原假设为$H_0: \sigma^2 = 7$，备择假设为$H_1: \sigma^2 \neq 7$。

构造检验统计量$\chi^2 = \frac{(n-1)S^2}{\sigma^2} \sim \chi^2(4)$，则$\chi^2 = \frac{4 \times 15.95}{7} = 9.1143$。

在显著性水平 $\alpha = 0.01$ 下，查表可得$\chi^2_{1-\alpha/2}(4) = \chi^2_{0.995}(4) = 14.86$，$\chi^2_{\alpha/2}(4) = \chi^2_{0.005}(4) = 0.2070$，从而$\chi^2_{\alpha/2}(4) < \chi^2 < \chi^2_{1-\alpha/2}(4)$。

所以接受原假设H_0，认为这批套筒直径的方差与规定的$\sigma^2 = 7$ 无显著差异。

7. **解**：设两台机床加工的轴的直径分别为总体 X，Y，则 $X \sim N(\mu_1, \sigma_1^2)$，$Y \sim N(\mu_2, \sigma_2^2)$，从总体 X 中选取容量为 6 的样本，测得

$$\bar{X} = \frac{1}{6}\sum_{i=1}^{6} x_i = 34.1, \; S_1^2 = \frac{1}{n-1}\sum_{i=1}^{n}(x_i - \bar{x})^2 = \frac{1}{n-1}(\sum_{i=1}^{n} x_i^2 - n\bar{x}^2) = 0.408$$

从总体 Y 中选取容量为 9 的样本，测得

$$\bar{Y} = \frac{1}{9}\sum_{i=1}^{9} y_i = 41.2, \; S_2^2 = \frac{1}{n-1}\sum_{i=1}^{n}(y_i - \bar{y})^2 = \frac{1}{n-1}(\sum_{i=1}^{n} y_i^2 - n\bar{y}^2) = 0.405$$

由题意，设原假设为 $H_0: \sigma_1^2 = \sigma_2^2$，备择假设为 $H_1: \sigma_1^2 \neq \sigma_2^2$。

构造检验统计量 $F = \frac{S_1^2}{S_2^2} \sim F(5,8)$，则 $F = \frac{0.408}{0.405} = 1.007$。

在显著性水平 $\alpha = 0.05$ 下，查表可得$F_{1-\alpha/2}(5, 8) = F_{0.975}(5, 8) = 6.76$，$F_{\alpha/2}(5, 8) = F_{0.025}(5, 8) = 0.1479$，从而$F_{\alpha/2}(5, 8) < F < F_{1-\alpha/2}(5, 8)$。

所以接受原假设 H_0，认为两台机床加工的轴的直径方差无显著差异。

8. **解**：设维尼龙纤度为总体 X，则 $X \sim N(\mu, 0.048^2)$，从中选取容量为 5 的样本，测得 $\bar{X} = \frac{1}{5}\sum_{i=1}^{5} x_i = 1.414$，$S^2 = \frac{1}{n-1}\sum_{i=1}^{n}(x_i - \bar{x})^2 = 0.0078$。

由题意，设原假设为$H_0: \sigma = 0.048$，备择假设为$H_1: \sigma \neq 0.048$。

构造检验统计量$\chi^2 = \frac{(n-1)S^2}{\sigma^2} \sim \chi^2(4)$，则$\chi^2 = \frac{4 \times 0.0078}{(0.048)^2} = 13.542$。

在显著性水平 $\alpha = 0.1$ 下，查表可得$\chi^2_{1-\alpha/2}(4) = \chi^2_{0.95}(4) = 9.4877 < 13.542$。

所以拒绝原假设H_0，认为维尼龙纤度的均方差有显著变化。

9. **解**：设考试成绩为总体X，则$X \sim N(\mu, 12^2)$，从中选取容量为15的样本，测得$S=16$。

由题意，设原假设为 $H_0: \sigma = 12$，备择假设为 $H_1: \sigma \neq 12$。

构造检验统计量 $\chi^2 = \frac{(n-1)S^2}{\sigma^2} \sim \chi^2(14)$，则 $\chi^2 = \frac{14 \times 16^2}{12^2} = 19.0556$。

在显著性水平 $\alpha = 0.05$ 下，查表可得 $\chi^2_{1-\alpha/2}(14) = \chi^2_{0.975}(14) = 26.1189$，$\chi^2_{\alpha/2}(14) = \chi^2_{0.025}(14) = 5.6287$，从而$\chi^2_{\alpha/2}(14) < \chi^2 < \chi^2_{1-\alpha/2}(14)$。

所以接受原假设 H_0，认为此次考试的标准差符合要求。

10. **解**：设这两种烟的尼古丁含量分别为总体X，Y，则$X \sim N(\mu_1, \sigma_1^2)$，$Y \sim N(\mu_2, \sigma_2^2)$，从中均选取容量为 6 的样本，测得

$$\overline{X}=\frac{1}{6}\sum_{i=1}^{6}x_i=25.5,\ S_1^2=\frac{1}{n-1}\sum_{i=1}^{n}(x_i-\bar{x})^2=7.5$$

$$\overline{Y}=\frac{1}{6}\sum_{i=1}^{6}y_i=25.666\,7,\ S_2^2=\frac{1}{n-1}\sum_{i=1}^{n}(y_i-\bar{y})^2=11.066\,7$$

由题意，在方差相等时，设原假设为 $H_0: u_1=u_2$，备择假设为 $H_1: u_1\neq u_2$。

构造检验统计量 $t=\dfrac{|\overline{X}-\overline{Y}|}{S_w\sqrt{\dfrac{1}{n_1}+\dfrac{1}{n_2}}}\sim t(n_1+n_2-2)$，其中 $S_w^2=\dfrac{(n_1-1)S_1^2+(n_2-1)S_2^2}{(n_1+n_2-2)}=$ 9.283 4，则 $t=\dfrac{|25.5-25.666\,7|}{\sqrt{9.283\,4}\sqrt{\dfrac{1}{6}+\dfrac{1}{6}}}=0.094\,8$。

在显著性水平 $\alpha=0.05$ 下，查表可得 $t_{1-\alpha/2}(n_1+n_2-2)=t_{0.975}(10)=2.228\,1>0.094\,8$。

所以接受原假设 H_0，认为这两种香烟的尼古丁平均含量无显著差异。

由题意，在方差待定时，设原假设为 $H_0: \sigma_1^2=\sigma_2^2$，备择假设为 $H_1: \sigma_1^2\neq\sigma_2^2$。

构造检验统计量 $F=\dfrac{S_1^2}{S_2^2}\sim F(5,5)$，则 $F=\dfrac{7.5}{11.066\,7}=0.677\,7$。

在显著性水平 $\alpha=0.1$ 下，查表可得 $F_{1-\alpha/2}(5,5)=F_{0.95}(5,5)=5.050\,3$，$F_{\alpha/2}(5,5)=F_{0.05}(5,5)=0.198\,0$，从而 $F_{\alpha/2}(5,5)<F<F_{1-\alpha/2}(5,5)$。

所以接受原假设 H_0，认为它们的方差无显著差异。

11. **解**：(1) 当 $n=36$ 时，$\bar{x}\sim N\left(\mu,\dfrac{3.6^2}{36}\right)=N(\mu,0.6^2)$

$$\begin{aligned}\alpha&=P\{|\bar{x}-68|>1\mid H_0\text{ 成立}\}=P\{\bar{x}<67\mid H_0\text{ 成立}\}+P\{\bar{x}>69\mid H_0\text{ 成立}\}\\&=\Phi\left(\frac{67-68}{0.6}\right)+\left[1-\Phi\left(\frac{69-68}{0.6}\right)\right]=\Phi(-1.67)+[1-\Phi(1.67)]\\&=2[1-\Phi(1.67)]=2[1-0.995\,75]=0.095\end{aligned}$$

(2) 当 $n=64$ 时，$\bar{x}\sim N\left(\mu,\dfrac{3.6^2}{64}\right)=N(\mu,0.45^2)$

$$\begin{aligned}\alpha&=P\{|\bar{x}-68|>1\mid H_0\text{ 成立}\}=P\{\bar{x}<67\mid H_0\text{ 成立}\}+P\{\bar{x}>69\mid H_0\text{ 成立}\}\\&=\Phi\left(\frac{67-68}{0.45}\right)+\left[1-\Phi\left(\frac{69-68}{0.45}\right)\right]\\&=2[1-\Phi(2.22)]=2[1-0.986\,8]=0.026\,4\end{aligned}$$

(3) 当 $n=64, u=70$ 时，$\bar{x}\sim N(70,0.45^2)$，这时犯第二类错误的概率为：

$$\begin{aligned}\beta(70)&=P\{|\bar{x}-68|\leqslant 1\mid\mu=70\}=P\{67\leqslant\bar{x}\leqslant 69\mid\mu=70\}\\&=\Phi\left(\frac{69-70}{0.45}\right)-\Phi\left(\frac{67-70}{0.45}\right)=\Phi(-2.22)-\Phi(-6.67)\\&=\Phi(6.67)-\Phi(2.22)=1-0.986\,8=0.013\,2\end{aligned}$$

12. **解**：设矮个子总统寿命为 X，高个子总统寿命为 Y，需检验 $H_0: \mu_1=\mu_2\leftrightarrow H_1: \mu_1>\mu_2$。

由于 $\sigma_1^2=\sigma_2^2=\sigma^2$ 未知，故选用统计量 $T=\dfrac{\overline{X}-\overline{Y}}{S_w\sqrt{\dfrac{1}{n}+\dfrac{1}{m}}}\sim t(n+m-2)$，其中 $n=5$，$m=$

26，$S_w^2=\dfrac{(n-1)\,S_1^2+(m-1)\,S_2^2}{n+m-2}$。

由题设样本数据可得$\overline{X}=80.2$，$\overline{Y}=69.15$，$4\,S_1^2=294.8$，$25\,S_2^2=2\ 183.215$，故$S_w^2=\dfrac{(n-1)\,S_1^2+(m-1)\,S_2^2}{n+m-2}=8.449$，从而统计量$|T|=\dfrac{|\overline{X}-\overline{Y}|}{S_w\sqrt{\dfrac{1}{n}+\dfrac{1}{m}}}=2.448$；又当$\alpha=0.05$时，查$t$分布表可得$t_\alpha(n+m-2)=t_{0.05}(29)=1.699\ 1$，即$|T|=2.448>t_{0.05}(29)=1.699\ 1$。

所以拒绝原假设H_0，即推测是正确的，认为矮个子的人比高个子的人的寿命要长一些。

13. **解：**

由 Excel 得：

里程数	H_0：平均里程=25 000；H_1：平均里程>25 000	
25 400	总体平均值=	25 000
25 600	样本平均值(average()函数)=	25 220
25 300	样本标准差(=STDEV()函数)=	332.666
24 900	df=n−1=	9
25 500	α=	0.05
24 800		
25 000	t 统计量=	2.091 29
24 800	临界值(tinv(2 * 0.05,n−1))=	1.833 114
25 200		
25 700	p 值(tdist(t 统计量,n−1,1))=	0.033 023

可见，$t=2.091\ 29>1.833\ 114$，所以拒绝原假设。而p值$=0.033\ 023<0.05$，同样要拒绝原假设。抽样说明该厂轮胎耐用里程显著增加。

14. **解：**

南　段	28	20	4	32	8	12	16	48	8	20
北　段	20	11	13	10	45	15	11	13	25	8
差值符号	+	+	−	+	−	−	+	+	−	+

n^+个数=6，n^-个数=4，n 个数=10，临界值=9

因为 6<9，所以认为南段含铁量与北段含铁量无显著差异。

15. **解：**

将样本混合排序，有：

A	B	秩 A	秩 B
	13		1
	17		2
18		3	
	20		4
	22		5
	24		6
	25		7.5
25		7.5	
	27		9
	30		10.5
30		10.5	
33		12	
	34		13
35		14	
36		15	
	37		16
	38		17
39		18	
40		19	
	41		20
42		21	
44		22	
46		23	
	47		24
	48		25
50		26	
53		27	
54		28	

由 Excel 得：

H_0：无显著差异 H_1：有显著差异	
取 A 为总体Ⅰ,B 为总体Ⅱ,$n_1=n_2=14$	
总体Ⅰ的秩和 $T=$	246
$\alpha=$	0.05
$n=n_1+n_2=$	28
T 平均 $=n_1*(n+1)/2=$	203
标准差=	21.763 88
Z 统计量=	1.975 75
临界值=	1.96
p 值=	0.048 183

由表可知，$Z=1.975\,75>1.96$,且 p 值$=0.048<0.05$，所以拒绝原假设,两种种子的收获量存在显著差异。

16. **解：** 因为 A（8 个）,AA（4 个）,AAA（2 个）,AAAAA（1 个）,B（7 个）,BB（6 个）,BBBB（1 个）。$n_1=27$，$n_2=23$。假设检验 H_0：样本为随机样本,H_1：样本为非随机样本。求出游程总和：$R^1=15$,$R^2=14$,$R=29$。

因为 $E(R)=\dfrac{2n_1n_2}{n_1+n_2}+1=\dfrac{2\times27\times23}{50}+1=25.84$

$$\sigma=\sqrt{\frac{2n_1n_2(2n_1n_2-n_1-n_2)}{(n_1+n_2)^2(n_1+n_2-1)}}=\sqrt{\frac{2\times27\times23(2\times27\times23-50)}{50\times50\times(50-1)}}\approx3.476$$

构造统计量 $Z=\dfrac{R-E(R)}{\sigma}=\dfrac{29-25.84}{3.476}\approx0.909$

由于 $\alpha=0.05$ 的临界值为 1.96，$Z=0.909<1.96$,因此接受原假设,序列是随机的。

第九章　相关分析与回归分析

一、学习目的和要求

（1）掌握相关的概念，能区分相关关系和函数关系的联系和区别；
（2）了解描述相关关系的常用工具；
（3）掌握一元线性回归分析中模型参数的估计和显著性检验，以及模型的预测；
（4）掌握多元线性回归分析中模型参数的估计和显著性检验，以及模型的预测。

二、内容提要

（一）相关的概念和二元概率分布

1. 相关关系的概念

相关关系是客观社会经济现象之间相互联系的一种形式，包含两个要点：（1）相关关系是指社会经济现象之间确实存在的数量上的相互依存关系；（2）社会经济现象之间数量关系的具体关系值不是固定的，是不确定的相互依存关系。

2. 相关关系的分类

根据现象相关变化的方向，可以分为正相关和负相关；根据现象相关的形式，可以分为线性相关和非线性相关；根据现象相关的程度，可以分为完全相关、不完全相关和不相关；根据现象相关的因素，可以分为单相关和复相关。

（二）一元线性相关

1. 相关分析的主要内容

（1）确定现象之间有无关系存在，以及相关关系呈现的形态。

（2）确定相关关系的密切程度。判断相关关系密切程度的主要方法是绘制相关图和计算相关系数。

（3）确定相关关系的数学表达式。

（4）确定因变量估计值误差的程度。

2. 相关系数

$$\rho = \frac{\sigma_{XY}}{\sigma_X \sigma_Y} = \frac{\sum \left[\frac{X - E(X)}{\sigma_X}\right]\left[\frac{Y - E(Y)}{\sigma_Y}\right]}{N}$$

式中，σ_{XY} 为 X 与 Y 变量的协方差，σ_X 为 X 变量的标准差，σ_Y 为 Y 变量的标准差，ρ 为总体的相关系数。

(三) 一元线性回归分析

1. 回归分析的概念

回归分析或称回归方程，是指对具有相关关系的变量，依据其关系形态而选择一个合适的数学模型来近似地刻画变量间变化关系的一种统计方法。

2. 一元线性回归模型

(1) 总体回归函数。在给定解释变量 X_i 条件下被解释变量 Y_i 的期望轨迹称为总体回归线，或更一般地称为总体回归曲线，其形式为：

$$E(Y \mid X_i) = f(X_i)$$

(2) 样本回归函数。利用样本对总体函数进行估计而得到的回归函数称为样本回归函数，其形式为：

$$\hat{Y}_i = f(X_i) = \beta_0 + \beta_1 X_i$$

(3) 参数估计的最小二乘法。最小二乘法通常采用残差平方和作为衡量总体偏差的尺度，通过寻求一条直线使得残差总体平方和达到最小值，以此来估计回归方程系数。

设一元线性模型为 $\hat{Y}_i = \beta_0 + \beta_1 X_i$，则根据最小二乘法知：

$$Q = \sum_{i=1}^{n} e_i^2 = \sum_{i=1}^{n} (y_i - y_i)^2 = \sum_{i=1}^{n} (y_i - \beta_0 - \beta_1 x_i)^2$$

要使 Q 最小，应用微积分相关知识，使 Q 分别对 β_0 和 β_1 求导，令其导数为零，即：

$$\begin{cases} \dfrac{\partial Q}{\partial \beta_0} = -2\sum (y_i - \beta_0 - \beta_1 x_i) = 0 \\ \dfrac{\partial Q}{\partial \beta_1} = -2\sum x_i (y_i - \beta_0 - \beta_1 x_i) = 0 \end{cases}$$

整理后求解得：

$$\begin{cases} \beta_1 = \dfrac{n\sum x_i y_i - \sum x_i \sum y_i}{n\sum x_i^2 - (\sum x_i)^2} \\ \beta_0 = \dfrac{\sum y_i}{n} - \dfrac{\beta_1 \sum x_i}{n} = \bar{y} - \beta_1 \bar{x} \end{cases}$$

3. 回归系数 β_1 与相关系数 r 的关系

$$r = \beta_1 \cdot \frac{S(x_i)}{S(y_i)}$$

式中，$S(x_i)$ 为解释变量 X 的样本标准差，$S(y_i)$ 为被解释变量 Y 的样本标准差。

4. 一元线性回归模型的检验

回归模型的检验包括理论意义检验和统计意义检验。理论意义检验主要涉及参数估计值的符号和取值区间，如果它们与实质性科学的理论及人们的实践经验不相符，就说明模型不能很好地解释现实的现象。

(1) 拟合优度检验。检验拟合优度的统计量被称为判定系数，又称可决系数或决定系数，记作 R^2。

$$R^2=\frac{SSR}{SST}=1-\frac{SSE}{SST}$$

(2) 显著性检验。

回归系数显著性检验的基本步骤如下：

① 提出假设：H_0：$\beta_1=0$，H_1：$\beta_1\neq 0$。此检验为双侧检验。

② 构造检验统计量：

$$t_{\beta_i}=\frac{\beta_i-\beta_i}{S_{\beta_i}}\sim t_{\alpha/2}(n-2)\quad(i=0,1)$$

式中，S_{β_i} 是回归系数 $\beta_i(i=0,1)$ 的标准差 σ_{β_i} 的估计值，即：

$$S_{\beta_i}=\sqrt{\frac{S^2}{\sum(x_i-\bar{x})^2}},\ S_{\beta_0}=\sqrt{S^2\cdot\frac{\sum x_i^2}{n\sum(x_i-\bar{x})^2}}$$

③ 确定显著性水平。查自由度为 $n-2$ 的 t 分布表，确定临界值 $t_{\alpha/2}(n-2)$。

④ 判断：如果 $|t|>t_{\alpha/2}(n-2)$ 则拒绝原假设，则说明 x 作为 y 的解释变量作用是显著的；反之，若 $|t|<t_{\alpha/2}(n-2)$ 则接受原假设，则说明 x 作为 y 的解释变量作用尚不明显。

5. 一元线性回归模型的预测

(1) 点预测。给定解释变量 X 的值 X_0，将其代入回归方程，得到 $\hat{Y}_0=\beta_0+\beta_1X_0$，$\hat{Y}_0$ 就是被解释变量 Y 的点估计值。点估计分为两种情况：一是给定 X_0，对不同样本点上解释变量 Y_i 的条件期望值(均值)的点估计；二是给定 X_0，对不同样本点上解释变量 Y_i 的个别值(或单个值)的点估计。

① 总体条件均值的点预测。对总体回归函数 $E(Y\mid X=X_0)=\beta_0+\beta_1X$，当 $X=X_0$ 时，有：

$$E(Y\mid X=X_0)=\beta_0+\beta_1X_0$$

② 总体个别值的点预测。对总体回归模型 $Y=\beta_0+\beta_1X+\varepsilon$，当 $X=X_0$ 时，有：

$$Y_0=\beta_0+\beta_1X_0+\varepsilon$$

(2) 区间预测。区间预测是指当给定自变量值时，找到一个随机区间，因变量 y 以某个较大概率“落入”该区间。

(四) 多元线性回归分析

1. 多元线性回归模型总体的一般形式

$$Y_i=\beta_0+\beta_1X_{1i}+\beta_2X_{2i}+\cdots+\beta_jX_{ji}+\cdots+\beta_kX_{ki}+\varepsilon_i\quad(i=1,2,\cdots,k;j=1,2,\cdots,n)$$

2. 多元线性回归模型的参数估计

设所求的样本回归方程为：

$$y_i = \beta_0 + \beta_1 x_{1i} + \beta_2 x_{2i} + \cdots + \beta_k x_{ki} \quad (i = 1, 2, \cdots, n)$$

则 $\beta = (X'X)^{-1}X'Y$，$\mathrm{Var}(\beta_i) = \sigma_u^2 (X'X)_{ii}^{-1}$。

3. 多元线性回归模型的检验

(1) 拟合优度检验。在多元线性回归分析中，总离差平方和的分解公式依然成立。因此，也可以用判定系数 R^2 来评价模型拟合程度，但人们通常用修正自由度的判定系数$\overline{R}^2$ 来评价模型拟合程度。

$$\overline{R}^2 = 1 - \frac{\sum e_i^2/(n-k-1)}{\sum (y_i - \overline{y})^2/(n-1)} = 1 - \frac{n-1}{n-k-1}(1-R^2)$$

(2) 显著性检验。多元线性回归模型的显著性检验同样包括两方面的内容，即回归系数的显著性检验与回归方程的显著性检验。

① 回归系数的显著性检验。多元模型中回归系数的检验同样采用 t 检验，其原理和基本步骤与一元回归模型中的 t 检验基本相同。下面仅给出回归系数显著性检验 t 统计量的一般计算公式：

$$t_{\beta_j} = \frac{\beta_j}{\sigma_{\beta_j}} \quad (j = 1, 2, \cdots, k)$$

式中，σ_{β_j} 的计算涉及矩阵的运算，这里就不介绍了。实际应用中采用相应的统计或数学软件进行计算，一般的统计软件中都会给出σ_{β_j} 值。需要对每一个回归系数进行检验，如果遇到不显著的回归系数，说明在给定其他自变量的条件下，该自变量解释因变量的能力很差，所以应当将其从回归方程中剔除。

② 回归方程的显著性检验。回归方程显著性检验的步骤如下：

第一步，假设回归方程不显著，即 H_0：$\beta_1 = \beta_2 = \cdots = \beta_k$

第二步，计算 F 统计量，并可以证明：

$$F = \frac{SSR/k}{SST/(n-k-1)} = \frac{\sum y_i^2/k}{\sum e_i^2/(n-k-1)} \sim F(k, n-k-1)$$

第三步，根据自由度和给定的显著性水平 α，查 F 分布表中的理论临界值 F_α。当 $F > F_\alpha$ 时，拒绝原假设，即认为回归模型中，各自变量与因变量的线性回归关系显著。当 $F < F_\alpha$ 时，接受原假设，即认为回归模型中，自变量与因变量的线性关系不显著，因而所建立的回归模型没有意义。

第四步，给出判断：若 $F > F_{\alpha/2}$，则拒绝 H_0，接受 H_1，即认为回归方程显著；若 $F \leqslant F_{\alpha/2}$，则不拒绝 H_0，即认为回归方程不显著。

三、课后习题答案

(一) 思考题

1. 相关关系(correlation relationship)就是客观社会经济现象之间相互联系的一种形式。

对于相关关系的研究要掌握两个要点：

（1）相关关系是指社会经济现象之间确实存在的数量上的相互依存关系。也就是说，两个现象之间，如果一个现象发生数量上的变化，则另一个现象也会引起对应的数量上的变化。例如，企业产品销售费用增加，一般产品销售额也会增加；反过来，如果企业产品销售额增加，一般产品销售费用也会增加。

（2）社会经济现象之间数量关系的具体关系值不是固定的，是不确定性的相互依存关系。例如，农作物施肥量与农作物亩产量之间在数量上的不固定的依存关系就是相关关系。

相关关系与函数关系虽然是两种不同类型的变量关系，但是相关关系与函数关系之间并没有绝对的界限。

相关关系的类型：根据现象相关变化的方向，可以分为正相关和负相关；根据现象相关的形式，可以分为线性相关和非线性相关；根据现象相关的程度，可以分为完全相关、不完全相关和不相关；根据现象相关的因素，可以分为单相关和复相关；根据现象相关的性质，可以分为数量相关和质量相关。

二元随机变量的概率分布的重要特征形成了简单线性相关分析的客观依据。

2. 积矩相关系数或动差相关系数。计算公式为：$\rho=\dfrac{\sigma_{XY}}{\sigma_X\sigma_Y}$。式中，$\sigma_{XY}$ 为 X 与 Y 变量的协方差，σ_X 为 X 变量的标准差，σ_Y 为 Y 变量的标准差，ρ 为总体的相关系数。

卡尔・彼尔逊的积矩相关系数是对协方差的改进。它是将相关系数的公式稍加变换，即

$$\boldsymbol{\rho}=\frac{\boldsymbol{\sigma}_{XY}}{\boldsymbol{\sigma}_X\boldsymbol{\sigma}_Y}=\frac{\sum\left[\dfrac{\boldsymbol{X}-\boldsymbol{E}(\boldsymbol{X})}{\boldsymbol{\sigma}_X}\right]\left[\dfrac{\boldsymbol{Y}-\boldsymbol{E}(\boldsymbol{Y})}{\boldsymbol{\sigma}_Y}\right]}{\boldsymbol{N}}$$

实际工作中，通常是根据随机抽样所得到的 n 对 X 与 Y 的数据计算相关系数进行相关分析的。相关系数比相关表和相关图更能概括表现相关的形式和程度。根据相关系数的大小，或把若干个相关系数加以比较，可以发现现象在发展变化中具有决定作用的因素，因而相关系数对于判断变量之间相关关系的密切程度有重要的意义。

3. 显著性检验能保证模型的稳定性和可靠性。

4. 相关分析与回归分析的联系：（1）相关分析是回归分析的基础和前提。如果缺少相关分析，没有从定性方面说明现象间是否具有相关关系，没有对相关关系的密切程度做出判断，就不能进行回归分析，即便进行了回归分析，其回归方程的解释性也是值得质疑的。（2）回归分析是相关分析的深入和继续。现象间的相关分析仅仅是它们间的密切程度分析，只有在此基础上进行了回归分析、拟合出回归方程才可能进行相关分析的回归预测，相关分析才有实际的意义。因此，如果仅有回归分析而缺少相关分析，将会因为缺乏必要的基础和前提而影响回归分析的可靠性；如果仅有相关分析而缺少回归分析，就会降低相关分析的意义。只有把两者结合起来，才能达到分析研究的目的。

相关分析与回归分析的区别：（1）在相关分析中涉及的变量不存在自变量和因变量的划分问题，变量之间的关系是对等的。而在回归分析中，则必须根据研究对象的性质和研究分析的目的，对变量进行自变量和因变量的划分。因此，在回归分析中，变量之间的关系是不对等的。（2）在相关分析中，所有的变量都必须是随机变量；而在回归分析中，自变量是给定的，因变量才是随机的，即将自变量的给定值代入回归方程后，所得到的因变量估计值不是唯一确定

的，而是会表现出一定的随机波动性。(3) 相关分析主要是通过相关系数来反映变量间的相关程度大小，由于变量之间是对等的，因此相关系数是唯一确定的；而在回归分析中，对于互为因果的两个变量（如人的身高与体重，商品的价格与需求量），则有可能存在多个回归方程。

5. 求解回归模型使得所有样本的残差平方和最小。

6. 一元回归模型的表达式为：$Y_i = E(Y \mid X_i) = \beta_0 + \beta_1 X_i + \varepsilon_i$。

β_1 称为回归系数，表明解释变量 X 每增加一个单位的数值引起被解释变量 Y 的增减值。从数学角度讲，β_1 就是直线方程的斜率。

β_0 称作回归常数，是模型的初始值，即 X 为 0 时 Y 的取值。从数学角度讲，β_0 就是直线方程的截距(intercept)，在模型中 β_0 后面对应的是常数 1，该常数 1 可被看作模型的虚变量。

ε_i 为观察值 Y_i 围绕它的期望值 $E(Y \mid X_i)$ 的离差(deviation)，是一个不可观测的随机变量，又称为随机干扰项(stochastic disturbance)或随机误差项(stochastic error)。

7. $r = \beta_1 \cdot \dfrac{S(x_i)}{S(y_i)}$

8. 因变量的实际观测值与其样本均值的离差即总离差 $(y_i - \bar{y})$ 可以分解为两部分：一部分是因变量的理论回归值与其样本均值的离差 $(y_i - \bar{y})$，它可以看成是能够由回归直线解释的部分，称为可解释离差；另一部分是实际观测值与理论回归值的离差 $(y_i - y_i)$，它是不能由回归直线加以解释的残差 e_i。

9. 判定系数是检验拟合优度的统计量，判定系数的平方根等于复相关系数。

10. 估计标准误差是说明实际值与其估计值之间相对偏离程度的指标，主要用来衡量回归方程的代表性。在回归分析中，估计标准误差越小，回归模型拟合越好，判定系数值越大；反之，估计标准误差越大，回归模型拟合越差，判定系数值越小。

11. 多元回归模型假设条件比一元回归模型假设条件更多，且多元回归模型中自变量个数比一元回归模型中自变量个数多，但是它们在模型参数的估计方法和思想方面均相同。

12. 复相关系数用来描述所有自变量共同变动时，因变量随之而变动的相关程度；偏相关系数则用来描述单个自变量同因变量的相关关系。复相关系数和偏相关系数都是用来描述多元回归模型相关性的量，而简单线性相关系数是用来描述一元回归模型线性相关性的量。

13. 首先，需要检查模型中的变量是否满足回归分析的基本假设条件；其次，在满足回归分析模型的基本条件下，需对回归模型及其参数的显著性进行检验。

(二) 计算题

1. **解：**(1) 已知：$n=20$，$\sum(\hat{y}-\bar{y})^2=585$，$S_y^2=\dfrac{\sum(y-\bar{y})^2}{n-1}=35$。于是：

$$\sum(y-\bar{y})^2=(n-1)\,S_y^2=19\times 35=665$$

$$r^2=\frac{\sum(\hat{y}-\bar{y})^2}{\sum(y-\bar{y})^2}=\frac{585}{665}=0.879\,7$$

$$r=0.937\,9$$

(2) 由于$\sum(y-\bar{y})^2=\sum(y-\hat{y})^2+\sum(\hat{y}-\bar{y})^2$,因此:

$\sum(y-\hat{y})^2=\sum(y-\bar{y})^2-\sum(\hat{y}-\bar{y})^2=665-585=80$,则

$$S=\sqrt{\frac{\sum(y-\hat{y})^2}{n-2}}=\sqrt{\frac{80}{18}}=2.108\ 185$$

2. **解**:(1) $\rho=\frac{\sigma_{XY}}{\sigma_X\sigma_Y}$, $\hat{\sigma}_{XY}^2=\frac{\sum(x-\bar{x})\cdot(y-\bar{y})}{n}$

$$r=\frac{S_{xy}}{S_xS_y}=\frac{\sum(x-\bar{x})(y-\bar{y})}{\sqrt{\sum(x-\bar{x})^2}\sqrt{\sum(y-\bar{y})^2}}=\frac{n\cdot\hat{\sigma}_{XY}^2}{\sqrt{\sum(x-\bar{x})^2\cdot\sum(y-\bar{y})^2}}$$

$$=\frac{18\times29}{22\times25}=\frac{522}{550}=0.949\ 091\approx0.95$$

(2) $r=\beta_1\cdot\frac{S(x_i)}{S(y_i)}$, $\beta_1=r\cdot\frac{S(y_i)}{S(x_i)}=0.949\ 1\times\frac{25}{22}=1.078\ 512\approx1.08$

(3) $S^2=\sum(y-\hat{y})^2=\sum(y-\bar{y})^2-\sum(\hat{y}-\bar{y})^2=25\times25-435=190$

则$\hat{\sigma}=S=\sqrt{\frac{S^2}{n-2}}=\sqrt{\frac{190}{16}}=3.446$

3. **解**:(1) 剩余变差(残差平方和)

$\sum(y_i-\bar{y})^2=\sum(y_i-\hat{y}_i)^2+\sum(\hat{y}_i-\bar{y})^2$,

$$\hat{\sigma}=S=\sqrt{\frac{\sum(y_i-\hat{y}_i)^2}{n-2}}=8$$

所以,剩余平方和为$\sum(y_i-\hat{y}_i)^2=8^2\times(62-2)=3\ 840$。

(2) 总变差(总离差平方和)

$$r=\frac{\sum(x-\bar{x})(y-\bar{y})}{\sqrt{\sum(x-\bar{x})^2}\sqrt{\sum(y-\bar{y})^2}}=0.6$$

$$r^2=\frac{\sum(\hat{y}-\bar{y})^2}{\sum(y-\bar{y})^2}=1-\frac{\sum(y-\hat{y})^2}{\sum(y-\bar{y})^2}=0.36$$

$$\frac{\sum(\hat{y}-\bar{y})^2}{\sum(y-\bar{y})^2}=1-0.36=0.64$$

$$\sum(y-\bar{y})^2=\frac{\sum(\hat{y}-y)^2}{0.64}=\frac{3\ 480}{0.64}=5\ 437.5$$

(3) 剩余变差占总变差的比例

$$\frac{\sum(\hat{y}-y)^2}{\sum(y-\bar{y})^2}=1-0.64=0.36$$

4. **解**：(1)

序号	1	2	3	4	5	6	7	8	9	10	11	12	合计
x	18.6	20.4	19.4	24.2	24	28.4	37.2	56.8	26.4	23.6	45.4	24.6	349
y	2.7	3.6	1.8	5.5	5.2	6.3	7.3	8.4	4.6	5.9	7.1	4.1	62.5
x^2	345.96	416.16	376.36	585.64	576	806.56	1 383.84	3 226.24	696.96	556.96	2 061.16	605.16	11 637
y^2	7.29	12.96	3.24	30.25	27.04	39.69	53.29	70.56	21.16	34.81	50.41	16.81	367.51
xy	50.22	73.44	34.92	133.1	124.8	178.92	271.56	477.12	121.44	139.24	322.34	100.86	2 027.96

$\bar{x}=29.083\ 33$，$\bar{y}=5.208\ 333$

模型一：

$$\begin{cases}\hat{\beta}_1=\dfrac{n\sum xy-\sum x\cdot\sum y}{n\sum x^2-(\sum x)^2}=\dfrac{12\times 2\ 027.96-349\times 62.5}{12\times 11\ 637-34\ 9^2}=0.141\ 4\\ \hat{\beta}_0=\dfrac{\sum y}{n}-\beta_1\cdot\dfrac{\sum x}{n}=\dfrac{62.5}{12}-0.141\ 4\times\dfrac{349}{12}=1.095\ 9\end{cases}$$

$\hat{y}=1.095\ 9+0.141\ 4x$

模型二：

$$\begin{cases}\hat{\beta}_1=\dfrac{n\sum xy-\sum x\cdot\sum y}{n\sum y^2-(\sum y)^2}=\dfrac{12\times 2\ 027.96-349\times 62.5}{12\times 367.51-62.5^2}=5.007\ 3\\ \hat{\beta}_0=\dfrac{\sum x}{n}-\beta_1\cdot\dfrac{\sum y}{n}=29.083\ 3-5.007\ 3\times 5.208\ 3=3.003\ 7\end{cases}$$

$\hat{x}=3.003\ 7+5.208\ 3y$

(2) $$r=\frac{n\sum xy-\sum x\cdot\sum y}{\sqrt{\left[n\sum x^2-(\sum x)^2\right]\cdot\left[n\sum y^2-(\sum y)^2\right]}}$$

$$=\frac{12\times 2\ 027.96-349\times 62.5}{\sqrt{[12\times 11\ 637-34\ 9^2]\times[12\times 367.51-62.5^2]}}$$

$=0.841\ 4$

由于相关系数大于 0,所以资金与利润之间存在正相关关系,且显著相关。

5. **解**：该公司 8 个所属企业的产品销售资料计算表如下：

编号	x	y	x^2	y^2	xy	$\hat{y}$	$y-\hat{y}$	$(y-\hat{y})^2$	$(x-\bar{x})^2$
1	170	8.1	28 900	65.61	1 377	4.875 424	3.224 576	10.397 89	125 139.1
2	220	12.5	48 400	156.25	2 750	8.781 724	3.718 276	13.825 57	92 264.06
3	390	18	152 100	324	7 020	22.063 15	−4.063 15	16.509 16	17 889.06
4	430	22	184 900	484	9 460	25.188 19	−3.188 19	10.164 53	8 789.063

续 表

编号	x	y	x^2	y^2	xy	$\hat{y}$	$y-\hat{y}$	$(y-\hat{y})^2$	$(x-\bar{x})^2$
5	480	26.5	230 400	702.25	12 720	29.094 49	−2.594 49	6.731 363	1 914.063
6	650	40	422 500	1 600	26 000	42.375 91	−2.375 91	5.644 943	15 939.06
7	850	64	722 500	4 096	54 400	58.001 11	5.998 889	35.986 67	106 439.1
8	1 000	69	1 000 000	4 761	69 000	69.720 01	−0.720 01	0.518 418	226 814.1
合计	4 190	260.1	2 789 700	12 189.11	182 727	—	—	99.778 55	595 187.5
均值	523.75	32.512 5							

(1) 根据计算表计算相关系数：

$$r=\frac{n\sum xy-\sum x\cdot\sum y}{\sqrt{[n\sum x^2-(\sum x)^2]\cdot[n\sum y^2-(\sum y)^2]}}$$

$$=\frac{8\times 182\ 727-4\ 190\times 260.1}{\sqrt{[8\times 2\ 789\ 700-4\ 190^2]\times[8\times 12\ 189.11-260.1^2]}}$$

$$=0.986\ 5$$

根据相关系数可知，产品销售额与利润之间存在正相关关系，且高度相关。

(2) 以产品销售额为自变量、利润为因变量建立回归模型如下：

$$\begin{cases}\hat{\beta}_1=\dfrac{n\sum xy-\sum x\cdot\sum y}{n\sum x^2-(\sum x)^2}=\dfrac{8\times 182\ 727-4\ 190\times 260.1}{\sqrt{(8\times 2\ 789\ 700-4\ 190^2)}}=0.078\ 1\\ \hat{\beta}_0=\dfrac{\sum y}{n}-\beta_1\cdot\dfrac{\sum x}{n}=\dfrac{4\ 190}{8}-0.078\ 1\times\dfrac{4\ 190}{8}=-8.406\end{cases}$$

(3) 估计标准误为：

$$\hat{\sigma}=S=\sqrt{\frac{\sum e^2}{n-2}}=\sqrt{\frac{99.778\ 6}{6}}=4.077\ 96$$

(4) 根据回归方程，当销售额每增加 1 万元，利润额平均增加 0.078 1 万元。

(5) 在 95%的概率保证下，当销售额为 1 200 万元时，点估计值为：

$$\hat{y}_0=-8.046+0.078\ 1\ x_0=85.345\ 21(\text{万元})$$

$\alpha=0.05$ 时，查 t 分布表，临界值$t_{0.025}(6)=2.447$。

于是，利润额均值的置信区间为：

$$S_{\hat{y}_0}=s\times\sqrt{\frac{1}{n}+\frac{(x_0-\bar{x})^2}{\sum(x-\bar{x})^2}}=4.077\ 96\times\sqrt{\frac{1}{8}+\frac{(1\ 200-523.75)^2}{595\ 187.5}}=4.077\ 96\times 3.854\ 4$$

$$y_0-t_{\alpha/2}(n-2)\cdot S_{\hat{y}_0}\leqslant E(y\mid x_0)\leqslant y_0+t_{\alpha/2}(n-2)\cdot S_{\hat{y}_0}$$

$$85.345\ 21-2.447\times 1.448\ 3\leqslant E(y\mid x_0)\leqslant 85.345\ 21+2.447\times 1.448\ 3$$

$$71.919\ 3\leqslant E(y\mid x_0)\leqslant 94.776\ 5$$

所以，利润额均值的置信区间为(71.919 3，94.776 5)。

6. **解：** 根据已知条件建立计算表如下：

月份	x	y	x^2	y^2	xy	$\hat{y}$	$y-\hat{y}$	$(y-\hat{y})^2$	$(\hat{y}-\bar{y})^2$	$y-\bar{y}^2$
1	2	73	4	5 329	146	73.727 27	−0.727 27	0.528 926	7.438 017	4
2	3	72	9	5 184	216	71.909 09	0.090 909	0.008 264	0.826 446	1
3	4	71	16	5 041	284	70.090 91	0.909 091	0.826 446	0.826 446	0
4	3	73	9	5 329	219	71.909 09	1.090 909	1.190 083	0.826 446	4
5	4	69	16	4 761	276	70.090 91	−1.090 91	1.190 083	0.826 446	4
6	5	68	25	4 624	340	68.272 73	−0.272 73	0.074 380	7.438 017	9
合计	21	426	79	30 268	1 481			3.818 182	18.181 820	22
均值	3.5	71								

(1) 相关分析

① 相关系数

$$r=\frac{n\sum xy-\sum x\cdot\sum y}{\sqrt{\left[n\sum x^2-\left(\sum x\right)^2\right]\times\left[n\sum y^2-\left(\sum y\right)^2\right]}}$$

$$=\frac{6\times 1\,481-21\times 426}{\sqrt{[6\times 77-21^2]\cdot[6\times 30\,268-426^2]}}=-0.909\,1$$

② 显著性检验

$H_0:\rho=\rho_0$；$H_1:\rho\neq\rho_0$

$$t=|r|\sqrt{\frac{n-2}{1-r^2}}=0.909\,1\times\sqrt{\frac{4}{1-0.826\,4}}=4.364$$

$\alpha=0.05$ 时，$t_{\alpha/2}(n-2)=t_{0.025}(4)=2.776\,4$

由于 $t>t_{0.025}(4)$，因此拒绝总体线性相关系数显著为 0 的原假设。

(2) 一元线性回归分析

① 模型

$$\begin{cases}\hat{\beta}_1=\dfrac{n\sum xy-\sum x\cdot\sum y}{n\sum x^2-\left(\sum x\right)^2}=\dfrac{6\times 1\,481-21\times 426}{6\times 77-21^2}=-1.818\,2\\[2ex]\hat{\beta}_0=\dfrac{\sum y}{n}-\beta_1\cdot\dfrac{\sum x}{n}=\dfrac{426}{6}+1.818\,2\times\dfrac{21}{6}=77.363\,6\end{cases}$$

$\hat{y}=77.363\,6-1.818\,2x$

② 模型拟合优度检验

$$r^2=\frac{\sum(\hat{y}-\bar{y})^2}{\sum(y-\bar{y})^2}=\frac{18.181\,8}{22}=0.826\,5$$

(3) 模型显著性检验

先计算估计标准误 $S=\sqrt{\dfrac{\sum(y-\hat{y})^2}{n-2}}=\sqrt{\dfrac{3.8182}{4}}=0.9770$

① 回归系数显著性检验

$H_0: \beta_i=0$；$H_1: \beta_i\neq 0 \quad (i=0,1)$

$$t_0=\frac{|\hat{\beta}_0-\beta_0|}{S_{\hat{\beta}_0}}=\frac{|77.3636-0|}{1.5117}=51.1778$$

当 $\alpha=0.05$ 时，查 t 分布表，临界值$t_{\alpha/2}(n-2)=t_{0.025}(4)=2.7764$

由于$t_0>t_{0.025}(4)$，因此拒绝$\beta_0=0$ 的原假设。

当 $i=1$ 时，$S_{\hat{\beta}_1}=\sqrt{\dfrac{S^2}{\sum x^2-n(\bar{x})^2}}=\sqrt{\dfrac{0.977^2}{79-6\times 3.5^2}}=0.4166$

$$t_1=\frac{|\hat{\beta}_1-\beta_1|}{S_{\hat{\beta}_1}}=\frac{|-1.8182-0|}{0.4166}=4.3644$$

当 $\alpha=0.05$ 时，查 t 分布表，临界值$t_{\alpha/2}(n-2)=t_{0.025}(4)=2.7764$

由于 $t_1>t_{0.025}(4)$，因此拒绝 $\beta_1=0$ 的原假设。

② 模型整体显著性检验

$H_0: \beta_i=0$；$H_1: \beta_i\neq 0$，$i=0$，1 或$H_0: R^2=0$；$H_1: R^2\neq 0$

$$F=\frac{\dfrac{\sum(\hat{y}-\bar{y})^2}{1}}{\dfrac{\sum(y-\hat{y})^2}{(n-2)}}=\frac{18.1818}{3.8182\div 4}=19.0476$$

或 $F=\dfrac{R^2(n-2)}{1-R^2}=\dfrac{0.8264\times 4}{1-0.8264}=19.0476$

当 $\alpha=0.05$ 时，查 F 右侧分布表，临界值 $F_{\alpha/2}(k, n-k-1)=F_{0.025}(1, 4)=12.2179$

由于$F_1>F_{0.025}(4)$，因此拒绝 $\beta_0=\beta_1=0$ 的原假设。

这表明模型整体是显著的，即模型的线性关系显著。

同样，可用方差分析进行模型的显著性检验，具体如下：

方差分析

	df	SS	MS	F	Sig. F
回归分析	1	18.181 82	18.181 82	19.047 62	0.012 021
残　差	4	3.818 182	0.954 545		
总　计	5	22			

当 $\alpha=0.05$ 时，查 F 分布表，临界值 $F_\alpha(1,n-2)=F_{0.05}(1,4)=7.7086$。

上述三种形式计算的 F 均大于 $F_{0.05}(1,4)$(注意三种形式的计算结果应该相等，如果不相等，则是计算过程中的误差产生的后果)，也可以由表中 Sig. $F=0.012021<0.05$，拒绝β显著

为 0 的原假设，表明解释变量 X 对被解释变量 Y 有显著的解释能力。

(4) 当第 7 个月的产量为 6 千件的时候，单位成本为

$\hat{y}=77.363\ 6-1.818\ 2\times 6=66.454\ 6$(元 / 件)。

7. **解：**

(1) 根据给定数据绘制散点图。

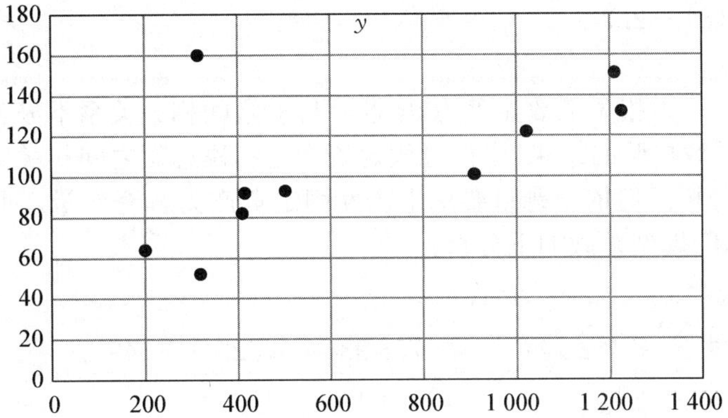

依据散点图可以初步判断生产性固定资产与利税总额之间存在正相关关系。

(2) 相关系数分析。

首先对所给数据建立计算表如下：

序号	x	y	xy	x^2	y^2	$\hat{y}$	$(y-\hat{y})^2$	$(\hat{y}-\bar{y})^2$	$(y-\bar{y})^2$	$(x-\bar{X})^2$
1	318	52	16 536	101 124	2 704	87.24	1 241.545 0	312.032 1	2 798.41	111 890.25
2	910	101	91 910	828 100	10 201	118.50	306.186 3	184.910 5	15.21	66 306.25
3	200	64	12 800	40 000	4 096	81.00	289.141 8	571.010 7	1 672.81	204 756.25
4	409	82	33 538	167 281	6 724	92.04	100.824 5	165.350 3	524.41	59 292.25
5	415	92	38 180	172 225	8 464	92.36	0.128 157	157.302 0	166.41	56 406.25
6	502	93	46 686	252 004	8 649	96.95	15.620 88	63.165 52	141.61	22 650.25
7	314	160	50 240	98 596	25 600	87.02	5 325.448	319.539 4	3 036.01	114 582.25
8	1 210	151	182 710	1 464 100	22 801	134.34	277.531 7	866.755 9	2 125.21	310 806.25
9	1 022	122	124 684	1 044 484	14 884	124.41	5.821 252	380.746 5	292.41	136 530.25
10	1 225	132	161 700	1 500 625	17 424	135.13	9.814 717	914.024 9	734.41	327 756.25
合计	6 525	1 049	758 984	5 668 539	121 547		7 572.062	3 934.838	11 506.90	1 410 976.50
均值	652.5	104.9								

① 相关系数

$$r=\frac{\sum xy-\frac{1}{n}\sum x\sum y}{\sqrt{\left[\sum x^2-\frac{1}{n}\left(\sum x\right)^2\right]\cdot\left[\sum y^2-\frac{1}{n}\left(\sum y\right)^2\right]}}$$

$$=\frac{758\ 984-\frac{1}{10}\times 6\ 525\times 1\ 049}{\sqrt{\left[5\ 668\ 539-\frac{1}{10}(6\ 525)^2\right]\times\left[121\ 547-\frac{(1\ 049)^2}{10}\right]}}=0.584\ 8$$

可见，x 与 y 存在中度相关。

② 相关系数检验

$H_0: \rho=0$；$H_1: \rho\neq 0$

$$t=|r|\sqrt{\frac{n-2}{1-r^2}}=0.584\,8\times\sqrt{\frac{10-2}{1-0.584\,8^2}}=2.039\,1$$

$\alpha=0.05$，$t_{0.025}(8)=2.306$

$\because$ $t<t_{0.025}(8)$

$\therefore$ 接受原假设，认为相关系数显著为 0，即 x 与 y 之间相关关系不显著。

（3）根据相关系数检验的结果，生产性固定资产与利税总额之间相关关系不显著，故没有必要进行线性回归分析。但依据题目要求生产性固定资产为解释变量，利税总额为被解释变量，建立一元线性回归模型并做如下分析：

① 一元回归模型

$$\begin{cases}\hat{\beta}_1=\dfrac{n\sum xy-\sum x\cdot\sum y}{n\sum x^2-(\sum x)^2}=\dfrac{10\times 758\,984-6\,525\times 1\,049}{10\times 5\,668\,539-652\,5^2}=0.052\,8\\[2ex] \hat{\beta}_0=\dfrac{\sum y}{n}-\beta_1\cdot\dfrac{\sum x}{n}=\dfrac{6\,525}{6}-1.818\,2\times\dfrac{1\,049}{6}=70.442\,5\end{cases}$$

$\hat{y}=70.442\,5+0.052\,8x$

② 回归系数显著性检验

先计算估计标准误差：$S=\sqrt{\dfrac{\sum(y-\hat{y})^2}{n-2}}=\sqrt{\dfrac{7\,572.062}{8}}=30.765\,37$

$H_0: \beta_i=0$；$H_1: \beta_i\neq 0$　　$(i=0,\ 1)$

当 $i=0$ 时 $S_{\hat{\beta}_0}=\sqrt{\dfrac{S^2\cdot\sum x^2}{n\sum(x-\bar{x})^2}}=\sqrt{\dfrac{S^2\cdot\sum x^2}{n\sum x^2-n^2(\bar{x})^2}}$

$$=\sqrt{\frac{30.765\,4^2\times 5\,668\,539}{10\times 5\,668\,539-100\times 104.9^2}}=19.500\,1$$

$$t_0=\frac{|\hat{\beta}_0-\beta_0|}{S_{\hat{\beta}_0}}=\frac{|70.442\,5-0|}{19.500\,1}=3.612\,4$$

当 $\alpha=0.05$ 时，查 t 分布表，临界值 $t_{\alpha/2}(n-2)=t_{0.025}(8)=2.306$

由于 $t_0>t_{0.025}(8)$，因此拒绝 $\beta_0=0$ 的原假设。

当 $i=1$ 时：

$$S_{\hat{\beta}_1}=\sqrt{\frac{S^2}{\sum x^2-n(\bar{x})^2}}=\sqrt{\frac{30.765\,4^2}{5\,668\,539-10\times 104.9^2}}=0.025\,9$$

$$t_1=\frac{|\hat{\beta}_1-\beta_1|}{S_{\hat{\beta}_1}}=\frac{|0.052\,8-0|}{0.025\,9}=2.038\,9$$

当 $\alpha=0.05$ 时，临界值 $t_{\alpha/2}(n-2)=t_{0.025}(8)=2.306$

由于 $t_1<t_{0.025}(8)$，接受 $\beta_1=0$ 的原假设，即生产性固定资产对利税额的解释能力不

显著。

③ 拟合优度检验

$$r^2=\frac{\sum(\hat{y}-\bar{y})^2}{\sum(y-\bar{y})^2}=\frac{3\ 934.838}{11\ 506.9}=0.341\ 96$$

拟合优度为 0.341 96，表明样本观测值与样本回归线拟合效果不佳。

④ 模型 F 检验

由于本题为一元线性回归，只要进行参数估计量的显著性检验，而无须进行模型显著性检验。

但模型的显著性检验相当于对模型的拟合优度的检验，而上述计算的拟合优度为 0.341 96，虽然拟合得不好，但不能断定其拟合得不显著，所以还需进行显著性检验，即模型的显著性 F 检验。

$H_0: \beta=0$；$H_1: \beta\neq 0$ 或$H_0: R^2=0$；$H_1: R^2\neq 0$

$$F=\frac{\sum(\hat{y}-\bar{y})^2/1}{\sum(y-\hat{y})^2/(n-2)}=\frac{3\ 934.833/1}{7\ 572.062/8}=4.157\ 2$$

或

$$F=\frac{R^2(n-2)}{1-R^2}=\frac{0.341\ 96\times 8}{1-0.341\ 96}=4.157\ 2$$

$$t_1=\frac{|\hat{\beta}_1-\beta_1|}{S_{\hat{\beta}_1}}=\frac{|0.052\ 8-0|}{0.025\ 9}=2.038\ 9$$

同样，可用方差分析进行模型的显著性检验如下：

方差分析

	df	SS	MS	F	Sig. F
回归分析	1	3 934.838	3 934.838	4.157 217	0.075 8
残　差	8	7 572.062	946.507 8		
总　计	9	11 506.9			

当 $\alpha=0.05$ 时，查 F 分布表，临界值 $F_\alpha(1,n-2)=F_{0.05}(1,8)=5.317\ 655$

由于三种形式计算的 F 值均小于$F_{0.05}(1,8)$，另外表中 Sig. $F=0.075\ 8>0.05$，因此不能拒绝 β 显著为 0 的原假设，表明模型整体的解释能力不显著，也即模型线性关系不显著。

(4) 给定生产性固定资产 1 500 万元，利税总额 150 万元

① 模型点估计

$\hat{y}=70.442\ 5+0.052\ 8x=70.442\ 5+0.052\ 8\times 1\ 500=149.642\ 5$(万元)

② 区间估计 ($\alpha=0.05$)

由于给定利税总额 150 万元，因此本题为特定值的区间估计。

$$S_{\hat{y}_0-y_0}=S_{yx}\cdot\sqrt{1+\frac{1}{n}+\frac{(x_0-\bar{x})^2}{\sum(x-\bar{x})^2}}=S_{yx}\cdot\sqrt{1+\frac{1}{10}+\frac{(1\ 500-652.5)^2}{1\ 410\ 976.5}}=1.268\ 5$$

据前述内容，当 $\alpha=0.05$ 时，临界值$t_{\alpha/2}(n-2)=t_{0.025}(8)=2.306$

$$\hat{y}_0 - t_{\alpha/2}(n-2) \cdot S_{\hat{y}_0 - y_0} < E(y \mid x_0) < \hat{y}_0 + t_{\alpha/2}(n-2) \cdot S_{\hat{y}_0} - y_0$$

$$150 - 2.306 \times 1.268\ 5 < E(y \mid x_0) < 150 + 2.306 \times 1.268\ 5$$

据此，特定值即利税总额 150 万元时的估计区间为(133.430 5，165.879 8)。

需要说明的是：

(1) 本题相关分析的结果表明该公司 1—6 月份产量(千件，x)与单位成本(元/件，y)相关程度不高，所以没有必要对该样本数据进行回归分析。

(2) 如果根据题目要求进行回归分析，那么其检验结果表明：① 拟合优度不显著拒绝为 0 的原假设；② 回归系数不显著，表明产量对单位成本的解释能力不显著。

(3) 预测结果没有显著的经济意义。

8. **解：**(1) 相关分析

① 绘制相关图

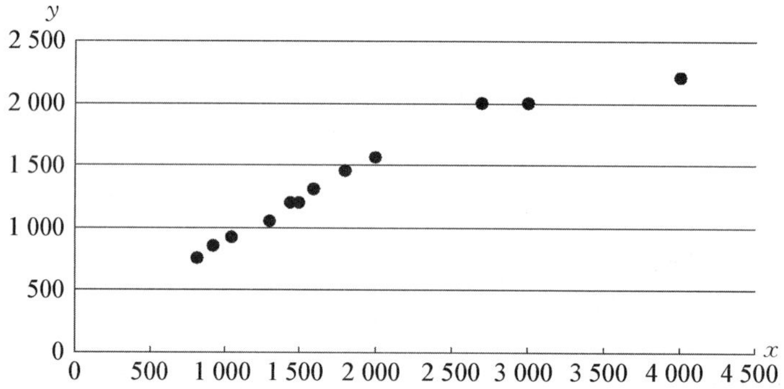

由相关图可见，人均生活费收入与人均食品支出之间存在正线性相关关系。

② 相关系数

先编制计算表如下：

编号	x	y	xy	x^2	y^2	$\hat{y}$	$(y-\hat{y})^2$	$(\hat{y}-\bar{y})^2$	$(y-\bar{y})^2$	$(x-\bar{x})^2$
1	820	750	615 000	672 400	562 500	868.980 42	14 156.340 65	254 371.86	388 544.44	1 050 625
2	930	850	790 500	864 900	722 500	923.106 1	5 344.501 806	202 704.56	273 877.78	837 225
3	1 050	920	966 000	1 102 500	846 400	982.152 29	3 862.907 678	153 022.61	205 511.11	632 025
4	1 300	1 050	1 365 000	1 690 000	1 102 500	1 105.165 2	3 043.199 248	71 914.148	104 544.44	297 025
5	1 440	1 200	1 728 000	2 073 600	1 440 000	1 174.052 4	673.276 564 2	39 712.88	30 044.444	164 025
6	1 500	1 200	1 800 000	2 250 000	1 440 000	1 203.575 5	12.784 371 25	28 817.714	30 044.444	119 025
7	1 600	1 300	2 080 000	2 560 000	1 690 000	1 252.780 7	2 229.663 609	14 532.941	5 377.777 8	60 025
8	1 800	1 450	2 610 000	3 240 000	2 102 500	1 351.191	9 763.216 433	490.282 47	5 877.777 8	2 025
9	2 000	1 560	3 120 000	4 000 000	2 433 600	1 449.601 3	12 187.865 31	5 816.808	34 844.444	24 025
10	2 700	2 000	5 400 000	7 290 000	4 000 000	1 794.037 5	42 420.563 88	176 991.97	392 711.11	731 025
11	3 000	2 000	6 000 000	9 000 000	4 000 000	1 941.653	3 404.377 523	322 987.19	392 711.11	1 334 025
12	4 000	2 200	8 800 000	16 000 000	4 840 000	2 433.704 6	54 617.829 63	1 124 387.2	683 377.78	4 644 025
合计	22 140	16 480	35 274 500	50 743 400	25 180 000	16 480	151 716.526 7	2 395 750.1	2 547 466.7	9 895 100

$$r=\frac{n\sum xy-\sum x\sum y}{\sqrt{[n\sum x^2-(\sum x)^2]\cdot[n\sum y^2-(\sum y)^2]}}$$

$$=\frac{10\times 35\ 274\ 500-22\ 140\times 16\ 480}{\sqrt{(12\times 50\ 743\ 400-22\ 140^2)\times(12\times 25\ 180\ 000-16\ 480^2)}}$$

$$=0.969\ 8$$

(2) 相关系数检验

$H_0: \rho=0$; $H_1: \rho\neq 0$

$$t=|r|\sqrt{\frac{n-2}{1-r^2}}=0.969\ 8\times\sqrt{\frac{12-2}{1-0.969\ 8^2}}=12.573\ 8$$

$\alpha=0.05$，$t_{0.025}(10)=2.228\ 1$

$\because\ t>t_{0.025}(10)$

$\therefore$ 拒绝原假设，认为相关系数显著不为 0，即 x 与 y 之间存在相关关系。

(3) 拟合回归模型

① 模型

$$\begin{cases}\hat{\beta}_1=\dfrac{n\sum xy-\sum x\cdot\sum y}{n\sum x^2-(\sum x)^2}=\dfrac{12\times 35\ 274\ 500-22\ 140\times 16\ 480}{12\times 50\ 743\ 400-22\ 140^2}=0.492\ 1\\ \hat{\beta}_0=\bar{y}-\beta_1\cdot\bar{x}=\dfrac{16\ 480}{12}+0.492\ 052\times\dfrac{22\ 140}{12}=465.498\ 1\end{cases}$$

② 拟合优度

$$R^2=\frac{\sum(\hat{y}-\bar{y})^2}{\sum(y-\bar{y})^2}=\frac{2\ 395\ 750.1}{2\ 547\ 466.7}=0.940\ 4$$

拟合优度接近 1，表明模型拟合效果很好。

9. **解：** 根据原始数据编制计算表。

月份	x	y	x^2	y^2	xy	$\hat{y}$	$(y-\hat{y})^2$
1	4	730	16	532 900	2 920	734.166 7	17.361 11
2	6	720	36	518 400	4 320	719.166 7	0.694 444
3	8	710	64	504 100	5 680	704.166 7	34.027 78
4	7	720	49	518 400	5 040	711.666 7	69.444 44
5	8	700	64	490 000	5 600	704.166 7	17.361 11
6	9	690	81	476 100	6 210	696.666 7	44.444 44
合计	42	4 270	310	3 039 900	29 770	449.166 7	14 598 767
均值	7	711.666 67					

(1) 一元线性回归分析

$$\begin{cases} \hat{\beta}_0 = \bar{y} - \beta_1 \bar{x} = 711.666\,7 - 0.110\,77 \times 7 = 764.166\,7 \\ \hat{\beta}_1 = \dfrac{\sum xy - \dfrac{1}{n}\sum x \sum y}{\sum x^2 - \dfrac{1}{n}(\sum x)^2} = \dfrac{29\,770 - \dfrac{1}{6} \times 42 \times 4\,270}{310 - \dfrac{1}{6} \times (42)^2} = -7.5 \end{cases}$$

$\hat{y} = 764.166\,7 - 7.5x$

计算结果表明：产量每增加 1 件，单位成本将平均下降 7.5 元。

(2) 拟合优度($R^2 = 0.830\,8$)

$$R^2 = \frac{\beta_0 \sum y + \beta_1 \sum xy - n(\bar{y})^2}{\sum y^2 - n(\bar{y})^2}$$

$$= \frac{85.830\,769\,23 \times 4\,270 - 0.110\,769\,231 \times 29\,770 - 6 \times (711.666\,7)^2}{3\,039\,900 - 6 \times (711.666\,7)^2}$$

$$= \frac{900}{1\,083.333} = 0.830\,8$$

(3) 回归系数β_1 检验和模型整体 F 检验($\alpha = 0.05$)

① 回归系数 β_1 检验

先计算估计标准误差：$S = \sqrt{\dfrac{\sum (y - \hat{y})^2}{n-2}} = \sqrt{\dfrac{183.33}{4}} = 6.77$

$H_0: \beta_1 = 0$; $H_1: \beta_1 \neq 0$

$$S_{\hat{\beta}_1} = \sqrt{\frac{S^2}{\sum x^2 - n(\bar{x})^2}} = \sqrt{\frac{6.77}{310 - 6 \times 7^2}} = 1.692\,5$$

$$t_1 = \frac{|\hat{\beta}_1 - \beta_1|}{S_{\hat{\beta}_1}} = \frac{|-7.5 - 0|}{1.692\,508} = 4.431\,3$$

当 $\alpha = 0.05$ 时，查表可知：临界值$t_{\alpha/2}(n-2) = t_{0.025}(4) = 2.776\,4$

由于$t_1 > t_{0.025}(8)$，因此拒绝$\beta_1 = 0$ 的原假设，即产量对成本的解释能力显著。

② 模型整体 F 检验

$H_0: \beta_0 = \beta_1 = 0$; $H_1: \beta_0 \neq 0$ 或 $H_0: r^2 = 0$, $H_1: r^2 \neq 0$

$$F = \frac{ESS/k}{RSS/(n-k-1)} = \frac{\dfrac{\sum (\hat{y} - \bar{y})^2}{1}}{\dfrac{\sum (y - \hat{y})^2}{(n-2)}} = \frac{900.000\,0}{183.333\,3/4} = 19.636\,4$$

或 $F = \dfrac{r^2(n-2)}{1-r^2} = \dfrac{0.830\,8 \times 4}{1 - 0.830\,8} = 19.636\,4$

$F_\alpha(1, n-2) = F_{0.05}(1,4) = 7.71$　　$F = 19.753\,0 > F_{0.05}(1,4) = 7.71$

所以拒绝原假设，接受备择假设。

若以方差分析，解释如下：

方差分析

	df	SS	MS	F	Sig. F
回归分析	1	900	900	19.636 36	0.011 411
残　差	4	183.333 3	45.833 33		
总　计	5	1 083.333			

由于 Sig. $F=0.011\ 411<0.05$，表明总体回归系数显著不为 0，或总体判定系数显著不为 0。这说明模型整体的解释能力显著，也即模型关系显著。

(4) 计算该回归模型的估计标准误，并以 95%的置信水平估计产量为 10 千件时单位成本特定值的置信区间。

由于本题未给出单位成本的特定值，因此只能计算 y 均值的估计值区间。

先计算产量为 10 千件时单位成本的点估计值：

$$\hat{Y}_0=764.166\ 7-0.75\times 10=689.166\ 7(\text{元}/\text{件})$$

$$S=\sqrt{\frac{\sum(y-\hat{y})^2}{n-2}}=\sqrt{\frac{183.33}{4}}=6.77$$

$$S_{\hat{Y}_0}=S\sqrt{\frac{1}{n}+\frac{(X_0-\bar{x})^2}{\sum(X-\bar{x})^2}}=6.77\times\sqrt{\frac{1}{6}+\frac{(10-7)^2}{16}}=6.77\times 0.853\ 9=8.902\ 4$$

当 $\alpha=0.05$ 时，$t_{\alpha/2}(n-2)=t_{0.025}(4)=2.776\ 4$

$\hat{Y}_0\pm t_{\alpha/2}(n-2)\cdot S_{\hat{Y}_0}=689.166\ 7\pm 2.776\ 4\times 8.902\ 4=689.166\ 7\pm 24.717\ 1$

所以产量水平为 10 千件时，单位成本的置信区间为(664.449 5，713.883 8)。

10. **解**：(1) 判断该种商品销售量与单价之间回归函数的类型，并确定该回归模型。

从样本数据来看，该商品价格与销售量的关系不受先后次序的影响；按经济学基本理论，价格决定了销售量的波动，因此可确定价格为自变量，销售量为因变量。要判断回归模型的类型，有以下两种方法。

方法一：通过自变量 x 与因变量 y 的散点图判断。如果 x 与 y_t 散点图呈现直线形状，则可建立 x 与 y_t 的线性模型；如果 x 与 y_t 散点图呈现曲线形状，则观察该曲线大致和哪一种曲线模型相似，然后可拟合该种曲线模型。

方法二：通过计算因变量 y 的一阶差分数列、二阶差分数列或 y_t 与一阶差分之比数列，观察哪一个数列的数值差异较小进行判断。一般而言，若 y_t 的一阶差分数列变动幅度较小，则适合直线模型 $\hat{Y}t=\beta_0+\beta_1 x$；若 y_t 的二阶差分数列变动幅度较小，则适合二次曲线模型 $\hat{Y}_t=\beta_0+\beta_1 x+\beta_2 x^2$；若 y 与其一阶差分之比数列(环比增长速度)变动幅度较小，则适合指数曲线模型 $\hat{Y}'=\hat{\beta}_0\cdot\hat{\beta}_1^x$。据此，本题处理如下：

① 对销售量进行联动排序，对 y_i 分别计算一阶差分、二阶差分和发展速度。

序　号	销售量(千件)x	价格(元)y_i	$\Delta y_i=y_i-y_{i-1}$	$\Delta\Delta y_i=\Delta y_i-\Delta y_{i-1}$	y_i/y_{i-1}
1	51	6			
2	53	9	3		1.50

续 表

序　号	销售量(千件)x	价格(元)y_i	$\Delta y_i = y_i - y_{i-1}$	$\Delta\Delta y_i = \Delta y_i - \Delta y_{i-1}$	y_i / y_{i-1}
3	55	8	−1	−4	0.89
4	55	6	−2	−1	0.75
5	56	10	4	6	1.70
6	57	7	−3	−7	0.70
7	57	9	2	5	1.29
8	60	10	1	−1	1.11
9	70	12	2	1	1.20
10	70	11	−1	−3	0.92
11	72	12	1	2	1.09
12	76	12	0	−1	1.00

② 由上表绘制 x 与 y 的散点图。

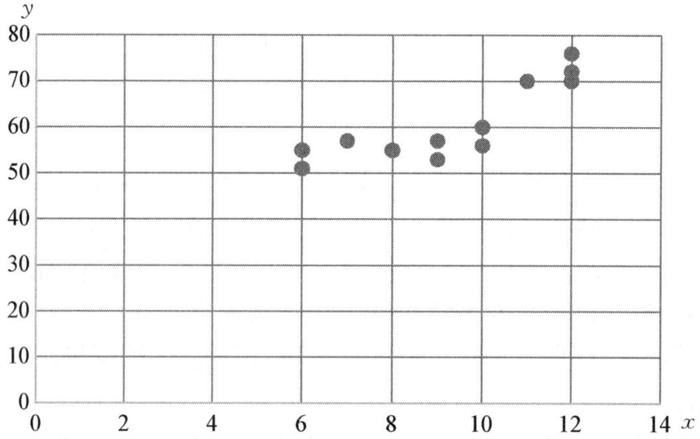

图 a　x 与 y 的散点图

散点图 a 显示 x 与 y 存在一定程度上的线性关系，但需上述方法二验证。

③ 按排序后变量的取值分别计算 y 的一阶差分数列 $\Delta y_i = y_i - y_{i-1}$、二阶差分数列 $\Delta\Delta y_i = \Delta y_i - \Delta y_{i-1}$ 和 y 与一阶滞后之比数列 $y_i/(y_{i-1}-1)$(环比增长速度)。但是，y 的一阶差分和二阶差分都是绝对数，而 y 与一阶滞后之比数列 $y_i/(y_{i-1}-1)$(环比增长速度)是相对数，无法比较其大小，所以必须把它们标准化，然后比较。按此思路计算的数据形成的表格如下：

序号	销售量(千件)y	价格(元)x	$\Delta y_i = y_i - y_{i-1}$	$\Delta\Delta y_i = \Delta y_i - \Delta y_{i-1}$	$\frac{y_i}{y_{i-1}} - 1$	Δy_i 标准化	$\Delta\Delta y_i$ 标准化	$\frac{y_i}{y_i - 1 - 1}$ 标准化
1	51	6						
2	53	9	3		0.117 6	0.412 6		0.468 4

续　表

序号	销售量（千件）y	价格（元）x	$\Delta y_i = y_i - y_{i-1}$	$\Delta\Delta y_i = \Delta y_i - \Delta y_{i-1}$	$\frac{y_i}{y_{i-1}} - 1$	Δy_i 标准化	$\Delta\Delta y_i$ 标准化	$\frac{y_i}{y_i - 1 - 1}$ 标准化
3	55	8	−1	−4	0.000 0	−0.251 6	−0.429 1	−0.310 7
4	55	6	−2	−1	−0.035 1	−0.472 9	−0.143 0	−0.543 1
5	56	10	4	6	0.309 1	1.630 2	1.358 7	1.736 2
6	57	7	−3	−7	−0.027 8	−0.472 9	−1.358 7	−0.494 7
7	57	9	2	5	−0.214 3	−1.911 9	−0.929 6	−1.729 9
8	60	10	1	−1	0.090 9	0.301 9	1.430 2	0.291 3
9	70	12	2	1	−0.116 7	−1.026 4	−0.858 1	−1.083 4
10	70	11	−1	−3	0.056 6	0.080 5	0.715 1	0.064 1
11	72	12	1	2	0.250 0	1.298 1	0.786 6	1.344 9
12	76	12	0	−1	0.085 7	0.412 6	−0.572 1	0.256 9

绘制 x 分别与 y 的一阶差分数列 $\Delta y_i = y_i - y_{i-1}$ 标准化、二阶差分数列 $\Delta\Delta y_i = \Delta y_i - \Delta y_{i-1}$ 标准化和 y 与一阶滞后之比数列 $\frac{y_i}{y_{i-1}} - 1$（环比增长速度）标准化的散点图。

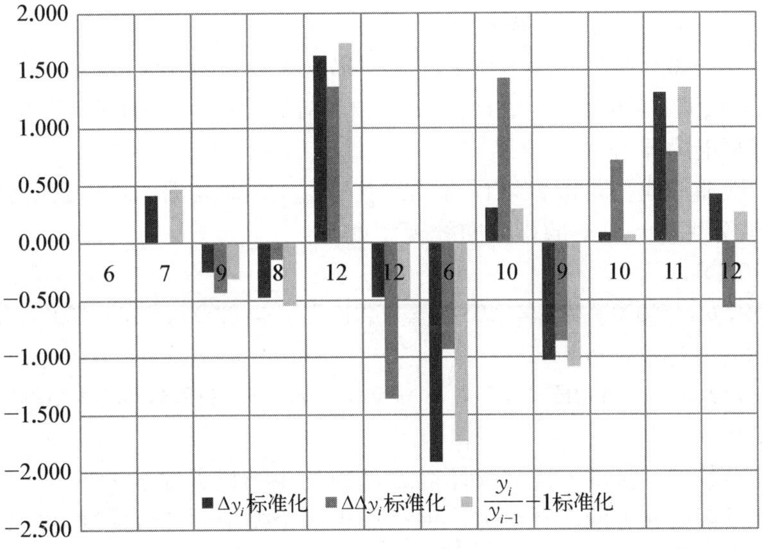

图 b　x 与各标准化数据的柱形图

由柱形图 b 观察，二阶差分数列 $\Delta\Delta y_i = \Delta y_i - \Delta y_{i-1}$ 标准化的数据变动幅度较小，适合二次曲线模型 $\hat{Y}_t = \beta_0 + \beta_1 x + \beta_2 x^2$。

（2）对该回归模型做出拟合优度评价并进行检验（$\alpha = 0.05$）。

运用 Excel 数据分析模块拟合二次曲线模型的数据处理结果如下：

SUMMARY OUTPUT	
回归统计	
相关系数(Multiple R)	0.941 261 888
判定系数(R^2)	0.886 0
调整的判定系数(Adjusted R^2)	0.860 6
标准误差	3.187 6
观测值	12

方差分析

	df	SS	MS	F	Sig.F	
回归分析	2	710.551 102	355.275 551	34.964 663 6	5.708 45E-05	
残差	9	91.448 898 1	10.160 988 7			
总计	11	802				
	系　数	标准误差	t - Stat	P - value	下限 95%	上限 95%
截距	95.764 5	19.118 098 2	5.009 099 85	0.000 7	52.516 319 99	139.012 6
x	−11.958 0	4.374 051 89	−2.733 847 1	0.023 1	−21.852 781 79	−2.063 2
x^2	0.838 3	0.239 547 48	3.499 481 69	0.006 7	0.296 397 969	1.380 186

依据上述 Excel 数据处理结果可知：

$\hat{y}=95.7645-11.9580x+0.8383x^2$

$t_0=5.0091$，$p=0.0007<\alpha=0.05$；$t_1=-2.7338$，$p=0.0231<\alpha=0.05$；$t_3=3.4995$，$p=0.0067<\alpha=0.05$；Adj. $R^2=0.8606$，$F=34.9647$。Sig. $F=70845\text{E}-05<\alpha=0.05$，表明模型整体的解释能力显著。

为了证实二次曲线模型是拟合该样本的最优模型，分别运用 Excel 数据分析模块分别建立 x 与 y 的线性模型和 x 与 y 的指数曲线模型如下：

$\hat{y}=30.4390+3.2774x$

$t_0=38.4119$，$p=0.0005<\alpha=0.05$；$t_1=5.2105$，$p=0.0004<\alpha=0.05$；Adj. $R^2=0.7308$

$\hat{y}=37.08425\times1.053796^x$

$t_0=5.0913$，$p=3.4119\text{E}-12<\alpha=0.05$；$t_1=5.3334$，$p=0.0003<\alpha=0.05$；Adj. $R^2=0.7399$

三个模型的参数估计量的 t 检验统计量的 P 值均小于显著性水平 $\alpha=0.05$，表明三个模型的自变量对因变量都有显著的解释能力。但是比较三个模型的拟合优度，可以发现，二次曲线模型调正的拟合优度为 0.860 6，大于线性模型的拟合优度 0.730 8 和指数曲线的拟合优度 0.739 9，因此根据差分方法判断二次曲线模型是正确的选择。

(3) 计算二次曲线模型估计标准误，并以 95%置信度估计价格为 5 元时销售量均值和特定值的置信区间。

估计标准误：$\hat{\sigma}_\mu=S_{Y(x_1x_2)}=\sqrt{\dfrac{\sum(y-\hat{y})^2}{n-2}}=3.1876$(见 Excel 数据处理结果显示)

① 价格为 5 元时销售量点估计值

$\hat{y}_o = 95.7645 - 11.9580x + 0.8383x^2$

$= 95.7645 - 11.9580 \times 5 + 0.8383 \times 5^2 = 56.9138$(千件)

② 均值估计区间

矩阵形式：

$$\hat{Y}_0 - t_{\frac{\alpha}{2}} \times \hat{\sigma}\sqrt{X_0(X'X)^{-1}X'_0} < E(Y_0) < \hat{Y}_0 + t_{\frac{\alpha}{2}} \times \hat{\sigma}\sqrt{X_0(X'X)^{-1}X'_0}$$

解析形式：

$$\hat{Y}_0 \mp t_{\alpha/2}(n-3) \cdot S_{Y(X_1,X_2)} \cdot \sqrt{C_0}$$

其中：

$$D = \sum(X_1 - \bar{X}_1)^2 \cdot \sum(X_2 - \bar{X}_2)^2 - \sum(X_1 - \bar{X}_1)(X_2 - \bar{X}_2)$$

$$C_0 = \frac{1}{n} + \frac{(X_{10} - \bar{X}_1)^2 \cdot \sum(X_2 - \bar{X}_2)^2}{D} + \frac{(X_{20} - \bar{X}_2)^2 \cdot \sum(X_1 - \bar{X}_1)^2}{D} - 2\frac{(X_{10} - \bar{X}_1)(X_{20} - \bar{X}_2) \cdot \sum(X_1 - \bar{X}_1)(X_2 - \bar{X}_2)}{D}$$

运用 Excel 计算：$D = 54\,690\,340\,425.9259$，$C_0 = 0.4259$，$S_{Y(X_1,X_2)} = 3.1876$

据已知条件：$1-\alpha = 0.95$，$t_{\alpha/2}(n-k-1) = t_{0.025}(12-2-1) = t_{0.025}(9) = 2.2622$

均值估计区间：

$56.9138 \mp 2.2622 \times 3.1876 \times \sqrt{0.4259}$

即$(52.2262, 61.6376)$

③ 价格为 5 元时销售量个别(或特定)值估计区间

矩阵形式：

$$\hat{Y}_0 - t_{\alpha/2} \times \hat{\sigma}\sqrt{1 + X_0(X'X)^{-1}X'_0} < Y_0 < \hat{Y}_0 + t_{\alpha/2} \times \hat{\sigma}\sqrt{1 + X_0(X'X)^{-1}X'_0}$$

解析形式：

$$\hat{Y}_0 \mp t_{\alpha/2}(n-3) \cdot S_{Y(X_1,X_2)} \cdot \sqrt{1 + C_0}$$

其中：

$$D = \sum(X_1 - \bar{X}_1)^2 \cdot \sum(X_2 - \bar{X}_2)^2 - \sum(X_1 - \bar{X}_1)(X_2 - \bar{X}_2)$$

$$C_0 = \frac{1}{n} + \frac{(X_{10} - \bar{X}_1)^2 \cdot \sum(X_2 - \bar{X}_2)^2}{D} + \frac{(X_{20} - \bar{X}_2)^2 \cdot \sum(X_1 - \bar{X}_1)^2}{D} - 2\frac{(X_{10} - \bar{X}_1)(X_{20} - \bar{X}_2) \cdot \sum(X_1 - \bar{X}_1)(X_2 - \bar{X}_2)}{D}$$

运用 Excel 计算：$D = 54\,690\,340\,425.9259$，$C_0 = 1.4259$，$S_{Y(X_1,X_2)} = 3.1876$。

据已知条件：$1-\alpha = 0.95$，$t_{\alpha/2}(n-k-1) = t_{0.025}(12-2-1) = t_{0.025}(9) = 2.2622$

个别(或特定)值估计区间：

$56.9138 \mp 2.2622 \times 3.1876 \times \sqrt{1.4259}$

即$(45.7007, 65.5424)$

11. **解**：运用 Excel 处理，求解间接费用对直接劳动时间和机器运转时间的二元线性回归模型结果如下：

汇总输出(SUMMARY OUTPUT)	
回归统计	
相关系数(Multiple R)	0.853 8
判定系数(R^2)	0.728 9
调整的判定系数(Adjusted R^2)	0.651 5
标准误差	1.070 6
观测值	10

方差分析

	df	SS	MS	F	Sig. F
回归分析	2	21.576 1	10.788 1	9.411 5	0.010 4
残　差	7	8.023 9	1.146 3		
总　计	9	29.600 0			

参数估计

	系　数	标准误差	t - Stat	P - value	下限 95%	上限 95%
截　距	−13.819 6	13.323 3	−1.037 3	0.334 1	−45.324 2	17.685 0
直接劳动时间 x_1(千小时)	0.563 7	0.303 3	1.858 6	0.105 4	−0.153 5	1.280 8
机器运转时间 x_2(千小时)	1.099 5	0.313 1	3.511 1	0.009 8	0.359 0	1.839 9

残差分析

残差输出(RESIDUAL OUTPUT)

观测值	预测 间接费用 y(万元)	残　差
1	29.136 6	−0.136 6
2	25.246 7	−1.246 7
3	27.473 5	−0.473 5
4	25.838 2	−0.838 2
5	24.710 9	1.289 1
6	27.501 3	0.498 7
7	28.572 9	1.427 1
8	29.136 6	−1.136 6
9	27.473 5	0.526 5
10	26.909 8	0.090 2

(1) 二元线性回归模型

$\hat{Y}=-13.819\,6+0.563\,7X_1+1.099\,5X_2$

(2) 模型 F 检验

H_0：$b=0$；H_1：$b\neq 0$ 或 H_0：$r^2=0$；H_1：$r^2\neq 0$

$F_{0.05}(2,7)=4.74$

由于 $F=9.4115>F_{0.05}(2,7)=4.74$，或根据方差分析表中 Sig. $F=0.010371059<0.05$，因此拒绝原假设，接受备择假设。

(3) 模型拟合优度

调整的拟合优度 Adjusted $R^2=0.651472712$，且通过 F 检验，表明模型拟合较好。

(4) 预测

① 估计标准误

$S=1.07063884$

② $1-\alpha=90\%$ 时，$t_{\alpha/2}(n-3)=2.3646$

劳动时间为 50 千时、机器运转时间为 18 千时，则间接费用的点估计为：

$\hat{Y}_0=-13.8196+0.564\times 50+1.0995\times 18=34.1536$(万元)

特定值的置信区间(注：由于本题中没给出 Y 的特定值，因此只能做均值区间估计，以下类似题目中计算的都是均值的区间估计)：

$$D=\sum(X_1-\bar{X}_1)^2\cdot\sum(X_2-\bar{X}_2)^2-\sum(X_1-\bar{X}_1)(X_2-\bar{X}_2)$$

$$C_0=\frac{1}{n}+\frac{(X_{10}-\bar{X}_1)^2\cdot\sum(X_2-\bar{X}_2)^2}{D}+\frac{(X_{20}-\bar{X}_2)^2\cdot\sum(X_1-\bar{X}_1)^2}{D}$$
$$-2\frac{(X_{10}-\bar{X}_1)(X_{20}-\bar{X}_2)\cdot\sum(X_1-\bar{X}_1)(X_2-\bar{X}_2)}{D}=3.17$$

$$\hat{Y}_0\mp t_{\alpha/2}(n-3)\cdot S_{Y(X_1,X_2)}\cdot\sqrt{1+C_0}=34.1714\mp 2.3646\times 1.0706\sqrt{1+3.17}$$
$$=34.1714\mp 4.5721$$

即置信区间为(30.3687, 37.9390)。

(5) 相关分析

① 单相关系数

利用 Excel 工具栏、数据分析模块中的相关分析计算相关系数矩阵如下：

	y	x_1	x_2
y	1		
x_1	0.5015	1.0000	
x_2	0.7715	0.1841	1

② 偏相关系数

$$r_{y1(2)}=\frac{r_{y1}-r_{y2}\cdot r_{12}}{\sqrt{1-(r_{y2})^2}\cdot\sqrt{1-(r_{12})^2}}=0.5748$$

$$r_{y2(1)}=\frac{r_{y2}-r_{y1}\cdot r_{12}}{\sqrt{1-(r_{y1})^2}\cdot\sqrt{1-(r_{12})^2}}=0.7986$$

③ 复相关系数

$$r_{y12}=\sqrt{r^2}=\sqrt{0.7289}=0.8538$$

12. **解**：将已知条件代入回归系数正规方程组：

$$\begin{cases}\hat{\beta}_1=\dfrac{n\sum xy-\sum x\cdot\sum y}{n\sum x^2-(\sum x)^2}=\dfrac{7\times 9\ 138-1\ 800\times 311}{7\times 535\ 500-1\ 890^2}=-2.969\ 5\\ \hat{\beta}_0=\dfrac{\sum y}{n}-\hat{\beta}_1\cdot\dfrac{\sum x}{n}=\dfrac{311}{7}+2.969\ 5\times\dfrac{1\ 890}{7}=846.2\end{cases}$$

或

$$\begin{cases}\hat{\beta}_0=\bar{y}-\hat{\beta}_1\bar{x}=\dfrac{\sum y}{n}-\beta_1\dfrac{\sum x}{n}=\dfrac{311}{7}+2.969\ 5\times\dfrac{1\ 890}{7}=846.2\\ \hat{\beta}_1=\dfrac{\sum xy-\dfrac{1}{n}\sum x\sum y}{\sum x^2-\dfrac{1}{n}(\sum x)^2}=\dfrac{9\ 318-\dfrac{1}{7}\times 1\ 890\times 311}{535\ 500-\dfrac{1}{7}\times 1\ 890^2}=-2.969\ 5\end{cases}$$

y 对 x 的线性回归方程为：

$\hat{y}=-2.969\ 5+846.2x$

13. **解**：(1) 绘制该地区 10 个百货商店的销售额和流通费率的散点图

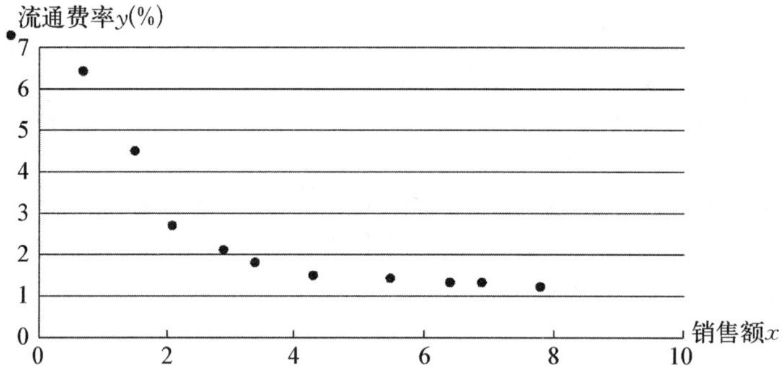

观察销售额与流通费率的散点图，可以确定它们之间存在非线性负相关关系。

(2) 拟合双曲线回归模型

对给定样本数据进行调整：

商店编号	销售额(百万元)	流通费率(%)	$1/x$
	x	y	X
1	7	64	0.142 9
2	15	45	0.066 7
3	21	27	0.047 6
4	29	21	0.034 5
5	34	18	0.029 4
6	43	15	0.023 3
7	55	14	0.018 2
8	64	13	0.015 6
9	69	13	0.014 5

绘制 y 与 $1/x$ 的散点图：

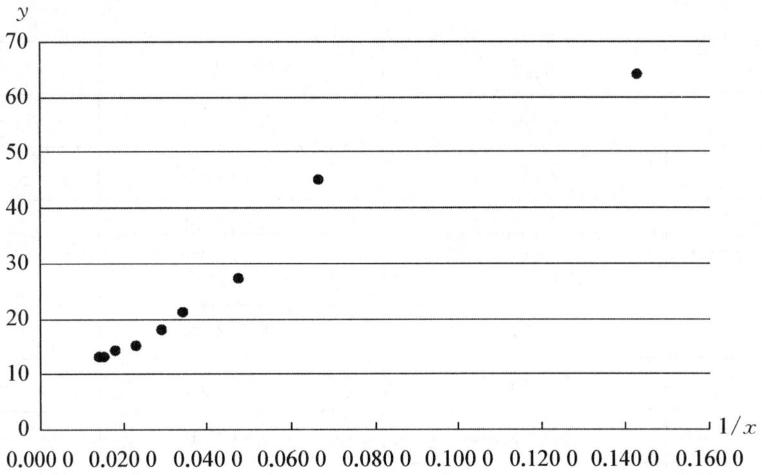

可见，y 与 $1/x$ 呈线性关系。也就是说，可对 y 与 x 建立双曲线模型，即

$$\hat{Y}=\boldsymbol{\beta}_0+\frac{\boldsymbol{\beta}_1}{x}$$

运用 Excel 数据分析的回归分析模块，给出模型分析结果如下：

汇总输出

回归统计

Multiple R	0.976 823
R^2	0.954 184
Adj. R^2	0.947 639
标准误差	4.042 051
观测值	9

方差分析

	df	SS	MS	F	Sig. F
回归分析	1	2 381.855	2 381.855	145.784 6	6.1E－06
残　差	7	114.367 2	16.338 18		
总　计	8	2 496.222			

参数估计

	系　数	标准误差	t－Stat	P－value	下限 95%	上限 95%
截距	7.146 998	2.034 66	3.512 624	0.009 825	2.335 79	11.958 21
X	422.007 3	34.951 36	12.074 13	6.1E－06	339.360 5	504.654 1

续 表

残差输出			
观测值	预测 y	残 差	标准残差
1	67.433 76	−3.433 76	−0.908 16
2	35.280 82	9.719 181	2.570 537
3	27.242 58	−0.242 58	−0.064 16
4	21.698 97	−0.698 97	−0.184 87
5	19.558 98	−1.558 98	−0.412 32
6	16.961 12	−1.961 12	−0.518 68
7	14.819 86	−0.819 86	−0.216 84
8	13.740 86	−0.740 86	−0.195 94
9	13.263 05	−0.263 05	−0.069 57

根据以上结果，双曲线模型为：$\hat{Y}=7.146\ 998+\dfrac{422.007\ 3}{x}$

(3) 模型检验

① 模型的拟合优度

Adj. $R^2=0.947\ 639$，表明拟合效果很好。

② 回归系数检验

$H_0: \beta_0=0$，$H_1: \beta_0\neq 0$；$H_0: \beta_1=0$，$H_1: \beta_1\neq 0$

观察模型分析结果的参数估计的 P 值分别为：

	P 值
截距	0.009 825
X	6.1E-06

P 值都小于给定显著性水平(一般为 0.05)，因此可以拒绝回归系数显著为 0 的原假设。

③ F 检验

$H_0: \beta_0=\beta_1=0$；$H_1: \beta_i$ 不同时为 0

观察模型分析结果的方差分析表，Sig. $F=0.000\ 006\ 101$，小于给定显著性水平 $\alpha/2=0.025$(一般为 0.05)，$F=145.784\ 6>F_{\alpha/2}(n_1-1,\ n_2-1)=8.072\ 9$。因此，拒绝模型所有回归系数同时显著为 0 的原假设，表明该双曲线模型有效，同时表明样本拟合双曲线模型对总体的解释能力显著。

④ 当 $X=900$ 万元时，流通费率为：

$$\hat{Y}=7.146\ 998+\frac{422.007\ 3}{9}=54.036\ 7\%$$

14. **解：** Excel 数据处理如下表所示。

汇总输出

回归统计

Multiple R	0.909 1
R^2	0.826 5
Adj. R^2	0.797 6
标准误差	2.168 2
观测值	15

方差分析

	df	SS	MS	F	Sig. F
回归分析	2	268.724 7	134.362 3	28.582 0	0.000 027 28
残　差	12	56.411 3	4.700 9		
总　计	14	325.136 0			

参数估计

	系　数	标准误差	t - Stat	P - value	下限 95.0%	上限 95.0%
截距	63.775 1	5.407 2	11.794 15	51.993 9	51.993 9	75.556 3
使用面积	10.725 2	3.014 3	3.558 1	4.157 5	4.157 5	17.292 8
年限	−0.284 3	0.083 6	−3.400 2	−0.466 4	−0.466 4	−0.102 1

残差输出(预测)

观测值	预测估价	残　差	观测值	预测估价	残　差
1	84.253 3	0.146 7	9	80.330 7	−1.830 72
2	78.846 3	−1.446 3	10	79.081 2	0.118 801
3	76.958 8	−1.258 8	11	84.153 0	2.547 029
4	82.651 4	3.248 6	12	78.683 1	0.616 872
5	82.365 6	−3.265 6	13	76.716 0	−2.215 99
6	67.549 2	2.850 8	14	83.264 0	0.535 98
7	75.851 1	−0.051 1	15	78.790 1	−1.990 06
8	83.906 2	1.993 8			

(1) $\hat{y}=63.775\ 1+0.107\ 3x_1-0.284\ 3x_2$。

(2) 斜率β_1表示当x_2不变时，x_1变动1个单位，y变动10.73%；β_2表示当x_1不变时，x_2变动1个单位，y平均变动$-0.284\ 3$。

(3) 估价为：$\hat{y}=63.775\ 1+0.107\ 3\times175-0.284\ 3\times10=79.709\ 6$(万元)。

(4) 观察已使用年限残差图和供热面积残差图，散点都分别在0上下波动，且分布不存在明显的变化规律，说明所建立的模型与数据拟合得较好。

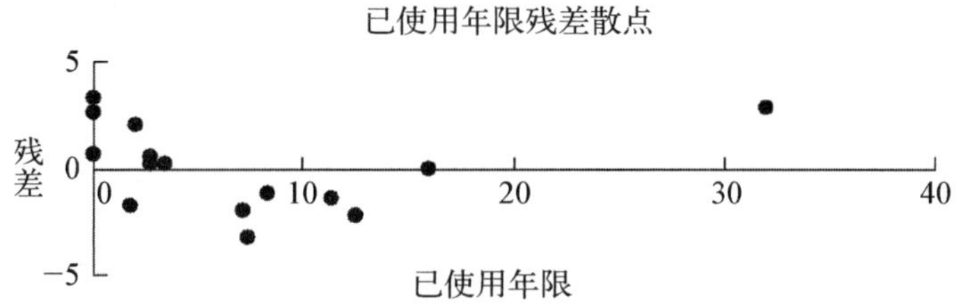

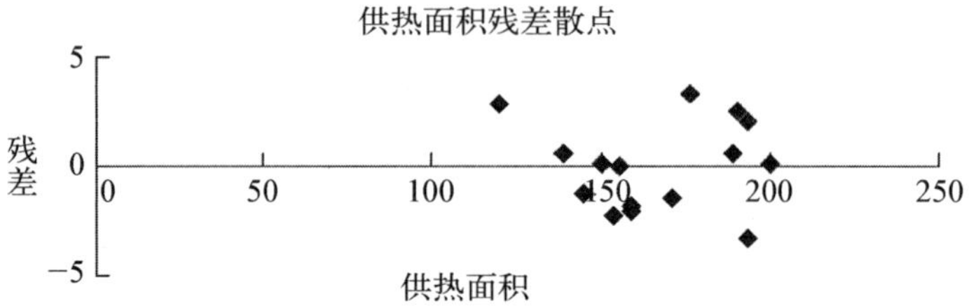

(5) 由方差分析表可见，F 检验的 P 值(Sig. F)＝2.727 76E－05，小于 0.05 的显著性水平，表明在 0.05 的显著性水平下，住宅的估价与年限之间存在显著的关系。

(6) 多元判定系数的含义：判定系数是用来评价多元线性回归方程的拟合程度优劣的测度，但由判定系数的定义可知，判定系数的大小取决于残差平方和在总离差平方和中所占的比重。在样本容量不变的条件下，总离差平方和与自变量的个数无关，而残差平方和则会随着模型中自变量个数的增加而减少，至少不会增加。因此，判定系数是自变量个数的非递减函数。在一元线性回归模型中，所有模型包含的变量数目都相同，如果所使用的样本容量也一样，判定系数便可以直接作为评价拟合程度的尺度。然而，在多元线性回归模型中，各个回归模型所含的变量的数目未必相同，因此，在多元回归分析中，更常用的评价指标采用的是修正自由度的判定系数，公式为：

$$\bar{R}^2 = 1 - \frac{\sum e_i^2/(n-k-1)}{\sum (y_i - \bar{y})^2/(n-1)}$$

修正的可决系数的值越接近 1，说明回归直线对观测值的拟合程度越好；其值越接近 0，说明回归直线对观测值的拟合程度越差。

(7) 本题修正的可决系数 Adjusted R^2＝0.797 582 598，表明模型拟合较好。

(8) 由参数估计表可见，回归系数 t 检验的 P 值分别为 0.003 938 和 0.005 267，均小于 0.05的显著性水平，表明两个解释变量(供热面积和已使用年限)分别对估价有显著的解释能力。

(9) 根据参数估计表，住宅的估价与供热面积之间的总体斜率 95％的置信区间为(0.041 575 3，0.172 928 38)。此题的斜率是变量供热面积 x_1 的斜率，它是假定其他变量不变的条件下，每变动一个单位供热面积 x_1，引起被解释变量住宅的估价 y 变动的价值。与计算题 5 中的斜率之间的差别在于：本题是二元回归，有两个解释变量，要解释一个解释变量的斜率变化引起被解释变量的变化，需首先假设其他解释变量不变；而计算题 5 是一元线性回归，只有一个解释变量，不存在假设其他解释变量不变的前提条件。

(10) 计算偏相关系数 r_{Y12}^1 和 r_{Y21}^2，并解释它们的含义。

① 相关系数矩阵

变　　量	估价 y	供热面积 x_1	年限 x_2
估价 y	1		
供热面积 x_1	0.812 0	1	
年限 x_2	−0.802 2	−0.576 4	1

② 根据相关系数矩阵写出单相关系数

$r_{y1}=0.812$

$r_{y2}=-0.802\ 2$

$r_{12}=-0.576\ 4$

③ 根据单相关系数计算偏相关系数

$$r_{y1(2)}=\frac{r_{y1}-r_{y2}\cdot r_{12}}{\sqrt{1-(r_{y2})^2}\cdot\sqrt{1-(r_{12})^2}}=\frac{0.812-0.802\ 2\times 0.576\ 4}{\sqrt{[1-(-0.802\ 2)^2]\times[1-(-0.576\ 4)^2]}}=0.716\ 5$$

$$r_{y2(1)}=\frac{r_{y2}-r_{y1}\cdot r_{12}}{\sqrt{1-(r_{y1})^2}\cdot\sqrt{1-(r_{12})^2}}=\frac{-0.802\ 2+0.812\times 0.576\ 4}{\sqrt{[1-(0.812)^2]\times[1-(-0.576\ 4)^2]}}=-0.700\ 5$$

④ 偏相关系数的含义

$r_{y1(2)}$ 是假定使用年限不变时，供热面积与估价变动的相关关系程度大小的测度；$r_{y2(1)}$ 是假定供热面积不变时，使用年限与估价变动的相关关系程度大小的测度。

(11) 房地产评估协会公开宣称住宅的已使用年限与其评估价值无关。不同意这种说法，因为根据(1)～(9) 的结果可见，其回归系数 t 检验、方差分析的 F 检验以及拟合优度等计算结果都显示使用年限与估价有显著相关关系。

四、课外习题

(一) 单项选择题

1. 相关关系按自变量的多少分为(　　)。

A. 正相关与负相关　　B. 单相关与复相关

C. 线性相关与非线性相关　　D. 不相关、完全相关与不完全相关

2. 一个因变量与多个自变量的依存关系是(　　)。

A. 单相关　　B. 线性相关　　C. 非线性相关　　D. 复相关

3. 若 y 随着 x 的变化而等比例变化，则 y 与 x 的关系是(　　)。

A. 单相关　　B. 线性相关　　C. 非线性相关　　D. 复相关

4. 若两变量的变化方向相反，则属于(　　)。

A. 线性相关　　B. 非线性相关　　C. 正相关　　D. 负相关

5. 若 $|r|$ 在 0.3～0.5 的范围，则表明两变量(　　)。

A. 无直线相关　　B. 显著相关

C. 低度相关　　D. 高度相关

6. r 的取值范围是(　　)。

A. 小于 1　　B. 大于 1　　C. (−1, +1)　　D. [−1, +1]

7. 在回归分析中,要求两个变量(　　)。

A. 都是随机变量

B. 自变量是确定性变量,因变量是随机变量

C. 都是确定性变量

D. 因变量是确定性变量,自变量是随机变量

8. $r=0$ 表示(　　)。

A. 不存在相关关系　　B. 存在平衡关系

C. 两变量独立　　D. 不存在线性相关关系

9. 已知 L_{xy} 是 L_{yy} 的 1.5 倍,σ_x 是 σ_y 的 1.8 倍,则 r 为(　　)。

A. 0.83　　B. 0.8　　C. 0.9　　D. 0.92

10. 每一吨铸铁成本(元)依铸件废品率(%)变动的回归方程为:$y_c=56+8x$,这意味着(　　)。

A. 废品率每增加 1%,成本每吨增加 64 元

B. 废品率每增加 1%,成本每吨增加 8%

C. 废品率每增加 1%,成本每吨增加 8 元

D. 废品率每增加 1%,则每吨成本为 56 元

(二) 多项选择题

1. 判断相关关系的方法有(　　)。

A. 定性判断　　B. 相关表　　C. 相关图　　D. 相关系数

E. 标准差系数

2. $y=a+bx+cx^2$ 表明自变量与因变量之间的关系是(　　)。

A. 单相关　　B. 复相关　　C. 线性相关　　D. 非线性相关

E. 二元相关

3. $y=50-4x$ 表示变量间的关系是(　　)。

A. 单相关　　B. 复相关　　C. 正相关　　D. 负相关

E. 线性相关

4. $y=a+bx$ 中的 b 是(　　)。

A. 截距　　B. 斜率　　C. 回归系数　　D. 相关系数

E. 当 x 增加一个单位时,y 的平均数

5. 以下为相关关系的是(　　)

A. 圆的半径长度与周长的关系　　B. 农作物收获与施肥量的关系

C. 商品销售额与利润率的关系　　D. 产品产量与单位成品成本的关系

E. 家庭收入多少与消费支出增长的关系

6. 以下说法正确的是(　　)。

A. r 和 b 都无计量单位　　B. r 是无名数,b 是有名数

C. b 可反映变量间的相关方向　　D. b 可反映变量间的相关程度

E. b 是无名数,r 是有名数

7. 回归分析的特点有(　　)。

A. 两个变量是不对等的

B. 必须区分自变量和因变量

C. 两个变量都是随机的

D. 因变量是随机的

E. 自变量是可以控制的量

F. 回归系数只有一个

8. 直线回归方程 $y_c=a+bx$ 中的 b 称为回归系数，回归系数的作用是(　　)。

A. 可确定两变量之间因果的数量关系

B. 可确定两变量的相关方向

C. 可确定两变量相关的密切程度

D. 可确定因变量的实际值与估计值的变异程度

E. 可确定当自变量增加一个单位时，因变量的平均增加量

(三) 计算题

1. 某企业资料如下：

年　份	产量(千件)	产品成本(元/件)
2011	5	70
2012	7	69
2013	9	67
2014	8	68
2015	9	66
2016	10	64

求：

(1) 定量判断产量与单位产品成本间的相关系数；

(2) 用最小二乘法建立线性回归方程，并说明回归系数的经济含义；

(3) 计算估计标准误差(以上问题均保留四位小数)。

2. 某片地被平均地划分为 7 块，每块地的化肥使用量和玉米产量数据如下：

地　　块	化肥使用量(千克)	玉米产量(100 千克)
1	54	49
2	36	40
3	45	45
4	32	34
5	40	42
6	34	37
7	50	47

由以上数据，Excel 输出的结果如下：

回归统计	
Multiple R	0.975 018
R^2	0.950 66
Adj. R^2	0.940 792
标准误差	1.317 862
观测值	7

方差分析

	df	SS	MS	F	Sig. F
回归分析	1	167.316 2	167.316 2	96.338 14	0.000 187
残　差	5	8.683 799	1.736 76		
总　计	6	176			

	系　数	标准误差	t - Stat	P - value
截　距	15.752 55	2.720 158	5.791 044	0.002 162
化肥使用量(千克)	0.631 382	0.064 327	9.815 2	0.000 187

要求：

(1) 列出回归方程，解释回归方程中 b_1 的含义；

(2) 用 $\alpha=0.05$ 对回归方程进行显著性检验；

(3) 若某块地的化肥使用量为 45 千克，试对其玉米产量建立一个 95%的预测区间。

3. 1990—2012 年我国人均居民消费支出和人均 GDP 如下表所示。

年 份	人均居民消费支出	人均 GDP	年 份	人均居民消费支出	人均 GDP
1990	584.6	1 663	2002	1 834.3	9 506
1991	619.8	1 912	2003	1 943.3	10 666
1992	659.0	2 334	2004	2 184.7	12 487
1993	769.7	3 027	2005	2 555.4	14 368
1994	1 016.8	4 081	2006	2 829.0	16 738
1995	1 310.4	5 091	2007	3 223.9	20 505
1996	1 572.1	5 898	2008	3 660.7	24 121
1997	1 617.2	6 481	2009	3 993.5	26 222
1998	1 590.3	6 860	2010	4 381.8	30 876
1999	1 577.4	7 229	2011	5 221.1	36 403
2000	1 670.1	7 942	2012	5 908.0	40 007
2001	1 741.1	8 717			

请根据表中资料解答以下问题：

(1) 绘制 1990—2012 年我国人均居民消费支出和人均 GDP 相关图，并求相关系数；

(2) 用最小二乘法建立人均居民消费支出关于人均 GDP 的线性回归模型;

(3) 假设我国 2013 年人均 GDP 为 41 000 元,估计我国 2013 年人均居民消费支出。

4. 某连锁店在选择新址时认为,门店的规模大小和门店的促销费用多少是影响年销售额的重要因素。相关资料见下表。

商 店	年销售额 y(万元)	规模大小 x_1(平方米)	年促销费用 x_2(万元)
1	368	172	20
2	389	164	20
3	665	281	55
4	854	355	25
5	341	129	30
6	556	220	40
7	366	113	45
8	469	350	25
9	546	315	40
10	288	151	20
11	1 067	516	55
12	758	456	30
13	1 170	584	50
14	408	350	25
15	650	405	30

以年销售额为变量,门店的规模大小和促销费用为自变量,进行二元线性回归分析,用 Excel 中的回归分析工具得到以下结果(见下表):

回归统计	
Multiple R	0.922 717
R^2	①
Adj. R^2	0.826 642
标准误差	112.101 5
观测值	15

方差分析

	df	SS	MS	F	Sig. F
回归分析	2	864 060.9	432 030.5	④	1.08E-05
残 差	②	③	12 566.76		
总 计	14	1 014 862			

续 表

	系 数	标准误	t - Stat	P 值
截 距	−51.312 7	92.092 48	−0.557 19	0.587 642
规模大小	1.405 331	0.223 718	6.281 705	4.06E - 05
年促销费用	6.382 308	2.601 01	2.453 781	0.030 382

要求(根据 Excel 输出的结果):

(1) 计算上述输出结果中缺省数据①②③④;

(2) 列出二元线性回归方程,并列出此回归方程的判定系数和估计标准误;

(3) 以 $\alpha = 0.05$ 对偏回归系数进行 t 检验,并对模型进行 F 检验。

五、课外习题参考答案

(一) 单项选择题

1. B　2. D　3. B　4. D　5. C　6. D　7. B　8. C　9. A　10. C

(二) 多项选择题

1. ABCD　2. AD　3. ADE　4. BC　5. BCDE　6. BC　7. ABDEF　8. ABE

(三) 计算题

1. **解:** (1) $r = \dfrac{n\sum xy - \sum x \cdot \sum y}{\sqrt{n\sum x^2 - (\sum x)^2} \cdot \sqrt{n\sum y^2 - (\sum y)^2}}$

$$= \frac{6 \times 3\,214 - 48 \times 404}{\sqrt{6 \times 400 - 48^2} \times \sqrt{6 \times 27\,226 - 404^2}}$$

$$= \frac{-108}{\sqrt{96 \times 140}} = -0.931\,6$$

因为 $r = -0.931\,6$,所以两变量高度线性负相关。

(2) 以产品成本为因变量,产量为自变量,建立线性回归方程,则:

$$b = \frac{n\sum xy - \sum x \cdot \sum y}{n\sum x^2 - (\sum x)^2} = \frac{-108}{96} = -1.125$$

$$a = \bar{y} - b\bar{x} = 67.333\,3 - (-1.125 \times 8) = 76.333\,3$$

故 $\hat{y} = 76.333\,3 - 1.125x$

从而该企业产品平均成本为 76.333 3 元/件,当产品产量每增加 1 千件时,产品成本平均减少 1.125 元/件。

(3) $S=\sqrt{\frac{\sum (y_i-\hat{y}_i)^2}{n-2}}=\sqrt{\frac{3.083\,333}{4}}=0.877\,971$

2. **解**：(1) 列出回归方程 $y=15.752\,55+0.631\,382x$，回归方程中 0.631 382 的含义是每增加 1 千克的化肥使用量，玉米产量平均可增加 63.138 2 千克。

(2) 用 $\alpha=0.05$ 对回归方程进行显著性检验：

$H_0: R^2=0$；$H_1: R^2>0$

因 $0.05>0.000\,187$，所以接受 H_1，即回归模型整体显著性检验通过。

(3) 当某块地的化肥使用量为 45 千克时，点估计 $\hat{y}=15.752\,55+0.631\,382x=44.164\,7$。从而，95%置信度的玉米产量预测区间为：

$$44.164\,7\pm 2.571\times 1.317\,86\times\sqrt{1+\frac{1}{7}+\frac{(45-41.57)^2}{419.714}}=44.164\,7\pm 3.666\,6$$

即玉米产量的预测区间为(40.498 7，47.830 7)。

3. **解**：(1) 1999—2020 年我国人均居民消费支出和人均 GDP 相关图如下图所示。

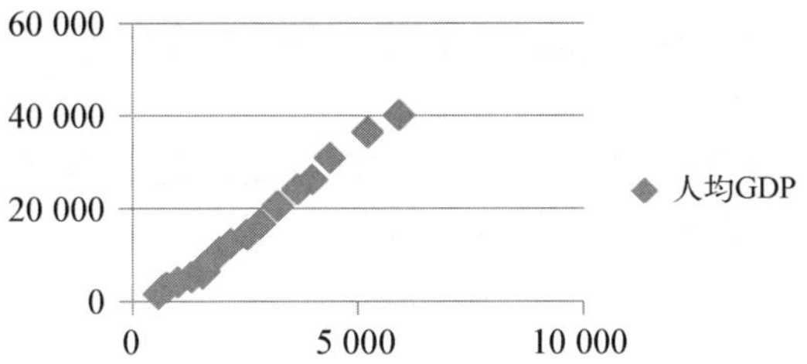

$$r=\frac{n\sum xy-\sum x\sum y}{\sqrt{n\sum x^2-(\sum x)^2}\times\sqrt{n\sum y^2-(\sum y)^2}}=0.995\,96$$

(2) 以人均居民消费支出为因变量、人均 GDP 为自变量建立线性回归模型，则：

$$b=\frac{n\sum xy-\sum x\sum y}{n\sum x^2-(\sum x)^2}=0.130\,84$$

$a=\bar{y}-b\,\bar{x}=556.602\,83$

从而人均居民消费支出关于人均 GDP 的线性回归模型为：

$\hat{y}=556.60+0.13x+\varepsilon$

(3) 依题意知，$x=6\,000$，则 $\hat{y}=556.60+0.13\times 41\,000=5\,886.6$(元)

4. **解**：(1) ① 0.851 4　② 12　③ 150 801.1　④ 34.378 8

(2) $y_i=-51.312\,7+1.405\,331x_1+6.382\,3x_2$

$R^2=0.851\,4$，$S_{yx}=112.101\,5$

(3) t 检验：$H_0: \beta_1=0$；$H_1: \beta_1\neq 0$

$\alpha=0.05>P$ 值$=4.06\text{E}-05$，拒绝原假设，x_1 显著；

t 检验：$H_0: \beta_2=0$；$H_1: \beta_2\neq 0$

$\alpha=0.05>P$ 值$=0.030\,382$，拒绝原假设，x_2 显著；

F 检验：$H_0: R^2=0$；$H_1: R^2>0$

$\alpha=0.05>\text{Sig. }F=1.08\text{E}-05$，拒绝原假设，模型显著。

第十章　时间序列分析

一、学习目的和要求

(1) 能够正确地识别时间序列变量和形态，以及对实际资料进行整理和编制适用的时间数列；

(2) 掌握时间序列的水平分析与速度分析中各种指标的计算方法和应用；

(3) 能用实际资料建立适当的趋势模型；

(4) 掌握长期趋势、季节变动、循环波动和不规则变动的测定方法；

(5) 能初步应用时间序列模型进行外推预测。

二、内容提要

(一) 时间序列分析概述

时间序列分析是一种广泛应用的数量分析方法，主要用于描述和探索现象随时间发生变化的数量规律性。

1. 时间序列的概念

同一现象在不同时间上的相继观察值排列而成的序列称为时间序列。时间序列形式上由现象所属的时间和现象在不同时间上的观察值两部分组成。

2. 时间序列的分类

按照经济数据的表现形式划分，时间序列可分为绝对数时间序列、相对数时间序列和平均数时间序列。绝对数时间序列又分为时期序列和时点序列。按观察数据的性质与形态不同划分，时间序列可分为随机型时间序列和确定型时间序列。

3. 编制时间序列的原则

(1) 时间长短应该相等；(2) 总体范围应该一致；(3) 计算方法应该统一；(4) 经济含义应该统一。

(二) 时间序列的数据分析

时间序列分析的内容有：时间序列的水平分析(发展水平、平均发展水平、增长量、平均增长量)，时间序列的速度分析(发展速度和增长速度、平均发展速度和平均增长速度)，速度分析和水平分析的结合与应用。

1. 时间序列的水平分析

(1) 发展水平与平均发展水平。发展水平是指时间序列中每一项具体的数值，通常用 a_i 表示。平均发展水平是指对时间序列各期发展水平求平均数，又叫序时平均数或动态平均数。

根据资料掌握情况的不同，序时平均数计算的方法也有所不同：

① 由时期序列计算序时平均数。其公式为：

a. 连续变动的连续时点数列(即未分组数据)

$$\bar{a}=\frac{a_1+a_2+\cdots+a_{n-1}+a_n}{n}=\frac{\sum a_i}{n}$$

b. 非连续变动的连续时点数列(即分组数据)

$$\bar{a}=\frac{\sum af}{\sum f}$$

② 由间断间隔相等时点序列计算序时平均数。其公式为：

$$\bar{a}=\frac{\frac{a_1}{2}+a_2+a_3+\cdots+a_{n-1}+\frac{a_n}{2}}{n-1}$$

③ 由间断间隔不等时点序列计算序时平均数。其公式为：

$$\bar{a}=\frac{\frac{a_1+a_2}{2}f_1+\frac{a_2+a_3}{2}f_2+\cdots+\frac{a_{n-1}+a_n}{2}f_{n-1}}{f_1+\cdots+f_{n-1}}$$

④ 由相对数或平均数时间序列计算序时平均数。其公式为：

$$\bar{c}=\frac{\bar{a}}{\bar{b}}$$

(2) 增长量与平均增长量。增长量是时间序列中的报告期水平与基期水平之差。若两者之差为正数，则表示增长；若为负数，则表示下降。由于采用基期的不同，增长量有逐期增长量和累计增长量之分。两者的关系是逐期增长量之和等于累计增长量。

平均增长量是观察期各逐期增长量的平均数，其公式如下：

$$平均增长量=\frac{逐期增长量之和}{逐期增长量个数}=\frac{累计增长量}{动态数列项数-1}$$

2. 时间序列的速度分析

(1) 发展速度与增长速度。发展速度是报告期发展水平与基期发展水平之比。由于采用基期不同，发展速度又有环比发展速度和定基发展速度之分。两者的关系是：环比发展速度的连乘积等于相应的定基发展速度。增长速度也称递增率，是增长量与基期水平之比，也可用发展速度－1(或 100%)计算。由于基期的不同，增长速度也有环比增长速度和定基发展速度之分。

(2) 平均发展速度与平均增长速度。平均发展速度是各个时期环比发展速度的平均数；平均增长速度则是现象在整个时期内平均增长变化的程度，通常用平均发展速度－1(或 100%)计算。平均发展速度的计算方法有两种：

① 几何平均法(水平法)

$$\overline{X}=\sqrt[n]{\frac{a_1}{a_0}\cdot\frac{a_2}{a_1}\cdot\cdots\cdot\frac{a_n}{a_{n-1}}}=\sqrt[n]{X_1\cdot X_2\cdot\cdots\cdot X_n}=\sqrt[n]{\prod X_i}$$

② 方程法(累计法)

$$\overline{X}^n+\overline{X}^{n-1}+\cdots+\overline{X}^2+\overline{X}=\frac{\sum_{i=1}^{n}a_i}{a_0}$$

(三) 时间序列的构成分析

时间序列各项发展水平的变化是由许多复杂因素共同作用的结果,影响因素归纳起来大体有四类:长期趋势 T、季节变动 S、循环变动 C、不规则变动 I。

1. 时间序列模型

常用的时间序列分析模型有两种,即加法模型($Y=T+C+S+I$)和乘法模型($Y=T\times C\times S\times I$)。

2. 长期趋势分析方法

长期趋势分析方法包括时距扩大法、移动平均法、最小二乘法(又称最小平方法)。

(1) 时距扩大法是对长期的时间序列资料进行统计修匀的一种简便方法。它是把原有动态数列中各时期资料加以合并,扩大每段计算所包括的时间,得到较长时距的新时间序列,以消除由于时距较短而受到偶然因素影响所引起的波动,清楚地显示现象变动的趋势和方向。

时距扩大修匀可以用扩大时距后的绝对数表示,也可以用扩大时距后的平均数表示。前者只适用于时期数列,后者可以用于时期数列和时点数列。

(2) 移动平均法是趋势变动分析的一种较简单的常用方法。该方法的基本思想和原理是,通过扩大原时间序列的时间间隔,并按一定的间隔长度逐期移动,分别计算出一系列移动平均数,由这些平均数形成的新的时间序列对原时间序列的波动起到一定的修匀作用,削弱了原序列中短期偶然因素的影响,从而呈现现象发展的变动趋势。

设移动间隔长度为 K,则移动平均数序列可以写作:

$$\overline{Y}_i=\frac{Y_i+Y_{i+1}+\cdots+Y_{K+i-1}}{K}$$

式中,$\overline{Y}_i$ 为移动平均趋势值,K 为大于 1 小于 n 的正整数。

移动平均法是通过移动平均来平滑时间序列,但由于平均数易受异常数据的影响,为避免这种情况,可以用中位数来代替平均数,这就是移动中位数法,也称为中位数扫描法。

利用移动平均法分析长期趋势变动时,应注意的问题有:① 移动平均后的趋势值应放在各移动项的中间位置;② 移动间隔长度应长短适中。

(3) 最小二乘法是利用回归分析的原理,即建立有效的数学模型,对原有时间序列拟合出一条较为理想的直线或者曲线,即估计值所形成的趋势线,用这条趋势线来反映现象运行的基本趋势,并预测未来。

用线性模型来描述即 $\hat{Y}_t=a+bt$。根据最小平方法的要求,可得趋势线中未知常数 a 和 b 的标准求解方程:

$$\begin{cases}\sum y = na + b\sum t \\ \sum ty = a\sum t + b\sum t^2\end{cases}$$

解得：

$$\begin{cases}a = \bar{y} - b\bar{t} \\ b = \dfrac{n\sum ty - \sum t\sum y}{n\sum t^2 - (\sum t)^2}\end{cases}$$

上述方程的变量 t 可取时间序列中的任何时期为原点。为简便起见，可取时间序列的中间时期为原点，此时有 $\sum t = 0$，上式可简化为：

$$\begin{cases}a = \bar{y} \\ b = \dfrac{\sum ty}{\sum t^2}\end{cases}$$

3. 季节趋势分析方法

季节趋势分析方法包括按月(季)平均法、趋势剔除法。

现象季节变动是指某些社会经济现象，随着季节的更换而引起的比较有规律性的变动。分析季节变动的目的，在于消除由于季节变动带来的不利影响，充分利用它的有利因素，以便更好地组织生产，适应市场与满足人民生活的需要。

(1) 按月(季)平均法。这是直接根据原时间序列通过简单平均来计算季节指数的一种常用方法。该方法的步骤如下：

第一步：将各年同月(或同季)排列在一起；

第二步：计算各年同月(或同季)平均数；

第三步：计算全部数据的总月(或季)平均数；

第四步：将各年同月(或同季)平均数除以总月(或季)平均数，即得季节指数(S)。其公式为：

$$季节指数(S) = \frac{同月(季)平均数}{总月(季)平均数} \times 100\%$$

(2) 趋势剔除法。该方法的基本思想是，先将时间序列中的长期趋势予以剔除，而后再计算季节指数。其中，序列中的趋势值可采用移动平均法求得，也可采用最小平方法求得。利用前者分析季节变动又称为移动平均趋势剔除法，后者简称为趋势剔除法。具体步骤为：

第一步：利用移动平均法，求出对应各季的趋势值；

第二步：以各季的实际数量与趋势值相除，获得各季的季节变化情况；

第三步：将各年的同一季节情况进行平均，得各季未修正指数；

第四步：进行指数修正。

4. 循环变动分析和不规则变动分析方法

循环变动分析和不规则变动分析主要采用剩余法。

根据时间序列的传统模型所包括的各个因素之间的逻辑关系，分离出某些因素(如季节变动)，然后再从原序列中逐一剔除那些被分离出的因素，而剩下的即为所要研究的因素，这种方法称作剩余法。假定已经分离出长期趋势 T 和季节变动因素 S，那么通过剩余法再消除长期趋势 T 和季节变动因素 S，剩下的就是循环变动 C 和不规则变动 I（这两种变动合并，统称随机变动）。剩余法的有关公式如下：

（1）乘法模型。

$$Y'_t=\frac{Y_t}{T\cdot S}=\frac{T\cdot S\cdot C\cdot I}{T\cdot S}=C\cdot I$$

（2）加法模型。

$$Y'_t=Y_t-T-S=(T+S+C+I)-T-S=C+I$$

（3）混合模型。

$$Y'_t=\frac{Y_t-S}{T}=\frac{S+T\cdot C\cdot I-S}{T}=\frac{T\cdot C\cdot I}{T}=C\cdot I$$

（四）时间序列预测

时间序列预测方法除以传统分析为基础所进行的简单外推预测之外，还有移动平均法、指数平滑法、趋势外推法、回归预测法等。

1. 移动平均法

移动平均法不仅能对时间数列进行修匀，还能对变动比较平稳的时间数列进行预测，即取最近 n 项数值的平均数作为下期的预测值：

$$\hat{Y}_t=\frac{Y_{t-1}+Y_{t-2}+\cdots+Y_{t-n}}{n}\quad 或\quad \hat{Y}_{t+1}=\frac{Y_t+Y_{t-1}+Y_{t-2}+\cdots+Y_{t-n+1}}{n}$$

2. 指数平滑法

指数平滑法是由移动平均法演变而来的。与移动平均法相同的是，指数平滑法也可用来修匀数据，平滑以后可以对数据的长期变动提供更为清晰的趋势。此外，指数平滑法可以用于存在某种长期趋势影响的时间数列的近期预测。指数平滑法的一般形式为：

$$\hat{Y}_{t+1}=\alpha Y_t+(1-\alpha)\hat{Y}_t$$

3. 趋势外推法

趋势外推法，也称长期趋势预测法，它是根据构造时间数列长期趋势的方程，进行外推预测。

4. 自相关性和自回归预测法

（1）时间序列的自相关性。时间是一个连续不断的过程，时间数列的指标随时间变化而变化，后期水平往往是在前期水平基础上发展变化而来的，前后各期水平之间存在着某种依存关系。对这种自相关关系程度的测定称为自相关系数。时间延迟为 k 的自相关系数为：

$$r_k=\frac{\sum_{t=1}^{n-k}(y_t-\bar{y}_t)(y_{t+k}-\bar{y}_{t+k})}{\sqrt{\sum_{t=1}^{n-k}(y_t-\bar{y}_t)^2}\sqrt{\sum_{t=1}^{n-k}(y_{t+k}-\bar{y}_{t+k})^2}}$$

式中，$\bar{y}_t$ 为 y_1 到 y_{n-k} 共 $n-k$ 个观察值的均值，$\bar{y}_{t+k}$ 为 y_{k+1} 到 y_n 共 $n-k$ 个观察值的均值。

自相关系数同两个变量的线性相关系数一样，取值为 $-1 \sim 1$，即 $|r_k| \leqslant 1$。

（2）自回归预测法。当时间数列存在一定程度的自相关，就可以建立时间数列的自回归模型，通过前期数值计算后期数值或预测未来。自回归模型也有线性和非线性之分。一般 n 级线性自回归模型为：

$$\hat{Y}_t = b_0 + b_1 Y_{t-1} + b_2 Y_{t-2} + \cdots + b_n Y_{t-n}$$

当时间数列相继数值是二次方的函数时，就要拟合二次曲线的自回归模型：

$$\hat{Y}_t = b_0 + b_1 Y_{t-1} + b_2 Y_{t-1}^2$$

其中，b_0，b_1，b_2，…，b_n 均为参数，用最小平方法求解参数，可以确定预测模型。

三、课后习题答案

（一）思考题

1. 时期数列中所排列的数据总量为时期数据，时期数列中各时期上的数值分别反映现象在这一段时期内所达到的总规模、总水平，是现象在这一段时期内发展过程的累积总量。其特点是：（1）数列中各个数据是可以相加的，即相加具有一定的经济意义；（2）数列中每一个数据的大小与所属的时间长短有直接的联系；（3）数列中每个数据，通常是通过连续不断的登记而取得的。

时点数列中所排列的数据为时点数据，时点数列中各时点上的数据分别反映现象在各该时点上所达到的总规模、总水平，是现象在某一时点上的数量表现。其特点是：（1）各时间点上的观察值不具有时间上的可加性；（2）观察值的大小与相邻两时点间间隔长短无密切联系。

2. 环比发展速度与定基发展速度之间的关系表现为：

定基发展速度等于环比发展速度的连乘积，即 $\frac{a_n}{a_0} = \frac{a_1}{a_0} \times \frac{a_2}{a_1} \times \cdots \times \frac{a_n}{a_{n-1}}$。

两个相邻时期的定基发展速度之比等于它们的环比发展速度，即 $\frac{a_n}{a_0} \div \frac{a_{n-1}}{a_0} = \frac{a_n}{a_{n-1}}$。

环比增长速度与定基增长速度之间不能直接相互推算。

3. 时间序列的水平分析指标有：发展水平、平均发展水平、增长量、平均增长量。（1）发展水平就是时间数列中的每个指标数值，它反映现象在不同时间所达到的规模和水平，是计算其他动态分析指标的基础。（2）平均发展水平是把不同时间的发展水平加以平均所得到的平均数，统计上称为序时平均数。（3）增长水平又称增长量，是时间序列中报告期发展水平与基期发展水平之差，反映社会经济现象在一定时期内增加或减少的数量，用公式表示为：增长量＝报告期水平－基期水平。（4）平均增长水平也称平均增长量，它是逐期增长量的序时平均数，用公式表示为：

$$\text{平均增长量} = \frac{\text{逐期增长量之和}}{\text{逐期增长量个数}} = \frac{\text{累计增长量}}{\text{动态数列项数} - 1}$$

时间序列的速度分析指标有：发展速度和增长速度、平均发展速度和平均增长速度。

(1) 发展速度是两个时期发展水平对比而得的一种相对数，它表明现象发展的程度，说明报告期水平与基期水平之间的对比关系，其公式为：

$$发展速度=\frac{报告期水平}{基期水平}\times 100\%$$

(2) 增长速度是根据增长量与基期水平对比而求得的一种相对数，它表明现象在一定时期内的增长程度，其一般计算公式表示为：

$$增长速度=\frac{增长量}{基期水平}$$

(3) 平均发展速度是各期环比发展速度的序时平均数，计算平均发展速度的方法主要有两种，即几何平均法和方程法。

(4) 平均增长速度是各期环比增长速度的序时平均数，其计算公式为：

$$平均增长速度=平均发展速度-1(或 100\%)$$

4. 时距扩大法是对长期的时间序列资料进行统计修匀的一种简便方法。它是把原有动态数列中各时期资料加以合并，扩大每段计算所包括的时间，得到较长时距的新时间序列，以消除由于时距较短而受到偶然因素影响所引起的波动，清楚地显示现象变动的趋势和方向。时距扩大修匀可以用扩大时距后的绝对数表示，也可以用扩大时距后的平均数表示。前者只适用于时期数列，后者可以用于时期数列和时点数列。

移动平均法是采用逐期递推移动的方法计算一系列扩大时距的序时平均数，并以这一系列移动平均数作为对应时期的趋势值。通过移动平均数对数列修匀，可以消除原数列中的短期波动，更能深刻地描述现象发展的长期趋势。移动平均的项数越多，对原数列修匀的作用就越大，但得到的新时间序列的项数却越少。

数学模型法是利用回归分析的原理，即建立有效的数学模型，对原有时间序列拟合出一条较为理想的直线或者曲线，即估计值所形成的趋势线，用这条趋势线来反映现象运行的基本趋势，并预测未来。

5. 优点是不仅可以运用趋势方程严格地计算各期指标的理论值，比较贴近地拟合原时间数列，而且可以进行外推的预测。

应用条件：时间数列趋势方程中时间变量同数列指标的关系不能用原因和结果来解释，或做出其他具体的明确解释。应用时，需以时间数列中的时间为自变量 x(因为是时间，也可记为 t)，以时间数列中各期指标的数值为因变量 y，采用第九章中相应的公式。

6. 时间数列各项发展水平的变化是由许多复杂因素共同作用的结果，影响因素归纳起来大体有以下四类：

(1) 长期趋势 T。长期趋势是指现象在一段较长的时间内，由于普通的、持续的、决定性的基本因素的作用，使发展水平沿着一个方向，逐渐向上或向下变动的趋势。

(2) 季节变动 S。季节变动是指现象受季节变化、社会风俗习惯以及某些制度规章等影响而发生的变动。其变动的特点是，在一年或更短的时间内随着时序的更换，使现象呈周期性的变化。

(3) 循环变动 C。循环变动是指现象发生周期比较长的涨落起伏的变动，通常所指的循环变动是经济发展盛衰交替不绝的变动。

(4) 不规则变动 I。不规则变动是指现象除了受以上各种变动的影响以外，还受临时的、偶然的因素或不明原因而引起的非周期性、非趋势性的随机变动，不规则变动是无法预知的。

常用的时间序列分析模型有两种，即加法模型($Y=T+C+S+I$)和乘法模型($Y=T\times C\times S\times I$)。加法模型中假定各个影响因素间是相互独立的，并且都具有与变量相同的计量单位，乘法模型中假定各因素对现象发展的影响是相互的。

7. 长期趋势分析方法包括时距扩大法、移动平均法、最小平方法，季节变动分析方法包括按月(季)平均法、趋势剔除法，循环变动分析和不规则变动分析主要采用剩余法。

8. 时间数列预测方法是依据事物量的渐变过程的连续性，把时间数列的各期水平视为时间的函数，或者视为过去各期水平合乎规律变化的结果。因此，它对资料的要求比较单一，只需变量本身的历史数据，在实际工作中有广泛的适用性。

常见的时间数列预测方法有利用传统分析如平均增长量和平均增长速度等进行简单的外推预测，还有移动平均法、指数平滑法、趋势外推法、回归预测法等。

(1) 移动平均法不仅能对时间数列进行修匀，还能对变动比较平稳的时间数列进行预测，即取最近 n 项数值的平均数作为下期的预测值。

(2) 指数平滑法可以用于存在某种长期趋势影响的时间数列的近期预测，只需要本期实际值和本期预测值便可预测下期数值，不需要保存大量历史数据。实质上是以 α 为权数的本期实际值与本期预测值的加权平均。

(3) 趋势外推法也称长期趋势预测法，它是根据构造时间数列长期趋势方程进行外推预测。

(4) 自回归预测方法：当时间数列存在一定程度的自相关，就可以建立时间数列的自回归模型，通过前期数值计算后期数值或预测未来，有线性与非线性之分。

(二) 计算题

1. **解**：$\bar{a}=\dfrac{\dfrac{46+40}{2}\times 3+\dfrac{40+38}{2}\times 5+\dfrac{38+54}{2}\times 4}{3+5+4}=42.33$(万元)

2. **解**：(1) 上半年月平均销售产值：

$$\bar{a}=\frac{84+102+90+92+91+94}{6}=\frac{533}{6}=92.167(\text{万元})$$

上半年平均职工人数：

$$\bar{b}=\frac{\dfrac{100}{2}+98+100+103+105+105+\dfrac{110}{2}}{7-1}=102.67(\text{人})$$

(2) 上半年月平均全员劳动生产率：

$$\bar{c}=\frac{\bar{a}}{\bar{b}}=\frac{92.167}{102.67}=0.897\,7(\text{万元 / 人})$$

上半年的全员劳动生产率：

$$\bar{c}=\frac{\sum a}{\bar{b}}=\frac{533}{102.67}=5.386\,2(\text{万元})$$

职工构成指标，即工人占全部职工的比重。

上半年平均工人数为：

$$\frac{\frac{68}{2}+60+68+72+75+75+\frac{80}{2}}{7-1}=70.67(\text{人})$$

上半年工人占全部职工的比重为：

$$\bar{c}=\frac{\bar{a}}{\bar{b}}=\frac{70.67}{102.67}=68.8\%$$

(3) 略。

3. **解**：(1) 设中国的 GDP 在 x 年后赶上美国，则：

$7.426\ 09(1+0.07)^x \geqslant 15.924\ 184(1+0.02)^x$

解得：$x \geqslant 15.49$

所以，中国的 GDP 在 16 年后赶上美国。

(2) 16 年后中国的 GDP 为：

$\text{GDP}=7.420\ 69(1+0.07)^{16}=21.923\ 03$(万亿美元)

人均国民生产总值为 $21.923\ 03\times 10^4 \div 14=1.565\ 931$(万美元)

4. **解**：(1)～(3)答案见下表。

指　标	年　份	2016	2017	2018	2019	2020	2021
	利润(万元)	650	748	795	810	860	910
增长量(万元)	逐　期	—	98	47	15	50	50
	累　积	—	98	145	160	210	260
发展速度(%)	环　比	—	115.08	106.28	101.89	106.17	105.81
	定　基	100	115.08	122.31	124.62	132.31	140.00
增长速度(%)	环　比	—	15.08	6.28	1.89	6.17	5.81
	定　基	—	15.08	22.31	24.62	32.31	40.00

(4) 平均发展水平和平均增长量如下：

$$\bar{a}=\frac{\sum a}{n}=\frac{650+748+795+810+860+910}{6}=795.5(\text{万元})$$

$$\bar{\Delta}_a=\frac{a_n-a_0}{n-1}=\frac{910-650}{5}=52(\text{万元})$$

(5) 平均发展速度和平均增长速度如下：

$$\bar{X}=\sqrt[n]{\frac{a_n}{a_0}}=\sqrt[5]{\frac{910}{650}}=106.96\%$$

$$\bar{X}-1=106.96\%-100\%=6.96\%$$

5. **解**：(1) 三年移动平均 y_t^* 见下表第四列。

年　份	t	产　　量	三年移动平均		
		y_t	y_t^*	$\hat{Y}_t$	残　差
1996	0	307			
1997	1	344	355.666 7	417.461 3	−61.794 6
1998	2	416	398.333 3	428.090 4	−29.757 1
1999	3	435	430.333 3	438.719 5	−8.386 2
2000	4	440	441.666 7	449.348 7	−7.682
2001	5	450	452.666 7	459.977 8	−7.311 13
2002	6	468	468.000 0	470.606 9	−2.606 93
2003	7	486	483.333 3	481.236 1	2.097 277
2004	8	496	501.333 3	491.865 2	9.468 147
2005	9	522	532.666 7	502.494 3	30.172 35
2006	10	580	560.666 7	513.123 4	47.543 22
2007	11	580	576.333 3	523.752 6	52.580 76
2008	12	569	565.666 7	534.381 7	31.284 96
2009	13	548	565.666 7	545.010 8	20.655 83
2020	14	580	585.666 7	661.931 3	−76.264 6
2021	15	629			

(2) 以上表 t 为自变量，三年移动平均 y_t^* 为因变量，$\hat{Y}_t=\alpha+\beta t$ 为运用 Excel 数据分析模块计算的线性回归方程。其结果如下：

$\hat{Y}=366.50+17.02t$

(3) 预测 2022 年该企业的产品产量：

$\hat{Y}_{15}=366.50+17.02\times15=621.8$(万吨)

因此，2022 年该企业的产品产量为：$621.8\times4-(548+580+629)=730.2$(万吨)

6. **解**：(1) 制时间数列趋势图，并用最小二乘法拟合一条趋势直线。

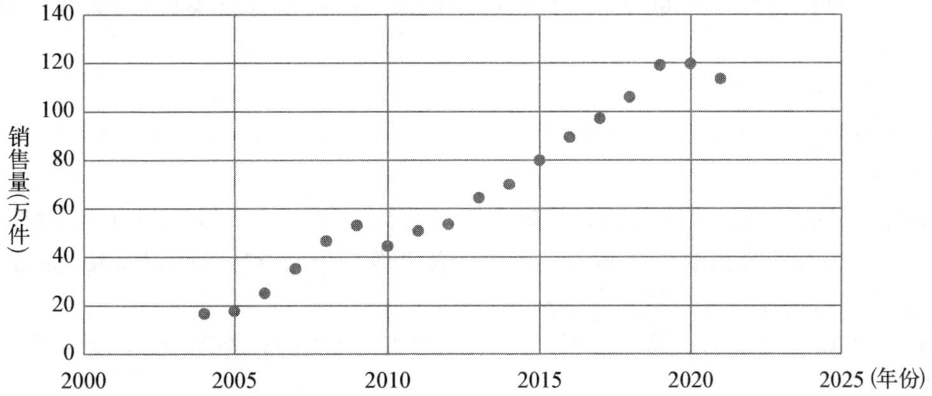

根据时间趋势 t 和销售量 y_t 的趋势图可以初步判断两者之间存在线性关系。

年　份	t	销售量(万件) y_t	预测 y_t	残　差	y_t'
2004	1	16.86	13.202 8	3.657 2	
2005	2	17.96	19.514 6	−1.554 6	
2006	3	25.29	25.826 5	−0.536 5	
2007	4	35.33	32.138 3	3.191 7	34.262 9
2008	5	46.66	38.450 1	8.209 9	39.121 4
2009	6	53.12	44.761 9	8.358 1	44.208 6
2010	7	44.62	51.073 8	−6.453 8	49.802 9
2011	8	50.87	57.385 6	−6.515 6	54.757 1
2012	9	53.57	63.697 4	−10.127 4	59.514 3
2013	10	64.45	70.009 2	−5.559 2	64.704 3
2014	11	70.01	76.321 1	−6.311 1	72.212 9
2015	12	79.96	82.632 9	−2.672 9	80.077 1
2016	13	89.45	88.944 7	0.505 3	89.430 0
2017	14	97.18	95.256 6	1.923 4	97.311 4
2018	15	105.92	101.568 4	4.351 6	103.517 1
2019	16	119.04	107.880 2	11.159 8	
2020	17	119.62	114.192 0	5.428 0	
2021	18	113.45	120.503 9	−7.053 9	

以上表 t 为自变量，销售量 y_t 为因变量，运用 Excel 数据分析模块计算，线性回归方程如下：

$Y=6.891+6.312t$

$t_2=2.190\,6(p=0.043\,6<\alpha=0.05)$，$t_1=21.718\,6(p=2.67\text{E-}13<\alpha=0.05)$

$R^2=0.967\,2$

模型的回归系数检验统计量的 p 值皆小于显著性水平 $\alpha=0.05$，表明自变量对因变量的解释能力显著，同时拟合优度为 0.967 2，接近 1，表明样本观测值与其回归线拟合非常好。

(2) 移动平均法修匀数据见上表第六列。

7. **解**：(1) 用移动平均法修匀数列；见下表列序(3)(因为移动步长取季度 4，偶数所以需要两次移动)。

季度 年份	季度	电热毯销售量（单位：百件）	第一次移动平均	第二次移动平均	以 t 为自变量、y_t 为因变量的趋势	以 t 为自变量、第二次移动平均 $y_t(2)$ 为因变量的趋势	剔除长期趋势 y_t	剔除长期趋势 $y_t(2)$	按季平均法
	列序	(1)	(2)	(3)	(4)	(5)	$(6)=\frac{(1)}{(4)}$	$(7)=\frac{(1)}{(5)}$	(8)
	t	y_t	$y_t'(1)$	$y_t'(2)$	y_t趋势	$y_t(2)$趋势	$\frac{y_t}{y_t}$趋势	$\frac{y_t}{y_t(2)}$趋势	S_j
2018	1	30	—	—	22.382 4	—	1.340 3	—	0.978 7
	2	42	32.750 0	—	25.664 7	—	0.389 6	—	0.383 0
	3	50	35.750 0	34.250 0	28.947 1	33.217 9	0.518 2	0.451 6	0.595 7
	4	62	36.750 0	36.250 0	32.229 4	35.591 2	2.358 1	2.135 4	2.042 6
2019	1	10	38.000 0	37.375 0	35.511 8	37.964 5	1.182 7	1.106 3	0.978 7
	2	14	42.000 0	40.000 0	38.794 1	40.337 7	0.360 9	0.347 1	0.383 0
	3	20	44.000 0	43.000 0	42.076 5	42.711 0	0.475 3	0.468 3	0.595 7
	4	28	45.500 0	44.750 0	45.358 8	45.084 2	2.028 3	2.040 6	2.042 6
2020	1	15	48.000 0	46.750 0	48.641 2	47.457 5	1.027 9	1.053 6	0.978 7
	2	20	50.000 0	49.000 0	51.923 5	49.830 7	0.385 2	0.401 4	0.383 0
	3	30	53.000 0	51.500 0	55.205 9	52.204 0	0.543 4	0.574 7	0.595 7
	4	47	55.000 0	54.000 0	58.488 2	54.577 2	1.709 7	1.832 3	2.042 6
2021	1	76	59.250 0	57.125 0	61.770 6	56.950 5	1.003 7	1.088 7	0.978 7
	2	92	63.250 0	61.250 0	65.052 9	59.323 7	0.430 4	0.472 0	0.383 0
	3	100	—	—	68.335 3	—	0.687 8	—	0.595 7
	4	116	—	—	71.617 6	—	1.619 7	—	2.042 6

(2) 拟合线性模型，测定数列的长期趋势。

第一，以上表 t 为自变量、电热毯销售量 y_t［列序(1)］为因变量建立一元线性回归模型，运用 Excel 数据分析模块计算，线性回归方程如下：

$$\hat{Y}=19.1+3.282\,4t$$

第二，以上表 t 为自变量、电热毯销售量第二次移动平均 $y_t'(2)$［列序(3)］为因变量建立一元线性回归模型，运用 Excel 数据分析模块计算，线性回归方程如下：

$$\hat{Y}=30.844\,7+2.373\,3t$$

(3) 用按季平均法和趋势剔除法测定数列的季节变动，并加以比较，说明差异情况及原因。

第一，按季月平均法测定季节变动。

季度年份	第一季度	第二季度	第三季度	第四季度	年平均
2018	30	10	15	76	32.75
2019	42	14	20	92	42
2020	50	20	30	100	50
2021	62	28	47	116	63.25
$\bar{y}_i$	46	18	28	96	47
S_i	97.87%	38.30%	59.57%	204.25%	400%

第二，剔除以 t 为自变量、电热毯销售量 y_t[列序(1)]为因变量建立一元线性回归模型的趋势，计算结果见本题第一张表列序(6)。

第二，剔除以 t 为自变量、电热毯销售量第二次移动平均 $y_t'(2)$[列序(3)]为因变量建立一元线性回归模型的趋势，计算结果见本题第一张表列序(7)。

分别绘制以上述方法计算的季节指数趋势图。

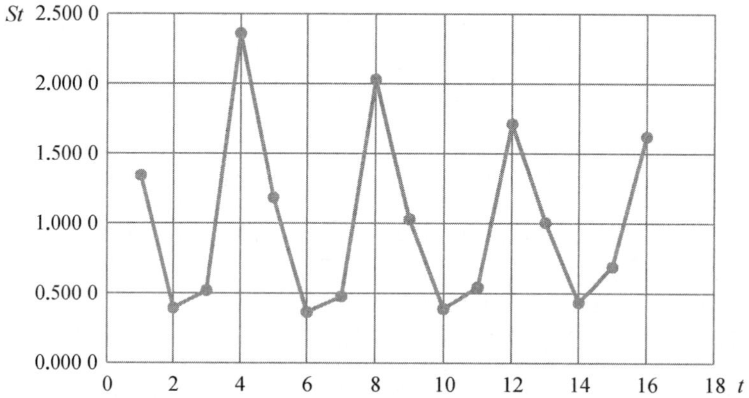

剔除长期趋势 y_t 的季节指数(6)趋势图

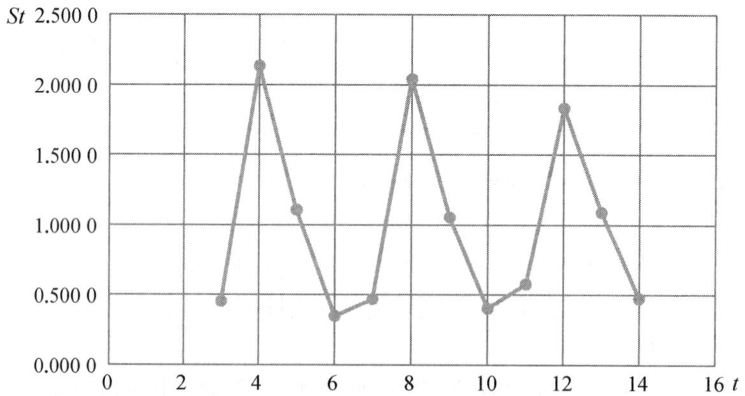

剔除长期趋势(二次移动平均)$y_t(2)$季节指数(7)趋势图

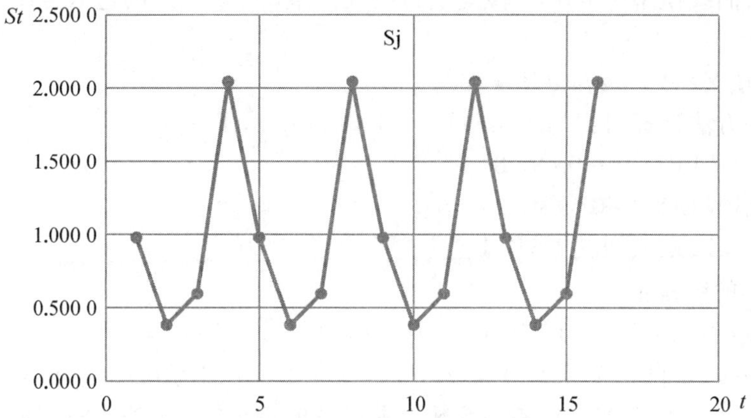

按季平均法季节指数(8)趋势图

三种方法计算的季节指数基本吻合，区别如下：

其一，由于计算二次移动平均时数据缺失，导致剔除长期趋势（二次移动平均）y_t(2)季节指数(7)波动少一次转折。

其二，随时间变化，按季平均法季节指数(8)趋势变化较为均衡；相反，随时间变化，两种趋势剔除计算的季节指数呈现由大变小的趋势。

(4) 设 2021 年四个季度及年平均电热毯的销售量分别为 x_1、x_2、x_3、x_4 和 x_5，则结合(3)中各季度指数数据如下表所示（表中 y、y_1、y_2、y_3、y_4 均为未知参数）。

季度年份	第一季度	第二季度	第三季度	第四季度	年平均
2018	30	10	15	76	32.75
2019	42	14	20	92	42
2020	50	20	30	100	50
2021	62	28	47	116	63.25
2022	x_1	x_2	x_3	x_4	x_5
$\bar{y}_i$	y_1	y_2	y_3	y_4	y
S_i	109.43%	40.56%	49.59%	200.41%	400%

因此，$5y = 188 + x_5$，$x_1 = 1.094\,3$，$x_2 = 0.405\,6y$，$x_3 = 0.495\,9y$，$x_4 = 2.004\,1y$。

又由(2)可估计出 2022 年第一季度($t=17$)电热毯的销售量：

$x_1 = 30.835 + 2.373 \times 17 = 71.176$

从而可得：$x_1 = 71.176$，$x_2 = 26.381$，$x_3 = 32.255$，$x_4 = 130.352$。

8. **解**：取 $\alpha = 0.7$

$$\hat{Y}_{17} = \alpha Y_{16} + (1-\alpha)\hat{Y}_{16}$$
$$= \alpha(1-\alpha)^0 Y_{16} + \alpha(1-\alpha)Y_{15} + \alpha(1-\alpha)^2 Y_{14} + \cdots + \alpha(1-\alpha)^{15} Y_1 + \alpha^0(1-\alpha)^{16}\hat{Y}_1$$
$$= 95.02$$

9. **解**：(1) 因为数据序列一阶差分和二阶差分的变动范围都很大，而其环比发展速度比较接近，所以可选择指数曲线模型。

为了把指数曲线模型 $\hat{Y}=\beta_0\beta_1^t$ 转变换为线性模型，可对等式两边取常用对数，即：

$Y=A+Bt$

式中，$Y=\lg Y$，$A=\lg\beta_0$，$B=\lg\beta_1$。

根据最小平方法计算得到 $A=4.611\ 9$，$B=0.497\ 8$，即有：

$\hat{Y}=A+Bt=4.611\ 9+0.497\ 8t$

所以，建立的长期趋势模型为：

$\hat{Y}=\beta_0\cdot\beta_1^t=100.675\ 3\times1.645\ 1^t$

(2) 2021 年的销售量

$\hat{Y}=\beta_i\cdot\beta_1^t=100.675\ 3\times1.645\ 1^{10}=14\ 616.59$

10. **解**：(1) 计算自相关系数 γ_1，γ_2，γ_3，γ_4，γ_5 分别为 0.781，0.578，0.398，0.226，0.106。γ_1 最大，γ_2，γ_3 等多个自相关系数逐渐递减但不为零，表明该时间数列有明显的上升趋势。

(2) 自回归模型为 $y_t=125.96+0.988\ y_{t-1}$

模型显著有效。

(3) 下一年的产值为 186.34。

11. **解**：(1) 其环比发展速度比较接近，所以可选择指数曲线模型。为了把指数曲线模型 $\hat{Y}=\beta_0\beta_1^t$ 转换为线性模型，可对等式两边取常用对数，即：

$Y=A+Bt$

式中，$Y=\lg Y$，$A=\lg\beta_0$，$B=\lg\beta_1$。

根据最小平方法计算得到 $A=11.234\ 4$，$B=0.014\ 2$，即有：

$\hat{Y}=A+Bt=11.234\ 4+0.014\ 2t$

所以，建立的长期趋势模型为：

$\hat{Y}=\beta_0\cdot\beta_1^t=75\ 689.9\times1.014\ 3^t$

(2) 未来两个月的家庭户报纸订阅量分别为 107 944，109 487.6。

(3) 略。

四、课外习题

(一) 单项选择题

1. 绝对数时间序列按其指标所反映的时间不同可分为(　　)。

A. 时间序列和变量数列　　B. 时期数列和时点数列

C. 分组数列和组距数列　　D. 单项数列和组距数列

2. 如果六年的产量分别是 20，15，22，25，27，31，那么平均增长量是(　　)。

A. $\frac{31}{5}$　　B. $\frac{11}{5}$　　C. $\frac{11}{4}$　　D. $\sqrt[5]{\frac{31}{20}}$

3. 评比城市间的社会发展状况，将各城市每人分摊的绿化面积按年排列的时间序列属于(　　)。

A. 时期数列　　B. 时点数列

C. 相对指标时间序列　　D. 平均指标时间序列

4. 相对数时间序列中，各指标数值之间具有(　　)。

A. 完整性　　B. 总体性　　C. 可加性　　D. 不可加性

5. 对时间序列动态水平分析和速度分析的基础指标是(　　)。

A. 发展水平　　B. 平均发展水平　　C. 发展速度　　D. 平均发展速度

6. 累积增长量与增长速度在一段时间内存在下列联系：(　　)。

A. 累积增长量＝环比增长速度×前期水平

B. 累积增长量＝定基增长速度×前期水平

C. 累积增长量＝环比增长速度×最初水平

D. 累积增长量＝定基增长速度×最初水平

7. 平均增长量是一种(　　)。

A. 序时平均数　　B. 调和平均数　　C. 几何平均数　　D. 静态平均数

8. 已知 2017 年某自治区牛奶产量的环比发展速度为 105%，2018 年为 103.5%，2020 年为 104%，又知 2020 年比 2016 年的定基发展速度为 116.4%，则 2019 年的环比发展速度为(　　)。

A. 105.2%　　B. 103%　　C. 102.4%　　D. 109.2%

9. 在分析时期数列资料时，若侧重研究这种现象在各时期发展水平的累计总和，那么，计算平均发展速度应用(　　)。

A. 水平法　　B. 算术平均法　　C. 方程法　　D. 调和平均法

10. 如果采用三项移动平均修匀时间序列，那么所得修匀序列比原序列首尾各少(　　)。

A. 一项数值　　B. 二项数值　　C. 三项数值　　D. 四项数值

11. 对某公司历年利润额(单位：万元)资料拟合的方程为 $y_c = 100 + 10t$ (原点在 2000 年)，这意味着该公司利润额每年平均增加(　　)。

A. 110 万元　　B. 10 万元　　C. 100 万元　　D. 10%

12. 在用移动平均趋势剔除法测定季节变动时，剔除长期趋势的方法是(　　)。

A. 按月资料移动平均　　B. 按季资料移动平均

C. 将实际值除以趋势值　　D. 将实际值乘以趋势值

(二) 多项选择题

1. 由 2013—2021 年各年年初物资库存额资料所组成的序列是(　　)。

A. 统计序列　　B. 动态序列　　C. 时期数列

D. 时点数列　　E. 时间序列

2. 统计中常用的序时平均数有(　　)。

A. 平均发展水平　　B. 平均增长量　　C. 平均发展速度

D. 环比发展速度　　E. 增长 1%绝对值

3. 时间序列的水平指标有(　　)。

A. 发展水平　　B. 平均发展水平　　C. 发展速度

D. 增长速度　　E. 平均发展速度

4. 下列相对数时间序列中，(　　)属于由两个时期序列对比构成的相对数时间序列。

A. 每百元产值利润率时间序列
B. 工业总产值计划完成程度时间序列
C. 全员劳动生产率时间序列
D. 工人出勤率时间序列
E. 商品流通费用率时间序列

5. 将不同时期的发展水平加以平均所得到的平均数称为(　　)。
A. 一般平均数　B. 平均发展水平　C. 动态平均数
D. 算术平均数　E. 序时平均数

6. 定基增长速度等于(　　)。
A. 环比发展速度的连乘积
B. 定基发展速度减 100%
C. 逐期增长量除以基期发展水平
D. 累积增长量除以基期发展水平
E. 环比发展速度的连乘积减 100%

7. 用水平法计算的平均发展速度的大小取决于(　　)。
A. 现象时期的长短
B. 现象发展总速度的大小
C. 现象最初水平和最末水平的大小
D. 现象发展中间水平波动的影响
E. 现象定基发展速度的大小

8. 长期趋势有以下几种情形:(　　)。
A. 呈稳定的水平趋势
B. 向上发展变化趋势
C. 向下发展变化趋势
D. 等比上升趋势
E. 等差上升趋势

9. 对时间序列采用移动平均法修匀后所得到的一个新的时间序列(　　)。
A. 其项数一定少于原序列
B. 是一般平均数组成的序列
C. 其基本发展趋势与原序列一致
D. 是序时平均数组成的序列
E. 其基本发展趋势与原序列不一致

10. 直线趋势方程 $y_c = a + bt$ 中的参数 b 表示(　　)。
A. 趋势线的截距
B. 当 $t = 0$ 时,y_c 的数值
C. 趋势值或理论值
D. 趋势线的斜率
E. 当 t 每变动一个单位时,y_c 的平均增减数量

11. 反映季节变动的指标有(　　)。
A. 平均发展速度　B. 季节比率　C. 平均增长速度
D. 季节指数　E. 平均增长量

12. 用趋势剔除法测定季节变动,(　　)。
A. 考虑了现象发展中长期趋势的影响
B. 所得季节比率之和正好等于零
C. 要求具备连续 3 年以上的分月(季)资料
D. 各季节比率之和调整后等于 400%
E. 适用于没有长期趋势的时间序列

(三) 判断题

1. 绝对数时间序列中各个指标值是可以相加的。　(　　)
2. 2021 年按不同专业划分的全国毕业生人数属于时期序列。　(　　)

3. 第六次全国人口普查资料显示，我国人口总数已达 13.39 亿人，这是一个时点序列。（　　）

4. 序时平均数中的“首末折半法”适用于计算间断间隔相等的时点序列。（　　）

5. 由时点序列计算序时平均数，是假定现象在各个时点上是均匀变动的。（　　）

6. 编制时点序列时，其间隔应视研究现象在时期上变动的大小和快慢来决定。（　　）

7. 假定某公司产值的环比发展速度每年都等于 120%，那么其间各年的逐期增长量是逐年增加的。（　　）

8. 假设某企业利润额每年都增加 120 万元，那么其间各年的环比增长速度保持不变。（　　）

9. 某公司 2021 年的产量是 2015 年的 4 倍，这说明这几年该公司的产量翻了两番。（　　）

10. 环比增长速度等于环比发展速度减 1(或 100%)，可表示为逐期增长量与前期水平之比。（　　）

11. 平均增长速度就是对各期环比增长速度求几何平均数。（　　）

12. 相邻的两个环比发展速度之商，等于相应的定基发展速度。（　　）

13. 总速度就是定基发展速度，它可由各期发展水平之和与最初水平对比求得。（　　）

14. 某商店五年中商品销售额每年增加 500 万元，则商品销售额发展速度年年保持不变。（　　）

15. 以 1980 年为基础，2021 年为报告期，计算粮食的年平均发展速度时，需要开 42 次方。（　　）

16. 扩大时距修匀法可用来对时期和时点两种序列进行修匀。（　　）

17. 在确定移动平均数的项数时，若原时间序列的指标数值出现周期性变化时，应以周期数作为移动平均的项数。（　　）

18. 移动平均法中，n 越大，则移动平均法的修匀作用越小。（　　）

19. 对同一时间序列分别用按月(季)平均法和趋势剔除法计算季节比率，后者要比前者精确。（　　）

(四) 名词解释

1. 绝对数时间序列　2. 确定型时间序列　3. 平均发展水平　4. 平均增长速度
5. 季节变动　6. 最小二乘法　7. 按月(季)平均法　8. 指数平滑法
9. 自相关性　10. 自回归预测法

(五) 简答题

1. 什么是时间序列？它由哪两个要素构成？编制时间序列的原则是什么？
2. 简述时间序列的种类。
3. 什么是增长量？
4. 什么是平均速度指标？
5. 什么是移动平均法？
6. 简述按月(季)平均法和趋势剔除法的具体步骤。

(六) 计算题

1. 某商店 2021 年 1—6 月份各月商品销售额分别为 220 万元、232 万元、240 万元、252 万元、292 万元和 255 万元，试计算该商店第一、第二季度及上半年平均每月销售额。

2. 某公司 2021 年第二季度职工人数(单位：人)变动如下：

时　间	4 月 1 日	5 月 15 日	6 月 22 日
工人数	1 000		
增减人数		+20	+40

要求：计算第二季度平均工人数。

3. 某企业 2021 年各季度计划产值和计划完成程度的资料如下：

季　　度	计划产值(万元)	产值计划完成%
第一季度	860	130
第二季度	887	135
第三季度	875	138
第四季度	898	125

要求：计算该企业年度计划平均完成程度。

4. 某公司 2021 年第一季度职工人数(单位：人)和总产值(单位：万元)资料如下：

月　份	1	2	3	4
月初工人数	500	515	530	560
工业总产值	1 600	1 650	1 850	2 000

要求：

(1) 计算第一季度工人月平均劳动生产率；

(2) 计算第一季度工人平均劳动生产率。

5. 某企业产量 2016 年比 2015 年高 2%，2017 年与 2016 年的比为 95%，2018 年是 2015 年的 1.2 倍，2019 年该企业年产量为 25 万吨，比 2018 年多 10%，2020 年产量为 30 万吨，2021 年产量为 37 万吨。

试计算：

(1) 各年的环比发展速度；

(2) 以 2015 年为基期的定基发展速度；

(3) 各年产量；

(4) 2015—2021 年的年平均发展速度。

6. 某自行车厂 2017 年产量为 2.5 万辆。若计划规定，“十三五”期间每年平均增长 4%，以后每年平均增长 6%，问：到 2021 年的年产量可达多少万辆？如果计划规定 2021 年自行车年产量将为 2017 年的 4 倍，并且“十三五”期间每年平均增长速度只能为 6%，问：后十年需要每年递增速度多少才能达到预定的目标？

7. 某大型工程今年实际基本建设投资额为 8 000 万元，计划明、后两年基本建设投资总额是今年的 2.8 倍，求年平均增长速度和明、后两年各年的计划投资额。

8. 某地历年粮食产量(单位：万吨)资料如下：

年　份	2015	2016	2017	2018	2019	2020	2021
产　量	241	246	252	257	262	276	281

要求：

(1) 用最小平方法拟合直线趋势方程；

(2) 预测 2027 年的粮食产量。

9. 某市历年人口(单位：万人)资料如下：

年　份	2017	2018	2019	2020	2021
人口数	400	412	421	432	445

要求：

(1) 用最小平方法拟合指数曲线趋势方程；

(2) 预测该市 2026 年的人口数。

10. 某企业 2021 年各月记录在册的工人数如下(单位：人)：

项　目	1 月 1 日	2 月 1 日	4 月 1 日	6 月 1 日	9 月 1 日	12 月 1 日	12 月 31 日
在册工人数	326	330	335	408	414	412	412

试计算 2021 年该企业平均工人数。

11. 某企业产量季度资料如下：

时　　间	1	2	3	4
第一季度	522	540	570	600
第二季度	630	656	680	708
第三季度	728	750	775	800
第四季度	821	845	870	900

要求：

(1) 用按季平均法计算季节指数；

(2) 用长期趋势剔除法计算季节指数。

五、课外习题参考答案

(一) 单项选择题

1. B　2. B　3. D　4. C　5. A　6. D　7. A　8. B　9. C　10. A　11. B　12. C

（二）多项选择题

1. ABDE 2. ABC 3. AB 4. ABE 5. BDE 6. BDE 7. ABCE 8. ABCDE 9. ACD 10. DE 11. BD 12. ACD

（三）判断题

1. × 2. × 3. × 4. √ 5. × 6. √ 7. √ 8. × 9. √ 10. √ 11. × 12. × 13. × 14. × 15. × 16. √ 17. √ 18. × 19. ×

（四）名词解释

1. 绝对数时间序列又称数据总量数列，是指反映经济现象总规模、总水平的指标在不同时间上的观察数值按时间顺序排列而成的时间序列。

2. 确定型时间序列是指由某种或某些可确定的因素影响变动的时间数列，其数值变动有一定的规则，表现为长期趋势形态、季节变动形态和循环变动形态等。

3. 平均发展水平是把不同时间的发展水平加以平均所得到的平均数，统计上称为序时平均数。它将社会经济现象在不同时间上的数量差异抽象化，从动态上反映现象在一段时间内的一般发展水平。

4. 平均增长速度是各期环比增长速度的序时平均数，它表明现象在一定时期内逐期平均增长变化的程度。

5. 季节变动是指现象受季节变化、社会风俗习惯以及某些制度规章等影响而发生的变动。其变动的特点是，在一年或更短的时间内随着时序的更换，使现象呈周期性的变化。

6. 最小二乘法是利用回归分析的原理，即建立有效的数学模型，对原有时间序列拟合出一条较为理想的直线或者曲线，即估计值所形成的趋势线，用这条趋势线来反映现象运行的基本趋势，并预测未来。

7. 按月(季)平均法是测定季节变动最简便的方法。它是以若干年资料数据求出同月(季)的平均水平和全年总月(季)水平，并以二者对比所得到的各月(季)季节指数来反映季节变动的程度。

8. 指数平滑法是由移动平均法演变而来的，可用来修匀数据，平滑以后可以对数据的长期变动提供更为清晰的趋势。此外，指数平滑法可以用于存在某种长期趋势影响的时间数列的近期预测。

9. 时间是一个连续不断的过程，时间数列的指标随时间变化而变化，后期水平往往是在前期水平基础上发展变化而来的，前后各期水平之间存在着某种依存关系。这种依存关系称为时间数列的自相关(autocorrelation)关系。

10. 当时间数列存在一定程度的自相关，就可以建立时间数列的自回归模型，通过前期数值计算后期数值或预测未来，这就是自回归预测方法。自回归模型也有线性和非线性之分。

（五）简答题

1. 同一现象在不同时间上的相继观察值排列而成的序列称为时间序列。时间序列形式上由现象所属的时间和现象在不同时间上的观察值两个要素构成。编制时间序列时需要遵守四项基本原则：(1) 时间长短应该相等；(2) 总体范围应该一致；(3) 计算方法应该统一；

(4) 经济含义要统一。

2. 时间序列可分为绝对数时间序列、相对数时间序列和平均数时间序列三种。其中，绝对数时间序列是基本序列，其余两种是派生序列。

3. 增长量指标用于说明某种现象在一定时期内所增长的绝对数量，它是报告期水平与基期水平之差。正数表示增长或增加，负数表示降低或减少。由于采用的基期不同，增长量可分为累积增长量和逐期增长量两种。

4. 平均速度可分为平均发展速度和平均增长速度两种。前者是各个环比发展速度的序时平均数，说明某种现象在一个较长时期中逐年平均发展变化的程度；后者是各个环比增长速度的序时平均数，说明某种现象在一个较长时期中逐年平均增长变化的程度。

5. 移动平均法实质上是时距扩大法的改良。它是把原来时间序列的时距扩大，经过逐项移动计算序时平均数，得出的序时平均数构成一个新的时间序列。

6. 按月(季)平均法将整个时间序列的趋势值视为常数，其计算步骤如下：第一，计算各年同月(季)的平均数$\bar{y}_i$($i=1, 2, \cdots, 12$ 月)或($i=1, 2, 3, 4$ 季)；第二，计算各年所有月份(或季度)的总平均数$\bar{y}$；第三，计算季节指数 $S_i=\dfrac{\bar{y}_i}{\bar{y}}\times 100\%$。

趋势剔除法的核心在于充分考虑了长期趋势对于时间数列的影响，在计算各月的理论数量时，使用当月的趋势值代替年平均值。具体步骤为：第一，利用移动平均法，求出对应各季的趋势值；第二，以各季的实际数量与趋势值相除，获得各季的季节变化情况；第三，将各年的同一季节情况进行平均，得各季未修正指数；第四，进行指数修正。

(六) 计算题

1. **解：**第一季度平均销售额：

$$\bar{a}_1=\frac{\sum a}{n}=\frac{220+232+240}{3}=230.67(\text{万元})$$

第二季度平均销售额：

$$\bar{a}_2=\frac{\sum a}{n}=\frac{252+292+255}{3}=266.33(\text{万元})$$

上半年平均每月销售额：

$$\bar{a}=\frac{\sum a}{n}=\frac{220+232+240+252+292+255}{6}=248.5(\text{万元})$$

2. **解：**第二季度平均工人数：

$$\bar{a}=\frac{\sum af}{\sum f}=\frac{1\,000\times 44+1\,020\times 38+1\,060\times 9}{44+38+9}=1\,015(\text{人})$$

3. **解：**此题是由相对数动态数列计算序时平均数，因为计划完成百分比是实际产值与计划产值之比，所以要分别计算出实际产值和计划产值的序时平均数后再对比求得平均计划完成百分比。计算方法如下：

$$\bar{c}=\frac{(\sum a)/n}{(\sum b)/n}=\frac{\sum a}{\sum b}=\frac{860\times 130\%+887\times 135\%+875\times 138\%+898\times 125\%}{860+887+875+898}$$

$=131.97\%$

4. **解**：(1) 第一季度工人月平均劳动生产率：

$$\bar{a}=\frac{\sum a}{n}=\frac{1\ 600+1\ 650+1\ 850}{3}=1\ 700(\text{万元})$$

$$\bar{b}=\frac{\frac{b_1}{2}+b_2+\cdots+\frac{b_n}{2}}{n-1}=\frac{\frac{500}{2}+515+530+\frac{560}{2}}{4-1}=525(\text{人})$$

$$\bar{c}_1=\frac{\bar{a}}{\bar{b}}=\frac{1\ 700}{525}=3.24(\text{万元}/\text{人})$$

(2) 第一季度工人平均劳动生产率：

$\bar{c}_2=3\bar{c}_1=3\times 3.24=9.72(\text{万元}/\text{人})$

5. **解**：本题练习目的是利用各种速度指标之间的关系进行推算。计算结果如下：

年　份	年产量(万吨)	定基发展速度(%)	环比发展速度(%)
2015	18.94	100.0	—
2016	19.32	102.0	102.0
2017	18.35	96.9	95.0
2018	22.73	120.0	123.9
2019	25.00	132.0	110.0
2020	30.00	158.4	120.0
2021	37.00	195.4	123.3

2015—2021 年的年均发展速度为：

$$\bar{x}=\sqrt[n]{\frac{a_n}{a_0}}=\sqrt[6]{\frac{37}{18.94}}=111.8\%$$

6. **解**：(1) 2021 年的年产量为：

$a_n=a_0\bar{x}^n=2.5\times(1.04)^5\times(1.06)^{10}=5.45(\text{万辆})$

(2) 后十年的增长速度为：

$$\bar{x}-1=\sqrt[n]{\frac{a_{2005}}{a_{1900}}\div\frac{a_{1995}}{a_{1990}}}-1=\sqrt[10]{4\div(1.06)^5}-1=111.57\%-1=11.57\%$$

7. **解**：年平均发展速度为：

$\bar{x}+\bar{x}^2-2.8=0$

解得：$\bar{x}=1.246\ 4$

则：平均增长速度$=124.64\%-100\%=24.64\%$

明、后两年的计划投资额分别为：

$a_1=a_0\bar{x}=8\ 000\times 1.246\ 4=9\ 971.2(\text{万元})$

$a_2=a_0\bar{x}^2=8\ 000\times(1.246\ 4)^2=12\ 428.1(\text{万元})$

8. **解**：(1) 直线趋势方程拟合：

年　份	产量 y	时间序号 t	t^2	ty
2015	241	−3	9	−723
2016	246	−2	4	−492
2017	252	−1	1	−252
2018	257	0	0	0
2019	262	1	1	262
2020	276	2	4	552
2021	281	3	9	843
合　计	1 815	0	28	190

$$a=\bar{y}=\frac{\sum y}{n}=\frac{1\ 815}{7}=259.29$$

$$b=\frac{\sum ty}{\sum t^2}=\frac{190}{28}=6.79$$

∴ $y_c=259.29+6.79t$（原点在 2013 年）

(2) 预测 2027 年的产量：

$t=2027-2021=6$

$y_{2019}=259.29+6.79\times 6=300.03$(万吨)

9. **解：**(1) 拟合指数曲线方程。

年　份	人口数 y	序号 t	$y'=\lg y$	t^2	ty'
2017	400	−2	2.602 6	4	−5.204 2
2018	412	−1	2.614 9	1	−2.614 9
2019	421	0	2.624 3	0	0
2020	432	1	2.635 5	1	2.635 5
2021	445	2	2.648 4	4	5.296 8
合　计	2 110	0	13.125 2	10	0.113 2

$$A=\frac{\sum y'}{n}=\frac{13.125\ 2}{5}=2.625\ 0 \qquad B=\frac{\sum ty'}{\sum t^2}=\frac{0.113\ 2}{10}=0.011\ 3$$

拟合的对数趋势直线方程为：

$y'_c=2.625\ 0+0.011\ 3t$

求 A、B 的反对数，得：

$a=421.696\ 5 \quad b=1.026\ 4$

所以，指数曲线趋势方程为：

$y_c=421.696\ 5(1.026\ 4)^t$　（原点在 2021 年）

（2）预测 2026 年的人口数：

$t=2019-2014=5$

$y_c=421.696\ 5(1.026\ 4)^5=480.38$(万人)

10. **解**：本题已知资料为间隔不等的间断时点数列。

$$\bar{a}=\frac{\frac{a_0+a_1}{2}f_1+\frac{a_1+a_2}{2}f_2+\cdots+\frac{a_{n-1}+a_n}{2}f_{n-1}}{f_1+f_2+\cdots+f_{n-1}}$$

$$=\frac{\frac{326+330}{2}\times 1+\frac{330+335}{2}\times 2+\frac{336+408}{2}\times 2+\frac{408+414}{2}\times 3+\frac{414+412}{2}\times 3+\frac{412+412}{2}\times 1}{1+2+2+3+3+1}$$

$= 385$(人)

11. **解**：（1）用按季平均法求季节指数的过程见下表。

时　间	1	2	3	4	合计
第一季度	522	540	570	600	2 232
第二季度	630	656	680	708	2 674
第三季度	728	750	775	800	3 053
第四季度	821	845	870	900	3 436
合　计	2 701	2 791	2 895	3 008	11 395
季平均	675.25	697.75	723.75	752	712.187 5
季节指数	0.948 1	0.979 7	1.016 2	1.055 9	1

（2）用长期趋势剔除法求季节指数的过程见下表。

时间序号 t	Y	预测值	$Y/T=S\times I$
1	522	524.808 8	0.994 6
2	540	549.792 6	0.982 2
3	570	574.776 5	0.991 7
4	600	599.760 3	1.000 4
5	630	624.744 1	1.008 4
6	656	649.727 9	1.009 7
7	680	674.711 8	1.007 8
8	708	699.695 6	1.011 9
9	728	724.679 4	1.004 6
10	750	749.663 2	1.000 4

续　表

时间序号 t	Y	预测值	$Y/T=S\times I$
11	775	774.647 1	1.000 5
12	800	799.630 9	1.000 5
13	821	824.614 7	0.995 6
14	845	849.598 5	0.994 6
15	870	874.582 4	0.994 8
16	900	899.566 2	1.000 5

时　间	1	2	3	4	合　计
第一季度	0.994 6	0.982 2	0.991 7	1.000 4	3.968 9
第二季度	1.008 4	1.009 7	1.007 8	1.011 9	4.037 8
第三季度	1.004 6	1.000 4	1.000 5	1.000 5	4.006 0
第四季度	0.995 6	0.994 6	0.994 8	1.000 5	3.985 5
合　计	4.003 2	3.986 9	3.994 8	4.013 3	15.998 2
季平均（季节指数）	1.000 8	0.996 725	0.998 7	1.003 325	0.999 9

第十一章　指 数 分 析

一、学习目的和要求

（1）能够正确地识别各种指数，了解各种指数的共同点与不同点，以及它们之间的联系；
（2）掌握各种指数的计算方法和编制方法；
（3）能用实际资料建立适当的指数。

二、内容提要

（一）统计指数的概述

1. 统计指数的概念

统计指数也称经济指数（简称指数），是社会经济统计中常用的一种重要方法。

广义的指数，即所有用来说明同类现象变动情况的相对数。狭义的指数，是指用来综合反映所研究社会经济现象复杂总体数量变动状况的相对数。从指数的理论与方法看，其研究的对象主要是狭义的指数。

统计指数具有三大基本性质和特点：相对性、综合性、平均性。

2. 指数的分类

（1）指数按其所反映的对象范围不同，分为个体指数与总指数。
（2）指数按其指数指标的性质不同，分为数量指标指数与质量指标指数。
（3）在指数数列中，由于对比时使用的基期不同，可分为定基指数与环比指数。
（4）指数按其编制任务的不同，分为动态指数与静态指数。
（5）按照常用的计算总指数的方法或形式，分为综合指数与平均指数。

3. 统计指数的作用

（1）综合反映复杂现象总体数量关系的变动方向和变动程度。
（2）分析现象总体变动中受各个因素变动的影响程度。
（3）分析研究社会经济现象在长时间内的发展变化趋势。

（二）综合指数的编制

综合指数是计算总指数的一种基本形式，它分为数量指数和质量指数。在计算综合指数反映某一指标的综合变动时，需要将作为同度量因素的另一指标固定在同一时期。通常，将同度量因素固定在基期时，称为拉氏(Laspeyres)指数；将同度量因素固定在报告期时，称为帕氏(Paasche)指数。

1. 数量指数的编制

根据我国指数理论的要求，编制数量指数时，将作为同度量因素的质量指标固定在基期。其公式为：

$$\bar{K}_q = \frac{\sum q_1 p_0}{\sum q_0 p_0}$$

2. 质量指数的编制

根据我国指数理论的要求，编制质量指数时，将作为同度量因素的数量指标固定在报告期。其公式为：

$$\bar{K}_p = \frac{\sum q_1 p_1}{\sum q_1 p_0}$$

(三) 平均指数的编制

平均指数是以某一时期的总量为权数对个体指数加权平均计算出来的一种总指数，是综合指数的变形。

1. 加权算术平均指数

加权算术平均指数是以基期总量 $q_0 p_0$ 为权数对个体指数加权平均计算出来的。其公式为：

$$\bar{K}_q = \frac{\sum k_q q_0 p_0}{\sum q_0 p_0}$$

2. 加权调和平均指数

加权调和平均指数是以报告期总量 $q_1 p_1$ 为权数对个体指数加权平均计算出来的。其公式为：

$$\bar{K}_p = \frac{\sum q_1 p_1}{\sum \frac{q_1 p_1}{k_p}}$$

(四) 几种常见的经济指数

1. 居民消费价格指数

居民消费价格指数(Consumer Price Index，简称 CPI)是反映一定时期内城乡居民所购买的生活消费品价格和服务项目价格变动趋势和程度的相对数，是对城市居民消费价格指数和农村居民消费价格指数进行综合汇总计算的结果。

2. 股票价格指数

股票价格指数(Stock Price Index) 即股票指数，是由证券交易所或金融服务机构编制的、表明股票行市变动的一种供参考的指示数字。

世界上几种著名的股票指数为：道-琼斯股票指数、标准普尔股票价格指数、纽约证券交易所股票价格指数、日经道-琼斯股价指数(日经平均股价)、伦敦《金融时报》股票价格指数、香港恒生指数。

我国的股票指数有两种：上证股票指数和深圳综合股票指数。

三、课后习题答案

(一) 思考题

1. 统计指数的概念有广义和狭义两种理解。广义的指数，即所有用来说明同类现象变动情况的相对数。狭义的指数，是指用来综合反映所研究社会经济现象复杂总体数量变动状况的相对数。从指数的理论与方法看，其研究的对象主要是狭义的指数。

指数的作用：(1) 综合反映复杂现象总体数量关系的变动方向和变动程度；(2) 分析现象总体变动中受各个因素变动的影响程度；(3) 分析研究社会经济现象在长时间内的发展变化趋势。

2. 总指数是综合反映整个复杂经济现象总体变化情况的相对数。

数量指数反映生产、经营管理工作的规模、数量。质量指数则说明生产、经营管理工作的质量，其表现形式一般是相对数或平均数。

3. 综合指数是总指数的基本形式。它是由两个总量指标对比形成的指数。凡是一个总量指标可以分解为两个或两个以上因素指标的乘积时，将其中一个或一个以上的因素指标固定下来，仅观察其中一个因素指标的变动程度，这样的总指数就称为综合指数。

在编制综合指数时，就是通过对现象的内在联系进行分析，来确定与我们所要研究的现象—指数化指标相联系的因素，从而加入这个因素，即同度量因素。

拉氏公式的优点在于用基期的价格 p_0 作权数，也就是假定价格未变动，使商品销售量总指数的计算过程中不受价格变动的影响，从而可以确切地反映销售量的变动；但这个公式也有缺点，就是容易脱离实际。帕氏公式以报告期的价格 p_1 作权数，避免了上述用基期作权数脱离报告期实际情况的缺点。但因为这里的价格不但是同度量因素，而且是权数，对于各种不同的销售量是要起到权衡轻重的作用的。马埃公式的分子实质上是拉氏公式的分子与帕氏公式的分子之和，分母实质上是拉氏公式的分母与帕氏公式的分母之和。马埃公式的计算结果介于拉氏公式和帕氏公式的计算结果之间。费雪系统地总结了各种指数公式的特点，提出了对指数优劣的三种测验方法(时间互换测验、因子互换测验和循环测验)。费雪对各种指数进行了检验，发现绝大多数指数公式不符合这三种检验，唯有他自己的公式通过检验，故自称之为“理想公式”。“理想公式”同马埃公式一样，虽然“不偏不倚”，但同样缺乏明确的经济意义，而且所用资料更多，计算比较困难。现在使用费雪公式已比较少见。

4. 平均指数就是在已知总指数所包含的各个变量的个体指数条件下，应用平均的方法计算各变量的平均变化程度，即总的变化程度，是计算总指数的另一种方法。

平均指数有两种：一是加权算术平均指数，二是加权调和平均指数。

平均数指数与综合指数既有区别，又有联系。两者的联系在于，在一定的权数下，平均数指数是综合指数的一种变形。但是，作为一种独立的指数形式，平均数指数在实际中不仅作为综合指数的变形使用，而且它本身也具有独特、广泛的应用价值。

综合指数适用于资料全面的情况，平均指数适用于资料非全面的情况。

5. 所谓同度量因素，就是在计算总指数时，把不能直接相加的指标过渡到能够相加的指标的媒介因素。其具有同度量作用和权数作用。

6. 我国现行的居民消费价格指数存在着一些问题，如代表规格品的品种不能反映不同收入阶层的需要，"划类选点"的抽样调查方法使得样本代表性差，在价格的调查与计算上存在缺陷，权数不准确等。

7. 股价指数是一种定基指数，它是以某个特定的年份或具体日期为基期（基期的股价水平为100），将报告期的股价水平与基期的股价水平相比计算出来的百分比率，用百分数或百分点表示，为了避免报告期与基期之间所跨时期太远而带来计算上的麻烦，通常先将报告期的股价水平与上一期的股价水平相比求得环比指数，然后利用环比指数与定基指数之间的关系算出报告期的股价指数，即：报告期股价指数（定基指数）＝上期价指数（定基指数）×报告期股价数（环比指数）。

世界上重要的股票价格指数有道—琼斯股票指数、标准普尔股票价格指数、纽约证券交易所股票价格指数、日经道—琼斯股价指数、伦敦《金融时报》股票价格指数、香港恒生指数，我国的股票指数有上证股票指数、深圳综合股票指数。

（二）练习题

1. **解**：(1)～(2)答案见下表。

产品名称	单位成本个体指数(%)	产品产量个体指数(%)	总成本(万元)		
			基期 q_0p_0	报告期 q_1p_1	假定期 q_1p_0
甲	83.33	150.00	1 920	2 400	2 880
乙	100.00	100.00	1 080	1 080	1 080
丙	126.67	60.00	750	570	450
合计	—	—	3 750	4 050	4 410

(3) 总成本指数：

$$K=\frac{\sum q_1p_1}{\sum q_0p_0}=\frac{4\,050}{3\,750}=108\%$$

$$\sum q_1p_1-\sum q_0p_0=4\,050-3\,750=300(\text{元})$$

(4) 单位成本总指数：

$$K_p=\frac{\sum q_1p_1}{\sum q_1p_0}=\frac{4\,050}{4\,410}=91.84\%$$

$$\sum q_1p_1-\sum q_1p_0=4\,050-4\,410=-360(\text{元})$$

(5) 产量总指数：

$$K_q=\frac{\sum q_1 p_0}{\sum q_0 p_0}=\frac{4\,410}{3\,750}=117.6\%$$

$$\sum q_1 p_0-\sum q_0 p_0=4\,410-3\,750=660(\text{元})$$

2. **解：**

商品名称	销 售 量			基期销售额(万元)
	基 期	报告期	个体指数	
甲	250	290	1.16	180
乙	180	160	0.89	220
丙	500	540	1.08	150

$$K_q=\frac{\sum q_1 p_0}{\sum q_0 p_0}=\frac{\sum k_q q_0 p_0}{\sum q_0 p_0}$$

$$=\frac{1.16\times180+0.89\times220+1.08\times150}{180+220+150}=\frac{566.35}{550}=102.97\%$$

$$\sum q_1 p_0-\sum q_0 p_0=566.6-550=16.6(\text{万元})$$

3. **解：**已知$\sum q_1 p_1=30(\text{万元})$，$\sum q_0 p_0=30-5=25(\text{万元})$

$$\text{物价指数}=\frac{\sum p_1 q_1}{\sum p_0 q_1}=1-3\%=97\%$$

(1) 产品总成本指数$=\frac{\sum p_1 q_1}{\sum p_0 q_0}=\frac{30}{30-5}=120\%$

(2) 产品产量指数=生产成本指数÷单位成本指数

$$\frac{\sum p_0 q_1}{\sum p_0 q_0}=\frac{\sum p_1 q_1}{\sum p_0 q_0}\div\frac{\sum p_1 q_1}{\sum p_0 q_1}=120\%\div97\%=123.7\%$$

(3) 由$\frac{\sum p_1 q_1}{\sum p_0 q_1}=97\%$可得：

$$\sum q_1 p_0=\frac{30}{97\%}=30.93(\text{万元})$$

则由于成本降低而节约的总成本绝对额为：

$$\sum q_1 p_1-\sum q_1 p_0=30-30.93=-0.93(\text{万元})$$

4. **解：**加权平均数公式为

$$K_p=\frac{\sum k_p w}{\sum w}=\frac{1.1\times0.11+1.05\times0.29+1.03\times0.35+1.19\times0.25}{1}$$

$$=0.121+0.304\,5+0.360\,5+0.297\,5=108.35\%$$

调和平均数公式：

$$K_p=\frac{\sum w}{\sum \frac{w}{k_p}}=\frac{1}{0.1+0.276\ 2+0.339\ 8+0.210\ 1}=\frac{1}{0.926\ 1}=107.98\%$$

5. **解**：基本公式如下：

$K=K_q\times K_p$

(1) $K_p=\frac{K}{K_q}=\frac{1.108}{1.14}=97.19\%$，单位成本下降 2.81%；

(2) $K=K_q\times K_p=1.07\times 1.084=115.99\%$，工资总额增长 15.99%；

(3) $K_q=\frac{K}{K_p}=\frac{1.1}{0.9}=122.22\%$，销售量应增长 22.22%；

(4) $K_p=\frac{K}{K_q}=\frac{1}{0.9}=111.11\%$，物价指数为 111.11%。

6. **解**：

销售量		销售价格		Q_0P_0	Q_1P_1	Q_1P_0
基期 q_0	报告期 q_1	基期 p_0	报告期 p_1			
100	125	1 500	1 500	150 000	187 500	187 500
50	60	3 000	1 150	150 000	69 000	180 000
300	270	980	1 200	294 000	324 000	264 600
合计				594 000	580 500	632 100

$$K_q=\frac{\sum q_1p_0}{\sum q_0p_0}=\frac{125\times 1\ 500+60\times 3\ 000+270\times 980}{100\times 1\ 500+50\times 3\ 000+3\ 000\times 980}=\frac{632\ 100}{594\ 000}=106.41\%$$

$\sum q_1p_0-\sum q_0p_0=38\ 100$(元)

三种商品销售量综合提高 6.41%，使商品销售总额增加：602 100 − 594 000 = 38 100(元)

$$K_p=\frac{\sum q_1p_1}{\sum q_1p_0}=\frac{125\times 1\ 500+60\times 1\ 150+270\times 1\ 200}{632\ 100}=\frac{567\ 000}{602\ 100}=91.84\%$$

$\sum q_1p_1-\sum q_1p_0=-51\ 600$(元)

三种商品价格综合降低 8.16%，使商品销售总额减少：

567 000 − 602 100 = −51 600(元)

7. **解**：$K_p=\frac{\sum q_1p_1}{\sum q_1p_0}=\frac{\sum q_1p_1}{\sum \frac{q_1p_1}{k_p}}=\frac{52+103+350+25}{\frac{52}{0.885}+\frac{103}{0.9}+\frac{350}{0.92}+\frac{25}{0.865}}=\frac{530}{582.54}=90.98\%$

$\sum q_1p_1-\sum q_1p_0=530-582.54=-52.538\ 0$(万元)

四种商品价格平均下调了 9.02%，少收入 52.538 0 万元。

四、课外习题

（一）单项选择题

1. 拉氏数量指数公式的同度量因素采用（　　）。

A. 基期的质量指标　　B. 报告期的质量指标

C. 基期的数量指标　　D. 报告期的数量指标

2. 帕氏质量指数公式的同度量因素采用（　　）。

A. 基期的质量指标　　B. 报告期的质量指标

C. 基期的数量指标　　D. 报告期的数量指标

3. 在由三个指数构成的指数体系中，两个因素指数的同度量因素通常（　　）。

A. 都固定在基期　　B. 都固定在报告期

C. 采用基期和报告期的平均数　　D. 一个固定在基期，另一个固定在报告期

4. 若销售量增加，而销售额不变，则商品的销售价格指数（　　）。

A. 增加　　B. 减少　　C. 不变　　D. 无法判断

5. 已知某企业生产两种产品，在掌握其基期和报告期的生产费用及个体产量指数时，计算这两种产品的综合产量指数应是（　　）。

A. 两种产品个体指数的几何平均数

B. 利用个体指数和固定权数计算的加权算术平均数

C. 利用个体指数和基期生产费用计算的加权算术平均数

D. 利用个体指数和报告期生产费用计算的加权调和平均数

6. 综合指数与平均指数的联系在于（　　）。

A. 在一定权数条件下，两类指数之间有变形关系

B. 在一般条件下，两类指数之间有变形关系

C. 在权数固定条件下，两类指数之间有变形关系

D. 在一定的同度量因素下，两类指数之间有变形关系

7. 公式 $\sum q_1 p_0 - \sum q_0 p_0$ 的经济意义为（　　）。

A. 反映价格综合变动的绝对额

B. 反映销售量综合变动的绝对额

C. 反映由于价格变化引起销售额的增减额

D. 反映由于销售量变化引起销售额的增减额

8. 在平均指标指数体系中，$\dfrac{\sum x_1 f_1}{\sum x_0 f_1}$ 表示（　　）。

A. 综合指数　　B. 结构影响指数　　C. 可变构成指数　　D. 固定构成指数

9. 某企业利润总额与上年相比增长了 10%，职工人数增长了 5%，则该企业工人劳动生产率增长了（　　）。

A. 15.5%　　B. 5%　　C. 4.76%　　D. 15%

10. 平均指标指数是(　　)。

A. 两个总量指标对比形成的指数　　B. 两个相对指标对比形成的指数

C. 两个平均指标对比形成的指数　　D. 两个个体指标对比形成的指数

(二) 多项选择题

1. 按指数所反映的范围不同划分的种类有(　　)。

A. 个体指数　　B. 平均指数　　C. 简单指数

D. 加权指数　　E. 总指数

2. 总指数中包括(　　)。

A. 质量指数　　B. 数量指数　　C. 算术平均指数

D. 调和平均指数　　E. 综合指数

3. 设 q 为销售量,p 为价格,则总指数 $\frac{\sum q_1 p_0}{\sum q_0 p_0}$ 的意义是(　　)。

A. 综合反映商品销售额的变动程度

B. 综合反映商品价格和销售量的变动程度

C. 综合反映多种商品销售量的变动程度

D. 综合反映多种商品价格的变动程度

E. 反映商品销售量变动时销售额变动的影响程度

4. 广义的指数包括(　　)。

A. 发展速度　　B. 平均发展速度　　C. 计划完成相对数

D. 个体指数　　E. 动态相对数

5. 下列选项中属于质量指数的有(　　)。

A. 工资水平指数　　B. 价格指数　　C. 职工人数指数

D. 单位成本指数　　E. 商品销售额指数

6. 某企业 2020 年各种不同产品的实际产量为计划产量的 110%,这个指数是(　　)。

A. 个体指数　　B. 总指数　　C. 静态指数

D. 动态指数　　E. 综合指数

7. 在总量指标两因素指数分析法中,两个因素指数的特点是(　　)。

A. 都是两个总量指标对比的动态相对数

B. 子项和母项是两个因素乘积之和

C. 综合反映多种事物的平均变动程度

D. 固定一个因素,观察另一个因素的变动

E. 子项与母项中必有一个假定指标

8. 同度量因素在指数运算分析中所引起的作用是(　　)。

A. 比较的作用　　B. 权数的作用　　C. 平衡的作用

D. 稳定的作用　　E. 同度量作用

9. 下列指数中,反映平均指标变动的有(　　)。

A. 可变构成指数　　B. 平均指数　　C. 固定构成指数

D. 综合指数　　E. 结构影响指数

10. 加权算术平均指数是一种(　　)。
A. 平均指标指数　　B. 总指数　　C. 个体指数平均数
D. 平均指数　　E. 综合指数

(三) 判断题

1. 数量指数与质量指数划分的依据是：所采用编制综合指数的方法不同。(　　)
2. 加权算术平均指数要成为综合指数的变形，其权数须用 q_0p_0。(　　)
3. 综合指数是平均指数的变形形式。(　　)
4. 计算指数时，报告期与基期的间隔不宜过长，否则会降低指数的代表性。(　　)
5. 平均指数是根据非全面资料计算的，故只能反映现象变动的近似值；综合指数则需要根据全面资料计算，故它能反映现象变动产生的实际效果。(　　)
6. 如果生活费指数上涨 20%，则现在的 1 元钱只值原来的 0.8 元。(　　)
7. 已知某企业生产三种产品，在掌握其基期、报告期生产费用和个体产量指数时，计算三种产品的综合产量指数，应是利用个体指数和报告期生产费用计算的加权调和平均指数。(　　)
8. 指数因素分析法既可用于个体指数分析，也可用于总指数分析；既可用于动态分析，也可用于静态分析。(　　)
9. 在各组单位数的变动按等比例变化时，结构影响指数等于 100%。(　　)
10. 2020 年与 2019 年相比，同样多的货币只能购买 90%的商品，说明物价指数上升 10%。(　　)

(四) 简答题

1. 指数具有哪些性质和作用？
2. 编制综合指数有哪些要点和原则？
3. 综合指数与平均指数有何区别和联系？
4. 在计算加权综合指数时，指数中的分子和分母必须是同一时期的吗？为什么？
5. 指数体系具有哪些作用？
6. 可变构成指数可以分解为哪两个因素？各自的含义和作用是什么？

(五) 计算题

1. 某企业生产的两种产品的产量、单位产品成本及个体成本变动率资料如下：

产品名称	计量单位	产　量	单位产品成本(元)	个体成本变动率(%)
甲	台	300	6 500	100
乙	台	1 500	800	96
丙	件	2 400	700	112
丁	件	400	250	86

要求：

(1) 计算四种产品成本总指数；

(2) 计算单位成本变动对生产费用的影响额。

2. 某地区三种水果的销售情况如下：

水果品种	本月销售额(万元)	本月比上月价格增减(%)
苹　果	68	—10
草　莓	12	12
橘　子	50	2

要求：计算该地区三种水果的价格指数及由于价格变动对居民开支的影响。

3. 某厂生产情况如下：

产　品	计量单位	基期产量	报告期产量	基期产值(万元)
甲	台	1 000	920	650 乙
双	320	335	290	

要求：请根据资料计算该厂的产量总指数和因产量变动而增减的产值。

4. 某公司下属三个厂生产某种产品的情况如下：

厂　别	单位产品成本(元)		产量(吨)	
	上　月	本　月	上　月	本　月
一厂	960	952	4 650	4 930
二厂	1 010	1 015	3 000	3 200
三厂	1 120	1 080	1 650	2 000

要求：根据上表资料计算可变组成指数、固定组成指数和结构影响指数，并分析单位成本水平和产量结构变动对总成本的影响。

5. 某市 2021 年第一季度社会商品零售额为 36 200 万元，第四季度为 35 650 万元，零售物价下跌 0.5%，试计算该市社会商品零售额指数、零售价格指数和零售量指数，以及由于零售物价下跌居民少支出的金额。

6. 某厂三种产品的产量情况如下：

产　品	计量单位	出厂价格(元)		产　量	
		基　期	报告期	基　期	报告期
A	件	8	8.5	13 500	15 000
B	个	10	11	11 000	10 200
C	千克	6	5	4 000	4 800

试分析出厂价格和产量的变动对总产值的影响。

(六) 计算分析题

1. 某工厂有如下资料：

产　品	生产费用(万元)		2021 年比 2020 年产量增长(%)
	基　期	计算期	
甲	20	24	25
乙	45	48.5	10
丙	35	48	40

要求：

(1) 计算生产费用总指数及生产费用增长绝对额；

(2) 计算三种产品产量总指数及由于产量的增长而增加的生产费用。

2. 某工业企业甲、乙、丙三种产品产量及价格资料如下：

产品名称	计量单位	产　量		价格(元)	
		基　期	报告期	基　期	报告期
甲	套	300	320	360	340
乙	吨	460	540	120	120
丙	台	60	60	680	620
合　计	—	—	—	—	—

要求：

(1) 计算三种产品的产值指数、产量指数和价格指数；

(2) 利用两因素分析产值变动的原因。

五、课外习题参考答案

(一) 单项选择题

1. A　2. D　3. D　4. B　5. C　6. A　7. D　8. D　9. C　10. C

(二) 多项选择题

1. AE　2. ABCDE　3. CE　4. ACDE　5. ABD　6. ACE　7. ABCDE　8. BE　9. ACE　10. BCD

(三) 判断题

1. ×　2. √　3. ×　4. √　5. √　6. ×　7. ×　8. √　9. √　10. ×

(四) 简答题

1. 指数的性质可概括为:(1) 相对性,即指数是总体各变量在不同场合下对比形成的相对数,反映事物在时间或空间上的相对变化;(2) 综合性,即指数反映的是一组变量在不同场合下的综合变动水平;(3) 平均性,即指数是总体水平的一个代表性变量,它所反映的事物的相对变动水平是平均意义上的相对变动。

指数在经济分析中的作用可以概括为两个方面:(1) 分析复杂经济现象总体的变动方向和程度;(2) 分析经济发展变化中各种因素影响的大小。

2. 编制综合指数应掌握两个要点:一是要引入同度量因素对复杂总体进行综合;二是要将同度量因素固定,以消除同度量因素变动的影响。

编制综合指数的一般原则是:在编制数量综合指数时,一般采用基期的质量指标作同度量因素;在编制质量综合指数时,一般采用报告期的数量指标作同度量因素。

3. 区别:(1) 解决复杂总体不能直接同度量问题的思想不同。综合指数的特点是先综合后对比,平均指数的特点是先对比后综合。(2) 运用资料的条件不同。计算综合指数要求掌握总体的全面资料;平均指数既适用于全面资料,也适用于非全面资料。

联系:在一定的权数条件下,平均指数可作为综合指数的变形加以使用,而且两者的经济意义和结果相同。

4. 在计算综合指数时,无论是数量指数还是质量指数,指数中分子分母的权数必须是同一时期的,因为只有将权数固定在同一时期(同是基期或报告期),权数保持相对不变,才能具体考察另一个因素的变动水平及其对总量指标变动的影响。

5. 指数体系的作用有:(1) 对现象进行因素分析;(2) 对单个综合指数的编制有指导意义;(3) 可用于对指数进行推算。

6. 可变构成指数可以分解为结构影响指数和固定构成指数。前者是将各部分(组)水平固定在基期条件下计算的总平均指标指数,用以反映总体结构变动对总体平均指标变动的影响;后者是将总体构成(即各部分比重)固定在报告期计算的总平均指标指数,该指数消除了总体结构变动的影响,专门用以综合反映各部分(组)水平变动对总体平均指标变动的影响。

(五) 计算题

1. **解:** 产品成本用 z 表示。

(1) 四种产品成本总指数。

$$K_z=\frac{\sum qz}{\sum \frac{1}{k_z}qz}=\frac{300\times 6\,500+1\,500\times 800+700\times 2\,400+250\times 400}{\frac{300\times 6\,500}{1.07}+\frac{1\,500\times 800}{0.96}+\frac{700\times 2\,400}{1.12}+\frac{250\times 400}{0.86}}$$

$$=\frac{1\,950\,000+1\,200\,000+1\,680\,000+100\,000}{1\,822\,429.907+1\,250\,000+1\,500\,000+116\,279.07}$$

$$=\frac{4\,930\,000}{4\,688\,708.977}=105.15\%$$

(2) 由于单位成本提高 5.15%,生产费用增加 241 291.023 元。

2. **解**：计算结果见下表。

水果品种	本月销售额 p_1q_1	本月比上月价格增减(%)	k_p	$\frac{1}{k_p}p_1q_1$
苹　果	68	−10	0.9	75.56
草　莓	12	12	1.12	10.71
橘　子	50	2	1.02	49.02
合　计	130	—	—	135.29

$$价格指数=\frac{\sum p_1q_1}{\sum \frac{1}{k_p}p_1q_1}=\frac{130}{135.29}=96.09\%$$

价格变动使居民减少的开支为：130 − 135.29 = −5.29(万元)。

3. **解**：计算结果见下表。

产品	计量单位	产　量		基期产值 p_0q_0(万元)	k_q	$k_qp_0q_0$
		q_0	q_1			
甲	台	1 000	920	650	0.92	598
乙	双	320	335	290	1.05	304.5
合计	—	—	—	940	—	902.5

$$产量总指数=\frac{\sum k_qp_0q_0}{\sum p_0q_0}=\frac{902.5}{940}=96.01\%$$

因产量变动而增减的产值为：902.5 − 940 = −37.5(万元)。

4. **解**：计算结果见下表。

企业名称	单位产品成本(元)		产量(吨)		生产费用总额(元)		
	上月	本月	上月	本月	上月	本月	按上月产量本月成本计算
符号	x_0	x_1	f_0	f_1	x_0f_0	x_1f_1	x_0f_1
一厂	960	952	4 650	4 930	4 464 000	9 693 360	4 732 800
二厂	1 010	1 015	3 000	3 200	3 030 000	3 248 000	3 232 000
三厂	1 120	1 080	1 650	2 000	1 848 000	2 160 000	2 240 000
合计	—	—	9 300	10 130	9 342 000	15 101 360	10 204 800

$$可变组成指数=\frac{\sum x_1f_1/\sum f_1}{\sum x_0f_1/\sum f_1}=\frac{1\,490.76}{10\,204\,800/10\,130}=\frac{1\,490.76}{1\,007.38}=147.98\%$$

1 490.76 − 1 400.52 = 486.24(元)

$$固定组成指数=\frac{\sum x_1f_1/\sum f_1}{\sum x_0f_1/\sum f_0}=\frac{15\,101\,360/10\,130}{9\,342\,000/9\,300}=\frac{1\,490.76}{1\,004.52}=148.41\%$$

$1\,490.76-1\,007.38=483.38$(元)

$$结构影响指数=\frac{\sum x_0f_1/\sum f_1}{\sum x_0f_0/\sum f_0}=\frac{1\,007.38}{1\,004.52}=100.28\%$$

$1\,007.38-1\,004.52=2.86$(元)

5. **解:** 社会商品零售额指数 $=35\,650/36\,200=98.48\%$

零售物价指数 $=99.5\%$

零售量指数 $=98.48\%/99.5\%=98.97\%$

6. **解:** 计算结果见下表。

产品	计量单位	出厂价格(元)		产　　量		产值(元)		
		p_0	p_1	q_0	q_1	p_0q_0	p_1q_1	p_0q_1
A	件	8	8.5	13 500	15 000	108 000	127 500	120 000
B	个	10	11	11 000	10 200	110 000	112 200	102 000
C	千克	6	5	4 000	4 800	24 000	24 000	28 800
合计	—	—	—	—	—	242 000	263 700	250 800

$$总产值指数\ K=\frac{\sum p_1q_1}{\sum p_0q_0}=\frac{263\,700}{242\,000}=108.97\%$$

$$\sum p_1q_1-\sum p_0q_0=21\,700(元)$$

$$产量指数\ K_q=\frac{\sum p_0q_1}{\sum p_0q_0}=\frac{250\,800}{242\,000}=103.65\%$$

$$\sum p_0q_1-\sum p_0q_0=8\,800(元)$$

$$出厂价格指数\ K_p=\frac{\sum p_1q_1}{\sum p_0q_1}=\frac{263\,700}{250\,800}=105.14\%$$

$$\sum p_1q_1-\sum p_0q_1=12\,900(元)$$

(六) 计算分析题

1. **解:**

(1)

产　　品	生产费用(万元)		产量个体指数(%)	
	基期 q_0p_0	计算期 q_1p_1	$k_q=q_1/q_0$	$k_qq_0p_0$
甲	20	24	125	23
乙	45	48.5	110	49.5
丙	35	48	140	49
合　计	100	120.5	—	123.5

(2) 生产费用总指数 $K=\sum q_1p_1/\sum q_0p_0=120.5/100=120.5\%$

生产费用增长绝对额 $\sum q_1p_1-\sum q_0p_0=20.5$(万元)

(3) 产量总指数 $K_q=\sum k_qq_0p_0/\sum q_0p_0=123.5/100=123.5\%$

因产量的增长而增加的生产费用 $=\sum k_qq_0p_0-\sum q_0p_0=23.5$(万元)

2. **解：**

产品名称	计量单位	产　量		价格(元)		p_0q_0	p_1q_1	p_0q_1
		基　期	报告期	基　期	报告期			
甲	套	300	320	360	340	108 000	108 800	115 200
乙	吨	460	540	120	120	55 200	64 800	64 800
丙	台	60	60	680	620	40 800	37 200	40 800
合计	—	—	—	—	—	204 000	210 800	220 800

(1) 三种产品的产值指数、产量指数和价格指数分别为：

$$K_{pq}=\frac{\sum p_1q_1}{\sum p_0q_0}=\frac{210\ 800}{204\ 000}\approx 103.3\%$$

$$\sum p_1q_1-\sum p_0q_0=210\ 800-204\ 000=6\ 800(\text{万元})$$

$$K_q=\frac{\sum p_0q_1}{\sum p_0q_0}=\frac{220\ 800}{204\ 000}\approx 108.2\%$$

$$\sum p_0q_1-\sum p_0q_0=220\ 800-204\ 000=16\ 800(\text{万元})$$

$$K_p=\frac{\sum p_1q_1}{\sum p_0q_1}=\frac{210\ 800}{220\ 800}\approx 95.5\%$$

$$\sum p_1q_1-\sum p_0q_1=210\ 800-220\ 800=-10\ 000(\text{万元})$$

(2) 利用两因素分析产值变动的原因如下：

$$\begin{cases}103.3\%\approx 108.2\%\times 95.5\%\\ 6\ 800=16\ 800+(-10\ 000)\end{cases}$$

分析：三种产品总的产值报告期比基期增长了 3.3%，是因为产量增长了 8.2%和价格下降了 4.5%这两种因素的共同影响；三种产品总的产值报告期比基期增加了 6 800 万元，是产量的增加使得产值增加了 16 800 万元和价格的下降使得产值减少了 10 000 万元这两种因素共同所致。

第二部分

Excel 统计数据处理 2

一　Excel 统计数据处理概述

Microsoft Excel 是美国微软公司开发的办公集成软件包 Office 家族的一员，是一款功能齐全、设计精良的办公软件。它除了具有常用的办公功能外，还有一个对数据进行统计分析的工具和统计图表向导，从而可以很方便地进行复杂的统计分析或绘制统计图表。

Excel 的统计功能主要是通过函数来实现的，Excel 函数要预先定义、执行计算和分析等处理数据的特殊公式。Excel 函数分内置函数和分析工具库扩展两大类，共有约 80 个统计函数。“分析工具库”并不是打开 Excel 电子表格就可直接用于统计数据的处理分析，而是需要通过加载宏，启动“数据分析”宏“分析工具库”系统后才能运行统计数据的处理分析工具。

分析工具库的加载一般需要通过打开 Microsoft Excel（2010 及以上版本）后，点击“Office”（2010 版）或“文件”（2010 版）→“选项”→“加载项”→“转到”命令，才能完成 Excel 数据分析宏程序的加载，这时在 Excel 的“工具”菜单中出现“数据分析”的命令选项，如图 1－1 所示。

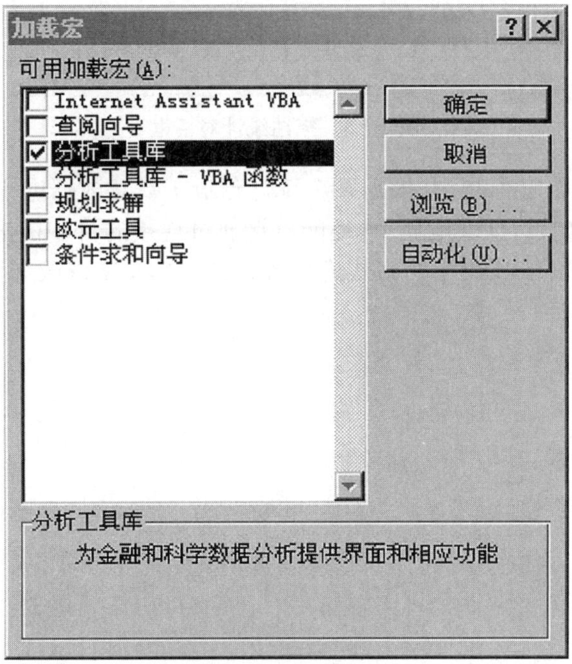

图 1－1　加载宏菜单

加载宏的工作只需进行一次,"数据分析"菜单就会存在于"数据"菜单中。

完成了 Excel 数据分析程序宏的加载后,点击"数据"→"数据分析"后,就会出现数据分析工具选择菜单,选中其中的某一个数据分析工具,如图 1－2 所示,点击"描述统计"→"确定"后,就会跳出该分析工具的运行对话框,如图 1－3 所示,接着通过运行对话框的对话,可以进一步进入该统计分析工具宏程序的运行处理过程。

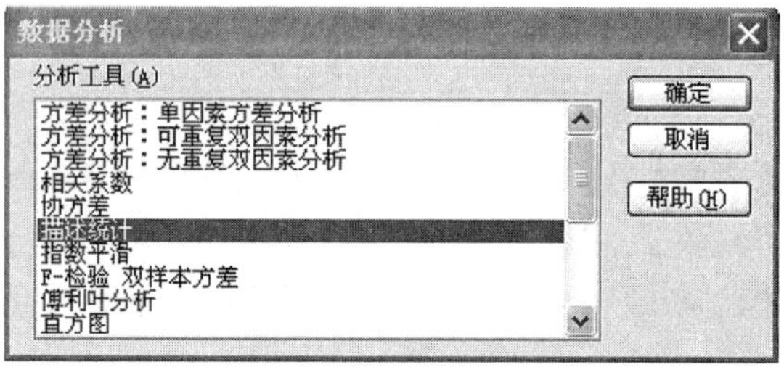

图 1－2　数据分析菜单

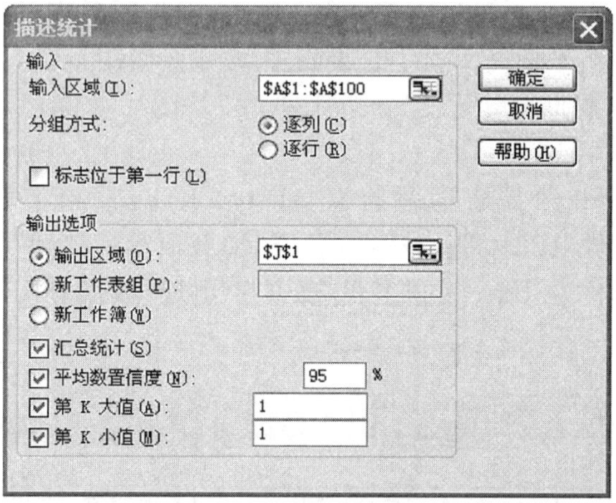

图 1－3　描述统计对话框

运行 Excel 数据分析宏程序,并根据某个统计分析工具对数据进行分析,其分析结果通常以统计表格和统计图的形式直观地显示,还能直接通过连接的打印机进行打印输出,也可以在屏幕显示的界面上采用 Excel 通用的格式进行各种各样的文字修改和图表修改。

二　统计数据的收集
（教材第二章）

统计数据的收集是统计工作过程的基础性环节，其方法多种多样，其中以抽样调查最具代表性。在抽样调查中，为保证抽样的随机性，需要取得随机数字，所以在这里介绍一下用 Excel 生成随机数字并进行抽样的方法。

使用 Excel 进行抽样，首先要对各个总体单位进行编号，编号可以按随机原则，编号后，将编号输入工作表。

［例 2－1］ 假定某统计总体有 200 个总体单位，总体单位的编号从 1 到 200，输入工作表后如图 2－1 所示。

	A	B	C	D	E	F	G	H	I	J
1	1	21	41	61	81	101	121	141	161	181
2	2	22	42	62	82	102	122	142	162	182
3	3	23	43	63	83	103	123	143	163	183
4	4	24	44	64	84	104	124	144	164	184
5	5	25	45	65	85	105	125	145	165	185
6	6	26	46	66	86	106	126	146	166	186
7	7	27	47	67	87	107	127	147	167	187
8	8	28	48	68	88	108	128	148	168	188
9	9	29	49	69	89	109	129	149	169	189
10	10	30	50	70	90	110	130	150	170	190
11	11	31	51	71	91	111	131	151	171	191
12	12	32	52	72	92	112	132	152	172	192
13	13	33	53	73	93	113	133	153	173	193
14	14	34	54	74	94	114	134	154	174	194
15	15	35	55	75	95	115	135	155	175	195
16	16	36	56	76	96	116	136	156	176	196
17	17	37	57	77	97	117	137	157	177	197
18	18	38	58	78	98	118	138	158	178	198
19	19	39	59	79	99	119	139	159	179	199
20	20	40	60	80	100	120	140	160	180	200

图 2－1　总体各单位编号视图

各总体单位的编号输入完成后，可按以下步骤进行操作：

第一步：单击“数据”菜单，选择“数据分析”选项，打开“数据分析”对话框，从中选择“抽样”，如图 2－2 所示。

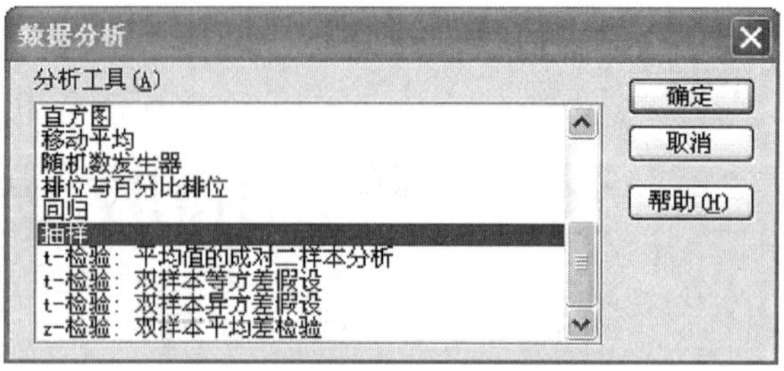

图 2-2 “数据分析”对话框

第二步：单击“确定”后，弹出“抽样”对话框，如图 2-3 所示。

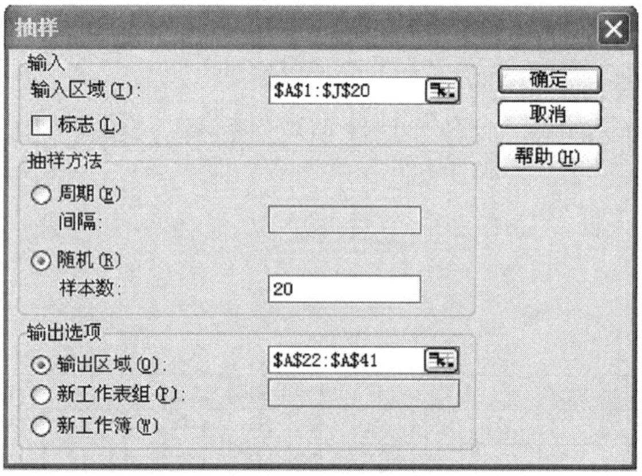

图 2-3 “抽样”对话框

第三步：在“输入区域”框中输入总体单位编号所在的单元格区域，即 \$A \$1：\$J \$20，系统将从 A 列开始抽取样本，然后按顺序抽取 B 列至 J 列。如果输入区域的第一行或第一列为标志项(横行标题或纵列标题)，可单击“标志”复选框。

第四步：选择“随机模式”，样本数为 20。

在“抽样方法”项下，有周期和随机两种抽样模式。

“周期”模式即所谓的等距抽样(或机械抽样)，采用这种抽样方法，需将总体单位数除以要抽取的样本单位数，求得取样的周期间隔。如在 200 个总体单位中抽取 40 个，则在“间隔”框中输入 5；如果在 200 个总体单位中抽取 24 个，则在“间隔”框中输入 8(如果不能整除，则取整数)。

“随机”模式适用于纯随机抽样、分类抽样、整群抽样和阶段抽样。采用纯随机抽样，只需在“样本数”框中输入要抽取的样本单位数即可；若采用分类抽样，必须先将总体单位按某一标志分类编号，然后在每一类中随机抽取若干单位，这种抽样方法实际是分组法与随机抽样的结合；整群抽样也要先将总体单位分类编号，然后按随机原则抽取若干类作为样本，对抽中的类的所有单位全部进行调查。由于本例中没有分类或分群的标志，因此无法进行分类或整群抽样，只适用等距抽样和纯随机抽样。

本例中选择“随机”模式，即选择了纯随机抽样方法进行抽样。

第五步：指定输出区域，在这里输入 \$A \$22：\$A \$41，单击“确定”按钮后，即可得到抽样结果，如图 2-4 所示。

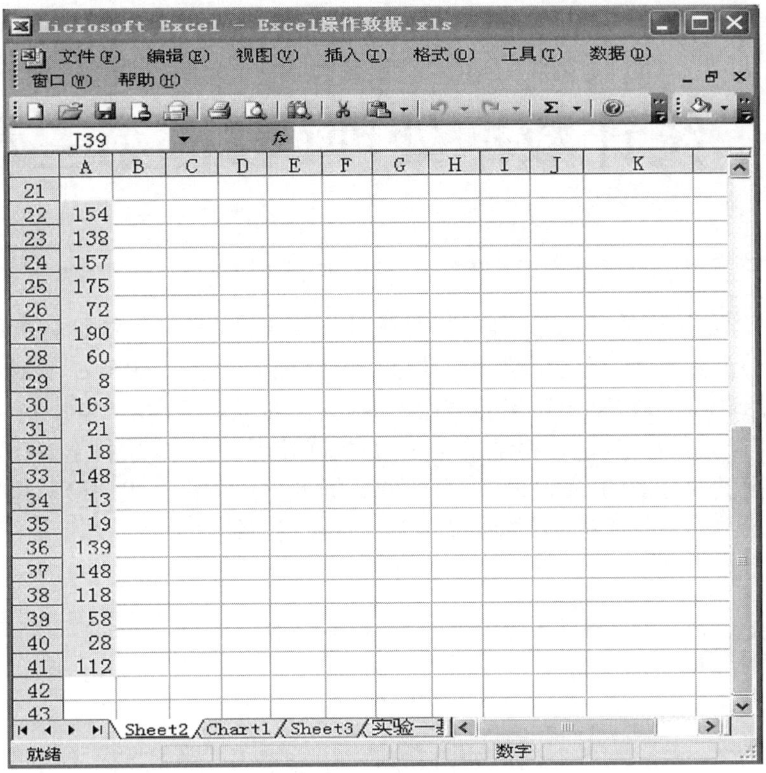
Microsoft Excel - Excel操作数据.xls
文件(F) 编辑(E) 视图(V) 插入(I) 格式(O) 工具(T) 数据(D)
窗口(W) 帮助(H)
J39
A B C D E F G H I J K
21
22 154
23 138
24 157
25 175
26 72
27 190
28 60
29 8
30 163
31 21
32 18
33 148
34 13
35 19
36 139
37 148
38 118
39 58
40 28
41 112
42
43
Sheet2 Chart1 Sheet3
就绪
数字

图 2-4 随机抽样结果

三　统计数据处理(教材第三章)

统计数据处理是统计活动的第三阶段,是统计调查的成果,又是统计分析的基础,承上启下,是统计工作的重要环节,在整个统计活动过程中具有十分重要的意义。如果数据处理不科学、不及时,将导致统计分析得出错误的结论。因此,作为统计工作的中间环节,统计数据处理一定要根据研究目的和要求,制订科学的、可行的数据处理方案,采用科学、有效的数据处理方法,对统计调查提供的分散的、凌乱的、不系统的数据,进行汇总、分组、整理,得出系统的、有条理的、能初步显示数据总体特征的数据,以供下一阶段用于统计分析。

一、数据编码

数据编码是把需要进行加工的数据,用特定的数字表示的一种技术。由于计算机要处理的数据信息复杂而庞大,并且有的数据难以记忆,为便于数据处理,因此需要对收集到的统计数据进行编码,即用一个编码符号代表一条信息或一串数据。利用编码来识别每一条记录,进行分类,节省了储存空间,提高了数据处理速度。

下面是对调查问卷中的选项答案进行编码的方法:

(1) 对于调查问卷中的封闭式的问题,若每个选项都给出了 A、B、C 等答案,则相当于对答案进行了编码,因此可以直接在 Excel 文档中输入 A、B、C 等字母来代表原来选项的内容。

(2) 对于调查问卷中的开放式的问题,因为在设计问题的时候没有预先编码,当收集到相关数据后,首先要根据数据的特征进行归类,接着再进行编码分类,即将相似的答案进行归类,再转换成封闭式进行编码。若答案内容过于丰富、不宜归类的,则对这类问题的答案都输入 Excel 中直接进行定性分析。

二、数据录入

(一) 格式设置

在 Excel 工作表中直接录入数据很简单,一般只要用鼠标激活单元格录入数据即可。但是遇到输入数据的位数在 15 位以上的情况时,如将身份证号码 132524198102261553 输入 Excel 中,就会变为 132524E+17。若要全部显示身份证号码,就要重新设置单元格格式,即选中输入身份证号码的单元格后,点击“鼠标右键→设置单元格格式”,出现“单元格格式”对话框,接着点击对话框内的“分类”中的“文本”,并点击“确定”按钮,就完成单元格格式的设置,如图 3 - 1 所示,最后用鼠标双击设置的单元格,这时身份证号码就会显示 18 位数字。

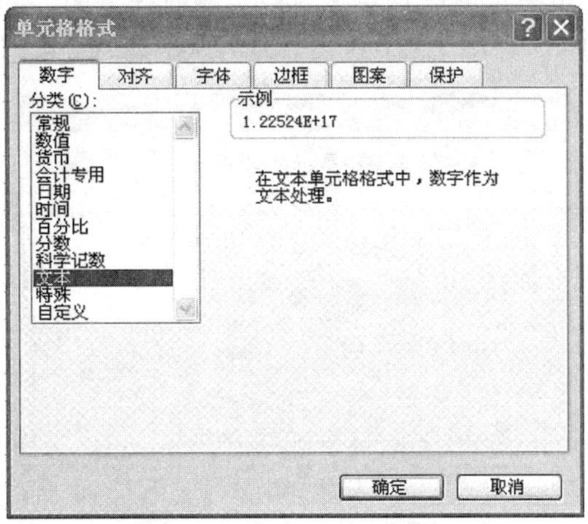

图 3 - 1　“单元格格式”对话框

当在 Excel 单元格中输入的定性数据(用文字描述的数据)比较长时,要在单元格中换行的操作方法有两种:一是选中单元格后,点击“格式→单元格→对齐→自动换行(打钩)”,如图 3 - 2 所示;二是手动换行,即输入文字后用鼠标点击要换行的位置后,同时按下 Alt+回车键即可完成换行。

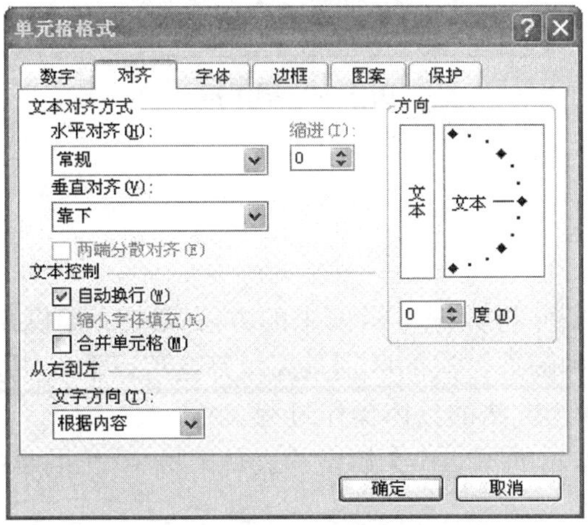

图 3 - 2　“单元格格式”对话框

当录入二手数据时,最简单的方法是直接用“粘贴→复制”命令输到新建的 Excel 工作表中,但是在 Excel 中进行简单的粘贴保证不了数据的完整性,此时必须通过点击“鼠标右键→选择性粘贴→数值→确定”后,才能把数据完整地粘贴到新建的 Excel 工作表中。

(二) 数据的有效性检验

在 Excel 中录入数据时,有时要求某列或某个区域的单元格数据具有唯一性,如学生的学号、身份证号码、发票号码之类的数据。但在输入数据时,有时会出错致使数据相同,而又难以发现,这时可以通过“数据有效性”来防止重复输入。

例如，要在 A2：A50 输入某班学生的学号时，可以先选定单元格区域 A2：B50，然后单击菜单栏中的“数据→有效性”命令，打开“数据有效性”对话框，在“设置”选项下，单击“允许”右侧的下拉按钮，在弹出的下拉菜单中，选择“自定义”选项，然后在下面“公式”文本框中输入公式“=COUNTIF(\$A \$2：\$A \$50, \$A2)=1”(不包括引号)，点击“确定”按钮后返回，如图 3-3 所示。

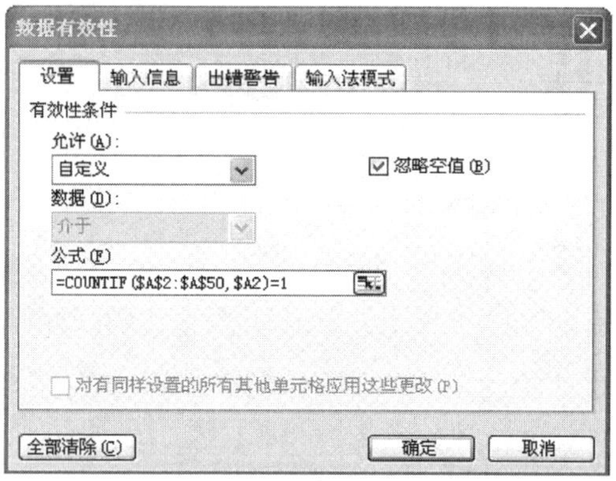

图 3-3 “数据有效性”对话框

以后再在这一单元格区域输入重复的号码时就会弹出提示框，如图 3-4 所示。

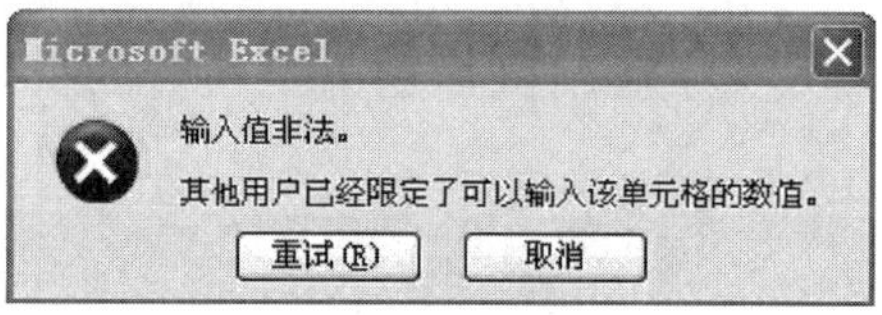

图 3-4 提示框

三、数据筛选

数据筛选是根据特定条件将数据显示出来的方法，Excel 提供两种筛选的方法，即“自动筛选”和“高级筛选”，这两种筛选方法的区别是高级筛选可以输入更多条件和输出方式。下面以例 3-1 来说明这两种筛选方法的具体操作过程。

[**例 3-1**] 图 3-5 所示的 Excel 文档中的表是某班 10 位同学的期末成绩。

	A	B	C	D	E	F	G
1	姓名	性别	大学英语	高等数学	体育	军事理论	计算机应用
2	黎五	男	63	87	97	96	74
3	邱一	女	80	84	89	92	68
4	王二	男	73	94	85	97	66
5	林四	女	70	83	91	94	73
6	梅六	女	77	60	87	98	75
7	张三	女	70	83	85	90	70
8	沈七	男	71	86	96	91	60
9	汤八	男	60	86	81	90	73
10	陈十	女	69	77	86	99	60
11	王九	男	74	76	73	80	78

图 3-5 某班 10 位同学的期末成绩视图

(1) 利用自动筛选的方法筛选出高等数学成绩大于 70 分小于 80 分的同学，具体操作步骤如下：

第一步：单击列表区域内的任意位置，打开“数据”菜单。

第二步：指向“筛选”，选择“自动筛选”命令。

第三步：“高等数学”字段右边的下拉箭头，选定“自定义”选项。

第四步：单击第一行左侧的下拉箭头，选择其中的“大于”，然后在其右边输入 70。

第五步：按相同方法在第二行中选择“小于”，并在右边输入 80，如图 3－6 所示。

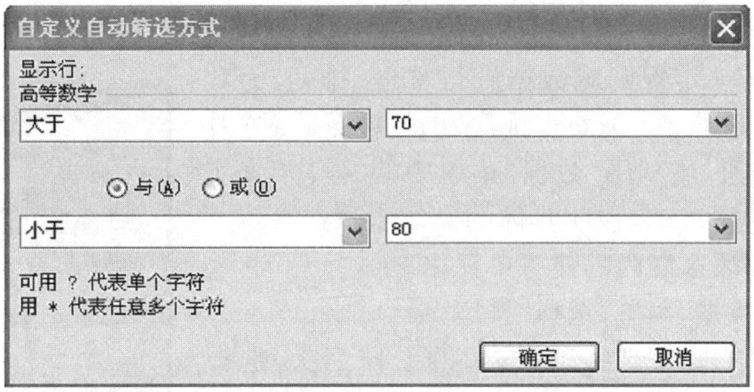

图 3－6 “自定义自动筛选方式”对话框

第六步：选中两行中间的“与”后，单击“确定”按钮，筛选结果如图 3－7 所示。

	A	B	C	D	E	F	G
1	姓名	性别	大学英	高等数	体育	军事理论	计算机应
10	陈十	女	69	77	86	99	60
11	王九	男	74	76	73	80	78

图 3－7 自定义筛选的结果

(2) 利用高级筛选的方法筛选出每门成绩都大于 70 分的同学，具体操作步骤如下：

第一步：先将“大学英语、高等数学、体育、军事理论和计算机应用”这几个列标题复制到新行，接着在每个标题下方设定条件，如图 3－8 所示。

	A	B	C	D	E
13	大学英语	高等数学	体育	军事理论	计算机应用
14	>70	>70	>70	>70	>70

图 3－8 高级筛选的设定条件

第二步：在数据区域任意点击任意一个单元格，打开“数据”菜单。

第三步：指向“筛选”，选择“高级筛选”命令，出现“高级筛选”对话框，如图 3－9 所示。

第四步：在“高级筛选”对话框中，在“列表区域”点击右边的红色箭头，用鼠标拖动选中 A1 ∶ G11；在“条件区域”点击右边红色箭头，用鼠标拖动选中“A13 ∶ E14”。点击“确定”按钮后得到如图 3－10 所示的结果。

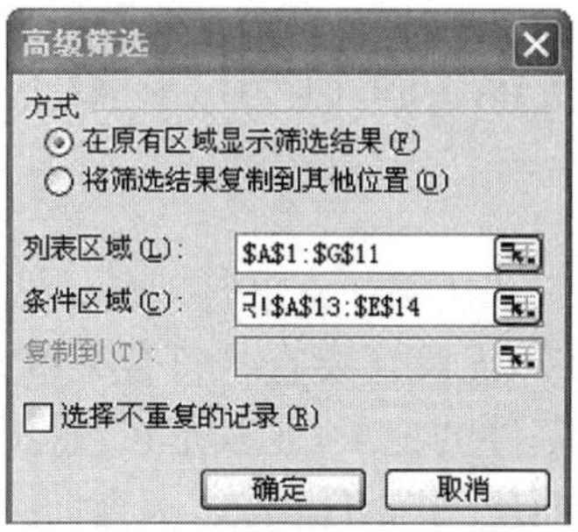

图 3－9 “高级筛选”对话框

	A	B	C	D	E	F	G
1	姓名	性别	大学英语	高等数学	体育	军事理论	计算机应用
11	王九	男	74	76	73	80	78

图 3－10　高级筛选后的结果

四、数据排序

数据排序是指按一定规则对数据进行整理、排列，为数据的进一步处理做好准备。Excel 排序功能主要是靠“升序”和“降序”工具按钮，或利用“数据”菜单中的“排序”来实现的。下面还是以例 3－1 来说明具体的操作步骤：

第一步：单击列表区域内的任意单元格。

第二步：打开“数据”菜单，选择“排序”命令。

第三步：单击“主要关键字”框右边的下拉箭头，选择“大学英语”字段，单击“降序”选项；单击“次要关键字”框右边的下拉箭头，选择“高等数学”字段，单击“降序”选项；如图 3－11 所示。

第四步：单击“确定”按钮，排序结果如图 3－12 所示。

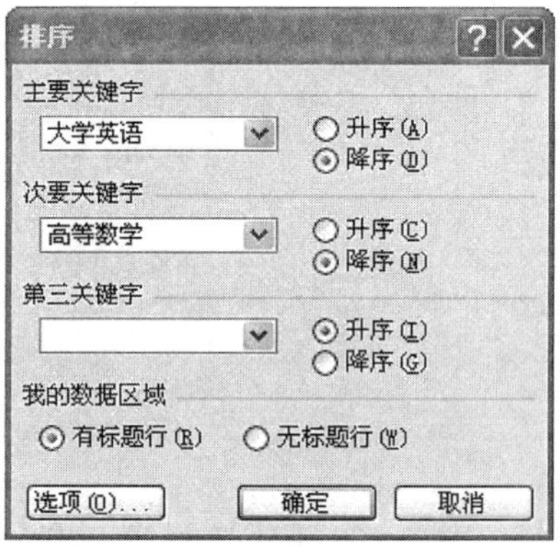

图 3－11　“排序”对话框

	A	B	C	D	E	F	G
1	姓名	性别	大学英语	高等数学	体育	军事理论	计算机应用
2	邱一	女	80	84	89	92	68
3	梅六	女	77	60	87	98	75
4	王九	男	74	76	73	80	78
5	王二	男	73	94	85	97	66
6	沈七	男	71	86	96	91	60
7	林四	女	70	83	91	94	73
8	张三	女	70	83	85	90	70
9	陈十	女	69	77	86	99	60
10	黎五	男	63	87	97	96	74
11	汤八	男	60	86	81	90	73

图 3－12　排序结果

五、设计条件格式

用 Excel 来管理员工或者学生信息时，经常需要分段显示某些数据，如不同工资水准、成绩，而且还要查找符合某些条件的数据。此时若用鼠标或键盘上下移动凭肉眼去找那些符合条件的记录，尤其是在数据量较大的情况下，不仅麻烦而且极易出现遗漏或张冠李戴的现象，而使用“条件格式”来查询则方便和准确得多。下面仍以例 3－1 来说明条件格式设置的具体操作步骤。

首先,建立条件格式。

第一步:选中整个数据区域,然后打开“格式”菜单,选择“条件格式”命令。

第二步:打开“条件1”部分第二个框的下拉列表,选择“小于”。

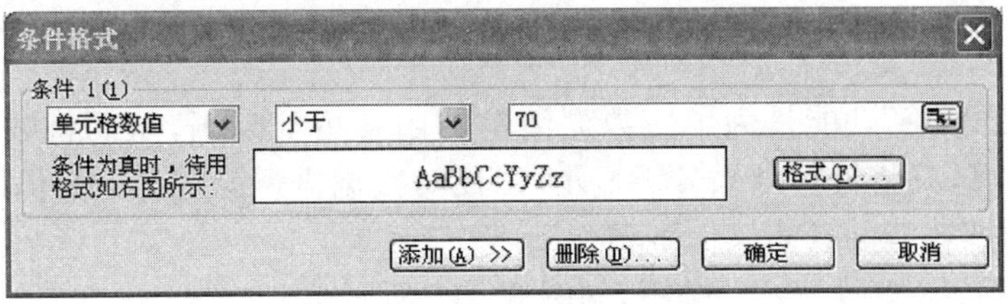

图 3-13　“条件格式”对话框

第三步:在第三个框中可以输入条件值,如“70”。

第四步:单击“格式”按钮,打开“颜色”下拉列表,选择所需颜色,如“红色”,如图 3-13 所示。

第五步:点击“确定”按钮,结果如图 3-14 所示。

	A	B	C	D	E	F	G
1	姓名	性别	大学英语	高等数学	体育	军事理论	计算机应用
2	邱一	女	80	84	89	92	68
3	梅六	女	77	60	87	98	75
4	王九	男	74	76	73	80	78
5	王二	男	73	94	85	97	66
6	沈七	男	71	86	96	91	60
7	林四	女	70	83	91	94	73
8	张三	女	70	83	85	90	70
9	陈十	女	69	77	86	99	60
10	黎五	男	63	87	97	96	74
11	汤八	男	60	86	81	90	73

图 3-14　条件格式设定后的结果

其次,删除条件格式。

第一步:选中应用条件格式的区域,然后打开“格式”菜单。

第二步:选择条件格式命令,单击“删除”按钮,出现“删除条件格式”对话框,如图 3-15 所示。

第三步:单击要删除条件前的复选框,单击“确定”按钮。

第四步:单击“确定”按钮,如图 3-16 所示。

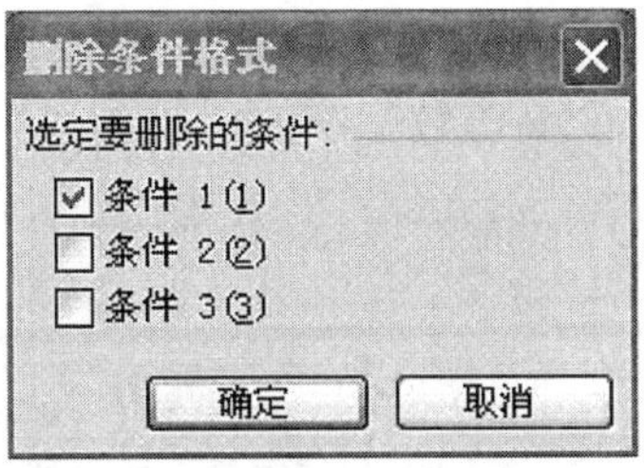

图 3-15　“删除条件格式”对话框

	A	B	C	D	E	F	G
1	姓名	性别	大学英语	高等数学	体育	军事理论	计算机应用
2	邱一	女	80	84	89	92	68
3	梅六	女	77	60	87	98	75
4	王九	男	74	76	73	80	78
5	王二	男	73	94	85	97	66
6	沈七	男	71	86	96	91	60
7	林四	女	70	83	91	94	73
8	张三	女	70	83	85	90	70
9	陈十	女	69	77	86	99	60
10	黎五	男	63	87	97	96	74
11	汤八	男	60	86	81	90	73

图 3-16　删除条件格式的结果

六、数据分类汇总

Excel 的“分类汇总”功能是为了使数据清单的内容更加清晰,从而将数据归类,进行“求和”“求均值”等计算,并将计算结果分级显示,以便对数据进行分析。下面仍以例 3－1 来说明 Excel 的“分类汇总”功能的具体操作步骤。

第一步：现将数据按照“性别”排序,如图 3－17 所示。

	A	B	C	D	E	F	G
1	姓名	性别	大学英语	高等数学	体育	军事理论	计算机应用
2	邱一	女	80	84	89	92	68
3	林四	女	70	83	91	94	73
4	张三	女	70	83	85	90	70
5	陈十	女	69	77	86	99	60
6	梅六	女	77	60	87	98	75
7	王二	男	73	94	85	97	66
8	黎五	男	63	87	97	96	74
9	沈七	男	71	86	96	91	60
10	汤八	男	60	86	81	90	73
11	王九	男	74	76	73	80	78

图 3－17 按性别排序的结果

第二步：单击列表区域内的任意位置。

第三步：打开“数据”菜单,选择“分类汇总”命令。

第四步：选择“分类字段”中的“性别”,在“汇总方式”中选择“求和”,在“选择汇总项”中选择“高等数学”和“大学英语”,选择“汇总结果显示在数据下方”。

第五步：单击“确定”按钮,结果如图 3－18 所示。

	A	B	C	D	E	F	G
1	姓名	性别	大学英语	高等数学	体育	军事理论	计算机应用
2	邱一	女	80	84	89	92	68
3	林四	女	70	83	91	94	73
4	张三	女	70	83	85	90	70
5	陈十	女	69	77	86	99	60
6	梅六	女	77	60	87	98	75
7		**女 汇总**	366	387			
8	王二	男	73	94	85	97	66
9	黎五	男	63	87	97	96	74
10	沈七	男	71	86	96	91	60
11	汤八	男	60	86	81	90	73
12	王九	男	74	76	73	80	78
13		**男 汇总**	341	429			
14		**总计**	707	816			

图 3－18 汇总结果

七、创建图表和增强图表

(一) 创建图表

下面以例 3-1 中学生的高等数学的成绩的柱形图为例来介绍创建图表的过程。

	A	B	C	D	E	F	G
1	姓名	性别	大学英语	高等数学	体育	军事理论	计算机应用
2	邱一	女	80	84	89	92	68
3	林四	女	70	83	91	94	73
4	张三	女	70	83	85	90	70
5	陈十	女	69	77	86	99	60
6	梅六	女	77	60	87	98	75
7	王二	男	73	94	85	97	66
8	黎五	男	63	87	97	96	74
9	沈七	男	71	86	96	91	60
10	汤八	男	60	86	81	90	73
11	王九	男	74	76	73	80	78

图 3-19　同时选定两列的视图

第一步：选定想要绘图的数据区域，按住 Ctrl 键，利用鼠标拖拉需要选的部分。如选定 A1∶A11 和 D1∶D11。

第二步：单击“常用”工具栏上的“图表向导”按钮。

第三步：在左边的“图表类型”框中，选择一种图表类型，如选“柱形图”；在右边的“子图表类型”框中，选择一种图表类型，如选第二行第一个；如果要在图表生成前预览图表，在“按下不放可察看示例”按钮上按住鼠标左键，单击“下一步”后再单击“下一步”。

第四步：在“图表标题”文本框中输入标题，如输入“学生成绩统计图”，然后单击“下一步”。

第五步：在“图表位置”对话框中，选择“作为其中的对象插入”选项，把图表放在现有的工作表中。

第六步：单击“完成”按钮，结果如图 3-20 所示。

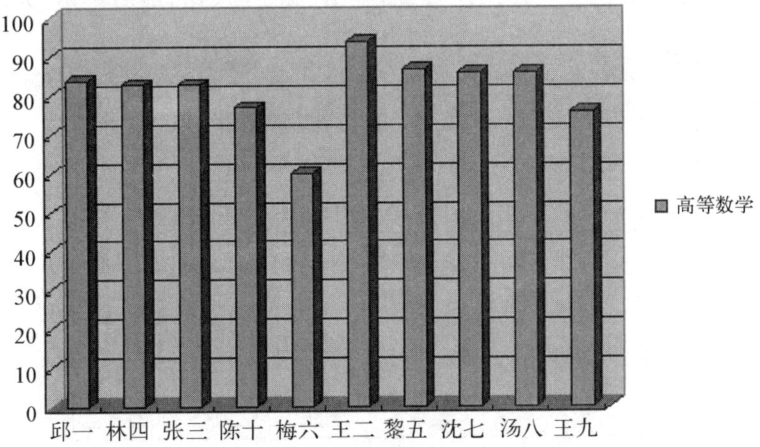

图 3-20　学生成绩统计图

(二) 增强图表

首先，介绍更改图表对象的格式，具体操作步骤如下：

第一步：双击要更改其格式的图表元素，如标题。

第二步：单击“字体”选项卡。

第三步：打开“颜色”下拉列表。

第四步：选择需要的颜色，如红色。

第五步：单击“确定”按钮。

其次，介绍更改图表选项的操作方法，具体操作步骤如下：

第一步：选定要更改的图表。

第二步：打开“图表”菜单，选择“图表选项”命令。

第三步：单击“网格线”选项卡。

第四步：在“分类(X)轴”部分，单击“主要网格线”复选项，最后单击“确定”按钮。

八、透视表

数据透视表有机地综合了数据排序、筛选分类汇总等常用数据分析方法的优点，可方便地调整分类汇总的方式，灵活地以多种不同方式展示数据的特征。一张数据透视表仅靠鼠标移动字段位置，即可变换出各种类型的报表，同时，数据透视表也是解决 Excel 公式计算速度“瓶颈”的主要手段之一，因此，该工具是最常用、功能最全的 Excel 数据分析工具之一。

(一) 建立透视表

下面还是以例 3-1 为例，说明建立透视表的过程。

第一步：单击 A1 单元格，打开“数据”菜单，选择“数据透视表和图表报告”命令，单击“下一步”按钮后，再单击“下一步”按钮，接着单击“布局”按钮。

第二步：将需要的字段分别拖到“行”“列”以及“数据”区域，如行字段为姓名，列字段为性别，数据字段为高等数学，如图 3-21 所示，然后单击“确定”按钮，最后单击“完成”按钮，结果如图 3-22 所示。

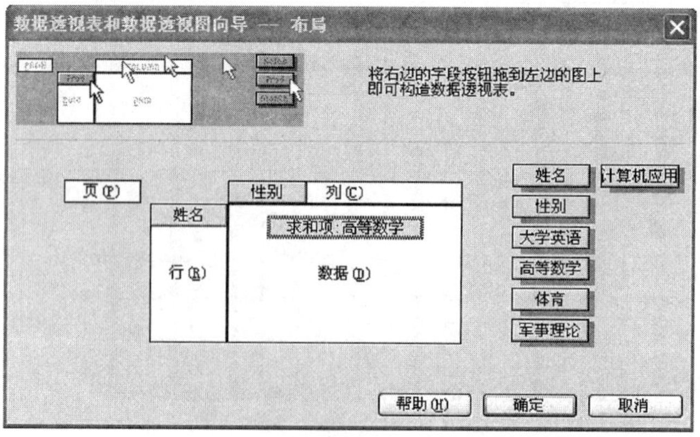

图 3-21 数据透视表和数据透视图视图向导——布局

求和项:高等数学	性别		
姓名	男	女	总计
陈十		77	77
黎五	87		87
林四		83	83
梅六		60	60
邱一		84	84
沈七	86		86
汤八	86		86
王二	94		94
王九	76		76
张三		83	83
总计	429	387	816

图 3－22　数据透视表

(二) 绘制数据透视图

第一步：单击“数据透视表”工具栏上的“图表向导”按钮，如果要修改数据透视图报告，请在“数据透视图”的工作表中单击透视图的任意位置，然后单击“数据透视表”工具栏上的“图表向导”按钮。

第二步：选择需要的图表类型，如选择柱形图第一行第一个，单击“下一步”按钮。

第三步：在文本框中输入需要的标题后，单击“下一步”按钮，最后单击“完成”按钮，结果如图 3－23 所示。

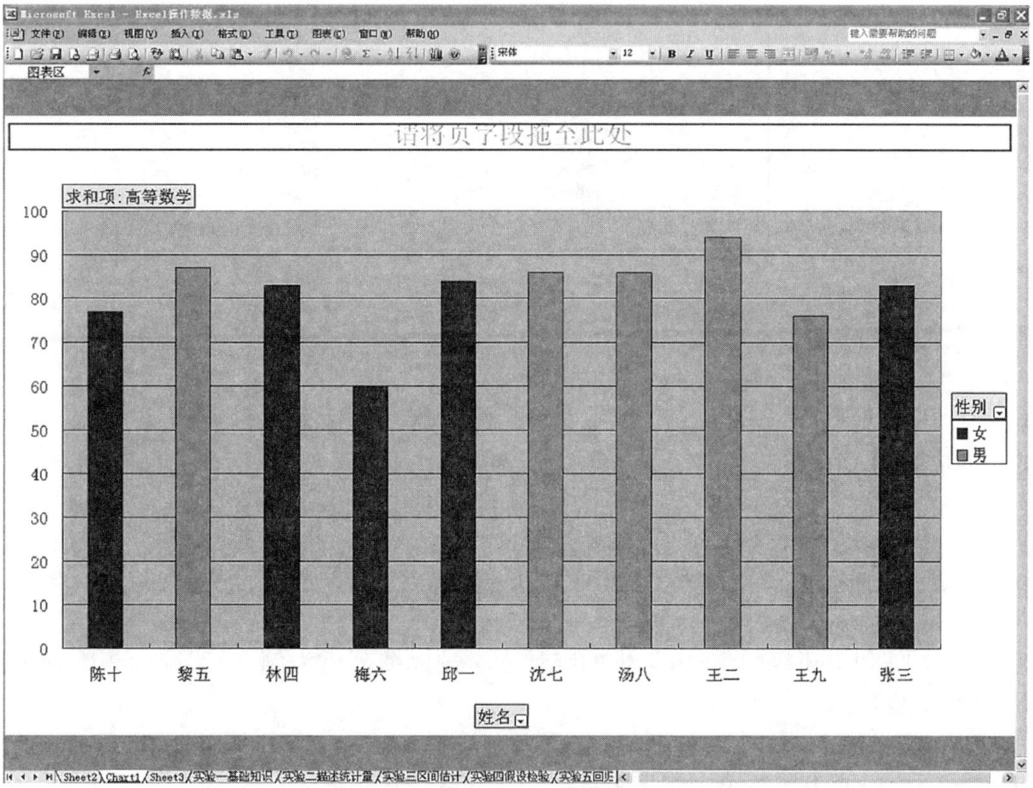

图 3－23　数据透视图

（三）修改数据透视表

首先，使用自动套用格式。

第一步：在建立好数据透视表以后，出现“数据透视表”对话框，单击“数据透视表”工具栏上的“设置报告格式”按钮。

第二步：选中满意的格式，如第一个，最后单击“确定”按钮，结果如图 3－24 所示。

性别	姓名	高等数学
男		429
	黎五	87
	沈七	86
	汤八	86
	王二	94
	王九	76
女		387
	陈十	77
	林四	83
	梅六	60
	邱一	84
	张三	83
总计		816

图 3－24　自动套用格式

其次，更改透视表的字段设置。

第一步：单击“总计”字段后，单击“数据透视表”工具栏上的“字段设置”按钮，如要改变汇总方式，请在“汇总方式”列表中选择需要的汇总方式，如“最大值”。

第二步：如要更改数字格式，请单击“数字”按钮，在“分类”列表中，单击“数值”按钮后，单击“小数位数”框右边的下拉箭头，如选“1”后，单击“确定”按钮，最后单击“确定”按钮，结果如图 3－25 所示。

性别	姓名	最大值项：高等数学
男		94.0
	黎五	87.0
	沈七	86.0
	汤八	86.0
	王二	94.0
	王九	76.0
女		84.0
	陈十	77.0
	林四	83.0
	梅六	60.0
	邱一	84.0
	张三	83.0
总计		94.0

图 3－25　更改数字格式

九、直方图

利用 Excel 数据分析的“直方图”工具可以方便地进行统计数据的分组，编制频数（频率）分布并制作相应的统计图表。

［例 3－2］ 以某班级的 50 名学生的统计学考试成绩分析为例，说明统计频率分布和直方图等操作的步骤。

第一步：首先将 50 名同学的成绩输入 Excel 中，接着输入分组上限，即输入每一组的上限值，选定一个区域（直方图菜单中称这个区域为接收区域），即在 \$A \$8 ： \$A \$12 位置输入 60，70，80，90，100，如图 3－26 所示。

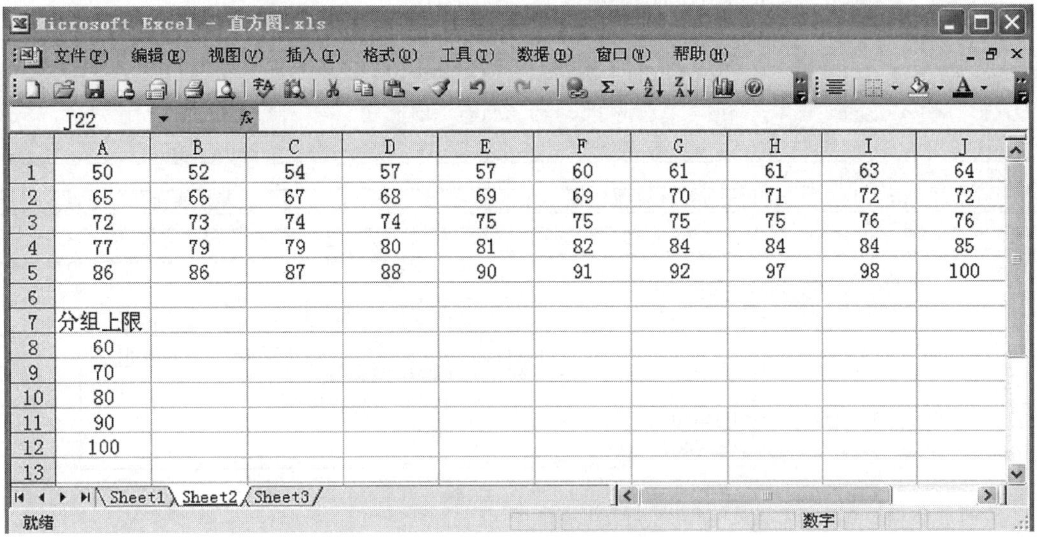

	A	B	C	D	E	F	G	H	I	J
1	50	52	54	57	57	60	61	61	63	64
2	65	66	67	68	69	69	70	71	72	72
3	72	73	74	74	75	75	75	75	76	76
4	77	79	79	80	81	82	84	84	84	85
5	86	86	87	88	90	91	92	97	98	100
6										
7	分组上限									
8	60									
9	70									
10	80									
11	90									
12	100									
13										

图 3－26　分组上限

第二步：单击“数据分析”选项，从其对话框的“分析工具”列表中选择“直方图”，打开“直方图”对话框，如图 3－27 所示。

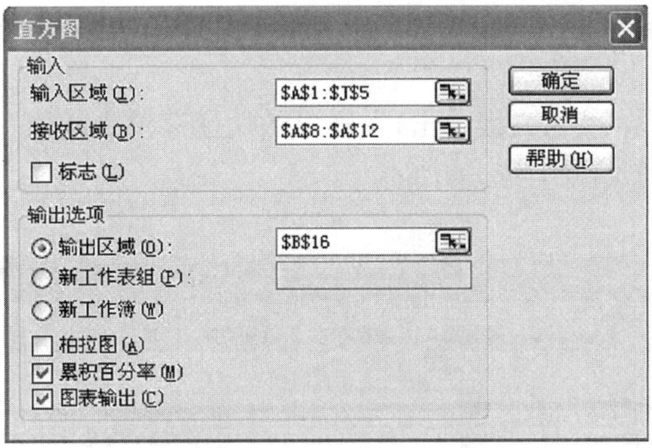

图 3－27　“直方图”对话框

第三步：在输入区域输入 \$A \$1 ∶ \$J \$5，输入区域是指分析数据的单元格区域。在接收区域输入 \$A \$8 ∶ \$A \$12。接收区域指的是分组标志所在的区域，即第一步输入的分组标志上限值。

第四步：选择输出选项，可选择输出区域、新工作表组或新工作簿。这里选择输出区域，可以直接选择一个区域，也可以直接输入一个单元格(代表输出区域的左上角)，因为事先并不知道具体的输出区域有多大，因此这里推荐只输入一个单元格(本例为 B16)。

第五步：选择图表输出，可以得到直方图；选择累积百分率，系统将在直方图上添加累积频率折线；选择柏拉图，可得到按降序排列的直方图(本例中，由于没有选择柏拉图，所以不是降序排列)。

第六步：按“确定”按钮，输出结果如图 3－28 所示。

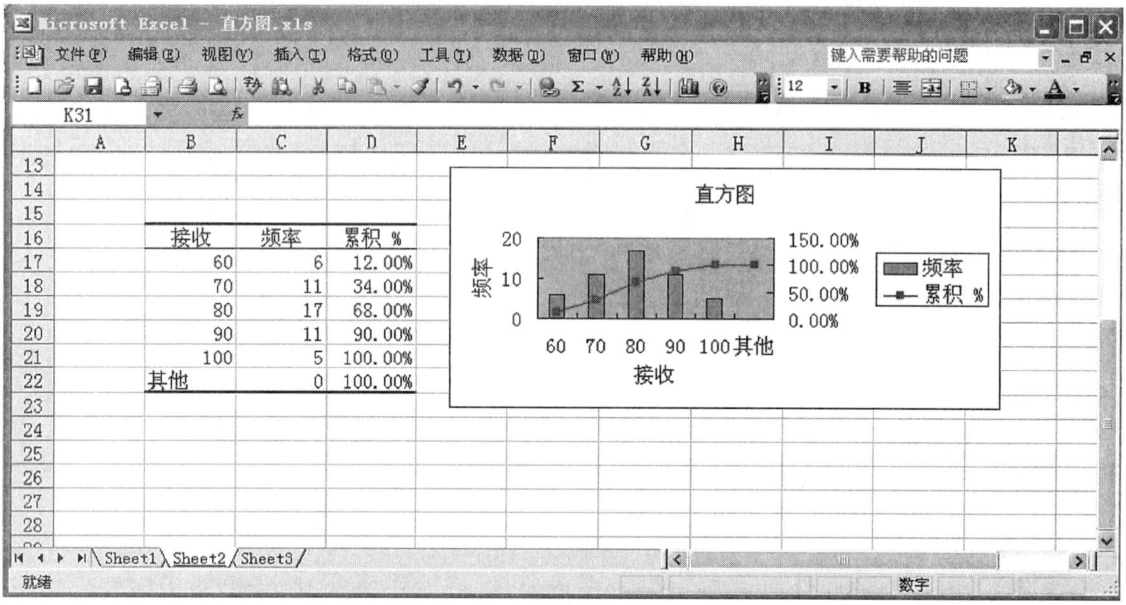

图 3－28 频数分布和直方图

应当注意，上图实际上是一个条形图，而不是直方图，若要把它变成直方图，可进行如下操作：

用鼠标左键单击直条，然后右键单击，在弹出的快捷菜单中选取“设置数据系列格式”，弹出“数据系列格式”对话框，如图 3－29 所示。

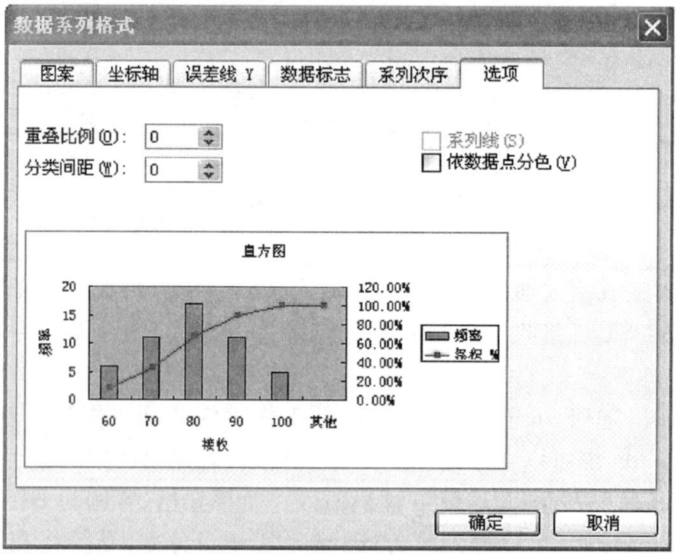

图 3－29 “数据系列格式”对话框

在对话框中将分类间距设置成 0,点击“确定”按钮后即可得到直方图,如图 3-30 所示。

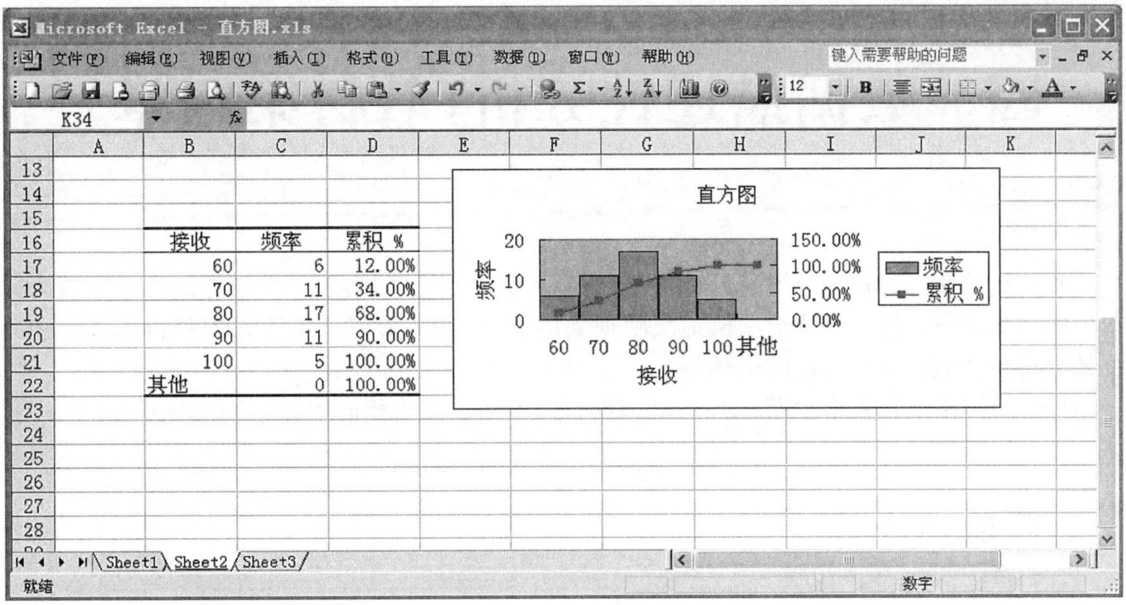

图 3-30　调整后的直方图

四　数据描述性分析(教材第四章)

收集到的统计数据经过汇总处理,并以统计图表的形式予以展示,能够粗略地显示被研究现象的数量特征。但如果要更深刻地反映现象的本质特征,就需要更深入的分析。进一步的统计分析包括数据分布特征的描述等。

Excel 中用于计算描述统计量的方法有两种,即函数方法和描述统计工具的方法。

一、函数方法

在 Excel 运行过程中调用统计函数主要采用两种方法。其一,是在工作簿的单元格中直接输入统计函数的函数名称(必须在统计函数名称前加"＝"符号),就会弹出该函数的初始值输入对话框,只要在有关的参数选项内填入确定的参数就能得到函数的计算结果值。或者,在工作簿的单元格中输入"＝"符号后,查找工作簿左上方的"名称"显示格内出现的函数选择表,选择某个函数名称,同样会得到该函数的初始值输入对话框。其二,是利用粘贴函数按钮"f_x"调用,单击粘贴函数快捷键 f_x,即会弹出一个 Excel 函数选择表,选择其中的"统计"选项,再单击,又会弹出一个 Excel 统计函数的选择表,选定需要调用的统计函数名称,同样会弹出该函数的初始值输入对话框,在有关选项内填入确定的参数就能得到函数的计算结果值。

常用的描述统计量有众数、中位数、算术平均数、调和平均数、几何平均数、极差、四分位差、标准差、方差、标准差系数等。这里仅介绍在工作簿的单元格中直接输入统计函数名称的计算方法。

[**例 4－1**]　为了了解某企业工人的工资情况,随机抽取 30 人,其月工资(单位: 元)如图 4－1所示。

根据 Excel 表格中的数据,利用函数求一些统计指标。

(1) 算术平均数。

单击任一空单元格,输入"＝AVERAGE(A1∶J3)",回车后得算术平均数为 2 416.333。

(2) 众数。

单击任一空单元格,输入"＝MODE(A1∶J3)",回车后即可得众数为 2 550。

(3) 中位数。

单击任一空单元格,输入"＝MEDIAN(A1∶J3)",回车后得中位数为 2 465。

(4) 标准差。

单击任一空单元格,输入"＝STDEV(A1∶J3)",回车后得标准差为 216.149 43。

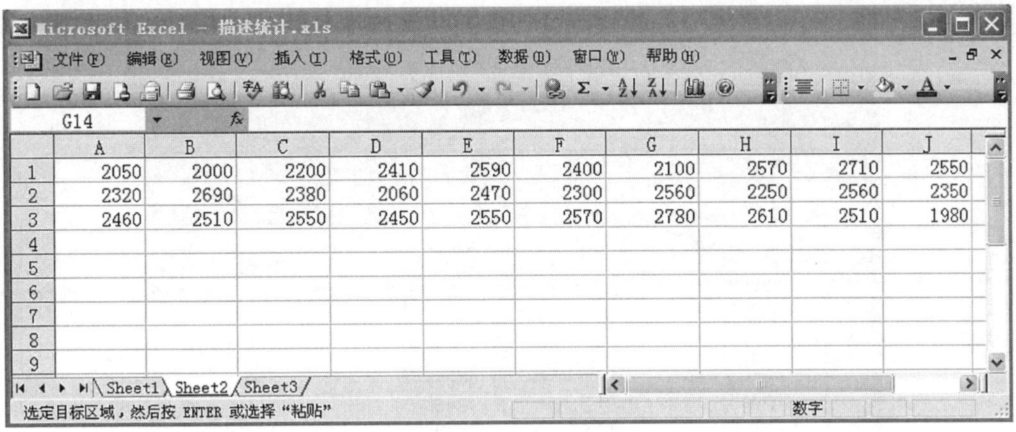

图 4-1　工人月工资

二、描述统计工具量的使用

仍使用例 4-1 的资料，先把数据输入 A1：A30 单元格，然后按以下步骤操作：

第一步：在“工具”下拉菜单中单击“数据分析”命令，从其对话框“分析工具”列表中选择“描述统计”，点击“确定”按钮，进入“描述统计”对话框。

第二步：在“输入区域(I)”框中输入 A1：A30，如果需要指出输入区域的数据是按行或按列排列的，可在“分组方式”后面点击“逐行”或“逐列”选项。选择“逐列”后，如果第一行为标题行，则要单击“标志位于第一行(L)”的复选框。

在输出选项中，本例选择“输出区域(O)”，点击“C2”单元格；选择“汇总统计(S)”，可给出一系列描述统计测度值；选择“第 K 大值(A)”或“第 K 小值(M)”，其右侧框中将显示默认值“1”，即要求给出数据中第 1 个最大值或最小值。如输入“2”，即要求给出数据中 2 个最大值或最小值；选择“平均数置信度(N)”是指用样本平均数估计总体平均数的可信程度。如选择此复选框，则其右侧框中将显示默认值 95%；如认为不合适，可自己调整，如图 4-2 所示。

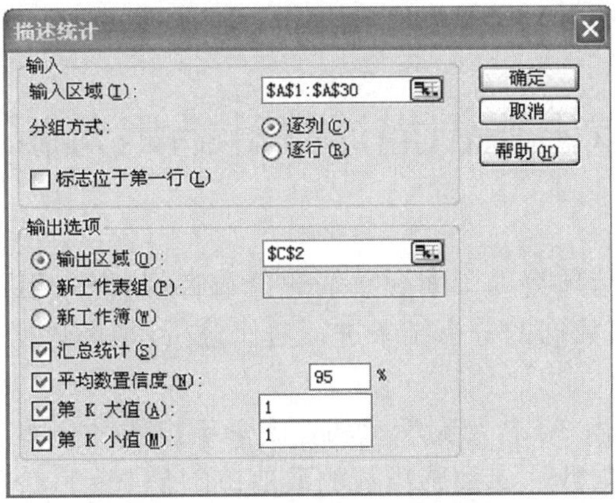

图 4-2　“描述统计”对话框

以上各项选定后，单击“确定”按钮，即可在指定输出区域得到描述统计各测度值的结果，见图 4 - 3。

	A	B	C	D
1	2050			
2	2000		列1	
3	2200			
4	2410		平均	2416.333
5	2590		标准误差	39.46331
6	2400		中位数	2465
7	2100		众数	2550
8	2570		标准差	216.1494
9	2710		方差	46720.57
10	2550		峰度	-0.42952
11	2320		偏度	-0.62248
12	2690		区域	800
13	2380		最小值	1980
14	2060		最大值	2780
15	2470		求和	72490
16	2300		观测数	30
17	2560		最大(1)	2780
18	2250		最小(1)	1980
19	2560		置信度(95	80.71152
20	2350			

图 4 - 3 “描述统计”输出结果

最后对图 4 - 3 输出结果做部分解释：

“平均”指样本均值。

“标准误差”指样本平均数的“抽样误差”，即样本标准差除以样本单位数的均方。

“峰度”即峰度系数。

“偏度”即偏态系数。

“求和”即样本各标志值之和。

“观测数”指样本容量。

“区域”即极差，也即最大值减最小值。

三、两组或两组以上数据描述统计结果分析

描述统计命令的输出结果有助于掌握数据的分布特征，但一组数据的输出结果无法说明问题的实质，关键是对多组数据的分析结果进行对比分析，掌握数据分布特征。下面以具体案例进行说明：

[例 4 - 2] 两个分别由 50 名女大学生和男大学生组成的样本，经过幸福感调查后，分别得出每位大学生的幸福感指数。幸福感指数的取值范围是 0～1，分值越大，表明幸福感越强。操作步骤同上，图 4 - 4 是对这两组大学生所得的幸福感指数的描述统计的结果分析。

	A	B	C	D	E	F	G
1	女生	男生					
2	0.51	0.56		列1		列2	
3	0.55	0.62					
4	0.56	0.53		平均	0.50242	平均	0.539933
5	0.45	0.57		标准误差	0.0101	标准误差	0.011384
6	0.57	0.64		中位数	0.51333	中位数	0.547917
7	0.54	0.50		众数	0.44333	众数	0.550833
8	0.57	0.68		标准差	0.07144	标准差	0.080495
9	0.50	0.44		方差	0.0051	方差	0.006479
10	0.53	0.53		峰度	4.50353	峰度	1.943398
11	0.58	0.55		偏度	-1.4031	偏度	-0.87628
12	0.55	0.64		区域	0.4325	区域	0.4225
13	0.48	0.62		最小值	0.20917	最小值	0.253333
14	0.44	0.49		最大值	0.64167	最大值	0.675833
15	0.44	0.52		求和	25.1208	求和	26.99667
16	0.57	0.64		观测数	50	观测数	50
17	0.58	0.48		最大(1)	0.64167	最大(1)	0.675833
18	0.54	0.64		最小(1)	0.20917	最小(1)	0.253333
19	0.46	0.60		置信度(95.0%)	0.0203	置信度(95.0%)	0.022876
20	0.45	0.54					

图 4－4　描述统计的结果

在图 4－4 中，“列 1”和“列 2”分别表示“女大学生的幸福感指数”和“男大学生的幸福感指数”，从图中的数据可以看出，这 50 名男大学生的幸福感指数要高于女大学生的幸福感指数，这是因为反映男大学生幸福感指数的集中趋势的指标均值、中位数和众数都大于女大学生的幸福感指数；从标准差来看，$0.071\,44 < 0.080\,495$，所以女大学生的幸福感指数离散程度要低于男大学生的幸福感指数，即男大学生的幸福感指数数据分布更分散，但是由于两组数据的均值不同，因此这两组数据平均数的代表性需要计算标准差系数 $V_\delta = \dfrac{\delta}{\bar{x}}$，经过计算，女大学生的幸福感指数标准差系数为 14.22%，小于男大学生的幸福感指数标准差系数 14.91%；另外，通过偏度和峰度还可以反映数据的分布形状(左偏或右偏，陡峭或平坦)。

五　概率论基础(教材第五章)

Excel 的粘贴函数“f_x”中存有许多函数可以调用，使用统计函数中的概率计算函数可以使复杂的概率计算变得非常简单。概率函数除了能够单独运用于某一种特定需要的概率计算外，通过运用 Excel 函数组合技术可以编制成与常规概率计算表一样的电子概率表，便于解决日常工作中需要查对概率的问题。此外，应用 Excel 的制图功能还可以编制各种概率曲线图，供参考分析。

一、二项分布概率的计算和概率曲线图的编制

(一) 二项分布电子概率表的构建

二项分布是离散型分布中最重要的分布之一，有广泛的应用意义。但是，根据二项分布的概率计算公式进行概率的计算非常麻烦。因此，应用一元二项分布函数在计算机的 Excel 文档中建立二项分布的概率表，会方便日常的计算需要。下面以一个例子来说明二项分布概率表的建立及其具体操作方法。

[例 5-1]　某种商品的不合格率为 0.3，一顾客从商店买了 6 件这种商品，试求下列事件的概率：(1) 恰有 4 件商品不合格；(2) 不合格件数不超过一半；(3) 至少有一件不合格品。

具体操作过程如下：

第一步：打开 Excel 新工作簿，在工作表中设置二项分布电子概率表的构架，如图 5-1 所示。

第二步：把光标点定在 A7 单元格中，然后点击“f_x”函数调用按钮，在粘贴函数菜单的函数分类中选中“统计”，调用“BINOMDIST”(返回一元二项分布函数)，点击“确定”按钮，出现 BINOMDIST 函数公式菜单。

在菜单的选项框中按照例 5-1 的已知条件输入有关的数据。其中，Number_s，Trials，Probability_s，Cumulative 分别为关心事件数 k，试验总次数 n，累积分布概率 p。因为 A7 单元格是 $k=0$ 的密度函数，所以依次输入 A7，6，0.3，0(0 代表密度函数)。输入完成后可以点击“确定”按钮，则在 A7 单元格中显示出 0.117 649 的概率值，如图 5-2 所示。用填充柄可以在 B 列的 $k=1, 2, 3, \cdots$ 的其余单元格中显示出该二项分布的密度函数概率值。

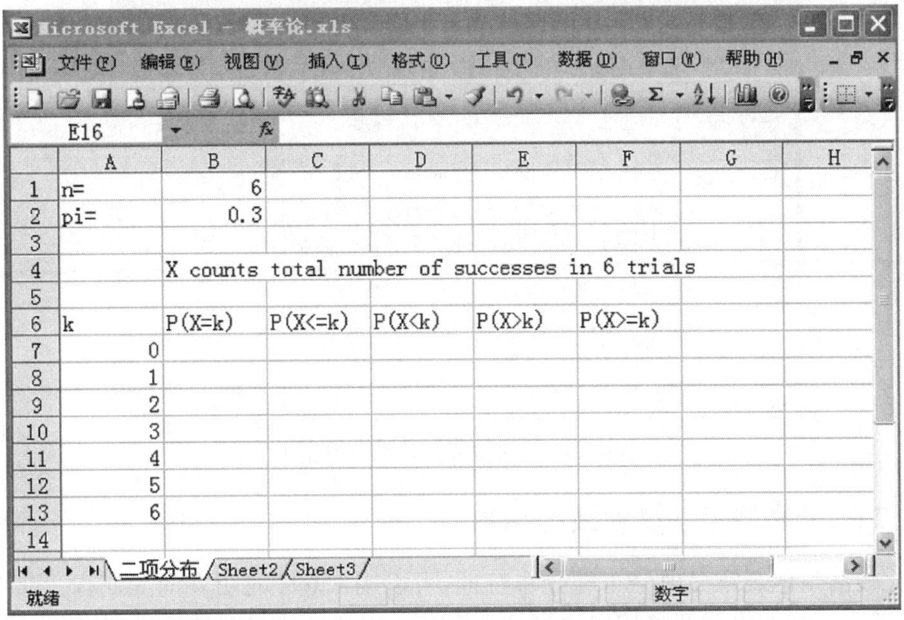

图 5-1　二项分布电子概率表的构架

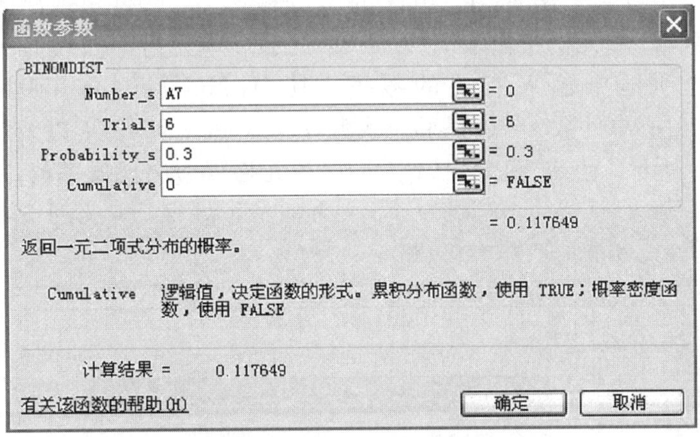

图 5-2　"函数参数"对话框

第三步：采用以上相同的方法，在 C 列可以建立该二项分布 $X \leqslant k(k=0, 1, 2, \cdots)$ 的累积分布概率值。不同的是逻辑值应选择为 TRUE(1 代表累积函数)。

第四步：在 D 列的 D7 单元格中输入"=C7-B7"，就可以得到 $X<k(k=0, 1, 2, \cdots)$ 的概率值。在 E 列的 E7 单元格中输入"=1-C7"，就可以得到 $X>k(k=0, 1, 2, \cdots)$ 的概率值。在 F 列的 F7 单元格中输入"=1-D7"，就可以得到 $X \geqslant k(k=0, 1, 2, \cdots)$ 的概率值。

第五步：现在已经建立了二项分布的概率表(见图 5-3)，通过该表格就能进行二项分布概率的计算。

所以，例 5-1 的结果可以通过查找已经编制好的二项分布电子概率表(见图 5-3)得到：

(1) $P(k=4)=0.059\ 535$；(2) $P(k \leqslant 3)=0.929\ 53$；(3) $P(k \geqslant 1)=0.882\ 351$。

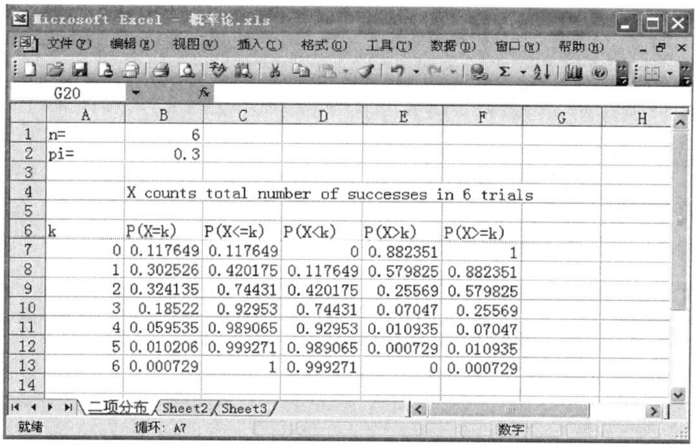

	A	B	C	D	E	F
1	n=	6				
2	pi=	0.3				
3						
4		X counts total number of successes in 6 trials				
5						
6	k	P(X=k)	P(X<=k)	P(X<k)	P(X>k)	P(X>=k)
7	0	0.117649	0.117649	0	0.882351	1
8	1	0.302526	0.420175	0.117649	0.579825	0.882351
9	2	0.324135	0.74431	0.420175	0.25569	0.579825
10	3	0.18522	0.92953	0.74431	0.07047	0.25569
11	4	0.059535	0.989065	0.92953	0.010935	0.07047
12	5	0.010206	0.999271	0.989065	0.000729	0.010935
13	6	0.000729	1	0.999271	0	0.000729

图 5-3 二项分布概率的计算结果

(二) 二项分布概率密度曲线的编制

为了比较清楚地观察二项分布的分布特征，可以用 Excel 的图表向导制作二项分布的分布曲线图，甚至还能够设置调整按钮通过样本容量 n 和特征值 P 的变化来分析研究二项分布与正态分布的关系。具体操作步骤如下：

第一步：打开 Excel 新工作簿，在工作表的 A 列输入关心事件出现次数 k 的 0～25 的数据，在工作表的 B 列 B1 单元格中输入 $P(X=k)$，在 B2 单元格中插入 BINOMDIST 函数公式，在函数公式选项框中输入有关的数据。其中，Number_s，Trials，Probability_s，Cumulative 分别为关心事件数 $k=0$，试验总次数 $n=25$，概率 $p=0.1$ 以及逻辑值 FALSE（密度函数），如图 5-4 所示。点击“确定”按钮后，B2 单元格就会出现概率值，用填充柄下拉到 B

图 5-4 “函数参数”对话框

列 **B**27 的单元格,在 B 列出现完整的一组二项分布概率值。

第二步:选择二项分布的全部概率值,注意不要包括第一行的标志名称,点击工具栏的“图表向导”,在弹出的选项框“标准类型”中选择“折线图”,在子图表类型的图案中选择不带点子的折线图案(见图 5-5),点击“完成”按钮后,按照对话框提示继续操作,最后点击“完成”按钮,就能得到二项分布概率密度曲线图。

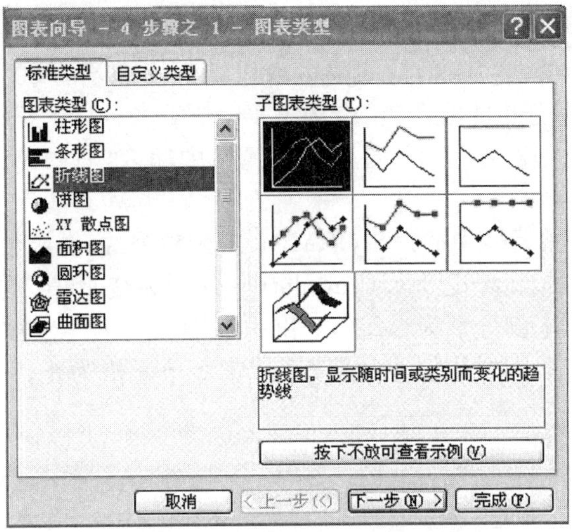

图 5-5　“图表类型”对话框

第三步:按照需要对二项分布概率密度曲线图进行格式化,如图 5-6 所示。

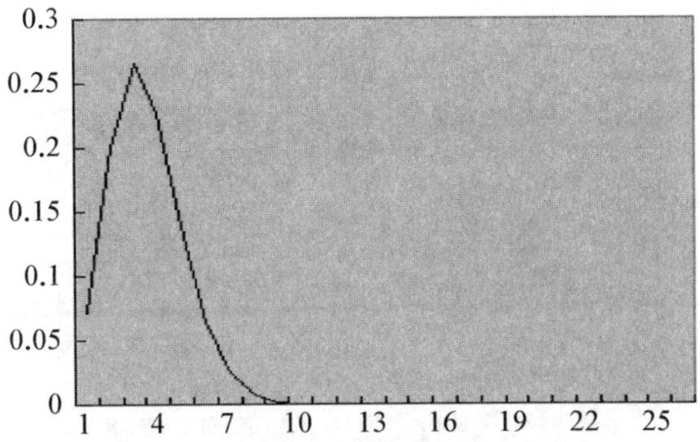

图 5-6　二项分布概率密度曲线图格式化

二、正态分布概率的计算和概率曲线图的编制

正态分布是连续型分布中最重要的分布,在实际工作中有非常广泛的用途。但是,根据正态分布的概率计算公式进行概率的计算非常麻烦。为方便日常的计算需要,应用正态分布 NORMDIST 函数在计算机的 Excel 文档中建立标准正态分布的概率表是非常必要的。

正态分布是连续型分布，其密度函数是一个钟形的曲线。整个曲线下的面积为 1，曲线下的各部分面积可以解释为概率。通过均值和标准差可以确定一条正态分布曲线，而标准正态分布的均值为 0，标准差为 1。Excel 的正态分布 NORMDIST 函数的语法为：NORMDIST(X，Mean，Standard_dev，Cumulative)。具体操作过程如下：

第一步：打开 Excel 新工作簿，在工作表中设置正态分布概率表的构架。在工作表 A1 与 B1 单元格中分别输入标志 x 和 $P(x)$。

第二步：在 A 列中输入服从标准正态分布的 x 值，通常采用比平均值低 3 倍标准差的数量作为初始量，其每个变量之间的增量间隔可以设计为标准差的 50%。例如，要用均值为 0 和标准差为 1 来做一正态分布曲线图表，应从 $x_1=0-3\times0=-3$ 开始，增量为 0.05(=0.5×1)。因此，在 A2 单元格中输入"−3"，在 A3 单元格中输入"−2.95"，然后用填充柄填充到 A122 单元格为止。

第三步：在 B 列 B2 单元格中插入 NORMDIST 函数公式，在函数公式选项框中输入有关的数据。其中，X，Mean，Standard_dev，Cumulative 分别为变量值、均值、标准差以及逻辑值 FALSE(概率密度函数)，本例分别为 A2，0，1 和 0(见图 5-7)。点击"确定"按钮，则可以得到 $x=-3$时的标准正态概率，同样用填充柄填充到 B122 单元格为止。在 B 列出现完整的一组标准正态分布概率值。

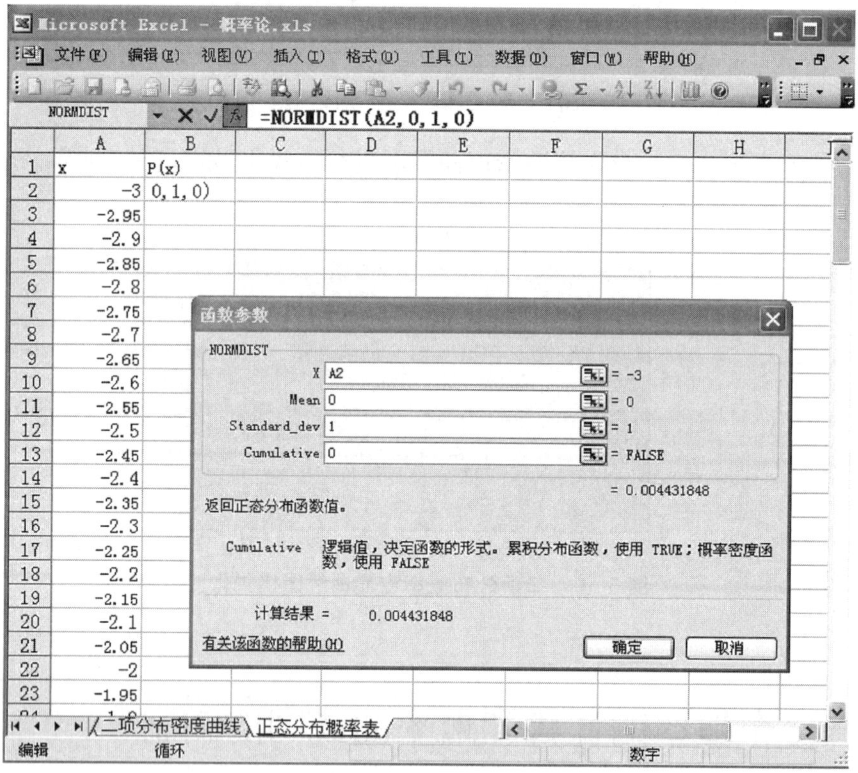

图 5-7 "函数参数"对话框

第四步：选定标准正态分布的全部概率值，注意不要包括第一行的标志名称。然后，通过工具栏的图表向导中的折线图就可以得到标准正态分布的概率密度函数曲线图(见图 5-8)。按照需要也可以对标准正态分布概率密度函数曲线图进行格式化，如图 5-9 所示。

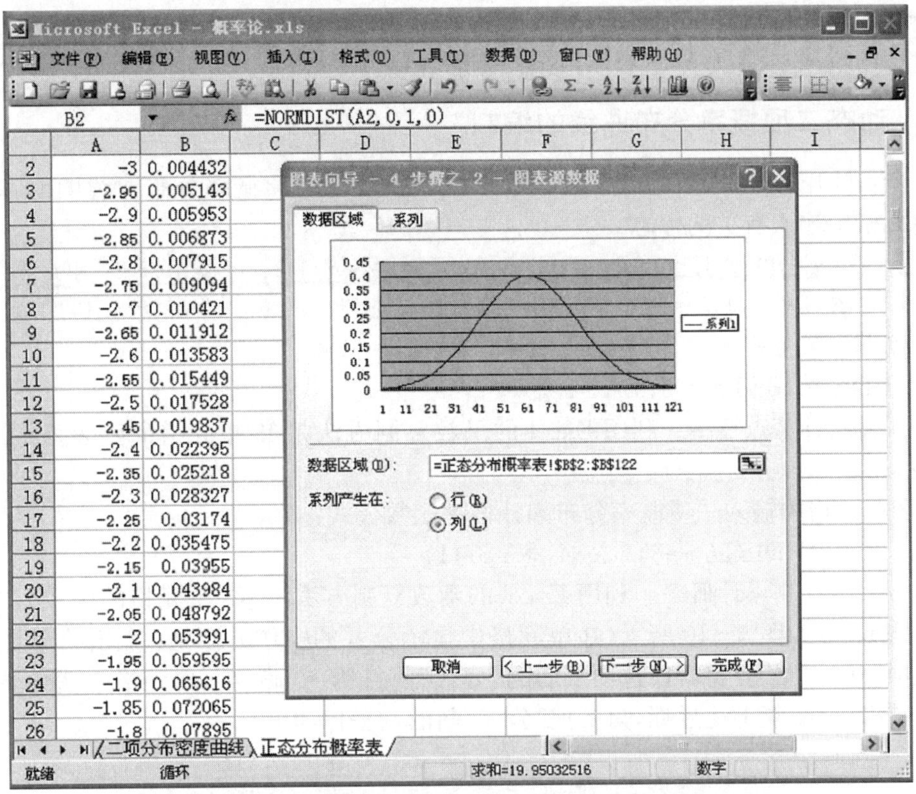

图 5-8 标准正态分布的概率密度函数曲线图

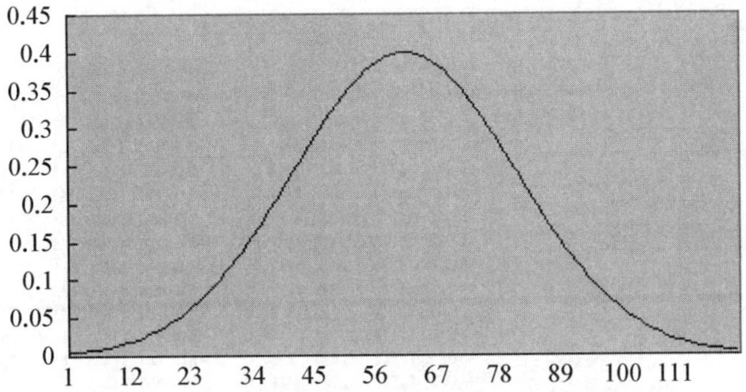

图 5-9 标准正态分布概率密度函数曲线图的格式化

采用上述方法,根据 Excel 统计函数中的 POISSON 函数、TDIST 函数和 FDIST 函数分别可以制作泊松分布、t 分布和 F 分布的分布概率表以及概率分布曲线图。这里就不一一介绍了。

三、动态概率分布曲线的编制

许多概率分布具有鲜明的统计特点。例如,二项分布在样本容量逐渐变大且在大样本容量($n>30$)时会逼近正态分布。再如,正态分布的概率分布曲线会随均值、方差的变化而改变其概率分布曲线的形状等。应用 Excel 的统计函数并结合图表向导和窗体控件等可以编制动态概率分布曲线演示图,形象地表达概率分布的统计特点。

(一) 动态二项概率分布曲线的编制

第一步:打开 Excel 新工作簿,在工作表中设置动态二项概率分布曲线图的基本构架。在以下单元格中输入有关的标志:

A1:X～B(n, p);A3:n;A6:p;G2:关心事件数(k);I2:点概率;K2:累计概率。

第二步:在 G 列的 G3～G22 单元格中依次输入数字 1～20。在 I3 单元格中输入二项概率分布点概率函数公式:

I3:=BINOMDIST($G3, $A $4, $A $7,0)

这里 0 表示计算点概率。利用 Excel 的函数复制方法将 I3 单元格的函数公式依次复制到单元格 I22。

在 K3 单元格中输入二项概率分布累计概率函数公式:

K3:=BINOMDIST($G3, $A $4, $A $7,1)

这里 1 表示计算累计概率。利用 Excel 的函数复制方法将 K2 单元格的函数公式依次复制到单元格 K22,如图 5 - 10 所示(在单元格中显示公式的操作方法是:点击菜单栏中的“工具”→“选项”→“视图”→将窗口选项下面的“公式”前打钩→“确定”,单元格中就会显示公式;若要显示结果,就重复上述过程,只要把“公式”前的钩去掉即可)。

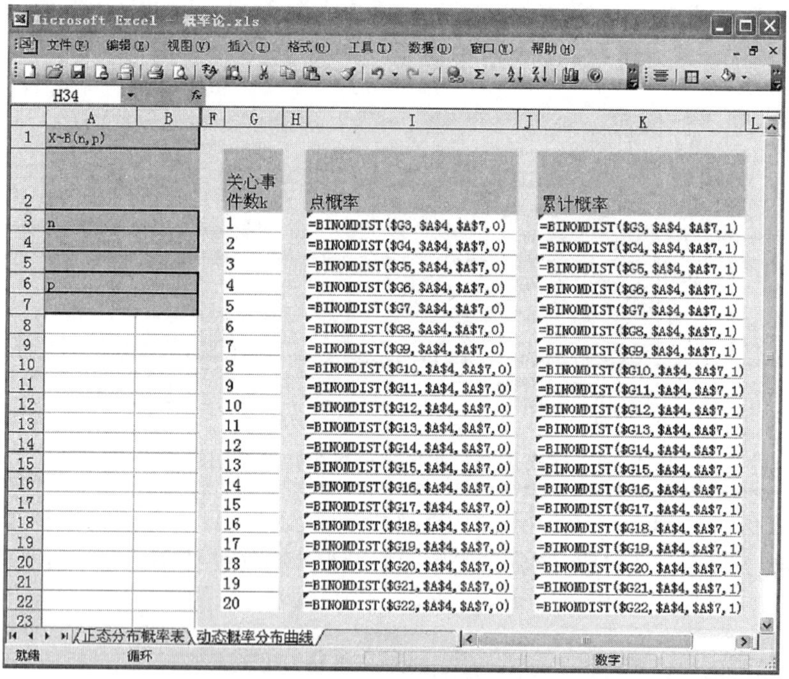

图 5 - 10　动态二项概率分布曲线的编制

第三步:在 B4 和 B7 单元格中设置数值调控按钮。在“视图”选项的下拉菜单中选择窗体项并单击,出现窗体按钮的选择菜单,选中“微调项”,点击“微调项”,并把它拉到 B4 和 B7 单元格变成数值调控按钮,见图 5 - 11。

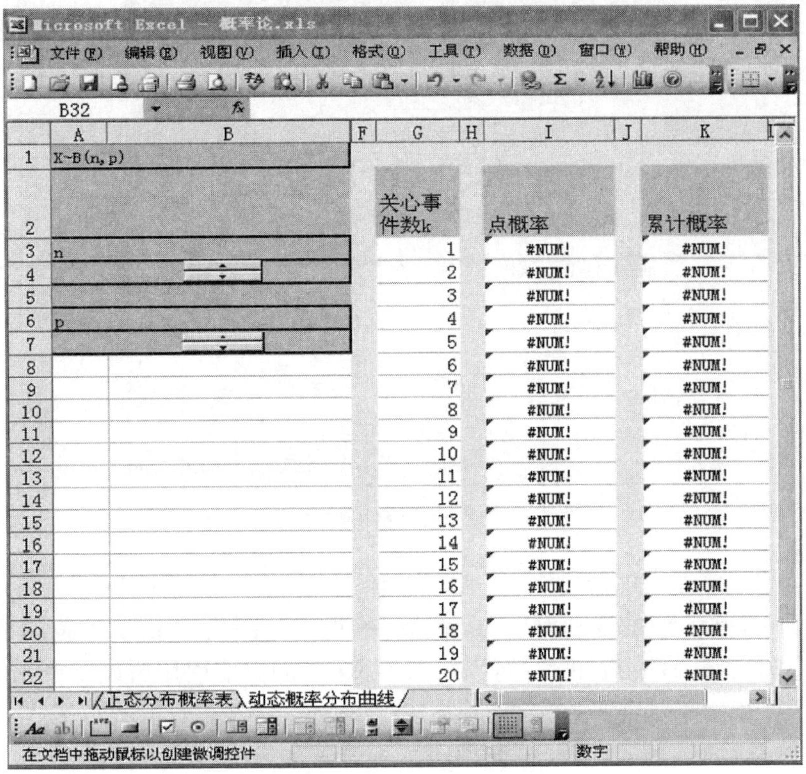

图 5－11　设置调控按钮

第四步：对数值调控按钮进行设置。把鼠标放置在数值调控按钮图标上变成手形并右击，在弹出的对话框中选择设置控件格式。B4 的控件格式设置见图 5－12，B7 的控件格式设置见图 5－13。

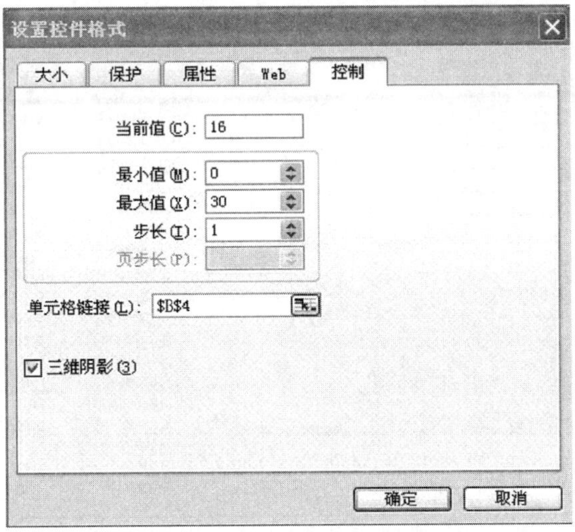

图 5－12　“设置控件格式”对话框

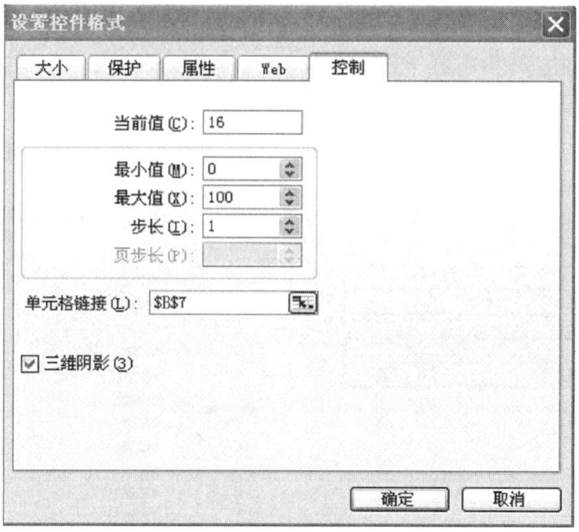

图 5-13 “设置控件格式”对话框

第五步：对 A7 单元格进行设定，在 A7 单元格中输入“=D7/100”(单元格中不加引号)，这时 A7 就会随 D7 中数值的变动而变动，做这样的设定是因为 P 的取值范围是 0～1，而“设置控件格式”中的“步长”只能取正整数，因此采用 A7 中的数值引用所设定单元格中的值的方法来变动。

第六步：利用 Excel 图表向导，编制动态二项概率分布曲线图。选中二项概率分布的点概率数据，点击图表向导，选择折线图，按照图表向导的程序完成二项概率分布曲线图，对二项概率分布曲线图根据自己的爱好进行格式化修正，至此动态二项概率分布曲线图即告完成(见图 5-14)。

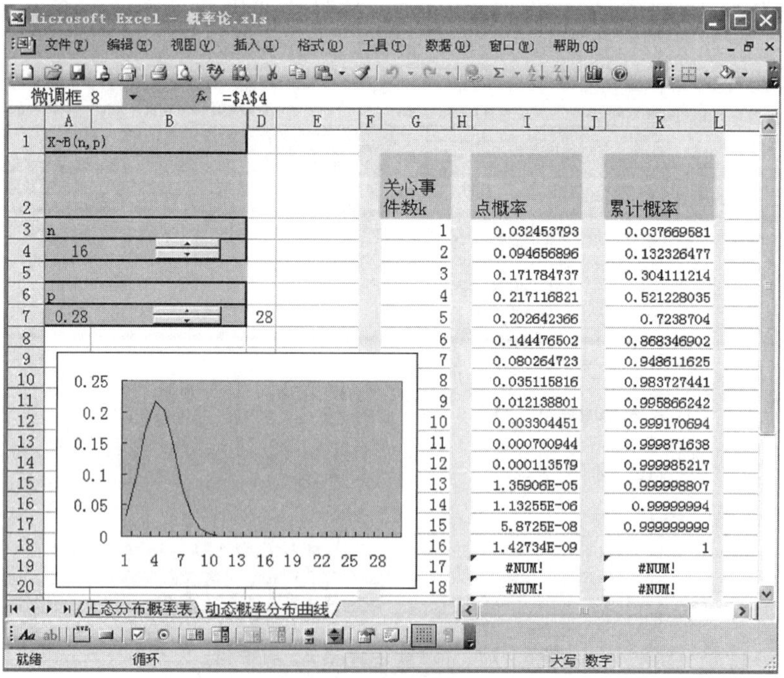

图 5-14 动态二项概率分布曲线图

对动态二项概率分布曲线图中的数值调控按钮进行微调,就能够控制二项概率分布曲线的变化。如把 A4 单元格数值调为 30,把 A7 单元格数值调为 0.5,则二项概率分布曲线变为对称形状(见图 5－15)。

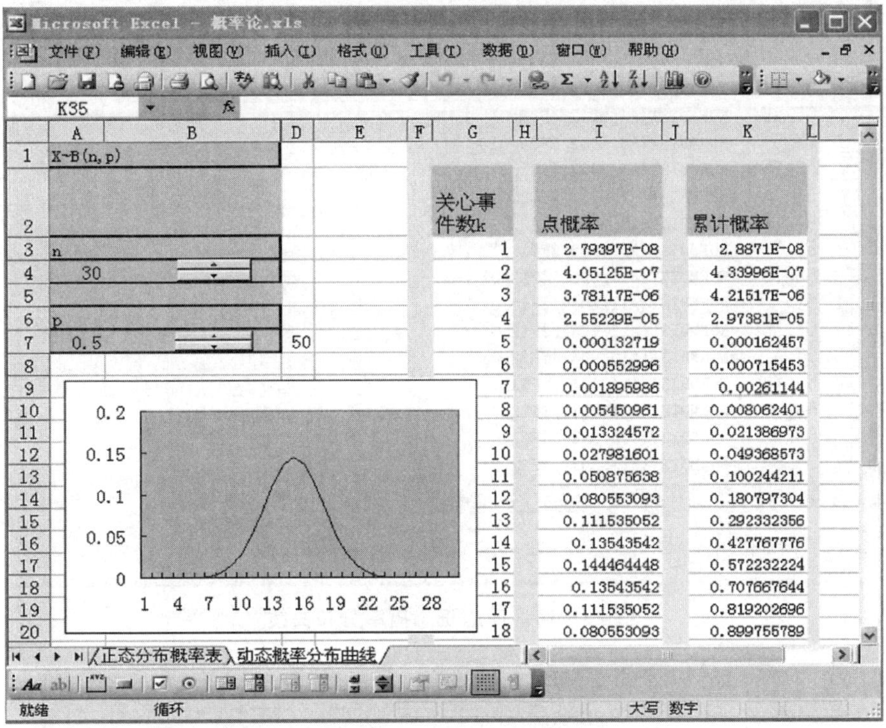

图 5－15　动态二项概率分布曲线图的调整

(二) 动态正态概率分布曲线的编制

第一步:新建 Excel 工作簿,在工作表中设置动态正态概率分布曲线图的基本构架。即分别输入有关的标志:A1:变量;A2:X;B1:概率;B2:F(X);D1:均值;F1:标准差。

第二步:在 A 列的 A3～A83 单元格中依次输入数值 55～75,相邻两个数值之间的间隔为 0.25(可以采用填充柄完成)。在 B3 单元格中输入正态概率分布点概率函数公式:"=NORMDIST(A3,D2,F2,0)",其中 0 表示计算点概率。利用 Excel 的函数复制方法将 B3 单元格的函数公式依次复制到单元格 B83。如图 5－16 所示。

第三步:在 C2 和 E2 单元格中设置数值调控按钮。在视图选项的下拉菜单中选择窗体项并单击,出现窗体按钮的选择菜单,选中"微调项",点击"微调项",并把它拉到 C2 和 E2 单元格变成数值调控按钮,见图 5－17。

第四步:对数值调控按钮进行设置。把鼠标放置在数值调控按钮图标上变成手形并右击,在弹出的对话框中选择设置控件格式。D2 的控件格式设置见图 5－18,E1 的控件格式设置见图 5－19。

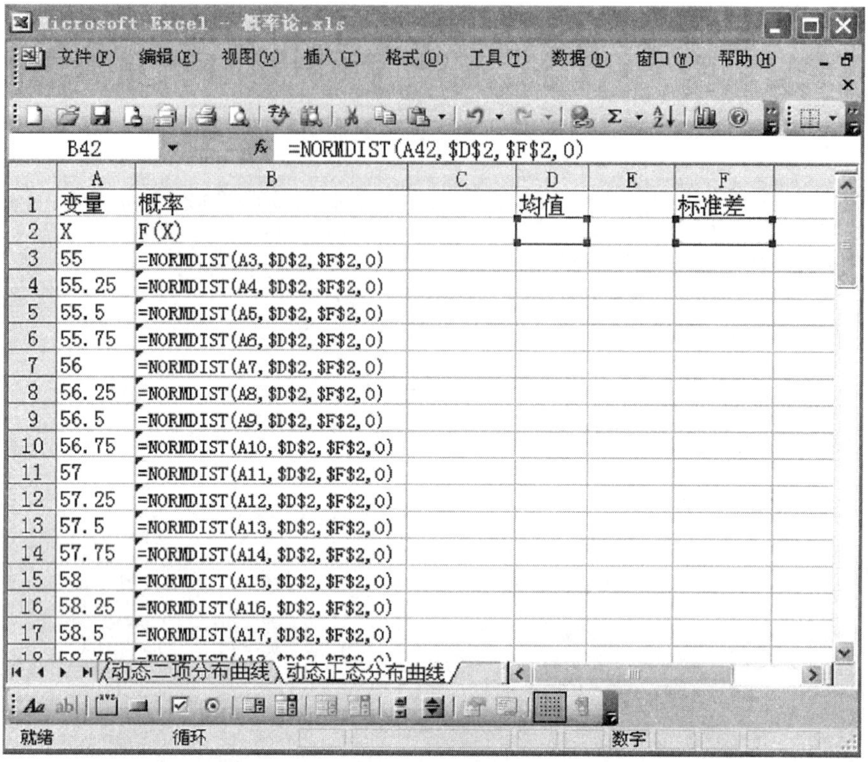

图 5-16 动态正态概率分布曲线

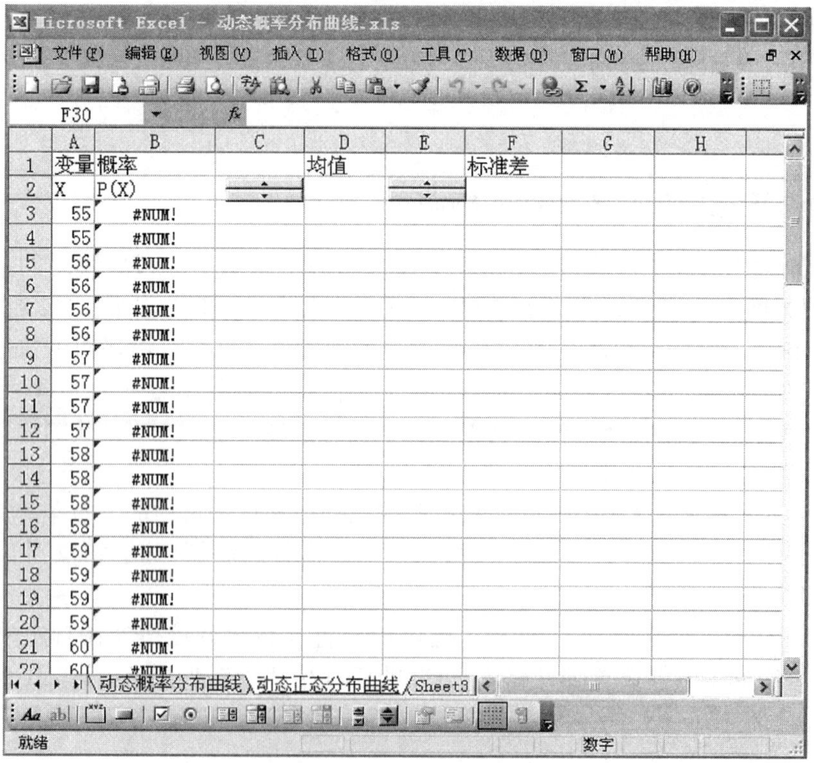

图 5-17 设置调控按钮

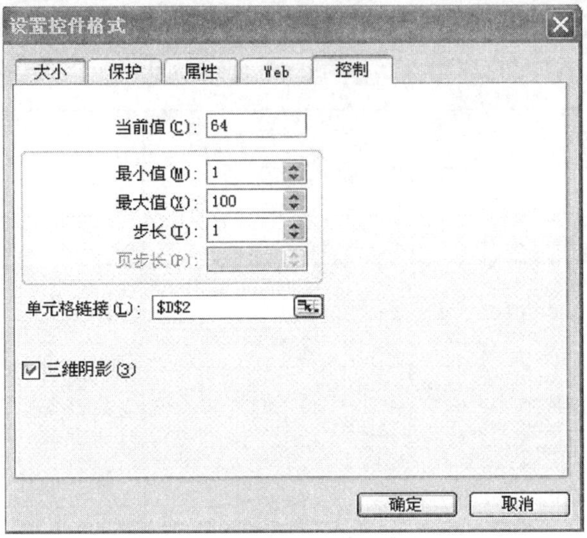

图 5－18　“设置控件格式”对话框之一

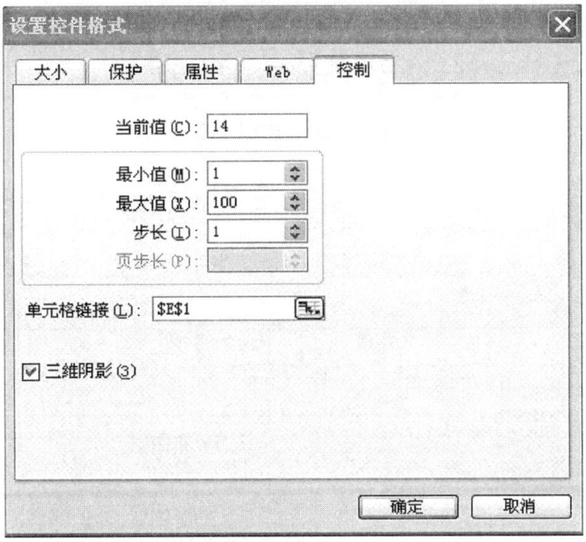

图 5－19　“设置控件格式”对话框之二

第五步：在 F2 单元格中输入“＝E2/10”，由此得到正态概率分布的点概率表，如图 5－20 所示。

第六步：利用 Excel 图表向导，编制动态正态概率分布曲线图。选中正态概率分布的点概率数据，点击图表向导，选择折线图，按照图表向导的程序完成正态概率分布曲线图，对正态概率分布曲线图根据自己的爱好进行格式化修正，至此动态正态概率分布曲线图即告完成，如图 5－21 所示。

对动态正态概率分布曲线图中的数值调控按钮进行微调，就能够控制正态概率分布曲线的变化。例如，调整单元格 D2 的数值，正态概率分布曲线图将沿横坐标平移；调整单元格 F22 的数值，正态概率分布曲线将变陡峭或变平坦(见图 5－22)。

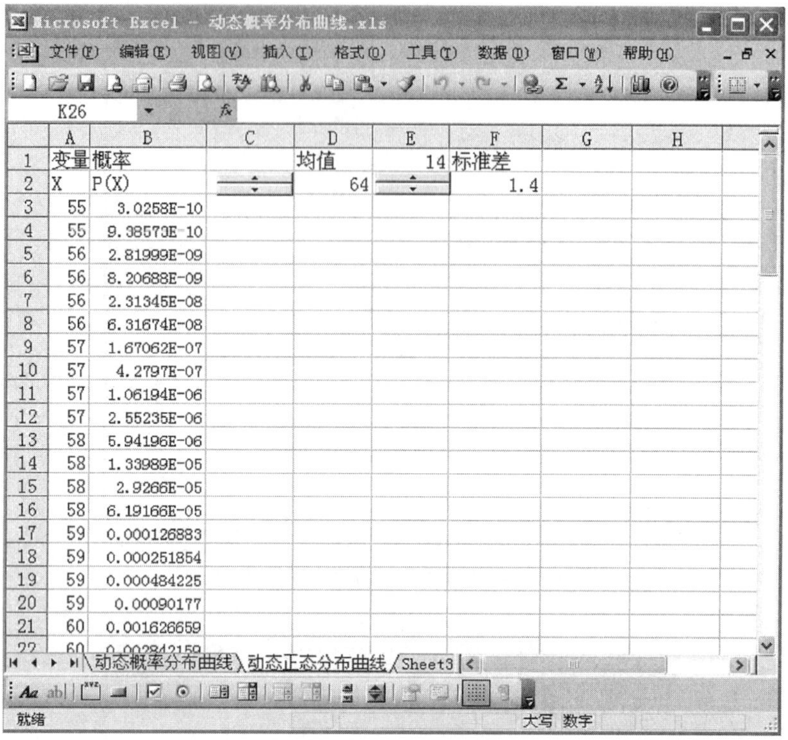

图 5-20 点概率表

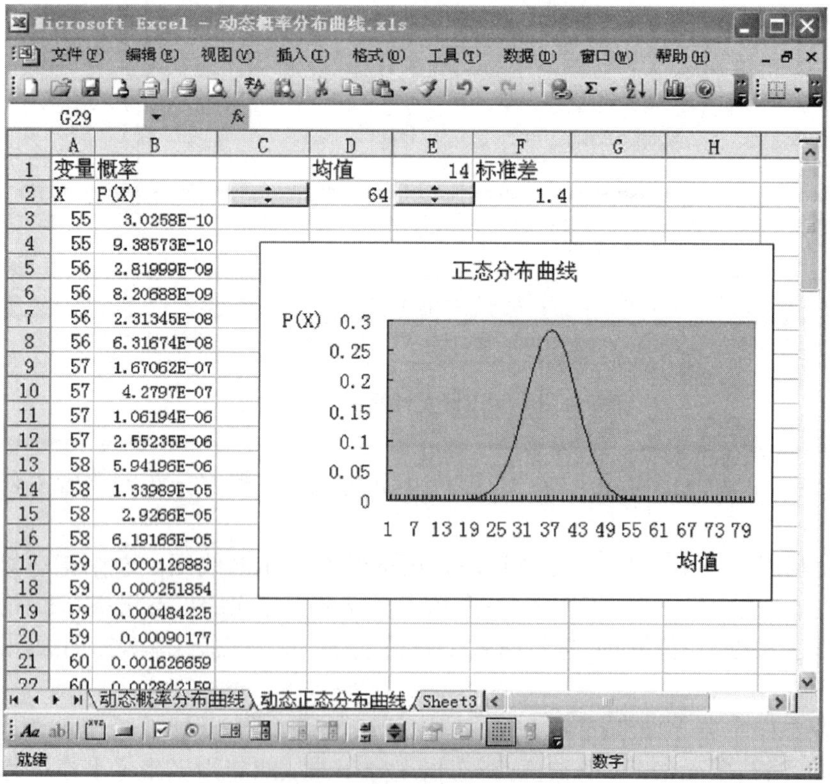

图 5-21 动态概率分布曲线图

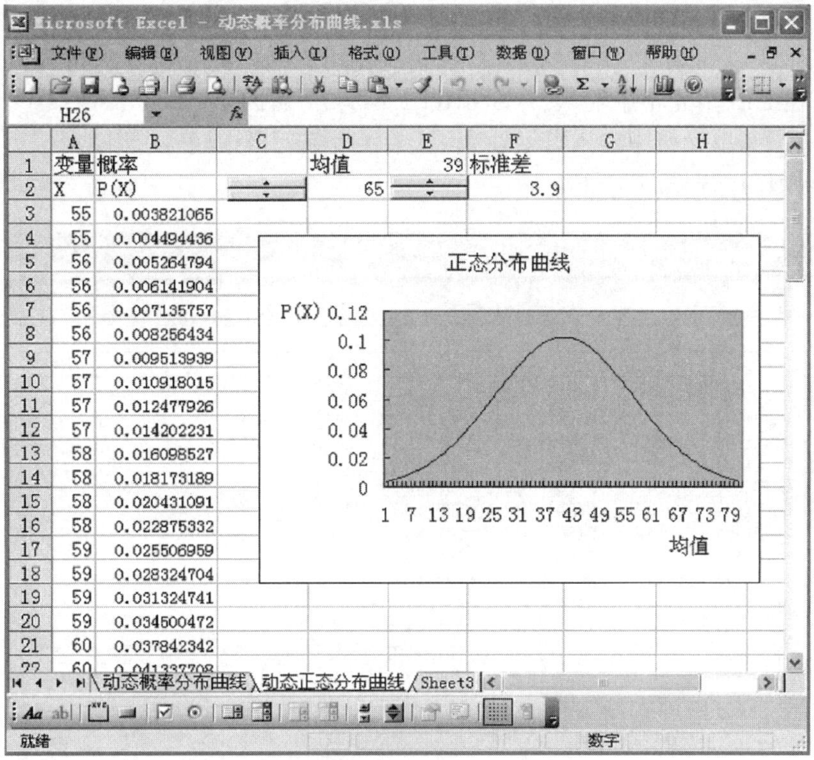

图 5 - 22　动态概率分布曲线图的调整

四、全概率公式和贝叶斯公式的应用

采用 Excel 的统计函数、其他的函数和常用的运算符号进行有机的组合，就能够编制各种各样的活动电子工作表，利用这些活动电子工作表可以进行非常有特色的统计数据处理和分析。这里主要介绍根据全概率公式和贝叶斯公式编制活动电子工作表的方法。

(一) 编制能进行全概率公式计算的活动工作表

［**例 5 - 2**］　某企业有 A1、A2、A3 三个车间生产同一种产品。各车间的产量分别占全厂总量的 20%、30%、50%。根据过去产品质量检验记录知道，A1、A2、A3 车间的次品分别为 B1、B2、B3，相应的次品率为 4%、3%、2%，从该厂产品中随机抽选一件产品为次品的概率P(B)是多少？

显然此例是利用全概率公式计算随机抽选一件产品为次品的概率。具体操作步骤如下：

第一步：新建 Excel 工作簿，在工作表中设置全概率计算的函数构架。在工作表 A2 与 B2 单元格中分别输入第一步事件发生的概率标志 P(Ai)和第一步事件发生的概率值。在 A3 单元格中输入 P(A1)，并利用填充柄在 A3∶A12 单元格中完成 P(A1)～P(A10)的标志输入。

第二步：在 C2 与 D2 单元格中分别输入第二步事件发生的概率(条件概率)标志 P(Bi)和第二步事件发生的概率(条件概率)值。在 C3 单元格中输入 P(B1)，并利用填充柄在 C3∶C12 单元格中完成 P(B1)～P(B10)的标志输入。

第三步：在 E2 单元格中输入 P(A1)P(B/A1)的标志[其中，P(B/A1)＝P(B1)]。然后在 E3 单元格中输入"＝$B3＊$D3"，按回车键，再利用填充柄把此公式复制到 E3：E12 单元格。

第四步：在 E13 单元格中输入"＝SUM(E3：E12)"后回车。

第五步：在 F2 单元格中输入"P(B)"标志，在 G2 单元格中输入"＝E13"。

以上具体操作过程见图 5－23。

	A	B	C	D	E	F	G
1	全概率公式					全概率	
2	P(Ai)		P(Bi)		P(A1)P(B/A1)	P(B)	=E13
3	P(A1)	0	P(B1)	0	=$B3*$D3		
4	P(A2)	0	P(B2)	0	=$B4*$D4		
5	P(A3)	0	P(B3)	0	=$B5*$D5		
6	P(A4)	0	P(B4)	0	=$B6*$D6		
7	P(A5)	0	P(B5)	0	=$B7*$D7		
8	P(A6)	0	P(B6)	0	=$B8*$D8		
9	P(A7)	0	P(B7)	0	=$B9*$D9		
10	P(A8)	0	P(B8)	0	=$B10*$D10		
11	P(A9)	0	P(B9)	0	=$B11*$D11		
12	P(A10)	0	P(B10)	0	=$B12*$D12		
13	合计				=SUM(E3:E12)		
14							
15							

图 5－23 全概率公式计算的活动工作表

在完成的活动工作表中输入例 5－2 的有关数据，则活动工作表就能立即显示计算结果。本例计算结果为：P(B)＝0.027(见图 5－24)。

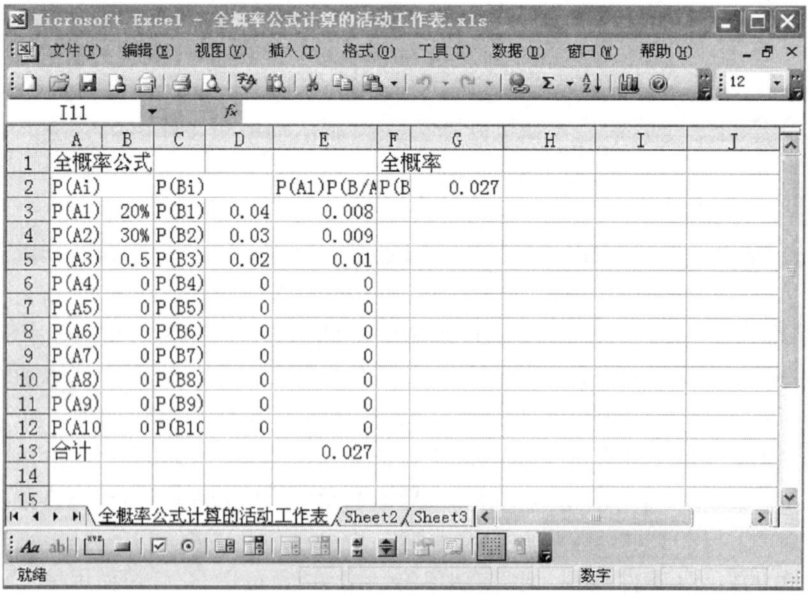

	A	B	C	D	E	F	G	H	I	J
1	全概率公式					全概率				
2	P(Ai)		P(Bi)		P(A1)P(B/A	P(B	0.027			
3	P(A1)	20%	P(B1)	0.04	0.008					
4	P(A2)	30%	P(B2)	0.03	0.009					
5	P(A3)	0.5	P(B3)	0.02	0.01					
6	P(A4)	0	P(B4)	0	0					
7	P(A5)	0	P(B5)	0	0					
8	P(A6)	0	P(B6)	0	0					
9	P(A7)	0	P(B7)	0	0					
10	P(A8)	0	P(B8)	0	0					
11	P(A9)	0	P(B9)	0	0					
12	P(A10	0	P(B10	0	0					
13	合计				0.027					
14										
15										

图 5－24 计算结果

(二) 编制能进行贝叶斯公式计算的活动工作表

[**例 5-3**]　某企业有 A1、A2、A3 三个车间生产同一种产品,各车间的产量分别占全厂总量的 20%、30%、50%。根据过去产品质量检验记录知道,A1、A2、A3 车间的次品分别为 B1、B2、B3,相应的次品率为 4%、3%、2%,从该厂产品中随机抽选一件产品是次品,那么分别由这三个车间生产的概率 P(Ai/B)各是多少?

显然此例符合贝叶斯公式的含义,可以使用贝叶斯公式来计算随机抽出次品是某个车间生产的概率。

第一步:新建 Excel 工作簿,在工作表中设置全概率计算的函数构架。在工作表 A2 与 B2 单元格中分别输入第一步事件发生的概率标志 P(Ai)和第一步事件发生的概率值。在 A3 单元格中输入 P(A1),并利用填充柄在 A3:A12 单元格中完成 P(A1)~P(A10)的标志输入。

第二步:在 C2 与 D2 单元格中分别输入第二步事件发生的概率(条件概率)标志 P(Bi)和第二步事件发生的概率(条件概率)值。在 C3 单元格中输入 P(B1),并利用填充柄在 C3:C12 单元格中完成 P(B1)~P(B10)的标志输入。

第三步:在 E2 单元格中输入 P(Ai)P(B/Ai)的标志[其中,P(B/Ai)=P(Bi)]。然后在 E3 单元格中输入"= $B3 * $D3",按回车键,再利用填充柄把此公式复制到 E3:E12 单元格。

第四步:在 E13 单元格中输入"=SUM(E3:E12)"后回车。

在 F2 单元格中输入 P(Ai/B)标志,在 F3 单元格中输入 P(A1/B)标志,在 F4 单元格中输入 P(A2/B)标志,并涂黑这两个单元格,利用填充柄在 F3:F12 单元格中完成 P(A1/B)~P(A10/B)的标志输入。

第五步:在 F2 单元格中输入"P(Ai /B)="标志,在 G3 单元格中输入"=(B3 * D3)/E13"公式,并把公式复制到 G3:G12 单元格中完成 P(A1/B)~P(A10/B)的公式输入。以上具体操作过程见图 5-25。

	A	B	C	D	E	F	G
1	贝叶斯公式						
2	P(Ai)		P(Bi)		P(Ai)P(B/Ai)	P(Ai/B)=	
3	P(A1)	0	P(B1)	0	=B3*D3	P(A1/B)	=(B3*D3)/E13
4	P(A2)	0	P(B2)	0	=B4*D4	P(A2/B)	=(B4*D4)/E13
5	P(A3)	0	P(B3)	0	=B5*D5	P(A3/B)	=(B5*D5)/E13
6	P(A4)	0	P(B4)	0	=B6*D6	P(A4/B)	=(B6*D6)/E13
7	P(A5)	0	P(B5)	0	=B7*D7	P(A5/B)	=(B7*D7)/E13
8	P(A6)	0	P(B6)	0	=B8*D8	P(A6/B)	=(B8*D8)/E13
9	P(A7)	0	P(B7)	0	=B9*D9	P(A7/B)	=(B9*D9)/E13
10	P(A8)	0	P(B8)	0	=B10*D10	P(A8/B)	=(B10*D10)/E13
11	P(A9)	0	P(B9)	0	=B11*D11	P(A9/B)	=(B11*D11)/E13
12	P(A10)	0	P(B10)	0	=B12*D12	P(A10/B)	=(B12*D12)/E13
13	合计				=SUM(E3:E12)		
14							
15							

图 5-25　贝叶斯公式计算的活动工作表

在完成的活动工作表中输入例 5 - 3 的有关数据，则活动工作表就能立即显示计算结果。本例计算结果为：错误是由第一个工作人员所造成的概率约为 P(A1/B)＝0.30，错误是由第二个工作人员所造成的概率约为 P(A2/B)＝0.33，错误是由第三个工作人员所造成的概率约为 P(A3/B)＝0.37(见图 5 - 26)。

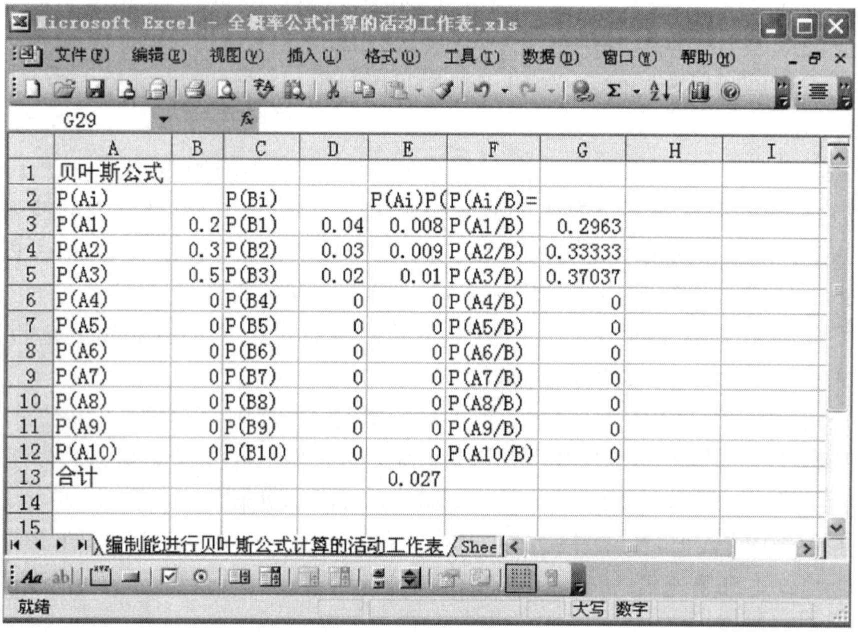

	A	B	C	D	E	F	G	H	I
1	贝叶斯公式								
2	P(Ai)		P(Bi)		P(Ai)P(	P(Ai/B)=			
3	P(A1)	0.2	P(B1)	0.04	0.008	P(A1/B)	0.2963		
4	P(A2)	0.3	P(B2)	0.03	0.009	P(A2/B)	0.33333		
5	P(A3)	0.5	P(B3)	0.02	0.01	P(A3/B)	0.37037		
6	P(A4)	0	P(B4)	0	0	P(A4/B)	0		
7	P(A5)	0	P(B5)	0	0	P(A5/B)	0		
8	P(A6)	0	P(B6)	0	0	P(A6/B)	0		
9	P(A7)	0	P(B7)	0	0	P(A7/B)	0		
10	P(A8)	0	P(B8)	0	0	P(A8/B)	0		
11	P(A9)	0	P(B9)	0	0	P(A9/B)	0		
12	P(A10)	0	P(B10)	0	0	P(A10/B)	0		
13	合计				0.027				

图 5 - 26 计算结果

六　抽样分布(教材第六章)

Excel 的分析工具库中有一个“随机数发生器”模块，可以产生服从大部分常用分布的模拟数据，利用随机产生的数据可以对抽样分布进行计算机模拟，从而对抽样分布有更加直观的理解。

一、样本均值抽样分布的随机模拟

假设总体的均值为 μ，标准差为 σ，则由统计理论可知，不论总体的分布如何，只要样本容量 n 足够大，样本均值的分布总会趋向于正态分布，且均值为 μ，标准差为 $\sigma/\sqrt{n}$。

[例 6-1]　假设总体为均匀分布，模拟样本均值的抽样分布。

假设总体的分布为 0～1 区间上的均匀分布，则总体的均值为 0.5，方差等于 1/12，标准差等于 0.288 675。现在，从总体中抽取 1 000 个样本容量为 5 的样本(有放回抽样)，计算每个样本的样本均值，然后观察样本均值的分布状况。具体操作步骤如下：

第一步：新建一个 Excel 工作簿，点击“工具”菜单后，点击“数据分析”中的“随机数发生器”，如图 6-1 所示。

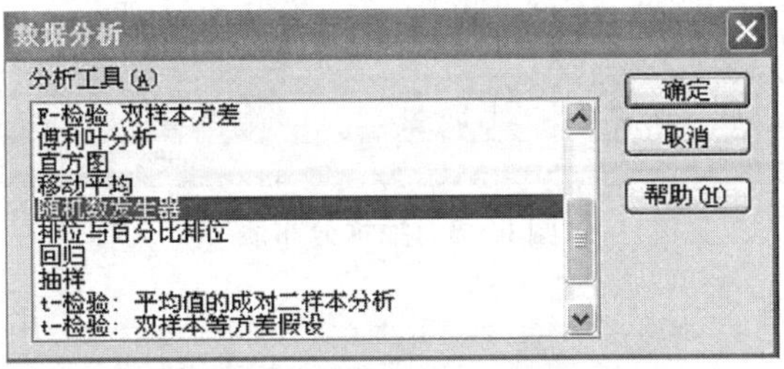

图 6-1　“数据分析”对话框

第二步：在弹出的“随机数发生器”对话框中把变量个数设为 5，随机数个数设为 1 000，选择 0～1 区间的均匀分布，结果放在新工作表中，如图 6-2 所示。

第三步：把输出结果的每一行看作一个容量为 5 的样本，共有 1 000 个样本，如图 6-3 所示，在 F 列中计算每个样本的均值。

第四步：分析这 1 000 个样本均值的分布状况，即做均值的直方图，结果如图 6-4 所示，抽样分布的均值为 0.499 149，标准差为 0.128 386，理论值等于 $0.288\ 675/\sqrt{5}=0.129\ 099$，两者差异不大。

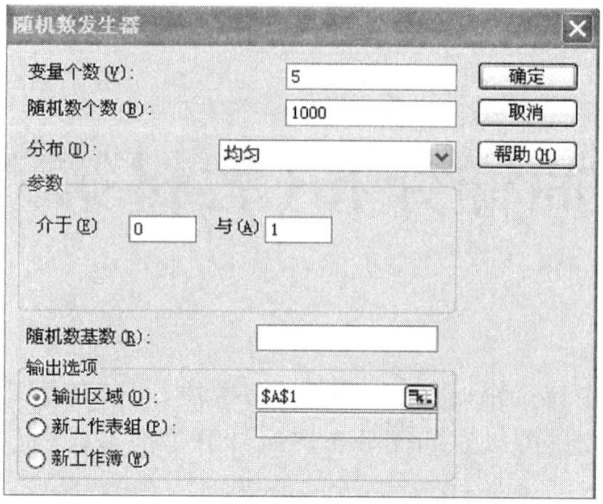

图 6－2 “随机数发生器”对话框

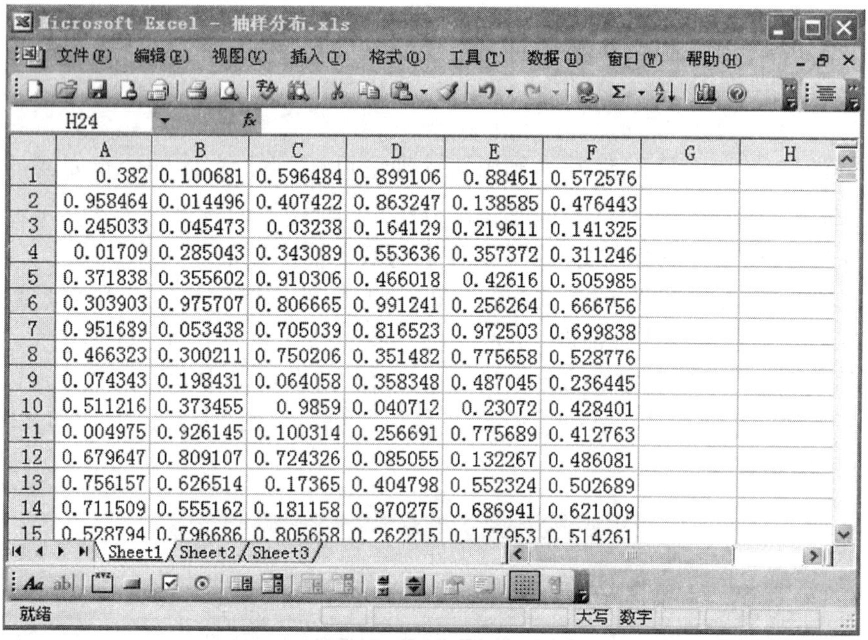

	A	B	C	D	E	F	G	H
1	0.382	0.100681	0.596484	0.899106	0.88461	0.572576		
2	0.958464	0.014496	0.407422	0.863247	0.138585	0.476443		
3	0.245033	0.045473	0.03238	0.164129	0.219611	0.141325		
4	0.01709	0.285043	0.343089	0.553636	0.357372	0.311246		
5	0.371838	0.355602	0.910306	0.466018	0.42616	0.505985		
6	0.303903	0.975707	0.806665	0.991241	0.256264	0.666756		
7	0.951689	0.053438	0.705039	0.816523	0.972503	0.699838		
8	0.466323	0.300211	0.750206	0.351482	0.775658	0.528776		
9	0.074343	0.198431	0.064058	0.358348	0.487045	0.236445		
10	0.511216	0.373455	0.9859	0.040712	0.23072	0.428401		
11	0.004975	0.926145	0.100314	0.256691	0.775689	0.412763		
12	0.679647	0.809107	0.724326	0.085055	0.132267	0.486081		
13	0.756157	0.626514	0.17365	0.404798	0.552324	0.502689		
14	0.711509	0.555162	0.181158	0.970275	0.686941	0.621009		
15	0.528794	0.796686	0.805658	0.262215	0.177953	0.514261		

图 6－3 抽样分布表

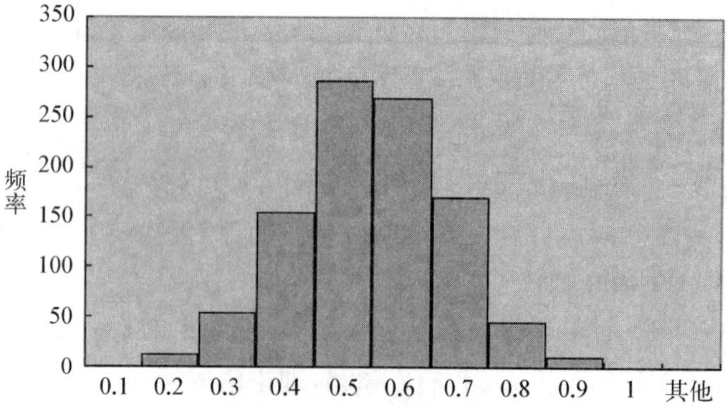

图 6－4 样本均值的直方图

二、样本比例抽样分布的随机模拟

样本比例是指指标数值只能取 0 和 1 时的样本均值。由于在这种情况下总体的分布为 0～1 分布，故在重复抽样的条件下样本均值抽样分布的理论分布是二项分布。中心极限定理表明，当样本用量足够大(能够保证 $np \geqslant 5$，$nq \geqslant 5$)时二项分布可以用正态分布来近似。

[例 6－2]　某工厂生产的灯泡的合格率 p 为 0.8。随机模拟从总体中抽取样本容量分别为 50 的 2 000 个样本，分析样本比例 p 的抽样分布。

新建一个工作表，在单元格中输入图 6－5 左上角所示的信息作为总体：总体中取值为 0(不合格)的概率为 0.2，取值为 1(合格)的概率为 0.8。

图 6－5　“随机数发生器”对话框

使用 Excel 的随机数发生器，在分布中选择“离散”，数值与概率区域选为 \$A\$1：\$B\$2，变量个数设为 50，随机数设为 2 000(见图 6－5)。在输出数据中，把每一行看作一个随机样本，计算样本比例(均值)。做抽样分布的直方图，如图 6－6 所示，由此图可以看出，当样本容量足够大时，样本均值近似服从正态分布。

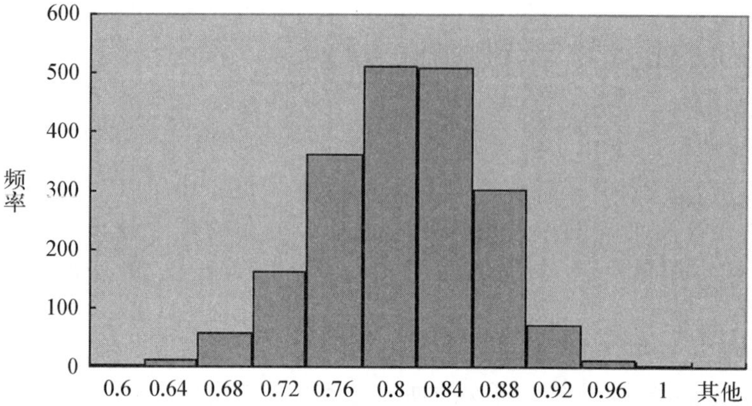

图 6-6 样本比例的抽样分布直方图

七　参数估计(教材第七章)

一、用公式计算出置信区间

在 Excel 中没有直接求区间估计的程序，通常先利用分布函数的逆函数求出临界值，然后用公式计算出置信区间。Excel 提供了五种抽样分布的逆函数，即标准正态分布的逆函数 NORMSINV、非标准正态分布的逆函数 NORMINV、t -分布的逆函数 TINV、χ^2 分布的逆函数 CHIINV 和 F 分布的逆函数 FINV。使用这五种分布的逆函数不但可以代替查分布表，而且，有时查分布表也查不到的数值(如当 t -分布的自由度比较大时)也可简便、精确、迅速地求得。

(一) 标准正态分布的逆函数 NORMSINV

求显著性水平为 $\alpha=0.05$，标准正态分布的上 $\alpha/2$ 分位点 $z_{\alpha/2}$，即双侧置信区间的临界值(由于标准正态分布为对称分布，故只需要求一个临界值)。

打开 NORMSINV 函数对话框，在“Probability”框中输入 0.975，即 $1-\alpha/2=0.975$，可得到结果为 1.959 963 985，如图 7－1 所示。以上操作也可以直接输入公式完成。在 Excel 窗口单击任一空单元格，输入“=NORMSINV(0.975)”，回车确认即可。

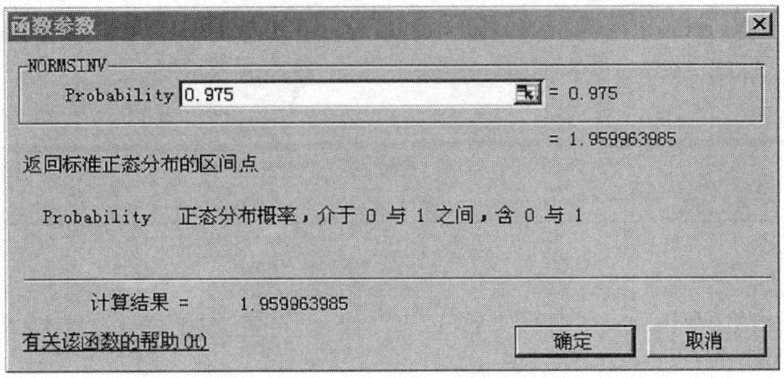

图 7－1　NORMSINV 函数对话框

(二) t -分布的逆函数 TINV

求显著性水平为 $\alpha=0.05$，自由度为 10 的 t -分布上 $\alpha/2$ 分位点 $t_{\alpha/2}$，即双侧置信区间的临界值(t -分布为对称分布，故也只需求一个临界值)。

打开 TINV 函数对话框，在“Probability”框中输入 0.05(注意：与正态分布不同)，在“Deg_freedom”框中输入 10，即可得到相应结果为 2.228 138 842，如图 7－2 所示。同样，以上操作可以直接输入公式完成。在 Excel 窗口单击任一空单元格，输入“=TINV(0.05,10)”，回车确认即可。

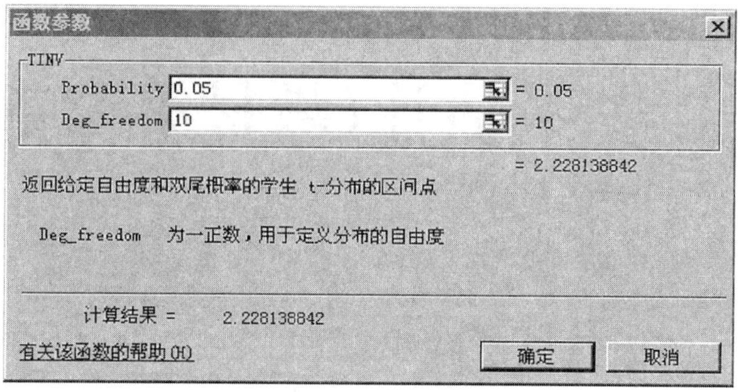

图 7－2 TINV 函数对话框

(三) χ^2分布的逆函数 CHIINV

求显著性水平为 $\alpha=0.05$，自由度为 10 的 χ^2分布上 $\alpha/2$ 分位点 $\chi^2_{\alpha/2}$，即双侧置信区间的右临界值(因 χ^2分布为非对称分布，所以得分别求左右临界值)。

打开 CHIINV 函数对话框，在“Probability”框中输入 0.025(注意：与 t -分布也有所不同)，在“Deg_freedom”框中输入 10，即可得到相应结果为 20.483 177 35，如图 7－3 所示。同样，以上操作可以直接输入公式完成。在 Excel 窗口单击任一空单元格，输入“=CHIINV(0.005，10)”，回车确认即可。

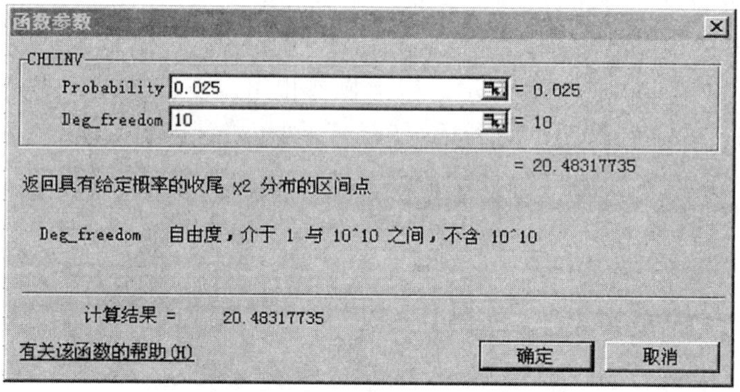

图 7－3 CHIINV 函数对话框

用同样的步骤可以求得 χ^2分布的左临界值，即 χ^2分布的上 $1-\alpha/2$ 分位点 $\chi^2_{1-\alpha/2}$。

(四) F 分布的逆函数 FINV

求显著性水平为 $\alpha=0.05$，第一自由度和第二自由度都为 10 的 F 分布上 $\alpha/2$ 分位点 $F_{\alpha/2}$，即 F 分布的右临界值(因 F 分布也为非对称分布，所以得分别求左右临界值)。

打开 FINV 函数对话框，在“Probability”框中输入 0.025，在“Deg_freedom1”框中输入 10，在“Deg_freedom2”框中输入 10，即可得到相应结果为 5.85，如图 7－4 所示。同样，以上操作可以直接输入公式完成。在 Excel 窗口单击任一空单元格，输入“=FINV(0.025,10,10)”，回车确认即可。

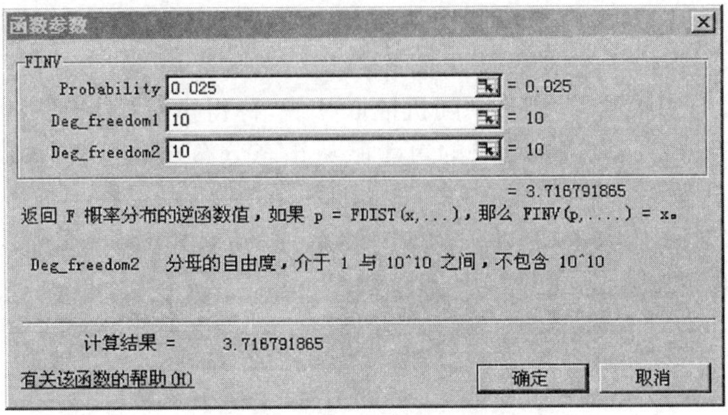

图 7-4 **FINV 函数对话框**

用同样的步骤可以求得 F 分布的左临界值，即 F 分布的上 $1-\alpha/2$ 分位点 $F_{1-\alpha/2}$。

二、编制活动工作表进行参数的统计量估计

(一) 参数的 t 统计量估计

第一步：建立活动工作簿，即进入 Excel 运行状态，在新工作表的 A 列有关单元格中进行以下函数或计算公式、符号等项目的名称输入(左边是变量名，右边是相应的计算公式)，如图 7-5 所示。

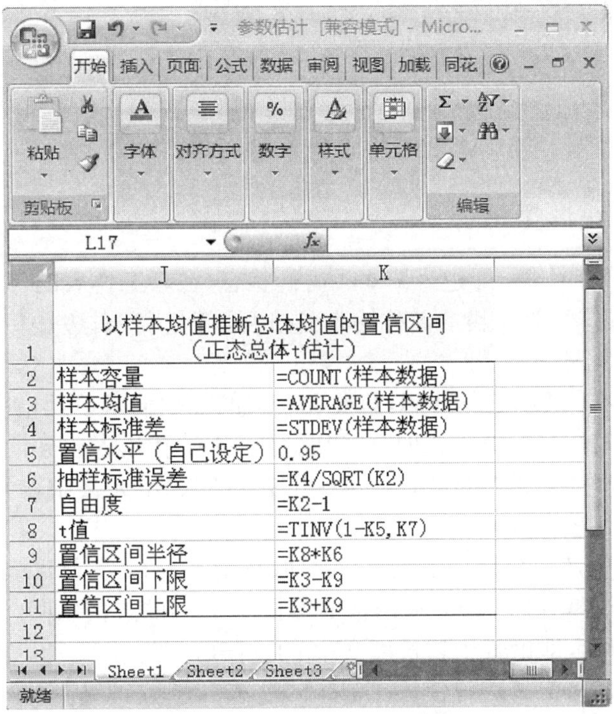

图 7-5 **参数的 t 统计量估计**

第二步：建立了以上活动工作簿后，只要在有关的数据输入单元格中输入条件变量，就能在显示区域内显示区间估计的结果，详见例 7－1。

［例 7－1］　设有一批糖果，现从中随机抽取 9 袋，称得重量(g)如下：206、208、199、203、204、210、197、212、214。假设这批糖果的重量服从正态分布，求总体均值的置信水平为 0.05 的置信区间。

把上例中的数据输入 Excel 当前工作簿中的 D 列，结果如图 7－6 所示，即这批糖果总体均值的置信区间为［201.48，210.30］。

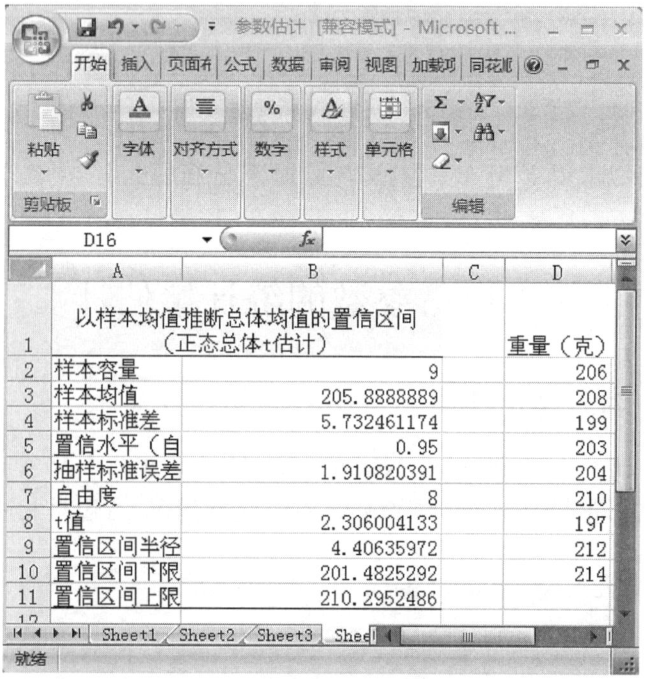

	A	B	C	D
1	以样本均值推断总体均值的置信区间（正态总体t估计）			重量（克）
2	样本容量	9		206
3	样本均值	205.8888889		208
4	样本标准差	5.732461174		199
5	置信水平（自	0.95		203
6	抽样标准误差	1.910820391		204
7	自由度	8		210
8	t值	2.306004133		197
9	置信区间半径	4.40635972		212
10	置信区间下限	201.4825292		214
11	置信区间上限	210.2952486		

图 7－6　*t* 统计量估计结果

（二）参数的 *z* 统计量估计

第一步：建立活动工作簿，即进入 Excel 运行状态，在新工作表的 A 列有关单元格中进行以下函数或计算公式、符号等项目的名称输入(左边是变量名，右边是相应的计算公式)，如图 7－7 所示。

第二步：建立了以上活动工作簿后，只要在有关的数据输入单元格中输入条件变量，就能在显示区域内显示区间估计的结果。但是，当题目中没有给出具体样本的各个个体的数值时，则根据题意直接在样本个数、样本均值、样本标准差对应的单元格中输入具体的数值即可，详见例 7－2。

［例 7－2］　某厂生产一批钢管的长度(cm)服从正态分布，其标准差为 6.2，现抽取 100 根钢管进行检查，发现样本均值为 503，求钢管平均长度 95％的置信区间。

结果如图 7－8 所示，即钢管平均长度 95％的置信区间为［501.78，504.22］。

以上例子说明了如何交叉组合使用 Excel 的公式和函数，以构造一个能实现样本推断总体有关计算的 Excel 工作表。

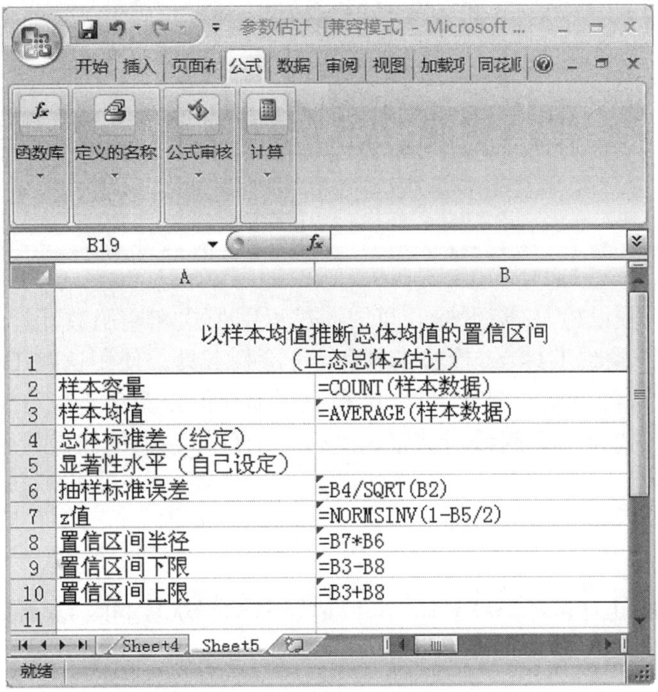

图 7－7　参数的 z 统计量估计

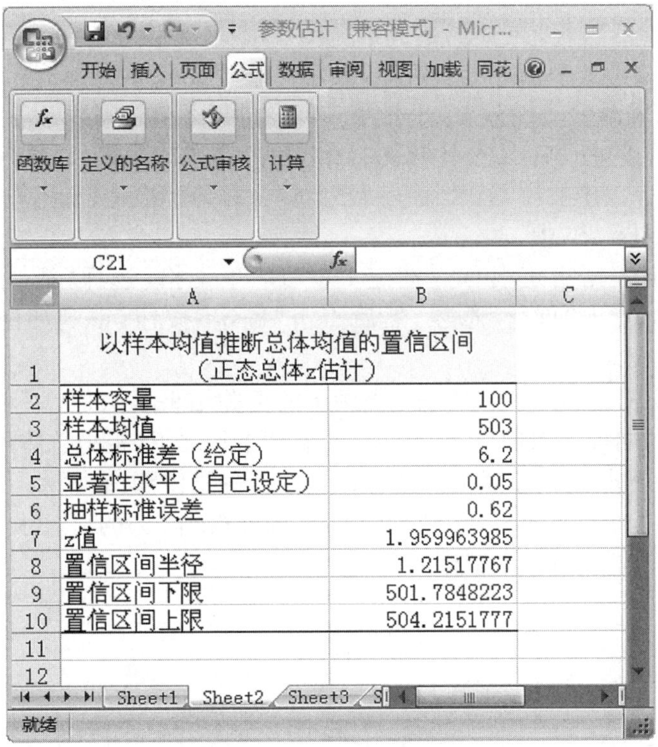

图 7－8　z 统计量估计结果

八　假设检验(教材第八章)

在 Excel 中进行假设检验，除可按区间估计过程用公式和逆函数计算外，还备有专用的假设检验工具，包括 Z -检验工具、t -检验工具和 F -检验工具。使用这些工具，可以直接根据样本数据进行计算，一次给出检验统计量、单尾和双尾临界值以及小于或等于临界值的概率等所需要的数值。下面主要介绍编制活动工作表进行一个总体参数的假设检验和假设检验工具的使用。

一、编制活动工作表进行一个总体参数的假设检验

［**例 8－1**］　机器包装一批糖果。糖果重量(g)服从正态分布，均值为 32.05，方差 $\sigma^2=1.21$。现进行机器调试。随机抽取 6 包糖果，测得重量分别是：32.56、29.66、31.64、30.00、31.87、31.03。给定显著性水平 $\alpha=0.05$，问机器是否正常工作?

第一步：构造工作表。如图 8－1 所示，首先在各个单元格输入以下内容，其中左边是变量名，右边是相应的计算公式。

第二步：将 A 列的名称定义为 B 列各个公式计算结果的变量名，如图 8－1 所示。

第三步：将例 8－1 中的样本数据输入 E 列，以及总体标准差、总体均值的假设值、置信水平数据分别输入 B4、B5、B6 中。

第四步：为样本数据指定名称。选定 E1：E7 单元格，选择“插入”菜单的“名称”的“指定”选项，用鼠标点击“首行”选项，然后点击“确定”按钮，得到如图 8－2 所示的计算结果。

第五步：结果说明。如图 8－2 所示，该例子的检验结果不论是单侧还是双侧，均为拒绝 H0 假设。所以，根据样本的计算结果，在 5%的显著水平之下，拒绝总体均值为 32.05 的原假设。同时，由单侧显著水平的计算结果还可以看出：在总体均值为 32.05 的假设之下，P 值 0.019 887 073＜0.05，小概率事件居然发生，所以，同样得出 5%的显著水平下，拒绝总体均值为 32.05 的假设，即机器没有正常工作。

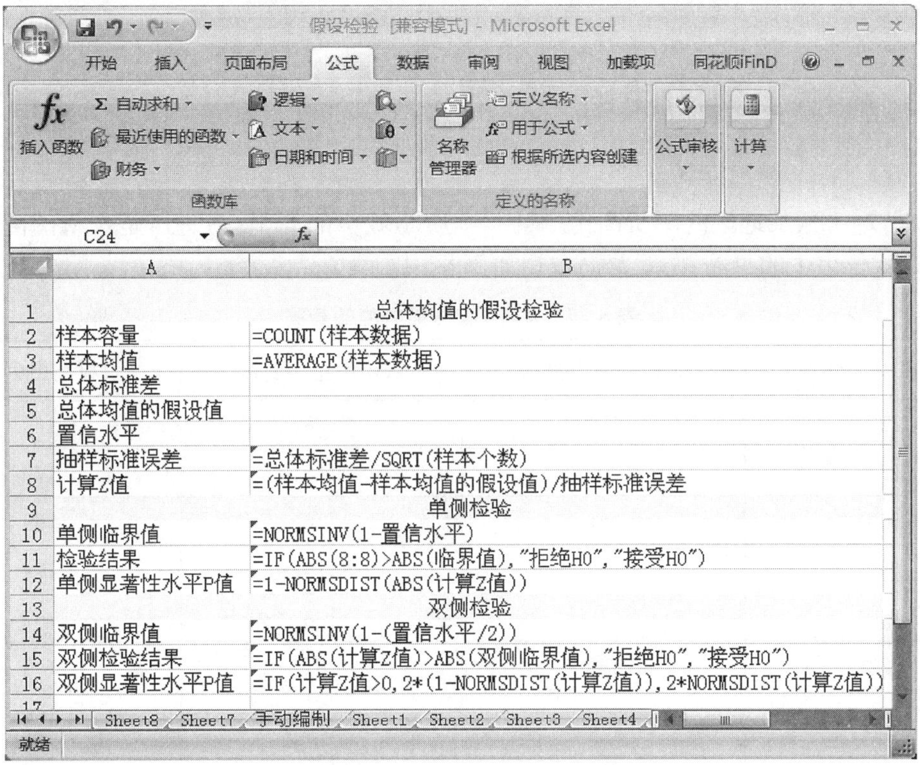

	A	B
1		总体均值的假设检验
2	样本容量	=COUNT(样本数据)
3	样本均值	=AVERAGE(样本数据)
4	总体标准差	
5	总体均值的假设值	
6	置信水平	
7	抽样标准误差	=总体标准差/SQRT(样本个数)
8	计算Z值	=(样本均值-样本均值的假设值)/抽样标准误差
9		单侧检验
10	单侧临界值	=NORMSINV(1-置信水平)
11	检验结果	=IF(ABS(8:8)>ABS(临界值),"拒绝H0","接受H0")
12	单侧显著性水平P值	=1-NORMSDIST(ABS(计算Z值))
13		双侧检验
14	双侧临界值	=NORMSINV(1-(置信水平/2))
15	双侧检验结果	=IF(ABS(计算Z值)>ABS(双侧临界值),"拒绝H0","接受H0")
16	双侧显著性水平P值	=IF(计算Z值>0,2*(1-NORMSDIST(计算Z值)),2*NORMSDIST(计算Z值))

图 8－1　总体均值的假设检验

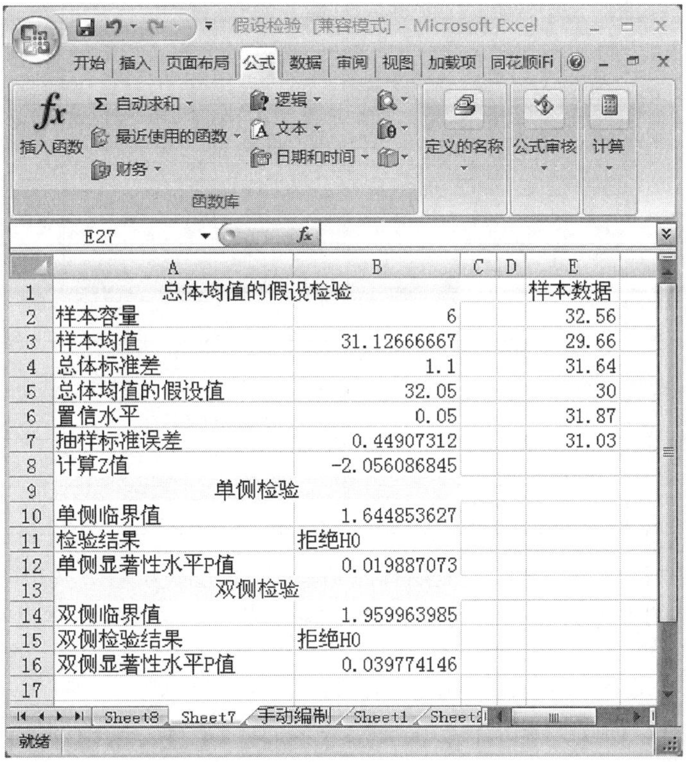

	A	B	C	D	E
1	总体均值的假设检验				样本数据
2	样本容量	6			32.56
3	样本均值	31.12666667			29.66
4	总体标准差	1.1			31.64
5	总体均值的假设值	32.05			30
6	置信水平	0.05			31.87
7	抽样标准误差	0.44907312			31.03
8	计算Z值	-2.056086845			
9	单侧检验				
10	单侧临界值	1.644853627			
11	检验结果	拒绝H0			
12	单侧显著性水平P值	0.019887073			
13	双侧检验				
14	双侧临界值	1.959963985			
15	双侧检验结果	拒绝H0			
16	双侧显著性水平P值	0.039774146			
17					

图 8－2　总体均值的假设检验结果

二、Z -检验工具的使用

［**例 8－2**］ 从某地区的两所高中(其中，一所是城市的高中，另一所是农村的高中)分别随机抽取 40 位男生的身高，两组身高数据如表 8－1 所示。

表 8－1 城市、农村高中生的身高 单位：cm

城市高中生身高	农村高中生身高	城市高中生身高	农村高中生身高
172	169	168	169
171	165	168	170
166	164	176	169
155	172	175	172
160	173	168	167
173	169	161	175
166	173	169	164
170	173	171	166
167	166	178	169
173	163	177	167
178	170	170	179
173	160	173	176
163	165	172	182
165	177	170	186
163	176	172	166
172	177	177	169
182	172	176	173
171	165	175	169
177	166	184	171
169	171	166	167

假定两总体的身高方差已知(这里用样本方差代替总体方差)，城市学生身高的方差为 35.3，农村学生身高的方差为 29.1。问：在 5%的显著性水平下，城市学生和农村学生的平均身高有无差异？

具体操作步骤如下：

第一步：将数据分别输入 Excel 表中(A2：A41；B2：B41)，在“工具”菜单中选择“数据分析”选项，从其“分析工具”列表中选择“Z -检验：双样本平均差检验”，回车后进入该工具对话框。

第二步：在上述对话框中分别填上相应信息：在“变量 1 的区域和变量 2 的区域”框中，分别输入“A2：A41”和“B2：B41”(数据区域)；在“假设平均差(P)”框中，输入“0”；在“变量 1 的方差和变量 2 的方差”框中，分别输入“35.3”和“29.1”(总体方差)；单击“标志(L)”复选框(因为数据区域有列标题)；“α(A)”框中要求输入显著性水平，本例按默认设置 0.05 即可；在“输出区域”框中输入“F1”，如图 8－3 所示。

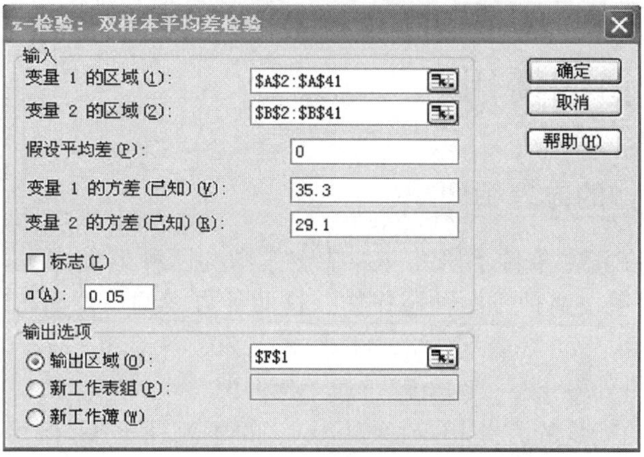

图 8－3　“Z－检验：双样本平均差检验”对话框

第三步：完成以上操作后，回车确认，在指定的区域给出计算结果，见图 8－4。

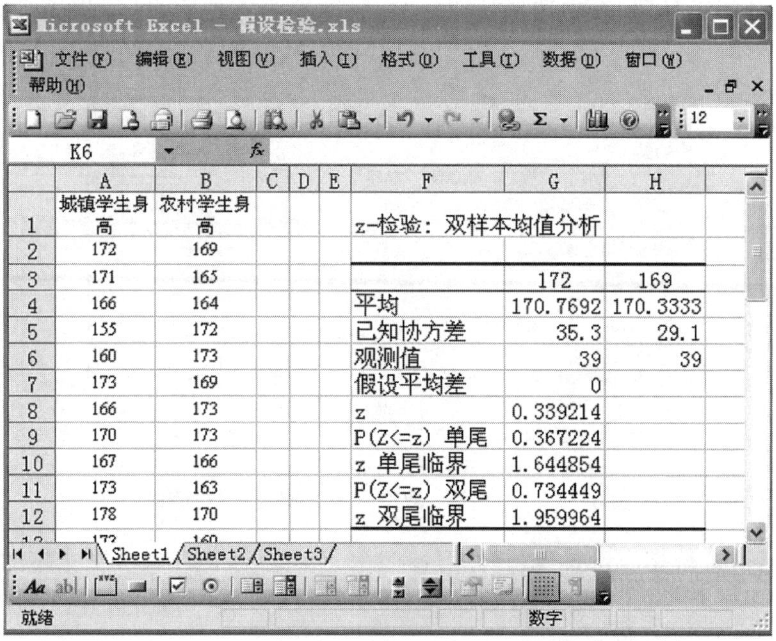

图 8－4　“Z－检验：双样本平均差检验”计算结果

对结果的解释与分析如下：

(1)“平均”为样本均值，“已知协方差”指总体方差，“观察值”为样本个数。

(2) 表中给出的 Z 统计量为：$z=\dfrac{(\bar{x}_1-\bar{x}_2)-(\mu_1-\mu_2)}{\sqrt{\dfrac{\sigma_1^2}{n_1}+\dfrac{\sigma_2^2}{n_2}}}=0.34$。

(3) 将 Z 统计量与临界值相比，本例采用双尾比较 $|0.34|<0.73$，所以不拒绝原假设，认为两所学校的学生平均身高没有差异。当然，也可以将显著性水平与 P 值比较，如果 P 值大于显著性水平则不拒绝原假设。

三、t -检验工具的使用

(一) 假定两总体的方差相同

[例 8-3] 为了在正常条件下研究一种杂交作物的两种处理方案，在同一地区随机抽取八块地，在每块实验地里按两种方案种植作物。这两种方案的单位面积产量分别是：

一号方案产量：86 87 86 93 84 93 85 79

二号方案产量：80 79 68 84 77 82 74 66

假设这两种方案的产量的方差相等，采用 0.05 的显著性水平，检验这两种方案的平均产量是否存在差异。

具体操作步骤如下：

第一步：将数据分别输入 Excel 表中(A2：A9；B2：B9)，在“工具”菜单中选择“数据分析”选项，从其“分析工具”列表中选择“t -检验：双样本等方差假设”，回车后进入该工具对话框，如图 8-5 所示。

图 8-5 “t -检验：双样本等方差假设”对话框

将各子对话框进行相应设置后(具体可参照 Z -检验)，回车确认，在指定的区域给出计算结果，见图 8-6。

对结果的解释与分析如下：

(1) 合并方差是两样本方差的加权平均数，其计算公式为：

$$S_p^2=\frac{(n_1-1)s_1^2+(n_2-1)s_2^2}{n_1+n_2-2}$$

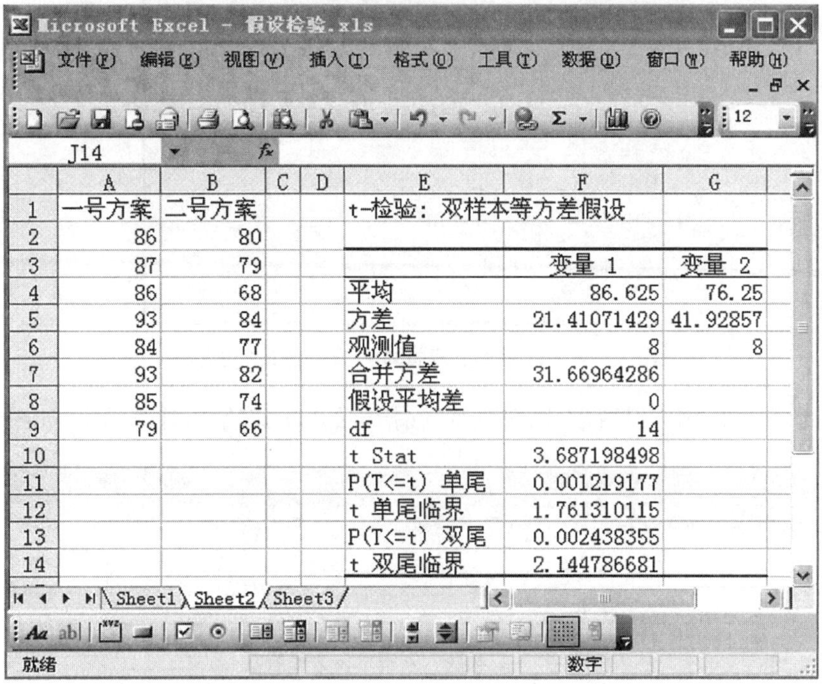

	A	B	C	D	E	F	G
1	一号方案	二号方案			t-检验：双样本等方差假设		
2	86	80					
3	87	79				变量 1	变量 2
4	86	68			平均	86.625	76.25
5	93	84			方差	21.41071429	41.92857
6	84	77			观测值	8	8
7	93	82			合并方差	31.66964286	
8	85	74			假设平均差	0	
9	79	66			df	14	
10					t Stat	3.687198498	
11					P(T<=t) 单尾	0.001219177	
12					t 单尾临界	1.761310115	
13					P(T<=t) 双尾	0.002438355	
14					t 双尾临界	2.144786681	

图 8-6　"t-检验：双样本等方差假设"结果

(2) df 为"自由度"。本例中 t 检验统计量的自由度为 14(8+8−2)。

(3) t-Stat 是 t 检验统计量，其计算公式为：

$$t=\frac{(\bar{x}_1-\bar{x}_2)-(\mu_1-\mu_2)}{s_p\sqrt{\frac{1}{n_1}+\frac{1}{n_2}}}$$

将 t 检验统计量与临界值比较，本例采用双尾检验，3.69＞2.14(0.002＜0.05)，所以拒绝原假设，认为两种方案的平均产量存在显著差异。

(二) 假定两总体的方差不相同

[例 8-4]　某厂铸造车间为提高缸体的耐磨性而试制了一种镍合金铸件以取代一种铜合金铸件，现从两种铸件中各抽一个样本进行硬度测试(表示耐磨性的一种考核指标)，其结果如下：

镍合金铸件(X)：72.0　69.5　74.0　70.5　71.8　72

铜合金铸件(Y)：69.8　70.0　72.0　68.5　73.0　70.0

问：在 $\alpha=0.05$ 水平上比较镍合金铸件硬度有无显著提高？

这是一个两总体均值的假设检验问题，用 μ_1 表示"镍合金铸件"，μ_2 表示"铜合金铸件"。则此问题转变为：

$$H_0: \mu_1-\mu_2\leqslant 0 \qquad H_1: \mu_1-\mu_2>0$$

假设两总体的方差不相同，则应从"分析工具"列表中选择"t-检验：双样本异方差假设"，回车后进入该工具对话框，如图 8-7 所示。

图 8－7 “t-检验：双样本异方差假设”对话框

将各子对话框进行相应设置后，回车确认，在指定的区域将给出计算结果，如图 8－8 所示。

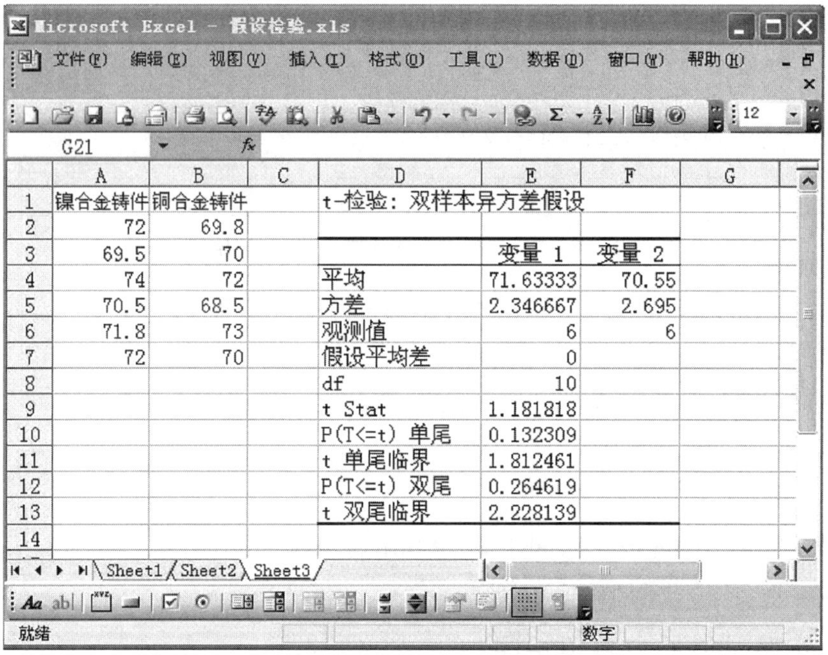

图 8－8 “t-检验：双样本异方差假设”结果

对结果的解释与分析如下：

(1) 自由度 df 的计算公式为：

$$\mathrm{d}f=\left(\frac{s_1^2}{n_1}+\frac{s_2^2}{n_2}\right)\bigg/\left(\frac{(s_1^2/n_1)^2}{n_1-1}+\frac{(s_2^2/n_2)^2}{n_2-1}\right)$$

(2) t 检验统计量的计算公式为：

$$t=\frac{(\bar{x}_1-\bar{x}_2)-(\mu_1-\mu_2)}{\sqrt{s_1^2/n_1+s_2^2/n_2}}$$

(3) 将 t 检验统计量与临界值相比，本例为单尾检验 1.18＜1.81(0.13＞0.05)，所以不能拒绝原假设，认为镍合金铸件硬度无显著提高。

(三) 基于成对数据的 t -检验

在使用 t -检验工具的介绍中,上面两个例子的样本都是独立样本。然而,在可能情况下,采用相关样本可以进一步提高效率,当然其检验方式也有所不同。

[例 8-5] 某大学进行了一项关于大学生课余时间利用情况的调查,以确定学生上网的时间是否比读书时间多。从这次调查对象中随机抽取了一个小样本,得到了每周上网小时数和每周读书小时数的数据,如表 8-2 所示。

表 8-2　学生上网和读书的小时数

学　生	上　网	读　书	上网与读书时间差
A	10	6	4
B	14	16	−2
C	16	8	8
D	18	10	8
E	15	10	5
F	14	8	6
G	10	14	−4
H	12	14	−2
I	4	7	−3
G	8	8	0
K	16	5	11
L	5	10	−5
M	8	3	5
N	19	10	9
O	11	6	5

问:在 $\alpha=0.05$ 的显著性水平下,能否得出学生每周用于上网的时间比用于读书的时间要多的结论?

对于成对数据的检验,"分析工具"列表中也提供了相应的检验工具,选择"t -检验:平均值的成对二样本分析",打开其对话框,如图 8-9 所示。

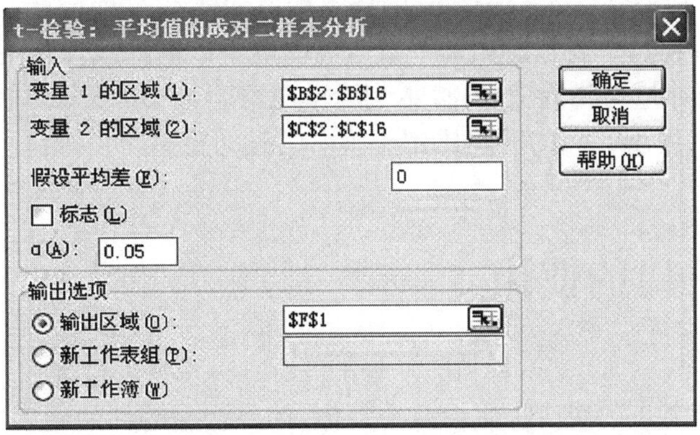

图 8-9　"t -检验:平均值的成对二样本分析"对话框

将各子对话框进行相应设置后，回车确认，在指定的区域将给出计算结果，如图 8－10 所示。

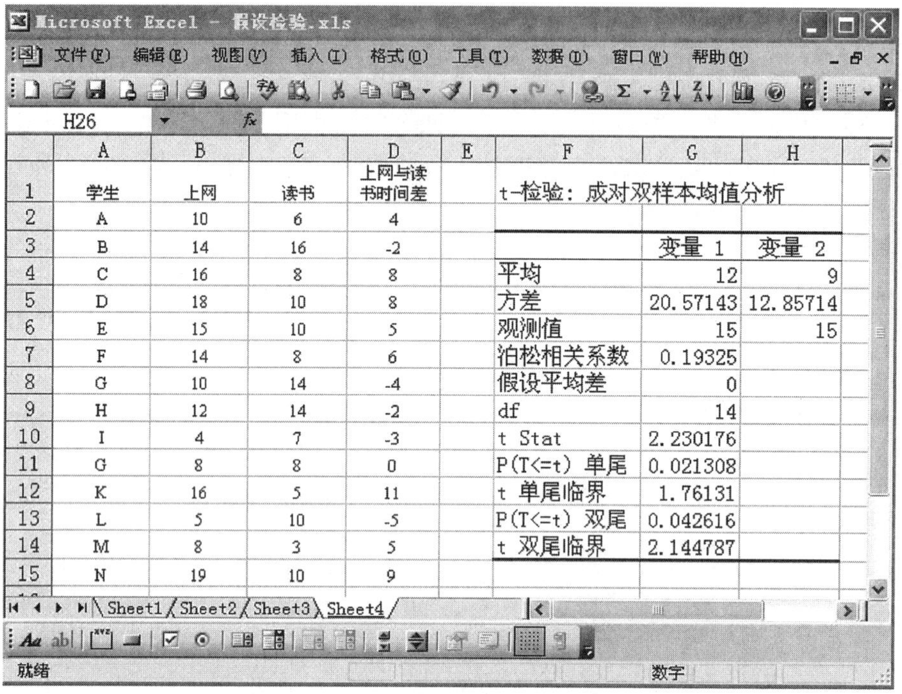

	A	B	C	D	E	F	G	H
1	学生	上网	读书	上网与读书时间差		t-检验：成对双样本均值分析		
2	A	10	6	4				
3	B	14	16	-2			变量 1	变量 2
4	C	16	8	8		平均	12	9
5	D	18	10	8		方差	20.57143	12.85714
6	E	15	10	5		观测值	15	15
7	F	14	8	6		泊松相关系数	0.19325	
8	G	10	14	-4		假设平均差	0	
9	H	12	14	-2		df	14	
10	I	4	7	-3		t Stat	2.230176	
11	G	8	8	0		P(T<=t) 单尾	0.021308	
12	K	16	5	11		t 单尾临界	1.76131	
13	L	5	10	-5		P(T<=t) 双尾	0.042616	
14	M	8	3	5		t 双尾临界	2.144787	
15	N	19	10	9				

图 8－10 "t－检验：平均值的成对二样本分析"结果

对结果的解释与分析如下：

（1）此分析方法的原理实际上是对"上网时间与读书时间差"用 d 表示，即对 d 列数据进行 t－检验，问题转化为：

$$\mathbf{H_0: \mu_d \leqslant 0 \qquad H_1: \mu_d > 0}$$

（2）自由度 $df=15-1=14$，t－Stat 为检验统计量，其计算公式为：

$$t=\frac{\bar{d}-0}{s_{n-1}/\sqrt{n}}$$

其中，$\bar{d}$，s_{n-1}^2 分别为 d_1，d_2，…，d_n 的样本均值和样本方差。

（3）泊松相关系数应为"彼尔逊相关系数"，反映两组数据的线性相关程度。

（4）将 t－检验统计量与临界值相比，本例为单尾检验 $2.23>1.76(0.02<0.05)$，所以拒绝原假设，认为学生每周用于上网的时间比用于读书的时间要多。

四、F－检验工具的使用

［**例 8－6**］ 延用例 8－4 资料，假设两个总体，即镍合金铸件的硬度与铜合金铸件的硬度的方差不同，接下来，在 0.05 的显著性水平下检验这一结论是否正确，就要用到 F－检验工具。

从“分析工具”列表中选择“F-检验：双样本方差”，回车后进入该工具对话框，如图8-11所示。

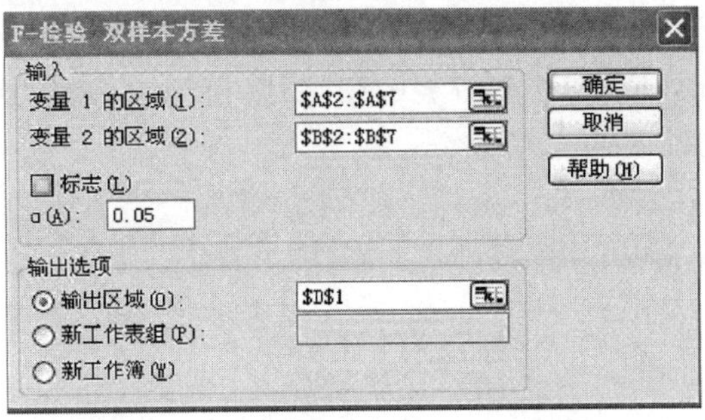

图8-11　“F-检验：双样本方差”对话框

在对话框内进行相应的设置，点击“确定”按钮后，在指定的区域将给出计算结果，如图8-12所示。

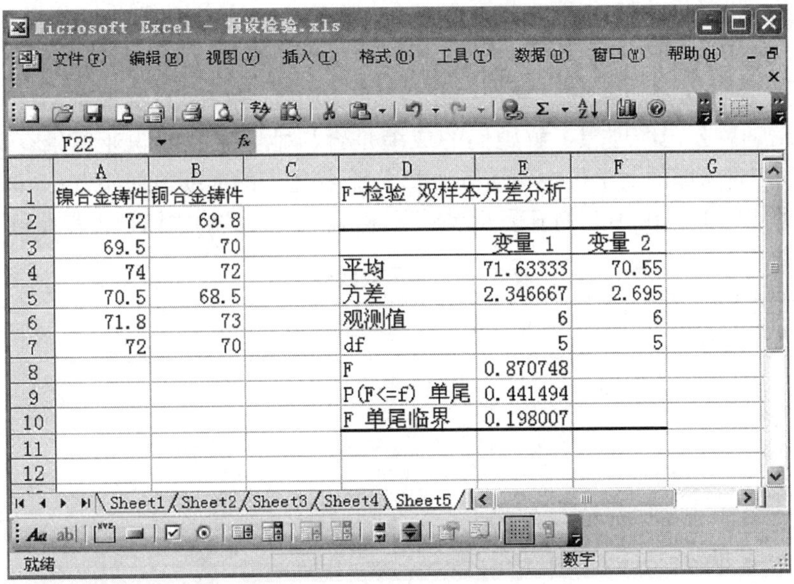

图8-12　“F-检验：双样本方差”结果

对结果的解释与分析如下：

(1)“F-检验工具”的原假设和备择假设分别为：

$$\mathrm{H}_0: \sigma_1 \leqslant \sigma_2 \qquad \mathrm{H}_1: \sigma_1 > \sigma_2$$

(2) 因为两个样本容量相同，所以F检验的第一自由度和第二自由度相同，都为5。

(3) F统计量的计算公式为：

$$F=\frac{s_1^2/\sigma_1^2}{s_2^2/\sigma_2^2}$$

(4) 如果原假设$\mathrm{H}_0: \sigma_1=\sigma_2$或$\sigma_1>\sigma_2$，则$F$统计量的计算公式变为：

$$F=\frac{s_2^2/\sigma_2^2}{s_1^2/\sigma_1^2}$$

其值为图 8－12 中 F 统计量的倒数，当然临界值也要改变。

(5) 将 F 统计量与临界值相比，0.87>0.20，所以拒绝原假设，认为镍合金铸件的硬度的方差不小于铜合金铸件的硬度的方差。

五、方差分析

方差分析也是一种假设检验，它是对全部样本观察值的差异进行分解，将某种因素下各组样本观察值之间可能存在的系统性误差与随机误差加以比较，据以推断各总体之间是否存在显著性差异，若存在显著性差异，也就说明该因素的影响是显著的。下面只介绍单因素方差分析(单因素方差分析是在事物变化的若干因素中，只就某一特定因素进行分析，其他因素尽可能不变)的具体操作过程。

[例 8－7] 某县劳动服务公司招收一批各方面条件基本相同的女青年，对她们进行上岗前电脑操作技能培训。公司经理想了解她们的成绩是否与她们家庭的职业背景有关，所以分别从职员、工人、农民三种家庭的女学员中各随机抽取 4 名，将她们的成绩整理如表 8－3 所示(为计算方便，所有数据均除以 10)。在 0.05 的显著性水平下，检验三组人员的成绩是否存在显著差异。

表 8－3 学员成绩分析表

职员家庭	工人家庭	农民家庭
6.2	5.4	5.1
7.8	5.8	6.3
9.1	6.9	5.9
8.9	7.5	7.5

具体操作步骤如下：

第一步：将数据输入表单后，在"工具"菜单中选择"数据分析"选项，从其"分析工具"列表中选择"方差分析：单因素方差分析"，回车后进入该工具对话框，如图 8－13 所示。

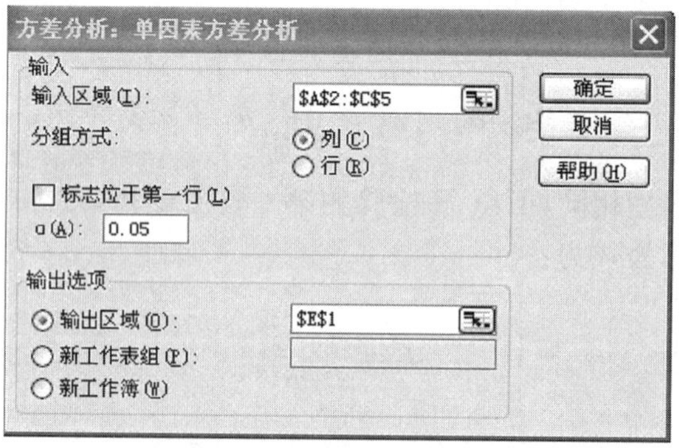

图 8－13 "方差分析：单因素方差分析"对话框

第二步：在上述工具对话框中输入相应的信息：在“输入区域(I)”框中，输入数据所在的区域，本例为 A2：C5；“分组方式”按默认的列；因有列标题，所以选择“标志位于第一行(L)”的复选框；α(A)要求输入显著性水平，本例按默认设置即可；在“输出区域”设置框中输入“E1”，如图 8－13 所示。完成以上设置后，回车确认，结果见图 8－14。

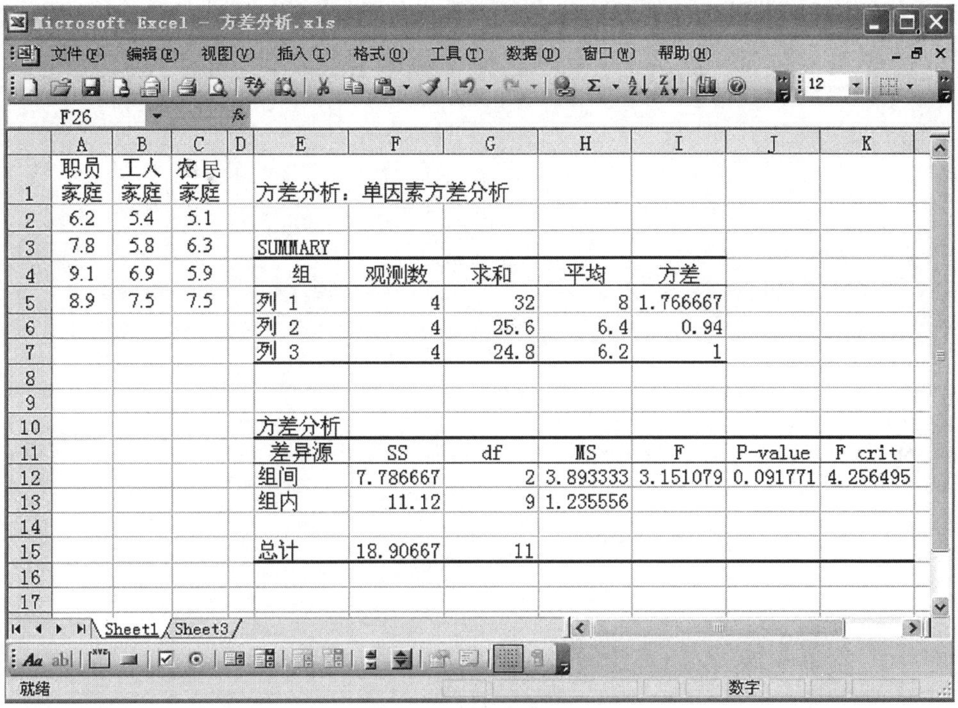

	A	B	C	D	E	F	G	H	I	J	K
1	职员家庭	工人家庭	农民家庭		方差分析：单因素方差分析						
2	6.2	5.4	5.1								
3	7.8	5.8	6.3		SUMMARY						
4	9.1	6.9	5.9		组	观测数	求和	平均	方差		
5	8.9	7.5	7.5		列 1	4	32	8	1.766667		
6					列 2	4	25.6	6.4	0.94		
7					列 3	4	24.8	6.2	1		
8											
9											
10					方差分析						
11					差异源	SS	df	MS	F	P-value	F crit
12					组间	7.786667	2	3.893333	3.151079	0.091771	4.256495
13					组内	11.12	9	1.235556			
14											
15					总计	18.90667	11				
16											
17											

表 8－14　“方差分析：单因素方差分析”输出结果

对结果的解释与分析如下：

(1) SS 表示平方和。

组间平方和用 SSA 表示，计算公式为：

$$SSA=\sum_{i=1}^{k}\sum_{j=1}^{n_i}(\bar{x}_i-x)^2=\sum_{i=1}^{k}n_i(\bar{x}_i-x)^2,\ x=\frac{\sum_{i=1}^{k}\sum_{j=1}^{n_i}x_{ij}}{n}=\frac{\sum_{i=1}^{k}n_i\bar{x}_i}{n},\ n=n_1+n_2+\cdots+n_k$$

组内平方和用 SSE 表示，计算公式为：

$$SSE=\sum_{i=1}^{k}\sum_{j=1}^{n_i}(x_{ij}-\bar{x}_i)^2$$

(2) df 为自由度。SSA 的自由度为 $k-1$，其中 k 为因素水平的个数；SSE 的自由度为 $n-k$。

(3) MS 为平均平方。组间平均平方用 MSA 表示，计算公式为 $MSA=\dfrac{SSA}{k-1}$；组内平均平方用 MSE 表示，计算公式为 $MSE=\dfrac{SSE}{n-k}$。

(4) F 统计量为：

$$F=\frac{MSA}{MSE}\sim F(k-1,\ n-k)$$

(5) 将 F 统计量的值与给定显著性水平的临界值相比，本例中为 $3.15<4.26$，所以不能拒绝原假设，认为不同职业的家庭背景对学院成绩没有显著性影响；也可以将给出的 P 检验值与显著性水平比较，结论相同。

九　相关分析与回归分析
（教材第九章）

一、Excel 的回归分析工具

Excel 图表向导按钮只能进行双变量数据的拟合线和方程公式处理，要得到具体的被估计双变量线性回归的详细信息，可按下列步骤使用回归分析工具对数据进行处理分析，得到有关的相关与回归指标以及方差分析表。

（一）一元线性回归分析

［例 9－1］　2002—2012 年我国城镇居民人均收入与消费的情况如表 9－1 所示，请用表中数据拟合回归模型。

表 9－1　2002—2012 年我国城镇居民人均收入与消费情况　　单位：元

年　份	2002	2003	2004	2005	2006	2007	2008	2009	2010	2011	2012
人均可支配收入 X	7 703	8 472	9 422	10 493	11 759	13 786	15 781	17 175	19 109	21 810	24 565
人均消费性支出 Y	6 030	6 511	7 182	7 943	8 697	9 997	11 243	12 265	13 471	15 161	16 674

具体操作步骤如下：

第一步：对以上数据拟合散点图进行趋势线性质的分析。

应用 Excel 的图表向导做以下的散点图：

打开一个工作表，把表 9－1 中的数据录入工作表并选中人均支配收入和人均消费性支出的所有数据后，点击“插入|散点图”，得到图 9－1。

从表资料和散点图可以看出，我国城镇居民人均收入与消费存在比较密切的依存关系，城镇居民人均收入高时，城镇居民人均消费也高，两者呈现一种正相关的线性关系。

根据判断可以采用一元线性回归模型进行回归分析。

第二步：以例 9－1 的数据进行计算分析。在 A 列输入因变量 Y 的有关数据和在 B 列输入自变量 X 的有关数据后，点选“工具”下拉菜单的“数据分析”中的“回归”命令，在“回归”对话框的输入区域分别输入 Y 和 X 的单元格引用，选定输出区域，单击“确定”按钮，便能得到人均消费性支出与人均可支配收入回归的分析表（见图 9－2 和图 9－3）。

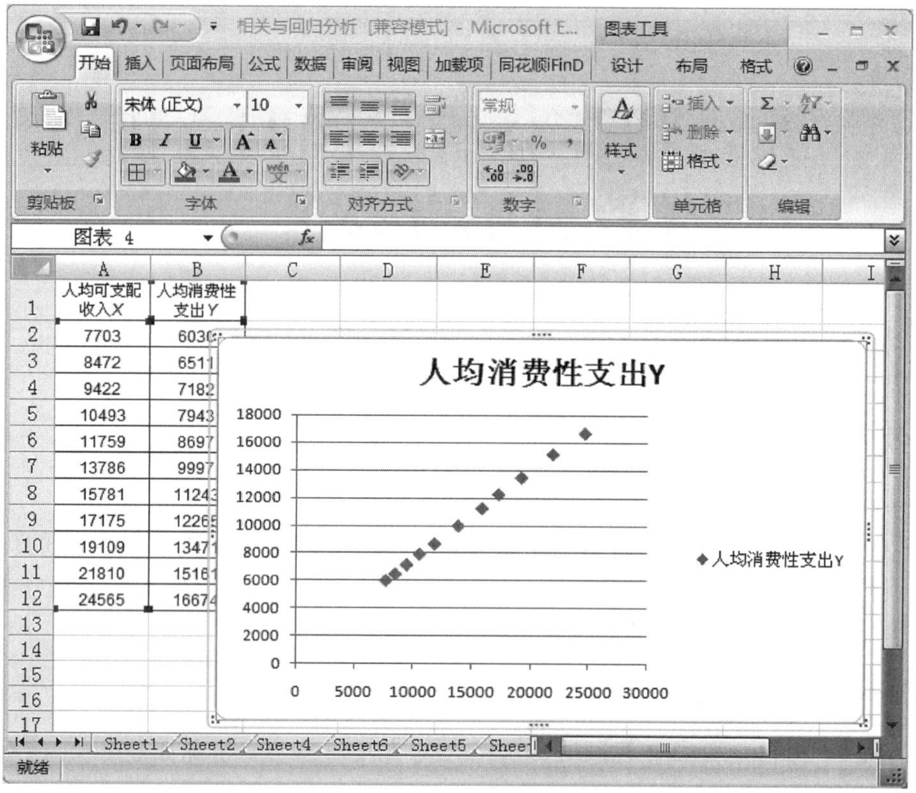

图 9-1 散点图

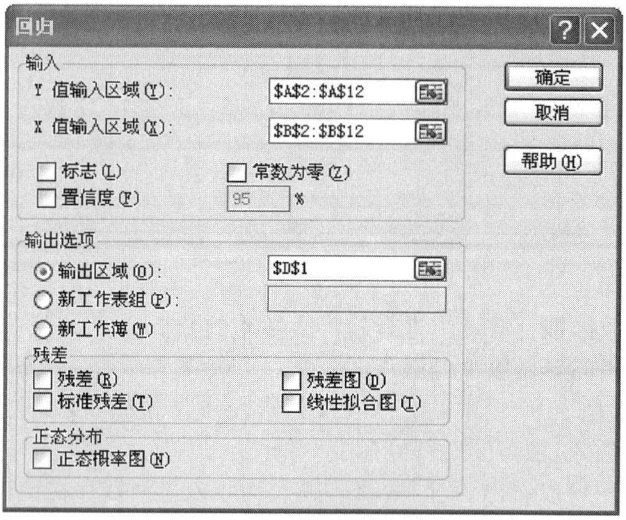

图 9-2 “回归”对话框

对输出结果的指标解释如下：

一元线性回归输出结果分为三部分。

第一部分即相关回归的统计量，包括相关系数(Multiple R)、判定系数(R-Square)、标准误差(估计值标准误差 S_{XY})。

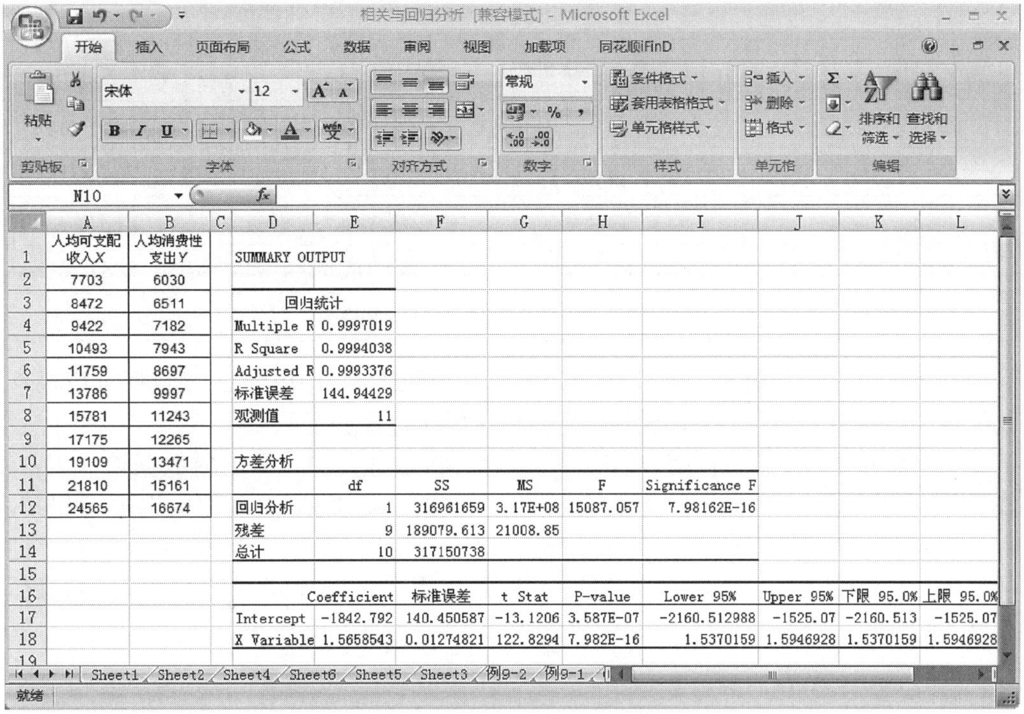

图 9-3　一元线性回归输出结果

第二部分即回归方差分析表(与通用的方差分析表结构相同)。

第三部分即回归系数表,包括两个系数:一个是回归方程的截距(Intercept),另一个是自变量的系数即回归系数(回归方程的斜率)。另外,还列出了这两个系数的检验统计量 t 值和 P 值,以及在 95%置信水平下的两个系数的区间估计上、下限值。在此例中,截距 a 与斜率 b 的 P 值均小于 0.025(双侧),说明回归系数通过检验;此外,Sig. F 小于 0.05(单侧),说明回归模型通过整体 F 检验。

(二) 多元线性回归分析

[例 9-2]　表 9-2 为 2004—2015 年我国国内生产总值、第二产业及第三产业的数据(单位:亿元),请进行二元回归分析。

表 9-2　2004—2015 年我国国内生产总值、第二产业及第三产业数据表

统计年度	国内生产总值(y)	第二产业(x_1)	第三产业(x_2)
2004	161 840.2	74 286.9	66 648.9
2005	187 318.9	88 084.4	77 427.8
2006	219 438.5	104 361.8	91 759.7
2007	270 232.3	126 633.6	115 810.7
2008	319 515.5	149 956.6	149 956.6
2009	349 081.4	160 171.7	154 747.9
2010	413 030.3	191 629.8	182 038.0

续 表

统计年度	国内生产总值(y)	第二产业(x_1)	第三产业(x_2)
2011	489 300.6	227 038.8	216 098.6
2012	540 367.4	244 643.3	244 821.9
2013	595 244.4	261 956.1	277 959.3
2014	643 974.0	277 571.8	308 058.6
2015	689 052.1	282 040.3	346 149.7

利用“回归”分析工具进行多元线性回归分析。多元线性回归的 Excel 数据分析操作方法与一元线性回归的基本相同，这里不再赘述。具体操作过程如下：

第一步：打开 Excel 新工作簿，进入 Excel 运行状态，把表 9－2 中的数据输入 Excel 中。单击工具栏，在弹出的菜单中点选“数据分析”，在“数据分析工具”选项框中选中“回归”，然后在输入、输出选项以及残差的各个选项框中进行适当的勾选，注意必须按照确定的顺序把两个自变量的单元格引用范围一起放在 X 值输入区域内，其他的选项同一元线性回归的操作方法（见图 9－4）。

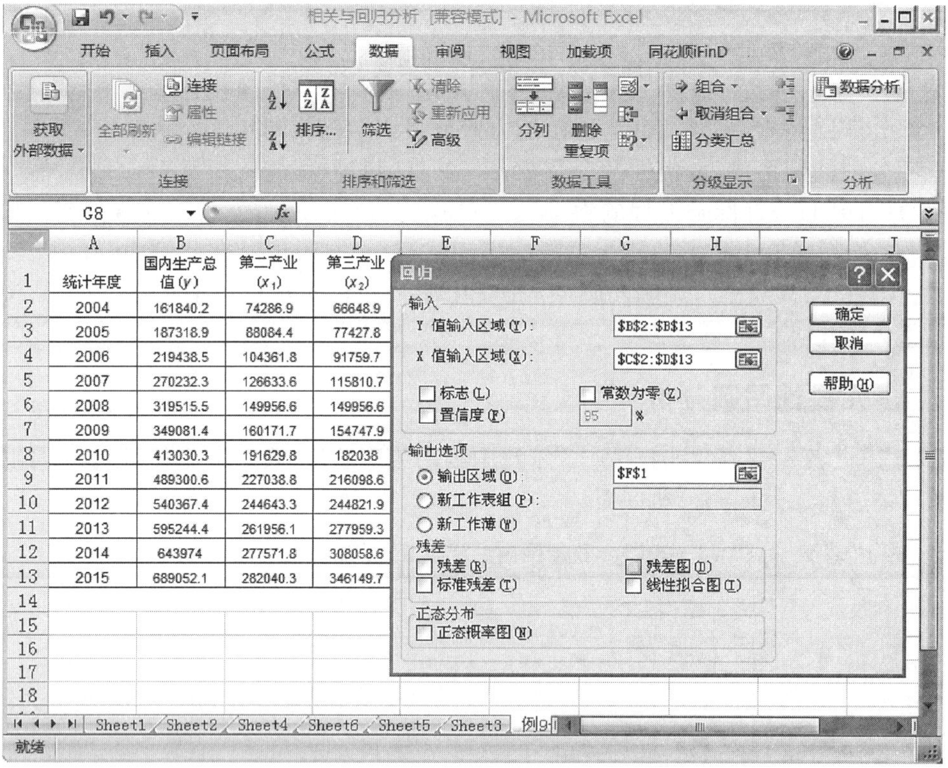

图 9－4 “回归”对话框

第二步：点击“确定”按钮，即可得到关于二元线性回归分析的结果，如图 9－5 所示。其输出的表格格式以及指标含义基本同一元线性回归分析的结果，只是在第二部分的回归系数中增加了一个自变量。

	F	G	H	I	J	K	L	M	N
1	SUMMARY OUTPUT								
2									
3	回归统计								
4	Multiple	0.999762							
5	R Square	0.999525							
6	Adjusted	0.999419							
7	标准误差	4415.32							
8	观测值	12							
9									
10	方差分析								
11		df	SS	MS	F	Significance F			
12	回归分析	2	3.69E+11	1.84E+11	9459.336	1.11469E-15			
13	残差	9	1.75E+08	19495053					
14	总计	11	3.69E+11						
15									
16		Coefficien	标准误差	t Stat	P-value	Lower 95%	Upper 95%	下限 95.0%	上限 95.0%
17	Intercept	3643.584	4540.026	0.802547	0.442913	-6626.668875	13913.84	-6626.67	13913.84
18	X Variabl	1.133182	0.101229	11.19421	1.39E-06	0.904185082	1.362178	0.904185	1.362178
19	X Variabl	1.055286	0.081956	12.87623	4.22E-07	0.869887997	1.240683	0.869888	1.240683

图 9－5　二元线性回归输出结果

例 9－2 的二元线性回归输出结果同样分为三部分：

第一部分即相关与回归的指标，包括相关系数(Multiple R)、判定系数(R-Square)、标准误差(估计值标准误差 S_{XY})。

第二部分即回归方差分析表(与通用的方差分析表结构相同)。

第三部分即回归系数表，包括三个系数：一是回归方程的截距(Intercept)，另两个是自变量的系数(偏回归系数)。同时还列出了这三个系数的检验统计量 t 值和 P 值，以及在 95%置信水平下的两个系数的区间估计上、下限值。在此例中，截距 b_0 与偏回归系数 b_2 的 P 值均小于 0.025(双侧)，说明回归系数通过检验，此外，Sig. F 小于 0.05(单侧)，说明回归模型通过整体 F 检验。

此外，除了可以与一元线性回归分析一样显示线性拟合图和残差图之外，若在“残差选项”框中勾选“残差”项，则也能输出一组实际值和方程点预测值对照的残差，以供做深入细致的分析。

二、相关分析

变量之间的数量关系纷繁复杂、形式各样。为了研究、分析这些数量关系，统计上把它们分为两类：一类是变量间完全确定的关系，称为函数关系。函数关系的特点是，变量之间存在严格的一一对应关系，一个影响因素导致一种结果。另一类是现象数量间存在各种程度的不确定关系，称为相关关系。相关关系的特点是，变量之间存在某种程度的关系，但一个影响因素会导致多种结果。用 Excel 分析工具库的相关分析宏函数通常可以进行各种相关分析。

（一）单相关系数的测定

［**例 9－3**］ 沿用例 9－1 资料。具体操作步骤如下：

第一步：打开 Excel 新工作簿，进入 Excel 运行状态，在出现的 Excel 工作表上点击“工具”快捷按钮，在数据分析工具菜单中选择“相关系数”，见图 9－6。

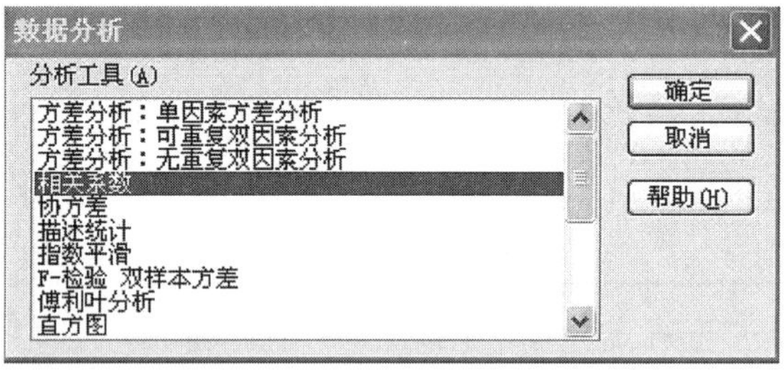

图 9－6 “数据分析”对话框

第二步：单击“确定”按钮，在出现的“相关系数”对话框中把人均消费性支出和人均可支配收入两个变量数值输入“输入区域”。然后，选定输出区域(见图 9－7)。

第三步：单击“确定”按钮，就能得到相关系数的显示，两变量的相关系数为 0.999 702(见图 9－8)。

图 9－7 “相关系数”对话框

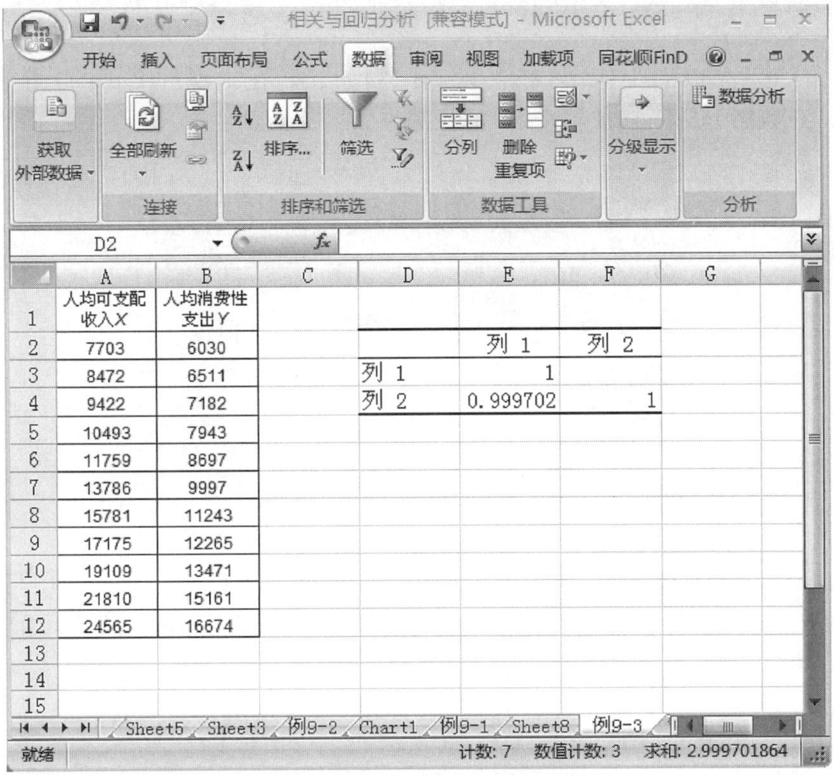

图 9-8　相关与回归分析输出结果

(二) 复相关系数矩阵的测定

[**例 9-4**]　表 9-3 是某造纸厂间接生产费用、直接劳动时间和机器运转时间表。

表 9-3　间接生产费用、直接劳动时间和机器运转时间

月份	间接生产费用 y(万元)	直接劳动时间 x_1(千小时)	机器运转时间 x_2(千小时)
1	29	45	16
2	24	42	14
3	27	44	15
4	25	45	13
5	26	43	13
6	28	46	14
7	30	44	16
8	28	45	16
9	28	44	15
10	27	43	15

求间接生产费用与直接劳动时间和机器运转时间的二元线性偏回归系数矩阵。

具体操作步骤如下：

第一步：打开 Excel 新工作簿，进入 Excel 运行状态，在出现的 Excel 工作表上点击“工具”快捷按钮，在数据分析工具菜单中选择“相关系数”，见图 9－9。

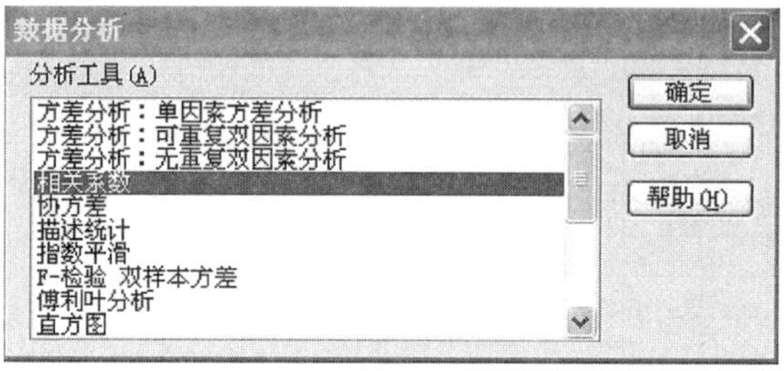

图 9－9 “数据分析”对话框

第二步：单击“确定”按钮，在出现的“相关系数”对话框中把间接生产费用与直接劳动时间和机器运转时间的数据一起输入“输入区域”，然后，选定输出区域(见图 9－10)。

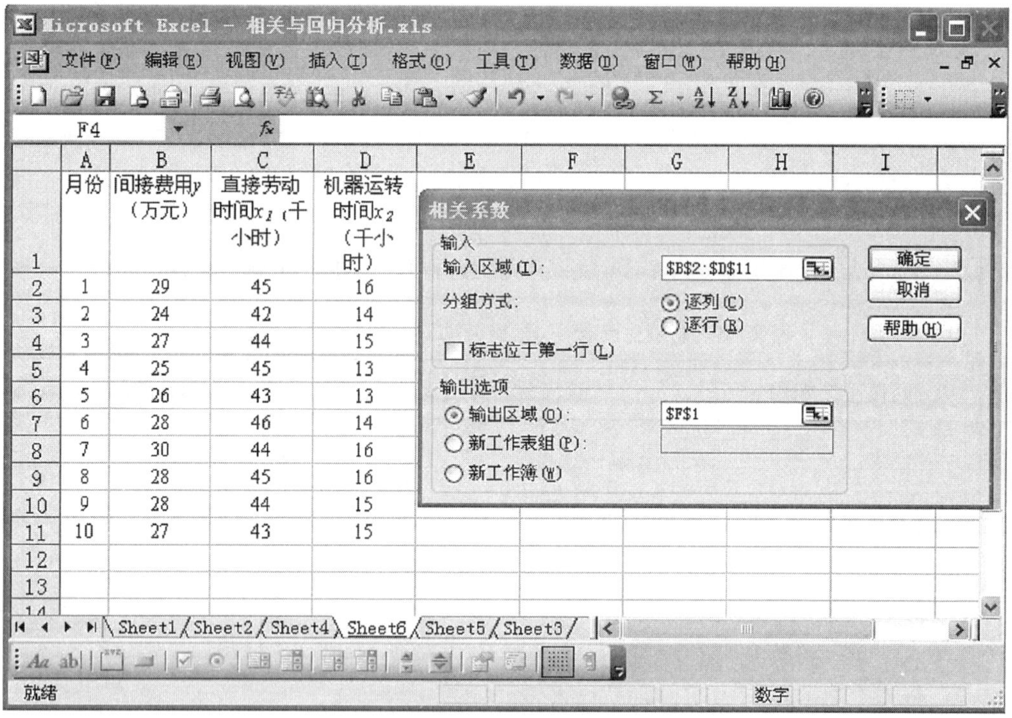

图 9－10 “相关系数”对话框

第三步：单击“确定”按钮，就能得到相关系数矩阵的显示，如图 9－11 所示。

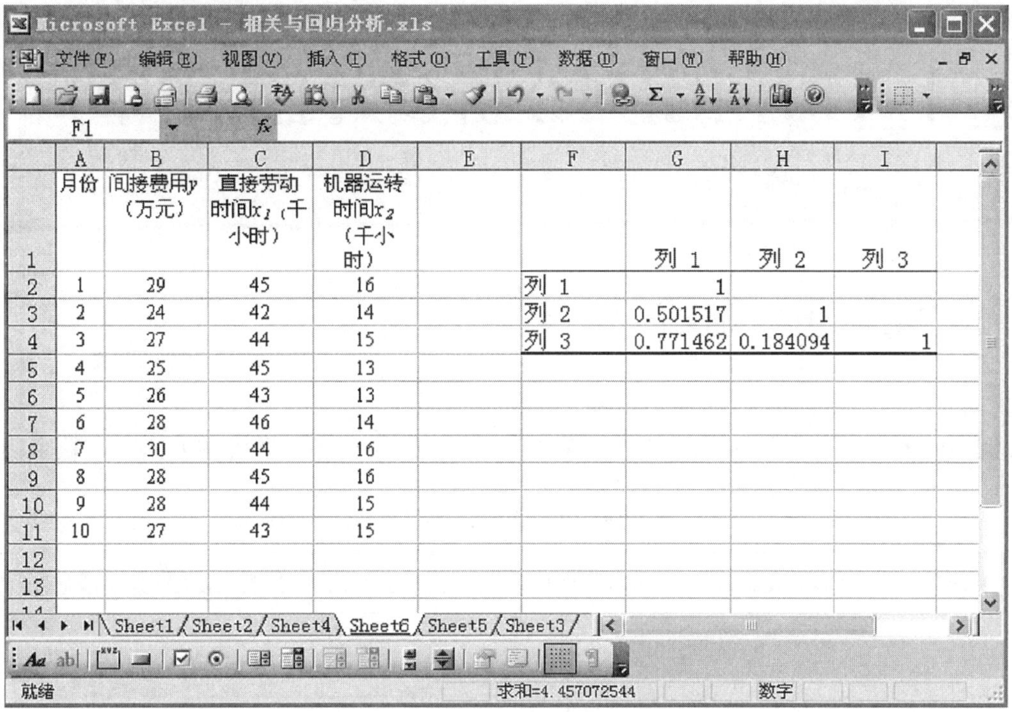

	A	B	C	D	E	F	G	H	I
1	月份	间接费用y（万元）	直接劳动时间x_1（千小时）	机器运转时间x_2（千小时）			列 1	列 2	列 3
2	1	29	45	16		列 1	1		
3	2	24	42	14		列 2	0.501517	1	
4	3	27	44	15		列 3	0.771462	0.184094	1
5	4	25	45	13					
6	5	26	43	13					
7	6	28	46	14					
8	7	30	44	16					
9	8	28	45	16					
10	9	28	44	15					
11	10	27	43	15					

图 9－11 相关与回归分析输出结果

十　时间序列分析(教材第十章)

一、用 Excel 进行预测

［例 10 - 1］ 表 10 - 1 显示的是浙江省 2004—2015 年全部金融机构人民币存款余额。

表 10 - 1　浙江省 2004—2015 年全部金融机构人民币存款余额　　单位：亿元

年　份	全部金融机构人民币存款余额	年　份	全部金融机构人民币存款余额
2004	17 236.62	2010	53 441.45
2005	20 494.16	2011	59 727.91
2006	24 413.94	2012	64 886.28
2007	28 504.46	2013	71 986.58
2008	34 806.43	2014	77 145.38
2009	44 336.49	2015	87 393.30

资料来源：2016 年浙江省统计年鉴。

(一) 用移动平均法进行预测

具体步骤如下：

第一步：将原始数据录入单元格区域，如图 10 - 1 所示。

第二步：选择菜单栏上的“工具”—“数据分析”命令，弹出如图 10 - 2 所示的对话框。

第三步：在“分析工具”框中选择“移动平均”，单击“确定”按钮，弹出“移动平均”对话框，相应做如下输入，即可得到如图 10 - 3 所示的对话框：在“输入区域”内输入“ $B $2 ∶ $B $13”，即原始数据所在的单元格区域；在“间隔”内输入“3”，表示使用三步移动平均法；在“输出区域”内输入“C2”，即将输出区域的左上角单元格定义为 C2；选择“图表输出”复选框和“标准误差”复选框。

第四步：单击“确定”按钮，便可得到移动平均结果，如图 10 - 4 所示。

分析：在图 10 - 4 中，C4 ∶ C13 对应的数据即为三步移动平均的预测值；单元格区域 D6 ∶ D13 即标准误差。

图 10-1　Excel 数据集

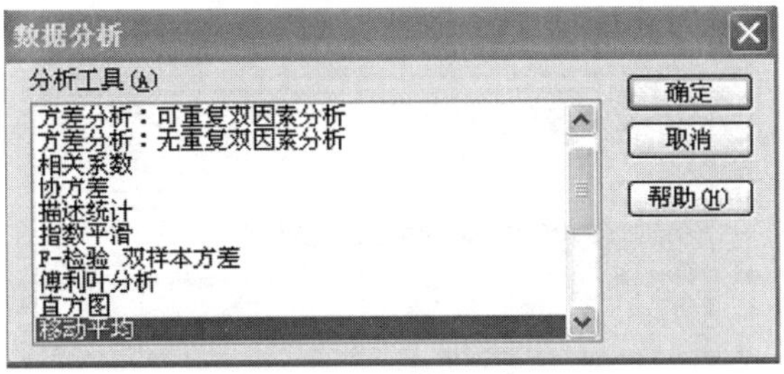

图 10-2　“数据分析”对话框

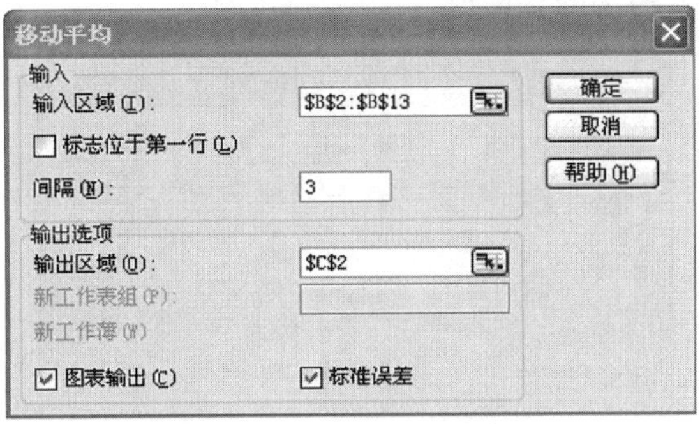

图 10-3　“移动平均”对话框

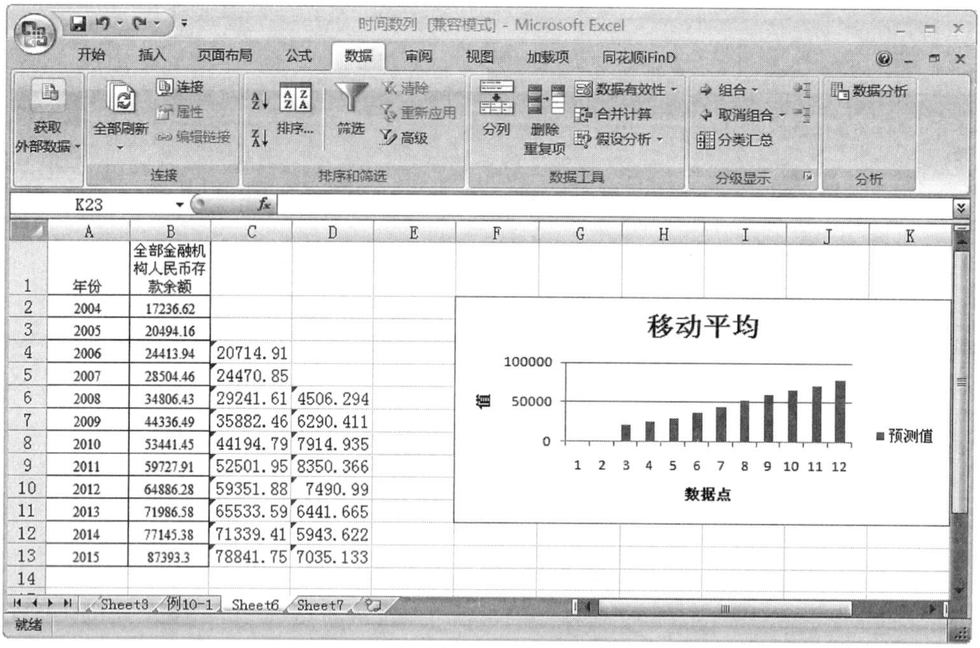

图 10-4 移动平均分析结果

(二) 用指数平滑法进行预测

第一步：将原始数据输入相应单元格，如图 10-1 所示。

第二步：选择菜单栏上的“工具”—“数据分析”命令，弹出如图 10-5 所示的对话框。

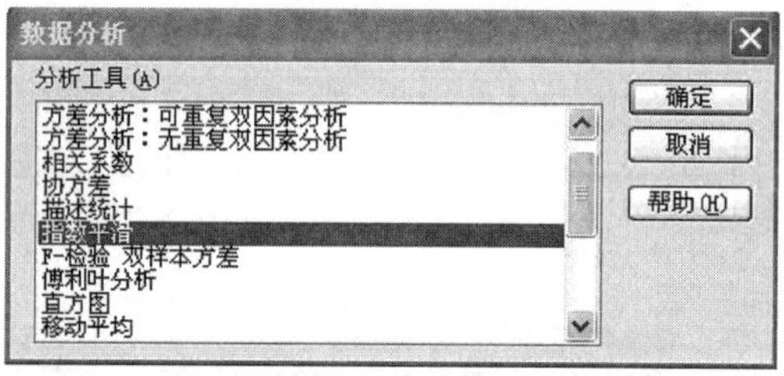

图 10-5 “数据分析”对话框

第三步：在“分析工具”中选择“指数平滑”，单击“确定”按钮，弹出一个对话框，做相应的输入，即可得到如图 10-6 所示的对话框。

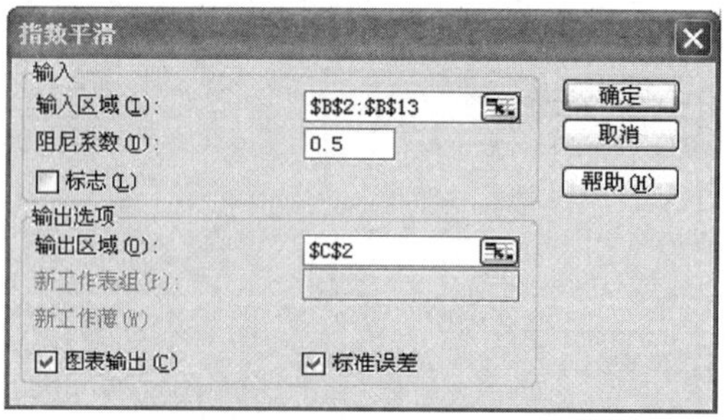

图 10-6 “指数平滑”对话框

第四步：单击“确定”按钮，即可得到指数平滑结果，如图 10-7 所示。

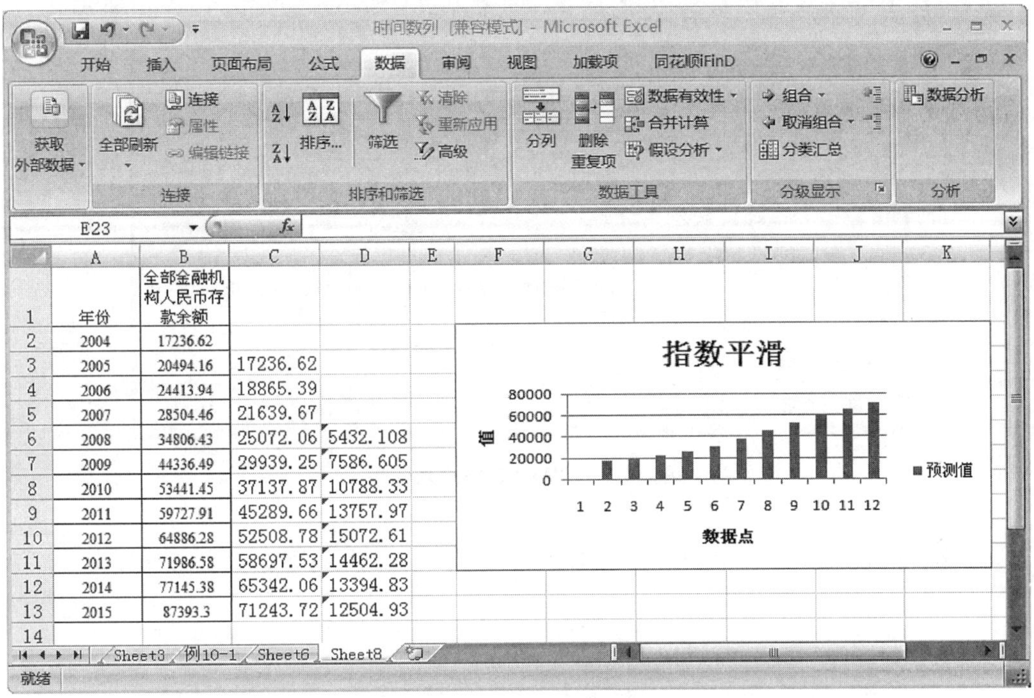

图 10-7　指数平滑结果

(三) 用趋势预测法进行预测

第一步：把相关数据输入相应单元格中，如图 10-1 所示。

第二步：在工作表中选择一个空的单元格。在这里选择 D2 单元格。

第三步：选择“插入”下拉菜单。

第四步：选择“函数”选项。

第五步：当“插入函数”对话框出现时，在“选择类别”框中选择“统计”，在“选择函数”框中选择“FORECAST”(预测)，如图 10-8 所示。

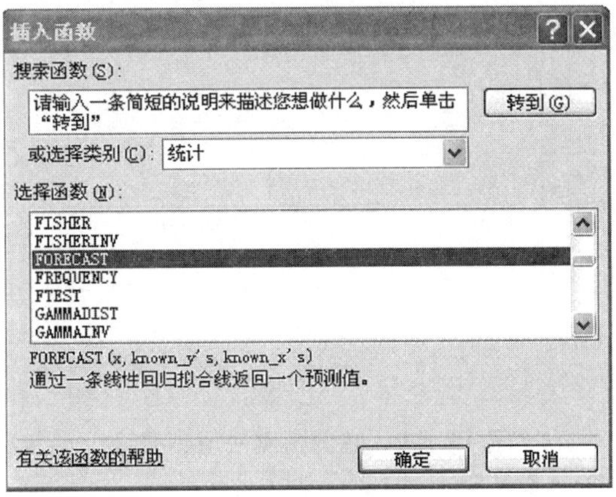

图 10-8　“插入函数”对话框

第六步：单击“确定”按钮，出现“预测”对话框，在 X 中输入“A14”，在 Know_y's 中输入“B2：B13”，在 Know_x's 中输入“A2：A13”，如图 10－9 所示。

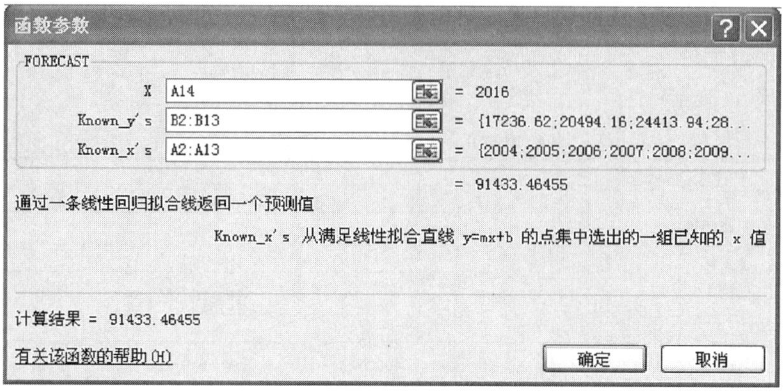

图 10－9 “FORCAST”对话框

第七步：单击“确定”按钮，预测结果出现在 D2 单元格中，如图 10－10 所示。

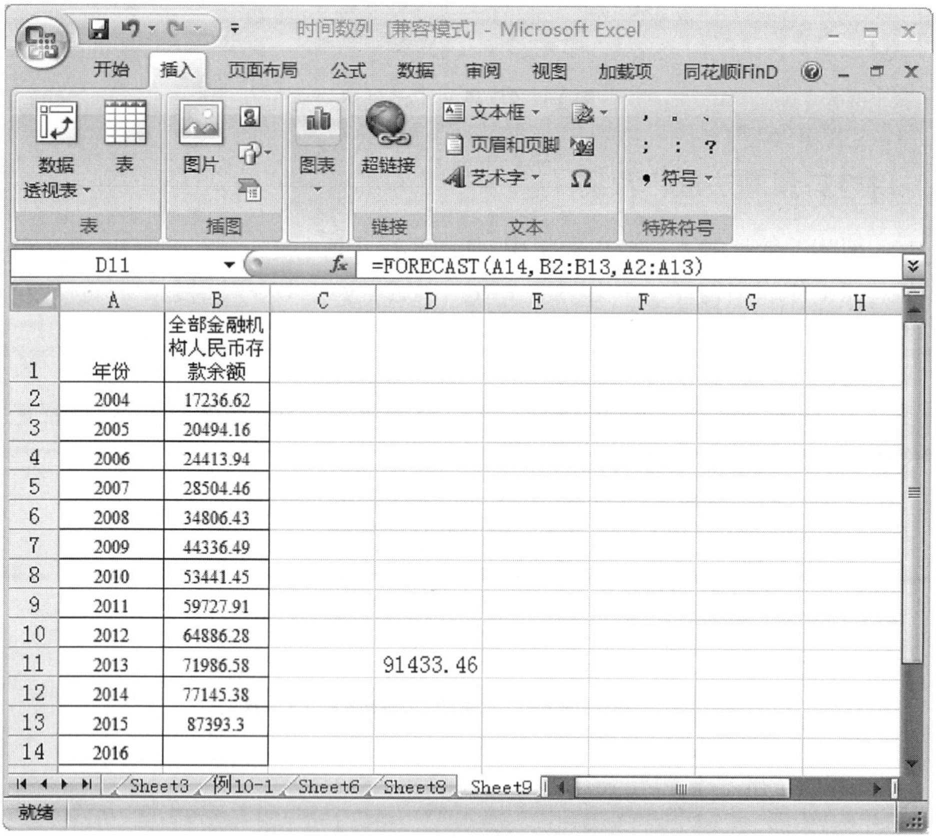

图 10－10 趋势预测法预测结果

二、用 Excel 进行时间序列分析

(一) 测定增长量和平均增长量

[**例 10-2**] 沿用例 10-1 资料,计算逐期增长量、累计增长量和平均增长量。

计算步骤如下:

第一步:将数据输入相应的 Excel 单元格中。

第二步:计算逐期增长量。在 C3 中输入公式"=B3-B2",并用鼠标拖曳将公式复制到 C4:C13 区域。

第三步:计算累计增长量。在 D3 中输入公式"=B3-\$B\$2",并用鼠标拖曳公式复制到 D4:D13 区域。

第四步:计算平均增长量(水平法)。在 C14 中输入公式"=D13/11",按回车键,即可得到平均增长量。

计算结果如图 10-11 所示。

	A	B	C	D
1	年份	全部金融机构人民币存款余额	逐期增长量	累计增长量
2	2004	17236.62		
3	2005	20494.16	3257.54	3257.54
4	2006	24413.94	3919.78	7177.32
5	2007	28504.46	4090.52	11267.84
6	2008	34806.43	6301.97	17569.81
7	2009	44336.49	9530.06	27099.87
8	2010	53441.45	9104.96	36204.83
9	2011	59727.91	6286.46	42491.29
10	2012	64886.28	5158.37	47649.66
11	2013	71986.58	7100.3	54749.96
12	2014	77145.38	5158.8	59908.76
13	2015	87393.3	10247.92	70156.68
14	平均增长量		6377.88	

图 10-11 用 Excel 计算增长量和平均增长量的资料及结果

(二) 测定发展速度和平均发展速度

[**例 10-3**] 沿用例 10-1 资料,说明如何计算定基发展速度、环比发展速度和平均发展速度。

第一步：将数据输入相应的 Excel 单元格。

第二步：计算定基发展速度。在 C3 中输入公式“＝B3/ $B $2”，并用鼠标拖曳将公式复制到 C4∶C13 区域。

第三步：计算环比发展速度。在 D3 中输入公式“＝B3/B2”，并用鼠标拖曳将公式复制到 D4∶D13 区域。

第四步：计算平均发展速度(水平法)。选中 C14 单元格，单击“插入”菜单，选择“函数”选项，出现“插入函数”对话框后，选择“GEOMEAN”(返回几何平均值)函数，在数值区域中输入“D3∶D13”即可。

计算结果如图 10－12 所示。

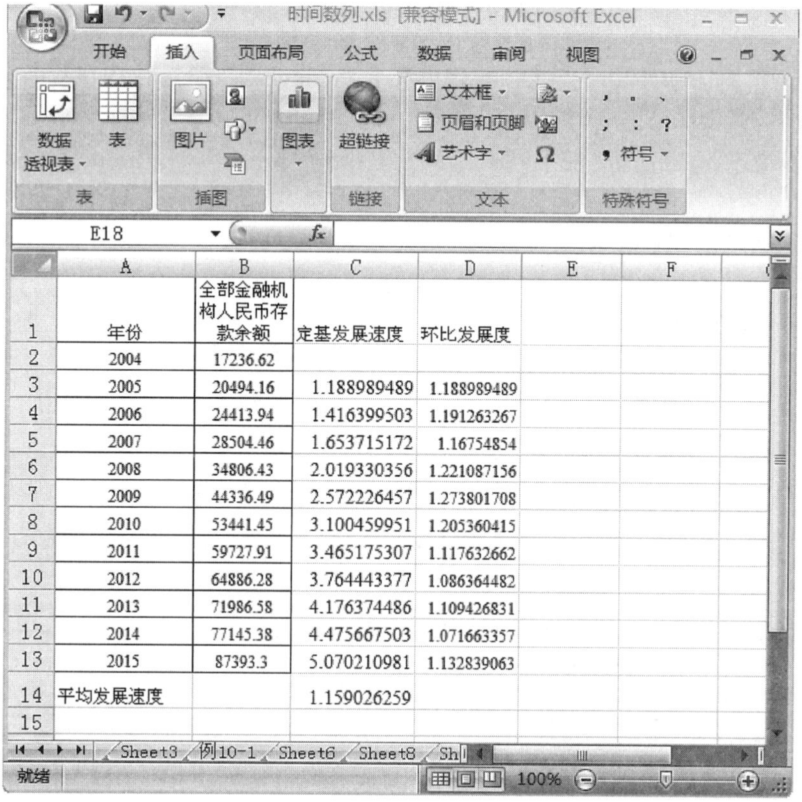

	A	B	C	D
1	年份	全部金融机构人民币存款余额	定基发展速度	环比发展度
2	2004	17236.62		
3	2005	20494.16	1.188989489	1.188989489
4	2006	24413.94	1.416399503	1.191263267
5	2007	28504.46	1.653715172	1.16754854
6	2008	34806.43	2.019330356	1.221087156
7	2009	44336.49	2.572226457	1.273801708
8	2010	53441.45	3.100459951	1.205360415
9	2011	59727.91	3.465175307	1.117632662
10	2012	64886.28	3.764443377	1.086364482
11	2013	71986.58	4.176374486	1.109426831
12	2014	77145.38	4.475667503	1.071663357
13	2015	87393.3	5.070210981	1.132839063
14	平均发展速度		1.159026259	
15				

图 10－12　用 Excel 计算发展速度和平均发展速度的资料及结果

(三) 计算长期趋势

[例 10－4]　表 10－2 列出了浙江省 1996—2015 年进出口总值(单位：万美元)，用此资料来说明如何用移动平均法计算长期趋势。

第一步：在 A 列输入年份，在 B 列输入进出口总值。

第二步：计算五项移动平均。在 C4 中输入“＝SUM(B2∶B6)/5”，并用鼠标拖曳将公式复制到 C5∶C19 区域。

第三步：计算四项移动平均。在 D4 中输入“＝SUM(B2∶B5)/4”，并用鼠标拖曳将公式复制到 D5∶D20 区域。

第四步：计算二项移动平均数。在 E4 中输入"=(D4+D5)/2"，并用公式拖曳将公式复制到 E5：E19 区域。

表 10-2　浙江省 1996—2015 年进出口总值　　单位：万美元

年　份	进出口总值	年　份	进出口总值
1996	1 254 126	2006	10 739 123
1997	1 427 732	2007	13 914 686
1998	1 485 382	2008	17 685 633
1999	1 830 540	2009	21 110 927
2000	1 151 230	2010	18 773 488
2001	2 783 265	2011	25 353 311
2002	3 279 969	2012	30 937 777
2003	4 195 650	2013	31 240 276
2004	6 141 083	2014	35 504 894
2005	8 521 312	2015	34 678 383

资料来源：2016 年浙江省统计年鉴。

计算结果如图 10-13 所示。

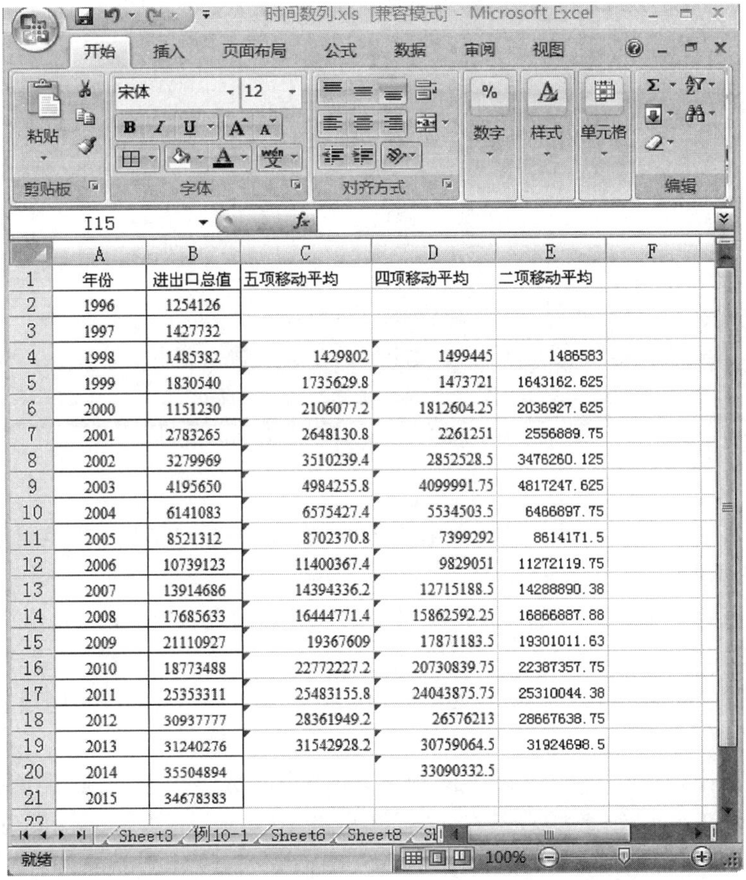

	A	B	C	D	E
1	年份	进出口总值	五项移动平均	四项移动平均	二项移动平均
2	1996	1254126			
3	1997	1427732			
4	1998	1485382	1429802	1499445	1486583
5	1999	1830540	1735629.8	1473721	1643162.625
6	2000	1151230	2106077.2	1812604.25	2036927.625
7	2001	2783265	2648130.8	2261251	2556889.75
8	2002	3279969	3510239.4	2852528.5	3476260.125
9	2003	4195650	4984255.8	4099991.75	4817247.625
10	2004	6141083	6575427.4	5534503.5	6466897.75
11	2005	8521312	8702370.8	7399292	8614171.5
12	2006	10739123	11400367.4	9829051	11272119.75
13	2007	13914686	14394336.2	12715188.5	14288890.38
14	2008	17685633	16444771.4	15862592.25	16866887.88
15	2009	21110927	19367609	17871183.5	19301011.63
16	2010	18773488	22772227.2	20730839.75	22387357.75
17	2011	25353311	25483155.8	24043875.75	25310044.38
18	2012	30937777	28361949.2	26576213	28667638.75
19	2013	31240276	31542928.2	30759064.5	31924698.5
20	2014	35504894		33090332.5	
21	2015	34678383			

图 10-13　用 Excel 计算长期趋势的资料及结果

(四) 计算季节变动

[例 10－5] 利用某景点五年分季度的游客人数资料,说明如何用移动平均趋势剔除法测定季节变动。

第一步: 按图 10－14 所示的格式在 A 列输入年份,在 B 列输入季度,在 C 列输入游客人数。

Microsoft Excel － 时间数列.xls

D32

	A	B	C	D	E	F	G	H
1	年份	季度	人数(百人)Y	四项移动平均	趋势值T	Y/T		
2	第一年	1	95					
3		2	185	710	713	0.259467		
4		3	341	716	709.5	0.4806202		
5		4	89	703	716	0.1243017		
6	第二年	1	101	729	734.5	0.1375085		
7		2	172	740	730.5	0.2354552		
8		3	367	721	715	0.5132867		
9		4	100	709	702	0.1424501		
10	第三年	1	82	695	707.5	0.1159011		
11		2	160	720	714.5	0.2239328		
12		3	353	709	699.5	0.5046462		
13		4	125	690	717	0.1743375		
14	第四年	1	71	744	722	0.098338		
15		2	141	700	717.5	0.1965157		
16		3	407	735	740.5	0.5496286		
17		4	81	746	688.5	0.1176471		
18	第五年	1	106	631	670.5	0.158091		
19		2	152	710	710	0.2140845		
20		3	292					
21		4	160					

指数平滑 / Sheet1 / Sheet4 / Sheet2 / Sheet3

就绪 大写 数字

图 10－14 用 Excel 计算季节变动的资料

第二步: 计算四项移动平均。在 D3 中输入"＝SUM(C2∶C5)/4",并用鼠标拖曳将公式复制到 D4∶D19 区域。

第三步: 计算趋势值(即二项移动平均)T。在 E4 中输入"＝(D3＋D4)/2",并用鼠标拖曳将公式复制到 E5∶E19 区域。

第四步: 剔除长期趋势,即计算 Y/T。在 F4 中输入"＝C4/E4",并用鼠标拖曳将公式复制到 F5∶F19 区域。

第五步: 重新排列 F5∶F19 区域中的数字,使同季的数字位于一列,共排成四列。

第六步: 计算各年同季平均数。在 B29 单元格中输入公式"＝average(B25∶B28)";在 C29 中输入公式"＝average(C24∶C28)";在 D29 中输入公式"＝average(D24∶D27)";在 E29 中输入公式"＝average(E24∶E27)"。

第七步：计算调整系数。在 B31 中输入公式“=4/sum(B29：E29)”。

第八步：计算季节指数。在 B30 中输入公式“=B29 * $B $31”,并用鼠标拖曳将公式复制到 B30：E30 区域,就可以得到季节指数的值,具体结果见图 10-15。

	A	B	C	D	E
22					
23		第一季	第二季	第三季	第四季
24	第一年		0.259467041	0.480620155	0.1243017
25	第二年	0.1375085	0.235455168	0.513286713	0.1424501
26	第三年	0.1159011	0.22393282	0.504646176	0.1743375
27	第四年	0.098338	0.196515679	0.549628629	0.1176471
28	第五年	0.158091	0.214084507		
29	平均	0.1274596	0.225891043	0.512045418	0.1396841
30	季节指数	0.5072615	0.898997101	2.037829126	0.5559123
31	调整系数	3.979782			
32					

图 10-15　用 Excel 计算季节变动结果

十一　指数分析(教材第十一章)

指数分析法是研究社会经济现象数量变动情况的一种统计分析法。指数有总指数与平均指数之分,这一节介绍如何用 Excel 进行指数分析与因素分析。

一、用 Excel 计算总指数

[**例 11-1**]　图 11-1 中的 A1∶F4 区域是某商场销售的三种商品的统计资料,要求计算价格总指数。

	A	B	C	D	E	F	G	H
1	商品名称	计量单位	基期销售量q0	基期价格p0	报告期销售量q1	报告期价格p1	p1*q1	p0*q1
2	甲	千克	2000	2400	9	8	72	21600
3	乙	升	800	500	10	12	120	5000
4	丙	台	400	600	160	200	32000	96000
5							32192	122600
6	价格总指数	0.2626						
7								
8								

图 11-1　用 Excel 计算总指数的资料及结果

计算步骤如下:

第一步:计算各个 p_1*q_1。在 G2 中输入“=E2 * F2”,并用鼠标拖曳将公式复制到 G3∶G4 区域。

第二步:计算各个 p_0*q_1。在 H2 中输入“=C2 * F2”,并用鼠标拖曳将公式复制到 H3∶H4 区域。

第三步:计算 Σp_1q_1 和 Σp_0q_1。选定 G2∶G4 区域,单击工具栏上的“Σ”按钮,在 G5 出现该列的求和值。选定 H2∶H4 区域,单击工具栏上的“Σ”按钮,在 H5 出现该列的求和值。

第四步：计算生产量综合指数 $Iq=\Sigma p_1q_1/\Sigma p_0q_1$。在 B6 中输入“=G5/H5”便可得到价格总指数。

二、用 Excel 计算平均数指数

现以销售额平均指数为例，说明加权算术平均数的计算方法。

[例 11－2]　图 11－2 中的 A1：E4 区域内是某商场的三种商品甲、乙和丙的统计资料，现以基期销售额为同度量因素，计算销售额平均指数。

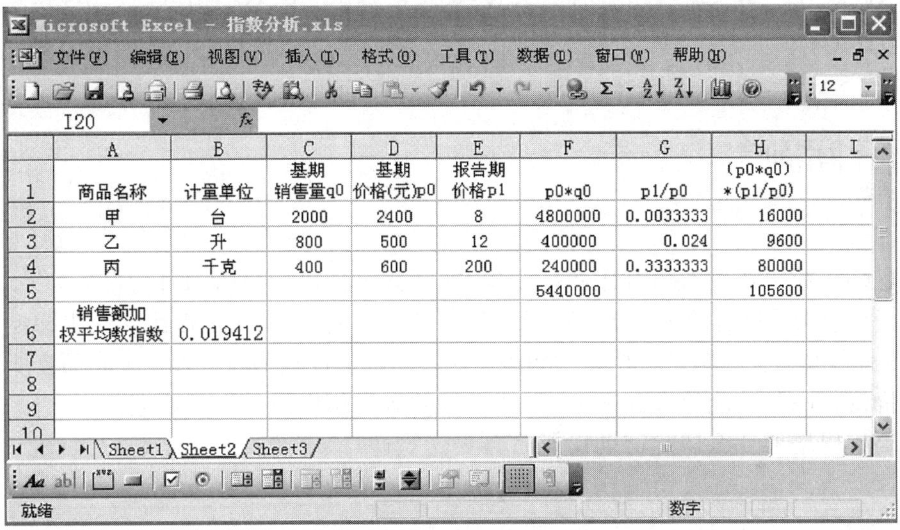

	A	B	C	D	E	F	G	H
1	商品名称	计量单位	基期销售量q0	基期价格(元)p0	报告期价格p1	p0*q0	p1/p0	(p0*q0)*(p1/p0)
2	甲	台	2000	2400	8	4800000	0.0033333	16000
3	乙	升	800	500	12	400000	0.024	9600
4	丙	千克	400	600	200	240000	0.3333333	80000
5						5440000		105600
6	销售额加权平均数指数	0.019412						

图 11－2　用 Excel 计算平均数指数的资料及结果

计算步骤如下：

第一步：计算 p_0*q_0。在 F2 中输入“=D2＊C2”，并用鼠标拖曳将公式复制到 F3：F4 区域，在 F5 列中输入“=SUM(F2,F4)”，即求这列数值的和。

第二步：计算个体指数 $k=p_1/p_0$。在 G2 中输入“=E2/D2”，并用鼠标拖曳将公式复制到 G3：G4 区域。

第二步：计算 $(p_0*q_0)*(p_1/p_0)$并求和。在 H2 中输入“=F2＊G2”，并用鼠标拖曳将公式复制到 H3：H4 区域。在 H5 列中输入“=SUM(H2,H4)”，即得到这列数值的和。

第三步：计算销售额平均指数。在 B6 中输入“=H5/F5”，即得到所求的值。

综合案例分析

第一部分 研 究 设 计

张总最近想开一家卖数码相机的专卖店，于是他想做一次数码相机销售市场的调查，下面是拟定的研究步骤。

一、研究问题

1. 愿意购买数码相机的顾客比例是多少，即开数码相机专卖店的可行性如何？

2. 购买意愿与受试者的个人基本特征有什么关系？例如，男性是否比女性更愿购买公司的产品？教育程度与购买意愿是否相关？购买意愿是否随着性别和教育程度不同而有所不同？

3. 从价格、外观、功能等方面来考察，什么样的数码相机最受大众欢迎？

4. 数码相机增加什么样的辅助功能后会更受欢迎？

二、编制调查问卷

根据上述待解决的问题，编制了如表 1 所示的调查问卷。

表 1 数码相机市场调查问卷

想要拥有一款个性化的数码相机吗？那么，请花点宝贵时间完成这份答卷，或许，下一款新产品便是为您量身打造的，还有精美礼品相送哦！

1. 您的性别：

○男　　○女

2. 您属于下列哪个年龄段：

○20 以下　○21～30　○31～50　○50 以上

3. 您的学历是：

○中专或中专以下　○大专或本科　○研究生以上

4. 您的收入水平范围是：

○1 000～1 999 元　○2 000～2 999 元　○3 000～4 999 元　○5 000 元以上

续 表

5. 您的职业是： ○政府公务员 ○学校老师 ○个体经营者 ○自由职业者 ○其他职业 6. 如果要购买数码相机，您会最看重下列哪 3 项？ □价格 □外观 □功能 □拍摄效果 □超大存储容量 7. 您会选择什么价位的数码相机？ ○1 000～1 500 元 ○1 501～1 999 元 ○2 000～3 000 元 ○3 000 元以上 8. 您最希望数码相机增加下列哪一项附属功能？ ○趣味游戏 ○望远镜 ○收音机 ○无 9. 您会在近一年内购买数码相机吗？ ○会 ○不会

三、拟定调查总体和决定抽样方式

张总以光顾本地区数码产品的各大商场专柜和专卖店的顾客为总体，并且派遣调查员利用简单随机抽样的方式调查顾客，样本数定为 110 人。

四、数据处理

张总共收回 105 份问卷，其中有效问卷 96 份。接着用 Excel 软件记录数据，并以 Excel 软件的统计功能进行数据分析。主要步骤如下：

(一) 答案编码

对问卷中的问题答案进行编码，如表 2 所示。

表 2 答案编码

代 码	1	2	3	4	5
性 别	男	女			
年 龄	20 岁以下	21～30 岁	31～50 岁	50 岁以上	
学 历	中专	大专或本科	研究生及以上		
收入范围	1 000～1 999 元	2 000～2 999 元	3 000～4 999 元	5 000 元及以上	
职 业	政府公务员	学校老师	个体经营者	自由职业者	其他职业
购买看重项	价格	外观	功能	拍摄效果	超大存储容量
选择价位	1 000～1 500 元	1 501～1 999 元	2 000～3 000 元	3 000 元以上	
附属功能	趣味游戏	望远镜	收音机	无	
一年内是否购买	是	否			

(二) 答案输入

如图 1 所示，把有效问卷的每个问题的答案以相应编码形式输入新的工作表中，并作为原始数据保存。

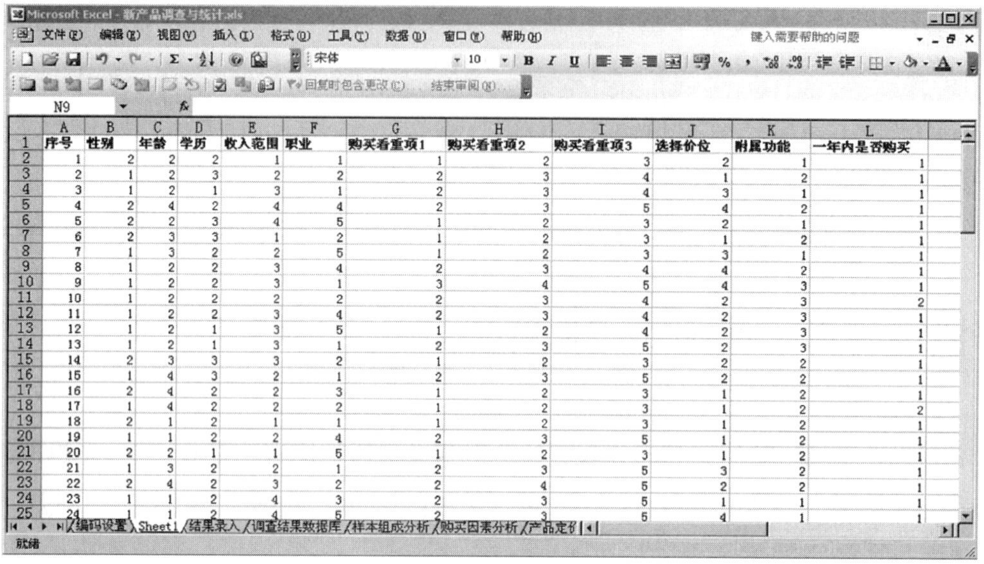

序号	性别	年龄	学历	收入范围	职业	购买看重项1	购买看重项2	购买看重项3	选择价位	附属功能	一年内是否购买
1	2	2	2	1	1	1	2	3	2	1	1
2	1	2	3	2	2	2	3	4	1	2	1
3	1	2	1	3	1	2	3	4	3	1	1
4	2	4	2	4	4	2	3	5	4	2	1
5	2	2	3	4	5	1	2	3	2	1	1
6	2	3	3	1	2	1	2	3	1	2	1
7	1	3	2	2	5	1	2	3	3	1	1
8	1	2	2	3	4	2	3	4	4	2	1
9	1	2	2	3	1	3	4	5	4	3	1
10	1	2	2	2	2	2	3	4	2	3	2
11	1	2	2	3	4	2	3	4	2	3	1
12	1	2	1	3	5	1	2	4	2	3	1
13	1	2	1	3	1	2	3	5	2	3	1
14	2	3	3	3	2	1	2	3	2	2	1
15	1	4	3	2	1	2	3	5	2	2	1
16	2	4	2	2	3	1	2	3	1	2	1
17	1	4	2	2	2	1	2	3	1	2	2
18	2	1	2	1	1	1	2	3	1	2	1
19	1	1	2	2	4	2	3	5	1	2	1
20	2	2	1	1	5	1	2	3	1	2	1
21	1	3	2	2	1	2	3	5	3	2	1
22	2	4	2	3	2	2	4	5	2	2	1
23	1	1	2	4	3	2	3	5	1	1	1
24	1	1	2	4	5	2	3	5	4	1	1

图 1 原始数据

第二部分 数据分析与结果解释

一、潜在消费群体分析

当拿到原始数据后，最先做的是分析最近一年内购买数码相机的人数比例是多少，即潜在消费人群的比例是多少。这是在考察数码相机销售前景。

具体做法如下：

(1) 首先把“一年内是否购买”的一列数进行“排序”，然后做“分类汇总”，最后整理得到表 3。

表 3 一年内有购买意愿的顾客统计表

是否购买	是	否
人　数	72	24

(2) 为了更加形象直观地反映潜在消费者所占的比例，根据表 3 的结果作相应的“饼图”，如图 2 所示。

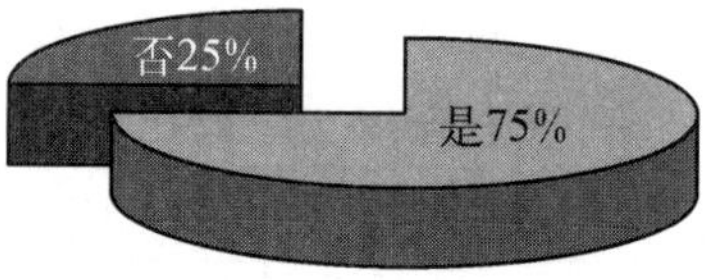

图 2 潜在消费者比例饼图

由图 2 可知，在所有受访的顾客中有 75%的人愿意购买数码相机，这说明数码相机的销售前景比较乐观。

二、受访顾客购买意愿的具体分析

分析受访的顾客中是男性居多还是女性居多，即样本的性别怎样组成的；男性、女性中愿意在近一年内购买相机的人数比例分别是多少；教育状况、年龄以及职业如何。这就必须靠数据透视了。

具体做法如下：

(1) 选取“数据”→“数据透视表和数据透视图”，进入数据透视的对话框，在该对话框的“选定区域”中键入：A1：L97，如图 3 所示。

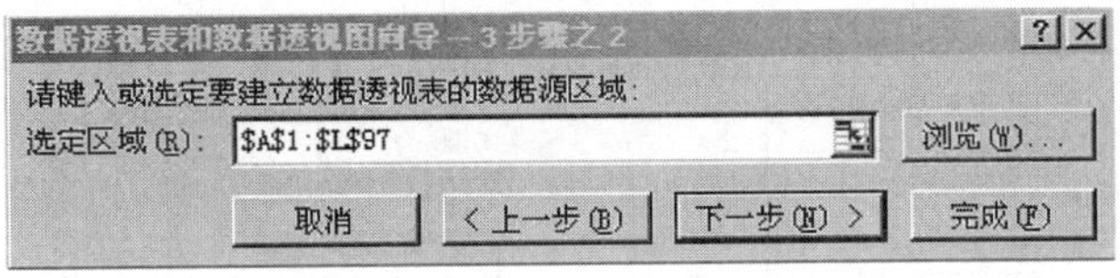

图 3　数据透视表和数据透视图向导—3 步骤之 2

(2) 为了探讨性别与购买意愿的关系，按图 4 所示选择适当的变量，进行数据透视。

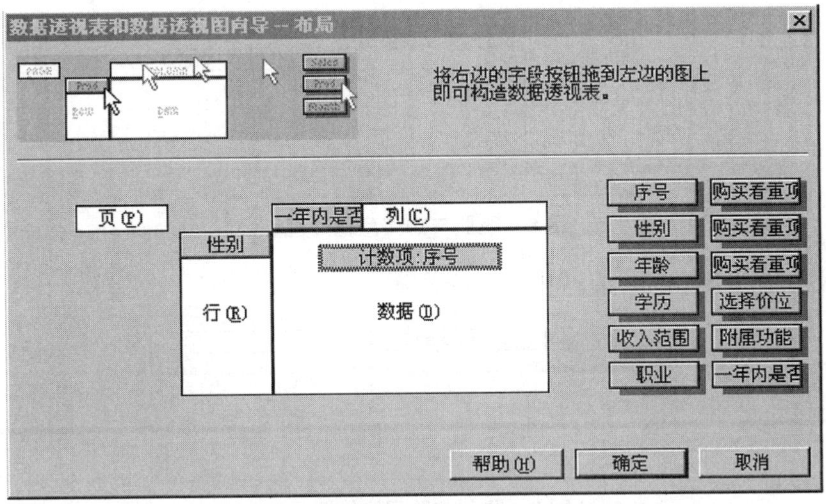

图 4　“数据透视表和数据透视图向导——布局”对话框

(3) 略加整理后，即可得到如图 5 所示的结果。“性别”栏内，1 代表男性，2 代表女性；“一年内是否购买”栏内，1 代表将购买数码相机，2 代表不打算购买。由图 5 可知，在 51 位男性中，有 36 位在一年内愿意购买数码相机；而在 45 位女性中，也有 36 位在一年内愿意购买数码相机。在 96 人中，共有 72 人一年内愿意购买数码相机。

3	计数项:序号	一年内是否购买		
4	性别	1	2	总计
5	1	36	15	51
6	2	36	9	45
7	总计	72	24	96

图 5　性别与购买意愿透视表

(4) 同理可以探讨学历与购买意愿的关系，如图 6 所示。由图 6 可知，教育程度为中专及中专以下(教育程度为 1 者)的 18 人中，有 16 人一年内愿意购买数码相机；教育程度为大专或本科(教育程度为 2 者)的 49 人中，有 34 人一年内愿意购买数码相机；教育程度为研究生(教育程度为 3 者)的 29 人中，有 22 人一年内愿意购买数码相机。

3	计数项:序号	一年内是否购买		
4	学历	1	2	总计
5	1	16	2	18
6	2	34	15	49
7	3	22	7	29
8	总计	72	24	96

图 6　学历与购买意愿透视表

(5) 至于年龄与购买意愿的关系，按照上述做法，即可得到如图 7 所示的结果。

3	计数项:序号	一年内是否购买		
4	年龄	1	2	总计
5	1	15	4	19
6	2	30	11	41
7	3	9	5	14
8	4	18	4	22
9	总计	72	24	96

图 7　年龄与购买意愿透视表

(6) 职业与购买意愿的关系，如图 8 所示。

3	计数项:序号	一年内是否购买		
4	职业	1	2	总计
5	1	20	4	24
6	2	16	11	27
7	3	11	4	15
8	4	13	2	15
9	5	12	3	15
10	总计	72	24	96

图 8　职业与购买意愿透视表

(7) 收入与购买意愿的关系，如图 9 所示。

3	计数项:序号	一年内是否购买		
4	收入范围	1	2	总计
5	1	13	9	22
6	2	19	6	25
7	3	20	4	24
8	4	20	5	25
9	总计	72	24	96

图 9　收入与购买意愿透视表

三、单因素方差分析

以上的数据透视只是描述了什么样的人愿意购买数码相机，并没做任何的假设检验。在此想了解性别与近期购买意愿是否相关、教育程度与近期购买意愿是否相关，以及推荐与否与近期购买意愿是否相关，就需要做单因素方差分析。

具体做法如下：

(1) 先将必要的数据由“原始资料”工作表中的“性别”和“一年内是否购买”这两列数据拷

贝至"单因素检验资料"工作表内。

(2) 依照"性别"排序，男性为 1 的数据列于第 2 行至 52 行中，女性为 2 的数据列于第 53 行至 97 行中。

(3) 将男性为 1 的近期购买意愿的数据拷贝至适当的地址，如第 F 列。同理，将女性为 2 的近期购买意愿的数据拷贝至第 G 列。如图 10 所示。

图 10 不同性别的购买意愿工作表

(4) 选取"工具" →"数据分析" →"方差分析：单因素方差分析"，然后如图 11 所示键入适当的值。其中，输入区域是 F2∶G55。单击"确定"按钮后，可得到如图 12 所示的结果。由"方差分析"摘要表可知，F 值为 0.12，P 值为 0.29，大于 0.05，因此无法说明性别差异对近一年内是否购买数码相机有显著影响。

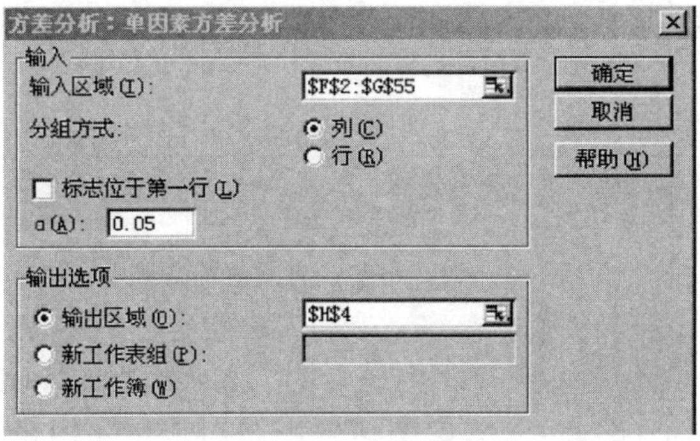

图 11 "方差分析：单因素方差分析"对话框

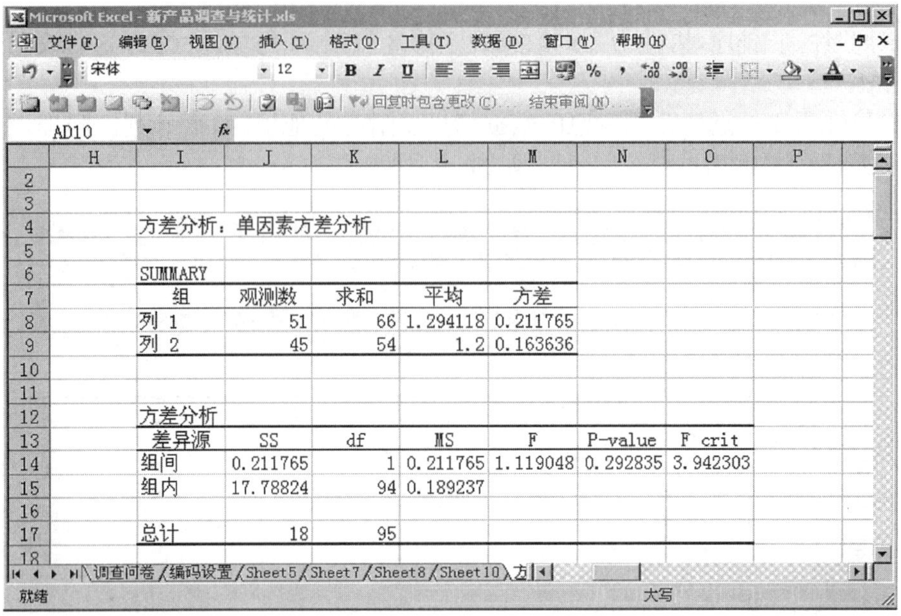

方差分析：单因素方差分析

SUMMARY

组	观测数	求和	平均	方差
列 1	51	66	1.294118	0.211765
列 2	45	54	1.2	0.163636

方差分析

差异源	SS	df	MS	F	P-value	F crit
组间	0.211765	1	0.211765	1.119048	0.292835	3.942303
组内	17.78824	94	0.189237			
总计	18	95				

图 12　性别的方差分析结果

（5）同理，图 13 是教育程度对近一年内是否购买数码相机的影响的单因素方差分析结果。由于 F 值是 1.34，P 值是 0.27，均大于 0.05 的显著性水平，所以无法说明教育程度不同对一年内是否购买数码相机有显著影响。

方差分析：单因素方差分析

SUMMARY

组	观测数	求和	平均	方差
列 1	18	20	1.111111111	0.104575
列 2	49	64	1.306122449	0.216837
列 3	29	36	1.24137931	0.189655

方差分析

差异源	SS	df	MS	F	P-value	F crit
组间	0.503714129	2	0.251857065	1.338725	0.267185	3.09433743
组内	17.49628587	93	0.188132106			
总计	18	95				

图 13　教育程度的方差分析结果

（6）同理，收入、职业和年龄对近一年内是否购买数码相机的影响的单因素方差分析结果都大于 0.05 的显著性水平，因此，无法说明这些因素对近一年内是否购买数码相机有显著影响。

四、影响顾客购买意愿的因素分析

若顾客愿意购买数码相机，那数码相机的什么功能最能吸引顾客，即最能影响顾客的因素是什么？依据要解决的问题做柱形图，具体做法是先做汇总表（如表4所示），接着做出相应的柱形图，结果见图14和图15。

表4　影响消费者购买因素统计表　　单位：人

性别	价格	外观	功能	拍摄效果	超大存储容量
男	19	38	47	28	21
女	26	38	37	18	16
合计	45	76	84	46	37

图14是购买因素分析的柱形图，其中纵轴代表人数。

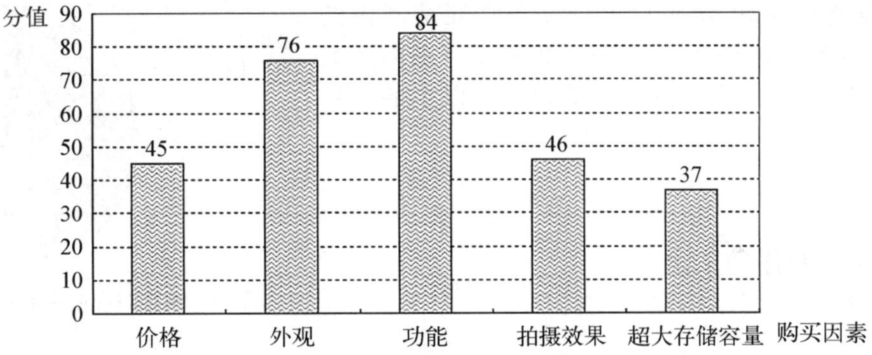

图14　购买因素分析的柱形图

图15是不同性别顾客的购买因素分析。

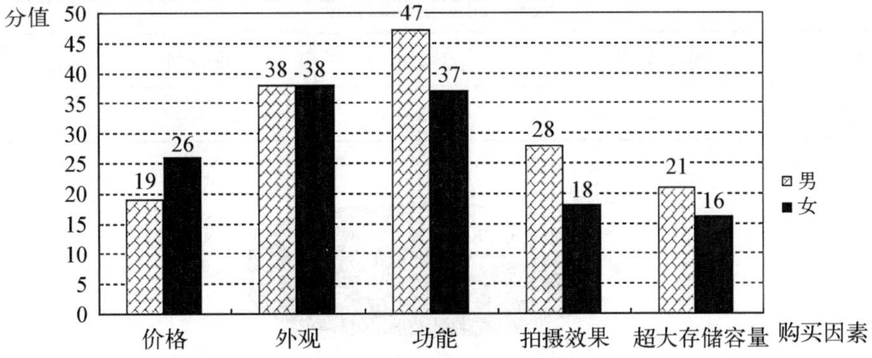

图15　不同性别顾客的购买因素的柱形图

由图14可知，影响顾客购买意愿的最重要的三个因素是“功能”“外观”和“拍摄效果”，其中“功能”是影响顾客购买意愿最大的一个因素。由图15可知，男性和女性在购买数码相机时选择的主要因素稍有差别，其中男性选择的三个主要因素依次是“功能”“外观”和“拍摄效果”，而女性则是“外观”“功能”和“价格”。

五、顾客对价格的接受程度分析

若顾客愿意购买数码相机，那什么价位的数码相机最能吸引顾客？依据要解决的问题做圆环图，具体做法是先做汇总表（如表 5 所示），接着做出相应的圆环图，结果见图 16。

表 5　产品定价分析表

选择价位（元）	1 000～1 500	1 501～1 999	2 000～3 000	3 000 以上	合　计
受访顾客人数	43	38	10	5	96
结构	44.79％	39.58％	10.42％	5.21％	100.00％

由表 5 和图 16 可知，在所有受访的顾客中有 45％的人愿意购买价格在 1 000～1 500 元范围内的数码相机，其次是价格在 1 501～1 999 元范围内的数码相机，只有 15％的人愿意购买 2 000 元以上的数码相机。

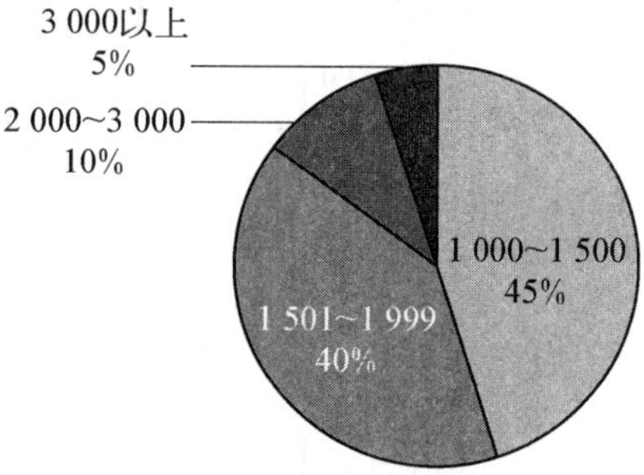

图 16　顾客对价格接受程度圆环图

六、附属功能分析

若顾客愿意购买数码相机，那数码相机的什么附属功能最吸引顾客？依据要解决的问题做饼图，具体做法是先做汇总表（如表 6 所示），接着做出相应的饼图，结果见图 17。

表 6　附属功能综合表　　单位：人

功　能	趣味游戏	望远镜	收音机	无
受访者人数	23	43	27	3

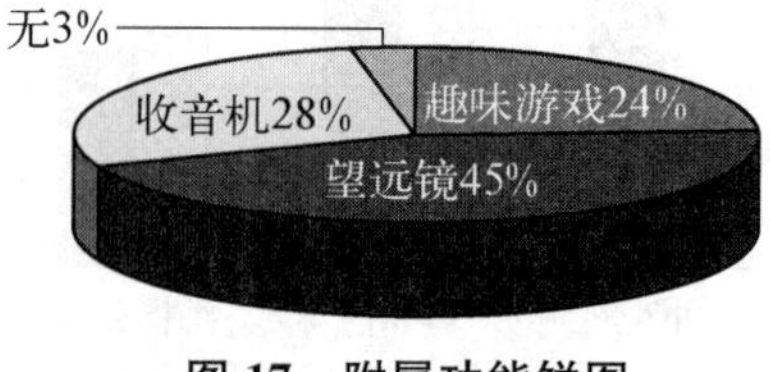

图 17　附属功能饼图

由表 6 和图 17 可知，在所有受访的顾客中有 45％的人愿意购买有“望远镜”辅助功能的数码相机，其次是“收音机”和“趣味游戏”。

第三部分 结 论

通过上述分析，张总开数码相机专卖店的想法具有可行性，在进购数码相机时应着重考虑“功能”“外观”和“拍摄效果”这几个因素，价格主要集中在 1 000～1 999 元的范围，且有“望远镜”的附属功能最好。在推销数码相机时，不应过于注重顾客的“年龄”“职业”“收入”等特征，因为从上述分析中得出，这些特征对购买数码相机的意愿的影响不显著，因此还是要从数码相机的特点做出相应的销售策略。

第三部分 3

样　卷

《统计学》期末考试样卷

考试形式 闭卷 使用学生________

考试时间 120 分钟 出卷时间 2022 年 6 月 10 日

姓名________ 学号________ 班级________

一、单项选择题(每小题 1 分,共 15 分)

1. 若要了解我国人口的基本情况,则比较适合采用(　　)。

A. 普查　　B. 电话访谈调查

C. 统计报表制度　　D. 抽样调查

2. 抽样调查的主要目的是(　　)。

A. 随机抽取样本单位　　B. 对调查单位做深入研究

C. 计算和控制抽样误差　　D. 用样本指标来推算或估计总体指标

3. 对于不等距数列,在制作直方图时,应计算出(　　)。

A. 频数分布　　B. 频数密度　　C. 各组次数　　D. 各组组距

4. 某高新技术开发区现有人口 11 万,有 8 家医院(其病床数合计为 700 张),则该开发区每万人的病床数为 63.636。这个指标属于(　　)。

A. 平均数　　B. 相对数据　　C. 数据总量　　D. 发展水平

5. 可以进行加减乘除运算的数据是(　　)。

A. 定类数据　　B. 定序数据　　C. 定距数据　　D. 定比数据

6. 设 Q_1、Q_2 为 Q 的两个无偏估计量,若 Q_1 的方差(　　)Q_2 的方差,则称 Q_1 是较 Q_2 有效的估计量。

A. 大于　　B. 大于或等于　　C. 小于　　D. 小于或等于

7. 以下可作为 σ^2 的点估计量的是(　　)。

A. S^2　　B. $\bar{X}$　　C. X　　D. μ^2

8. 欲以图形显示两变量 x 与 y 的关系,最好创建(　　)。

A. 直方图　　B. 圆形图　　C. 柱形图　　D. 散点图

9. 下列关系中属于正相关关系的是(　　)。

A. 身高与体重　　B. 产量与单位成本

C. 正常商品的价格与需求量　　D. 商品零售额与流通费率

10. 若总体 $n=20$，$\sum x=200$，$\sum x^2=2\,080$，则标准差为(　　)。

A. 2　　B. 4　　C. 1.5　　D. 3

11. 分配数列各组变量值都减少 $\frac{1}{2}$，每组次数加 1 倍，则中位数(　　)。

A. 减少 $\frac{1}{2}$　　B. 增加 1 倍　　C. 增加 2 倍　　D. 不变

12. 今年某季度发展水平除以去年同期发展水平的指标是(　　)。

A. 定基发展速度　　B. 环比发展速度

C. 平均发展速度　　D. 同比发展速度

13. 若已知某网站 4 月份平均员工人数为 84 人，5 月份平均员工人数为 72 人，6 月份平均员工人数为 84 人，7 月份平均员工人数为 96 人，则二季度该网站的月平均员工人数为(　　)人。

A. 84　　B. 80　　C. 82　　D. 83

14. 简单随机放回抽样，其他条件不变，总体的方程扩大一倍，则样本容量(　　)。

A. 也扩大 1 倍　　B. 缩小 1 倍　　C. 保持不变　　D. 是原来的 $\frac{1}{4}$

15. 某商品价格发生变化，现在的 100 元只能购买原来的 90 元的商品，则该商品的价格指数为(　　)。

A. 100%　　B. 大于 100%　　C. 小于 100%　　D. 无法判断

二、多项选择题(每小题 1 分，共 5 分)

1. 搜集数据的组织方式有(　　)。

A. 普查　　B. 抽样调查　　C. 电话访谈调查　　D. 统计报表制度

E. 统计法令法规

2. 常用的统计图有(　　)。

A. 条形图　　B. 直方图　　C. 折线图　　D. 曲线图

E. 枝叶图

3. 设样本 $X_1, X_2, \cdots, X_n$ 是取自总体 X 的一个样本，如果总体的 μ 和 σ^2 都存在，则下列陈述不正确的是(　　)。

A. X_1 和 $\bar{X}$ 都是 μ 的无偏估计　　B. $\bar{X}$ 是 μ 的无偏估计，X_1 是 μ 的有偏估计

C. $\bar{X}$ 比 X_1 有效　　D. X_1 比 $\bar{X}$ 有效

E. 对于正态总体，$\bar{X}$ 是 μ 的一致最小方差无偏估计

4. 由两个时期数列(a，b)相应项对比所形成的相对数时间数列 $c=\frac{a}{b}$，计算序时平均数 $\bar{c}$ 的公式为(　　)。

A. $\bar{c}=\frac{\bar{a}}{\bar{b}}$　　B. $\bar{c}=\frac{\sum cb}{\sum b}$　　C. $\bar{c}=\frac{\sum a}{\sum b}$　　D. $\bar{c}=\frac{\sum a}{\sum \frac{1}{c}a}$

E. $\bar{c}=\frac{\sum b}{\sum bc}$

5. 均值的数学性质有(　　)。

A. $\sum(x_i - x_0) = 0$　　B. $\sum(x_i - \bar{x}) = 0$

C. $\sum(x_i - \bar{x}) \cdot f = 0$　　D. $\sum(x_i - \bar{x})^2 = \min$

E. $\sum(x_i - \bar{x})^2 \cdot f = \min$

三、简答题(在以下的3个小题中任选2题,每小题5分,共10分。若选了3题,只对前2题打分)

1. 什么是统计量?
2. 什么是权数?
3. 简述移动平均法。

四、计算题(各题分值分别为11分、5分、13分、8分、10分、12分和11分,共70分,要求列出计算公式、计算过程、计算结果和计量单位,结果保留四位小数)

1. 某车间工人日生产零件分组资料如下:

零件分组(个)	工人数(人)
40～50	20
50～60	40
60～70	80
70～80	50
80～90	10
合　计	200

要求:

(1) 计算零件的众数、中位数和均值;

(2) 说明该数列的分布特征。

2. 某市2010年的每万元工业增加值消耗的标准煤为1.9吨,2011—2015年分别为1.84吨、1.72吨、1.48吨、1.34吨、1.27吨。试计算2011—2015年该市工业耗煤的年均递减速度。

3. 为了调查农民生活水平,在某地区按重复抽样随机抽取500户农民进行调查,发现这500户中有300户拥有彩电,试问:

(1) 以95%($Z_{\frac{\alpha}{2}} = 1.96$)的置信程度估计该地区全部农户中拥有彩电农户所占比重的置信区间;

(2) 若其他条件不变,抽样允许误差(极限抽样误差)不超过0.02,则至少应抽取多少户作为样本?

4. 某电视机厂声称其产品质量超过12 000小时的规定标准,随机抽取100件产品后测得均值为12 450小时,已知$\sigma = 300$小时。如果$\alpha = 0.05$,根据计算出的结果,能否说该厂的产品质量已显著高于规定标准?

5. 某商店2013—2016年各季度毛线销售量(单位:百斤)资料如下:

时　间	第一季度	第二季度	第三季度	第四季度
2013 年	30	10	15	76
2014 年	42	14	20	92
2015 年	50	20	30	100
2016 年	62	28	47	116

要求：用按季平均法计算各季度的季节比率。

6. 某企业三种产品的生产情况资料如下：

产品名称	单位	出厂价格(万元)		产　　量	
		基期	报告期	基期	报告期
A	吨	5	6	400	500
B	米	8	10	500	600
C	件	12	15	150	200

要求：

(1) 用拉斯贝尔公式计算三种产品的产量总指数及因产量的变动而增加的产值。

(2) 用帕氏公式计算三种产品的价格总指数及因出厂价格的变动而增加的产值。

7. 以下是某个一元回归计算机输出的结果。

回归统计	
Multiple R	0.962 042
R^2	0.925 525
Adj. R^2	0.925 525
标准误差	12.709 64
观测值	10

方差分析表

	df	SS	MS	F	Sig. F
回归分析	(1)	14 052.15	14 052.15	99.418	8.19E-05
残　差	(2)	1 130.75	(4)		
总　计	(3)	15 182.9			

	系数	标准误差	t-Stat	P 值	下限 95%
截距	−18.368 3	17.971 5	−1.022 08	0.340 762	−60.864 1
x	2.010 185	0.247 119	8.134 483	8.19E-05	1.425 842

要求：

(1) 列出此一元线性回归方程。

(2) 建立原假设和备择假设，在 $\alpha=0.05$ 的水平下检验 β_1 的显著性。

(3) 填上方差分析表中括号(1)、(2)、(3)、(4)中的数值。

《统计学》期末考试样卷答案

一、单项选择题

1. A　2. D　3. B　4. B　5. D　6. C　7. A　8. D　9. A　10. A　11. A　12. B　13. B　14. A　15. B

二、多项选择题

1. ABCD　2. ABCDE　3. BD　4. ABCD　5. BCDE

三、简答题

1. 统计量：当平均数和方差等被用来描述样本的特性时(2 分)，就称之为统计量，它是样本(X_1，X_2，…，X_n)的函数且不包括任何未知参数(2 分)，但它是一个随机变量，包含了总体分布的信息(1 分)。

2. 权数：运用分组资料计算算术平均数时，由于各组变量值出现的次数对算术平均数的大小起权衡轻重的影响，因此，次数又称“权数”(2 分)。但当各组次数(频数)发生变化，而频率未发生变化时，所计算的平均数不会变化；只有当频率发生变化时，所计算的平均数才会因之而发生变化(2 分)，所以，实质意义的“权数”应指“频率”(1 分)。

3. 移动平均法：移动平均法是通过对时间序列按一定的移动步长 ($n=2k+1$)，逐次计算算术平均数并形成一个新的时间序列(2 分)，新序列比原序列少 $2k$ 项数据(1 分)，但消除了原序列不规则因素的影响，使序列更平滑，从而清晰地显示原时间序列的变化趋势与方向(2 分)。

四、计算题

1. **解：**

零件分组 (个)	工人数 (人)	组中值 x	标志总量 xf	累计频数 S
40～50	20	45	900	20
50～60	40	55	2 200	60
60～70	80	65	5 200	140
70～80	50	75	3 750	190
80～90	10	85	850	200
合　计	200	—	12 900	—

(1) $M_o = L + \frac{f - f_{-1}}{(f - f_{-1}) + (f - f_{+1})} \cdot i = 60 + \frac{80 - 40}{(80 - 40) + (80 - 50)} \times 10 = 60 + 5.71 =$ 65.71(个) (3 分)

$M_e = L + \frac{\frac{N}{2} - S_{m-1}}{f_m} \cdot i = 60 + \frac{\frac{200}{2} - 60}{80} \times 10 = 60 + 5 = 65$(个) (3 分)

$\bar{x} = \frac{\sum xf}{\sum f} = \frac{12\,900}{200} = 64.5$(个) (3 分)

(2) 因为 $\bar{x} < M_e < M_o$，所以，该数列分布属于左偏分布。 (2 分)

2. **解：** $\bar{X} = \sqrt[5]{\frac{a_n}{a_0}} = \sqrt[5]{\frac{1.27}{1.9}} = 0.925\,5$ (3 分)

因此，2011—2015 年该市工业耗煤的年均递减速度为 7.45%(1−0.925 5)。 (2 分)

3. **解：** (1) $n = 500$，$p = 300/500 = 0.6$ (1 分)

$\mu_p = \sqrt{\frac{p(1-p)}{n}} = \sqrt{\frac{0.6 \times 0.4}{500}} = \sqrt{\frac{0.24}{500}} = 0.021\,9$ (3 分)

$p - Z_{\alpha/2} \cdot \mu_p \leqslant P \leqslant p + Z_{\alpha/2} \cdot \mu_p$

$0.6 - 1.96 \times 0.020\,8 \leqslant P \leqslant 0.6 + 1.96 \times 0.020\,8$

$0.6 - 0.042\,9 \leqslant P \leqslant 0.6 + 0.042\,9$ (4 分)

$0.557\,1 \leqslant P \leqslant 0.642\,9$

$55.71\% \leqslant P \leqslant 64.29\%$

(2) $n = \frac{Z_{\alpha/2}^2 \cdot p(1-p)}{\Delta p^2} = \frac{1.96 \times 0.6 \times 0.4}{0.02^2}$

$= 2\,304.96 \approx 2\,305$(户) (5 分)

4. **解：**

根据题意得：$n = 100 > 30$，$\bar{x} = 12\,450$，$\sigma = 300$

假设 H_0：$\mu = 12\,000$；H_1：$\mu > 12\,000$。(2 分)

因为 $\sigma = 300$ 小时已知，则用 Z 检验

$z = \frac{\bar{X} - \mu}{\frac{\sigma}{\sqrt{n}}} \sim N(0, 1)$ (3 分)

拒绝域为 $Z \geqslant Z_\alpha$，$\alpha = 0.05$，$Z_\alpha = 1.645$

$Z = \frac{12\,450 - 12\,000}{\frac{300}{\sqrt{100}}} = 15 > Z_\alpha = 1.645$

则拒绝原假设 H_0，接受备择假设 H_1，即 $\mu > 12\,000$。 (2 分)

所以，该厂的商品质量已显著高于规定标准。 (1 分)

5. **解：** 季节比率列表计算如下表所示。

时　间	第一季度	第二季度	第三季度	第四季度
2013 年	30	10	15	76
2014 年	42	14	20	92
2015 年	50	20	30	100
2016 年	62	28	47	116
季平均	46	18	28	96
季节比率(%)	97.87	38.30	59.57	204.26

（2 分）　（2 分）　（2 分）　（2 分）

季度总平均 $=\dfrac{46+18+28+96}{4}=47$ （2 分）

6. **解：**

(1) 按拉氏公式计算三种产品产量的总指数：

$$\frac{\sum p_0q_1}{\sum p_0q_0}=\frac{9\ 700}{7\ 800}=124.36\%$$

(2 分)　(2 分)　(1 分)

因产量增加而增加的产值为：9 700 − 7 800 = 1 900(万元)。　(1 分)

(2) 按帕氏公式计算三种产品价格的总指数：

$$\frac{\sum p_1q_1}{\sum p_0q_1}=\frac{12\ 000}{9\ 700}=123.71\%$$

(2 分)　(2 分)　(1 分)

因价格提高而增加的产值为：12 000 − 9 700 = 2 300(万元)。　(1 分)

7. **解：**

(1) 回归方程式：

$$\hat{Y}_i=-18.368\ 3+2.010\ 2X_i \quad (3\text{ 分})$$

(2) 用 $\alpha=0.05$ 对 β_1 进行显著性检验。

$H_0: \beta_1=0; H_1: \beta_1 \neq 0$ （2 分）

P 值小于 $\alpha=0.05$(1 分)，因此拒绝 H_0，认为这个回归系数在统计上是显著的。　(1 分)

(3) 自由度(1)=1，(2)=8，(3)=9；(4)=141.343　(4 分)